国家哲学社会科学成果文库

NATIONAL ACHIEVEMENTS LIBRARY
OF PHILOSOPHY AND SOCIAL SCIENCES

古汉字发展论

黄德宽　等著

中華書局

作者简介

黄德宽　博士，安徽大学教授、博士生导师，兼任中国文字学会会长、教育部中文学科教学指导委员会副主任委员、教育部社会科学委员会语言文学学部委员、国家社会科学基金评审委员会委员、安徽省语言学会会长、安徽省文史研究馆馆长等职。长期从事汉语言文字的教学和研究工作，主持国家社科基金《商周秦汉汉字发展沿革谱系研究》、《汉字理论与汉字发展史研究》和《汉字发展通史》等重点和重大招标项目多项，撰著有《汉语文字学史》(合著)、《汉字理论丛稿》、《开启中华文明的管钥——汉字的释读和探索》、《古文字谱系疏证》(合著)等论著多种，其研究成果曾入选国家社科基金成果文库（第二辑）并获得教育部社会科学优秀成果一等奖，还先后获省社科优秀成果一等奖、二等奖等多项奖励。1992 年起享受国务院政府特殊津贴，1997 年入选国家百千万人才工程（一、二层次）。

《国家哲学社会科学成果文库》

出版说明

为充分发挥哲学社会科学研究优秀成果和优秀人才的示范带动作用，促进我国哲学社会科学繁荣发展，全国哲学社会科学规划领导小组决定自2010年始，设立《国家哲学社会科学成果文库》，每年评审一次。入选成果经过了同行专家严格评审，代表当前相关领域学术研究的前沿水平，体现我国哲学社会科学界的学术创造力，按照“统一标识、统一封面、统一版式、统一标准”的总体要求组织出版。

全国哲学社会科学规划办公室

2011年3月

目　録

Contents

前 言

《古漢字發展論》是國家社科基金重點規劃項目“漢字理論與漢字發展史研究”（05AYY002）的結項成果和重大招標項目“漢字發展通史”（11&ZD126）研究的階段性成果。

漢字理論與漢字發展史研究課題，主要内容應包括以下兩個方面：一是漢字理論研究，二是漢字發展研究。通過這項研究，理想的結果是在以下諸方面有所創新和進展：（1）進一步歸納和揭示漢字的結構類型，重新闡釋漢字的構造理論及其功能；（2）更客觀地描述漢字形體的特點及其發展變化，從而揭示漢字形體發展演變的基本規律；（3）給出漢字發展演進的歷史階段，並對各個階段漢字構形、形體、使用等情況作出準確的判斷；（4）建立觀測漢字發展歷史的理論框架和衡量標尺，以便更準確地描述漢字的發展演變歷史；（5）形成比較符合漢字實際的文字學理論體系和有關專題研究的新成果。

顯然，實現上述研究目標是一項龐大的研究計劃，要在較短的研究週期内完全實施這樣的研究計劃是不太現實的。因此，我們綜合各方面的情況和實際條件，按照統一安排、分階段實施的方式開展研究工作。近年來，課題組圍繞考古發現的古漢字階段的各類資料，分期進行了斷代研究和專題理論探討，盡可能地揭示漢字構造和發展的有關規律，取得了一批相關的前期階段性研究成果。本書較爲集中地反映了課題組前期相關研究成果，著重考察分析了古漢字階段各個時期形體、結構、使用和發展情況，對古漢字階段漢字理論與發展有關問題開展了較爲全面的探討。

與此同時，我們還完成了古漢字系列字形表的編纂工作，這些字形表全面呈現出古漢字階段各個時期字形的典型樣本，主要包括：《商代文字字形表》《西周文字字形表》《春秋文字字形表》《戰國文字字形表》和《秦系文字字形表》等五種。古漢字字形表系列作爲本研究成果的有機組成部分，是對理論論述部分的重要補充和驗證。因此，它與一般的文字編不盡相同，系列字形表主要選取古漢字階段各個時期代表性的典型形體結構樣本，尤其重視形體結構的時代標記和區域分布標示，以全面系統地展現古漢字各個時期形體結構的特點和實際面貌。

《古漢字發展論》與系列字形表相輔相成，前者側重於理論的總結和概括，後者則是古漢字的全面整理和展示，是理論探討的基礎和依據。需要說明的是，由於系列字形表卷帙浩繁，規模較大，按照"國家哲學社會科學成果文庫"的要求，此次未能同時出版。雖然這是一個遺憾，但並不影響本書的系統性和完整性，這些字形表將會另行出版。本書和字形表系列大體上反映了古漢字階段漢字發展的實際情況以及我們對相關問題的初步認識，希望這些工作能爲漢字發展的後續研究，尤其是《漢字發展通史》的研究和編纂奠定一個較爲堅實的基礎。

雖然本書非常有幸能忝列 2013 年度"國家哲學社會科學成果文庫"，但是，我們深知，目前所取得的研究成果，離實現理想的研究目標和學術界的期待還有相當的差距，我們將在今後的研究中繼續進行不懈的努力，懇望得到讀者的批評指正。

第一章

關於漢字發展研究的幾個問題

一　漢字理論與漢字發展研究

漢字理論與漢字發展研究是漢字研究領域最爲基礎的工作。從東漢許慎《說文解字》開始，漢字理論和發展問題就是文字學者所關注的研究對象，這方面的研究已有長久的歷史，也積累了大量的研究成果，歷代學者都在這方面有所貢獻。

近代以來，古文字資料的發現帶來了研究工作的新的進展。在理論研究方面，出現了以唐蘭、裘錫圭爲代表的一批著名學者，他們根據地下新出材料對漢字的結構及其形體演變作了新的理論探索，從而突破了以《說文》爲代表的傳統文字學的理論構架，取得了許多新的理論研究成果。在漢字發展方面，由於從殷商甲骨文到近代漢字，歷代漢字資料有一系列重大發現，各個時代漢字發展的面貌和歷史更爲清晰地呈現在研究者面前，研究不同時代的漢字構形、發展和特點的成果也相繼問世。這些成果的取得使文字學在二十世紀成爲中國傳統學術向現代學術成功轉換的典範。

近年來，漢字理論與漢字發展的研究又取得了一些新的進展。撮其大要，有以下幾個方面：

（一）關於漢字起源的探索。由於新石器時期遺址刻劃符號（一類爲幾何形符號，一類爲象形符號）的發現，漢字起源問題的研究引起學者的高度關注，上個世紀後三十年發表了不少這方面的研究成果①。但是，對這些符號的性質及其與漢字起源的關係，還遠未形成統一的認識，即便是像良渚文化遺址陶器符號和丁公村龍山文化陶文等，儘管出現多個成行排列的符號，對其性質學者們在認識上依然存在很大的分歧②。

自上世紀九十年代以來，在田野考古工作中又發現了不少有關文字起源的新綫索。河南舞陽賈湖裴李崗文化龜甲契刻符號的發現，使漢字起源問題再一次引起關注，學者們提出了一些新的看法：部分學者認爲，遠古中國域内的原始文字很有可能不衹是與甲骨、金文成一個體系的文字，而是有多種系統的原始文字，並進一步指出像巴蜀文字、良渚文化陶器和玉器上的一種雲片形或是火焰形的符號與漢字的起源應該沒有直接關係，利用對商周文字解讀的知識技巧去考釋更早的符號或文字，衹能是探索性的試驗③。也有學者進一步指出，漢字的起源與發展並非一元的、單綫的，應是多元的、複綫的、錯位的，各個人類群體都可能有自己的文字系統，最後匯入了漢字這一滔滔大河之中。但在發展過程中，由於種種原因，有的文字可能失傳了，有的文字載體受埋藏條件的限制而未能保存下來，這些都應是漢字起源的重要組成部分。他們還對“原始文字”進一步做了階段劃分④。關於漢字作爲成熟文字產生的時代，一些學者認爲，至遲在二里頭文化即相當於夏初漢字就已經成熟了，而用以記錄語段的圖畫符

---

① 如郭沫若、唐蘭、于省吾等圍繞半坡、大汶口等新石器符號都進行過漢字起源的討論。李孝定結合新出材料發表多篇關於漢字起源和演變的研究論文，後結集爲《漢字的起源與演變論叢》。

② 裘錫圭：《究竟是不是文字——談談我國新石器時代使用的符號》，《文物天地》1993年第2期。

③ 李學勤：《文字起源研究是科學的重大課題》，《中國書法》2001年第2期。《中國文字從起源到形成和書法同時產生》，《中國書法》2001年第10期。

④ 張居中、王昌遂：《試論刻畫符號與文字起源——從舞陽賈湖契刻原始文字談起》、徐義華《略論文字的起源》，均見《中國書法》2001年第2期。

號，可能在前仰韶時代和仰韶時代就已經逐步普遍地使用了[①]。

此外，張敏《從史前陶文化談中國文字的起源與發展》（《東南文化》1998年第1期）、李學勤《文字起源研究的新視野》（《中國文物報》1998年9月30日③版）、陸思賢《夏家店下層文化兩幅彩繪陶文釋文》（《文物春秋》2001年第4期）、孟世凱《漢字起源試釋》（《中國書法》2001年第2期）、杜金鵬《關於二里頭文化的刻畫符號與文字問題》（《中國書法》2001年第2期）等專題論文，以及李萬福、楊海明的《圖說文字起源》（重慶出版社2002年版）和近出何崝《中國文字起源研究》（巴蜀書社2011年版）等論著，對漢字的符號源頭、原始文字的生成機制、成熟文字產生的年代等都提出了新的意見，較之以前的探討更加細密、更加深入。

我們認爲，從文字萌芽的出現到成爲成熟的成體系的文字，需要經歷一個漫長的過程，對考古發現的這一漫長進程中出現的各類符號，衹有進行比較細緻的分階段分析考察，結合不同時期的社會條件和情狀，並以廣闊的視野將不同國家、地區發現的各類原始符號與古文字材料進行比較研究，進而探討我國新石器時期各種符號的性質及其與文字起源的關係，這樣才有可能更爲接近漢字起源和發展的歷史真實。

（二）關於漢字性質的研究。上個世紀七十年代末以來，有很多學者對漢字的性質提出了新的看法，主要有三種觀點：意音文字、表意文字、語素—音節文字。裘錫圭主張漢字的性質應當由漢字字符的性質來決定，並認爲漢字早期階段（隸變以前）基本上是使用意符和音符的一種文字，可以稱爲意符音符文字；隸變以後由於漢字裏的很多意符、音符，已經變爲既無表意作用也無表音作用的“記號”，這時的漢字可以稱爲意符音符記號文字[②]。裘氏之後，又有許多學者

---

① 張居中、王昌遂：《試論刻畫符號與文字起源——從舞陽賈湖契刻原始文字談起》，《中國書法》2001年第2期。

② 裘錫圭：《文字學概要》，第10—20頁。

對這一問題展開討論，如李文《再論漢字的性質》(《南京師大學報》1997年第2期)、陳淑梅《論判定漢字性質的標準及漢字的構意性質》(《語文建設》1998年第8期)、張玉金《論文字的性質》(《遼寧師大學報》2001年第5期)、龔嘉鎮《論漢字的性質、功能與規律》(《文字學論叢》第二輯，崇文書局2004年版）等，一些通論性的文字學著作也都涉及這方面的討論。有學者認爲從不同的角度可以給漢字以不同的定性，如根據漢字記錄漢語的方式、漢字符號的形態等，都可以得出不同的結果。通過對漢字性質的討論，推進了對漢字的構形、漢字符號的功能和作用、漢字與漢語的特殊關係、文字記錄語言的方式和手段等問題的探討，有利於認識的逐步深化和統一①。

（三）關於漢字構形方式的研究。漢字結構或構形方式的研究，從上個世紀三十年代以來就開始分成兩個主要方向：一是遵循傳統"六書"理論而進一步嚴密完善，或鉤沉"六書"本義，或探討歷代《說文》學家對"六書"的看法；二是根據出土的古文字材料對漢字的構形方式提出新說，以突破《說文》的傳統。

八十年代以來，有影響的代表性說法主要是裘錫圭"表意字、假借字和形聲字"新三書說②。不過許多學者仍認爲，漢字最基本的構形方式主要是象形、指事、會意和形聲四種。也有少數學者在此基礎上作出更細的新的分類，但並不能改變以上兩個基本方向。由於地下資料的運用和研究視野的擴大，對一些構形方式的具體分析研究較以往更加系統深入，如關於形聲字、會意字的研究③。

王寧提出漢字構形的基本元素是形位。形位是由個體字元中依層次切分出來的最小的，具有獨立的表現和區別造字意圖功能的構

---

① 參見鄭振峰《20世紀關於漢字性質問題的研究》，《河北師大學報》2002年第3期。

② 裘錫圭：《文字學概要》第六、七、八、九部分。

③ 黃德寬：《古漢字形聲結構論》，黄山書社1995年版；《論形聲結構的組合、特點和性質》，《安徽大學學報》1997年第3期；《同聲通假：漢字構形與運用的矛盾統一》，《中國語言學報》第九期，中華書局1998年版。李國英：《小篆形聲字研究》，北京師範大學出版社1996年版。石定果：《說文會意字研究》，北京語言學院出版社1996年版。

形單元，其中大部分是獨體字（成字構件），少部分是不成字的繪形或指事符號（非字構件）。她以其理論指導研究生對不同時期的漢字構形情況作了比較系統的查測研究工作，並出版了漢字構形史研究叢書①。

此外，還有一些學者從不同角度對漢字結構類型和構形模式提出新説，這無疑也是很有價值的探索②。

（四）關於漢字發展演變的研究。對漢字發展演變的研究，近年來已經突破了長期以來衹注重描述形體發展的局限，開始致力於揭示漢字内在的發展變化。

在字體形態發展研究方面，出版了趙平安《隸變研究》（河北大學出版社 1993 年初版、2009 年再版）、劉志基《漢字體態學》（廣西教育出版社 1999 年版）等論著。依據出土的文字資料，給單個漢字和漢字系統建立歷史發展檔案、描述其發展演化軌跡並揭示其發展規律是漢字發展研究的新進展，先後出版了王蘊智的《殷周古文同源分化現象探索》（吉林人民出版社 1996 年版）、何琳儀的《戰國文字聲系——戰國古文字典》（中華書局 1998 年版）、郝士宏的《古文字同源分化研究》（安徽大學出版社 2008 年版）等著作。我們編纂的《古文字譜系疏證》（商務印書館 2007 年版）等，在建立古漢字發展沿革譜系、分析漢字分化孳乳方面進行了較爲全面的探討。

漢字的發展還體現爲構形方式系統的演進，從歷代漢字發展演變的實際出發，我們曾指出：構形方式隨著漢字體系的發展而發展，在漢字發展的不同歷史層面，各個構形方式的構形功能是不一樣的。構形方式之間此消彼長，互爲補充，構成一個動態演進的系統。通過對每一時代新增字結構類型的分布分析，可更進一步驗證漢字構形方

① 王寧：《漢字構形學講座》，上海教育出版社 2002 年版。王寧主編的“漢字構形史叢書”也由上海教育出版社陸續出版，收入該叢書的多爲其指導的博士生完成的學位論文。

② 可參閲余延：《20 世紀漢字結構的理論研究》，《漢字文化》1997 年第 3 期；沙宗元：《百年來文字學通論性著作關於漢字結構研究的綜述》，《安徽大學學報》2004 年第 2 期。

式發展演進的規律①。在這一理論指導下一些博士研究生考察分析了西周金文、春秋文字和戰國楚文字等不同時期的漢字構形情況，對各階段漢字發展尤其是構形方式系統的發展獲得了更爲科學準確的結論②。

劉又辛、方有國的《漢字發展史綱要》（中國大百科全書出版社 2000 年版）則是第一部全面研究漢字發展歷史的著作，作者對漢字發展史方面許多重要的問題發表了意見。

（五）關於漢字的比較研究。漢字理論探討的進一步深入，使得與不同文字體系進行比較研究成爲必要。饒宗頤的《符號・初文與字母——漢字樹》（香港商務印書館 1998 年版）利用大量新資料討論符號和文字的形成發展，“從世界的觀點出發”來探討漢字理論相關問題。聶鴻音《中國文字概略》（語文出版社 1998 年版）、王鋒《從漢字到漢字系文字》（民族出版社 2003 年版）從更廣闊的視野將漢字與中國不同民族的文字進行比較觀察。周有光的《比較文字學初探》（語文出版社 1999 年版）和王元鹿的《比較文字學》（廣西教育出版社 2001 年版）比較系統地探討了比較文字學的有關問題，爲漢字相關理論問題的進一步探討開闢了新的途徑，是兩部重要的比較文字學著作。喻遂生的《納西東巴文研究叢稿》（巴蜀書社 2001 年版）對漢字和納西東巴文也進行了專題比較研究，對漢字理論研究很有參考價值。王霄冰、迪木拉提・奧邁爾主編的《文字、儀式與文化記憶》收錄的國內外學者相關研究論文，對拓寬漢字比較研究的理論視野也富有啟迪意義。

（六）關於漢字闡釋研究。漢字闡釋是漢字研究的方法問題，也是長期未能引起重視的漢字研究的重要理論課題。我們從傳統文化對

---

① 黃德寬：《漢字構形方式：一個歷時態演進的系統》，《安徽大學學報》1994 年第 3 期；《漢字構形方式的動態分析》，《安徽大學學報》2003 年第 4 期。

② 見江學旺（南京大學 2001 年）、張靜（安徽大學 2002 年）、吳國升（安徽大學 2005 年）等人的博士學位論文。

漢字闡釋的影響等角度對這一問題開展了探討，先後發表了《漢字形義關係的疏離與彌合》（《語文建設》1994 年第 12 期）、《漢字闡釋與文化傳統》(《學術界》1995 年第 1 期)、《歷史性：漢字闡釋的原則》(《人文雜誌》1996 年第 2 期)等論文，並出版了《漢字闡釋與文化傳統》(中國科學技術大學出版社 1995 年版)，這些論著提出的問題引起了學術界的關注。

此外，近年來還出版了龔嘉鎮《現行漢字形音關係研究》（湖北人民出版社 1995 年版），張玉金《當代中國文字學》（廣東教育出版社 2000 年版），李萬福《漢文字學新論》（重慶出版社 2001 年版），黄亞平、孟華《漢字符號學》（上海古籍出版社 2001 年版）和張桂光《漢字學簡論》（廣東高等教育出版社 2004 年版）等，這些論著和文字學教材對漢字理論的研究也都有所裨益。

雖然近年來取得的這些成果爲進一步開展漢字理論與漢字發展研究奠定了較好的基礎，但是，毋庸諱言，與古漢字的考釋、古文字資料的整理研究等相比，漢字理論與漢字發展研究依然是一個相對薄弱的環節。一方面，歷代文字的新發現，顯示出不同時代漢字結構、運用和發展等方面的巨大變化，許多現象需要作出理論的解釋和研究，而這方面系統深入的研究工作卻不夠，漢字研究在理論上的突破和進展還不盡如人意；另一方面，漢字數千年來持續發展並沿用至今，成爲世界語言文字發展史上的奇跡，新發現的各個時代的漢字資料比較全面地呈現出不同時代漢字的原始面貌，客觀再現了漢字發展演進的歷史進程，然而令人遺憾的是，至今還沒有一部真正意義上的漢字發展史著作問世。

漢字作爲世界上唯一沿用至今的來源古老的文字，其獨特的結構特徵、豐富的文化內涵、悠久的使用歷史、歷久彌新的生命力，蘊含著一系列理論課題和巨大的理論價值。開展漢字理論與漢字發展研究，不僅是漢語言文字學學科和理論建設的需要，而且對弘揚中華民族偉大的歷史文化、推進世界語言文字研究都有重大意義。

開展漢字理論研究必然要依據歷代出土的文字資料，衹有對不同時代呈現的文字現象進行理論的探討，才能真正揭示漢字構成和發展的規律和特點，並在若干專題研究的基礎上，進行全面綜合的理論研究，最終構建能反映漢字實際的文字學理論體系。漢字理論與漢字發展兩方面的研究相輔相成，理論的研究依據對不同時代漢字發展的正確認識，漢字發展的研究越深入，資料發掘越全面，理論研究的成果就會越可靠；而正確的理論認識又會對發展的研究提供指導，使漢字發展的研究更好地揭示漢字發展演變的一般規律。

二　關於漢字發展史的分期問題

漢字體系在漫長的歷史發展過程中體現出階段性特點。漢字體系的發展，從延續性來看從來未曾中斷，它總是緩慢持續地進行著變革，古今漢字的聯繫性顯而易見；而從差異性來看，由於持續變革的積累，古今漢字的不同之處也是顯而易見的，從殷商到現代三千多年的發展中，漢字的發展呈現出階段性特點。我們既要看到聯繫性，也要看到差異性。揭示出差異性，就爲漢字發展階段劃分奠定了基礎。

對漢字發展階段劃分首先應明確劃分的依據。目前劃分漢字體系的發展，大體有三種依據：

一是形體依據，即根據漢字形體的特點和風格的變化來劃分漢字發展的階段。如裘錫圭在《文字學概要》中討論漢字形體的演變，以“古文字階段”（商代—秦代，前 14 世紀—前 3 世紀晚期）和“隸楷階段”（漢代至今）將漢字發展分爲兩大階段[①]。“兩階段論”可以追溯到漢代，《說文解字·敘》就明確論述了“古文”與“今文”的區別，認爲“秦始皇初兼天下……罷其不與秦文合者”，而其時“初有隸書，以趨約易，而古文由此絕矣”。秦始皇以秦篆統一六國文字

① 裘錫圭：《文字學概要》，第 28 頁。

之時，隸書同時興起並最終取而代之。許慎的論述，表明漢代“古文”和“今文”作爲一個相對概念，已初步反映出當時對漢字發展階段的基本認識。漢字發展兩階段說爲學者廣泛認可。王力從字體和字式兩個角度論述漢字的發展，以秦代爲分界，認爲隸書的出現是個標誌，“由小篆到隸書，不但字體變了，連字式也變了”①。以秦代和秦隸爲分水嶺，將漢字分爲“古文字”和“今文字”（隸楷）階段的還有其他不少學者②。陳世輝、湯餘惠將漢字的發展描述爲“篆體（甲骨文—小篆）→隸體（兩漢隸書）→楷體（真書，隋唐以後通行）”③。這是在兩階段說基礎上，將隸書作爲一個階段劃出，突出了隸書的獨特性及其在漢字發展史上的重要地位。

二是結構依據，即根據漢字構造方法的變化來劃分漢字發展的階段。劉又辛認爲：“衹有文字構造方法的變化，文字構造類別數量的變化，才能說明漢字的本質變化。”④主張將漢字發展分爲：（1）圖畫文字階段（商代以前），（2）表音文字階段（甲骨文到秦代）⑤，（3）形音文字階段（秦漢到現代）。劉氏認爲，秦漢文字的特點，就是大量漢字演變爲形聲字，《說文》形聲字占80%以上，成爲第三階段。按照這種劃分，漢字的發展從商代到現代實際上衹有兩個階段，也就是裘錫圭所說的“古文字階段”和“隸楷階段”。

三是功能依據，即根據漢字記錄漢語的功能變化來劃分漢字發展階段。如楊潤陸根據漢語史分期將漢字發展分期爲：上古（前18—3世紀；商—漢）、中古（4—14世紀，六朝—唐宋）、近代（13—20世紀初，元明清）、現代（1919—現代，“五四”以來）四個時期⑥。

---

① 王力：《漢語史稿》，中華書局1980年版，第43頁。

② 參閱李萬福《漢文字學新論》第三章“漢字的發展”的引述和討論，重慶出版社2001年版。

③ 見所著《古文字學概要》，福建人民出版社2011年版，第9—13頁。

④ 劉又辛、方有國：《漢字發展史綱要》，第322頁。

⑤ 他認爲：第二階段叫“假借字階段”（商代－秦始皇），這一階段假借約占70%，表形字衹占20%，形聲字10%，也可以叫“表音文字階段”。

⑥ 楊潤陸：《現代漢字學通論》，长城出版社2000年版。楊氏漢語史分期依據向熹《簡明漢語史》，見該書第40—44頁，高等教育出版社1993年版。

或認爲古代漢字記錄古代漢語，現代漢字記錄現代漢語。

我們認爲，劃分漢字歷史發展階段應該綜合考慮形體、結構和功能變化的實際情況，以任何單一形體、結構或功能標準作爲劃分漢字歷史發展階段的依據，都是有困難的。

單一形體標準將漢字發展分爲“古”（古文字）和“今”（隸楷）兩大階段，從商代到當代，顯得過於籠統，不能全面反映出漢字發展過程中體系內部的各種變化和實際功能的調整。

單一結構標準，一是由文字發展一般規律推論而來，二是不符合漢字構形（包括用字）的歷史實際。劉又辛認爲：商代以前，按通例是“圖畫文字階段”；商代甲骨文70%是假借字（表音字），到秦代依然是以表形爲基礎（象形、指事、會意），表音文字爲主體（假借）；到秦漢形聲字爲主體後，進入到形音文字階段①。劉氏從1950年代提出假設，到論著《漢字發展史綱要》的出版，數十年（約40年）未改變其認識。問題是：(1)“圖畫文字階段”是沒有充分根據的虛擬；(2)商—秦爲“表音文字階段”（假借時期）劃分的依據並不是充分的，這種劃分也沒有堅持他自己聲稱的“結構”（構造方法）標準，而是進入文字使用層面（假借）；(3)秦漢以後進入“形音文字階段”不合乎漢字發展實際，形聲字的大量出現始於西周（以新增字分析爲據，見下文）；(4)“三階段”說與按形體劃分的“二階段”說並無實質差異，顯然還是“形體”劃分標準在發揮影響。

單一功能標準重視了漢字功能的變化，問題是“根據漢語史對漢字”進行分期，主要依據不是漢字體系自身變化情況，這種劃分的最大弊端是將漢字作爲完全的附屬物，忽視了文字學本體意義上的漢字分期的必要性與可能性。

我們認爲，對漢字發展階段的劃分，可以在上述說法基礎上進

① 劉氏1950年代《從漢字演變的歷史看文字改革》（《中國語文》1957年第5期）一文認爲：漢字演變的歷史可分爲“表形時期、假借時期、形聲時期”等三個時期。

一步改進，以形體爲基本依據，綜合考慮漢字結構的發展，尤其是漢字功能的實際變化。如果將漢字的形成納入考慮的視野，漢字的形成和發展大體可分爲四個階段：

（1）史前文字階段（新石器晚期—夏代）：作爲原始文字的符號還不系統完善，雖然具備傳情達意的初步功能，還没能發展到記録語言中詞語的階段，是一種輔助性的表意符號。經歷漫長發展，大量新石器時期的刻劃符號和圖形符號的積累，以及傳情達意功能的逐步完善，爲漢字的產生奠定了基礎，到公元前 21 世紀前後漢字體系基本形成。

（2）古代漢字階段（夏代—秦代）：夏代漢字大概已經發展到成熟文字階段，目前可見的成體系的文字資料是商代後期的甲骨文。經歷殷商、西周的發展以及戰國時期的劇烈變化之後，到秦代小篆形體形成，古文字階段趨於終結。戰國期間，體現漢字古今轉變的典型形體——隸書在秦系文字中逐漸孕育產生。古代漢字階段，形聲結構方式逐步發展到爲主甚至成爲唯一的構形方式。這個時期的漢字適應了記録上古漢語的需要。

（3）近代漢字階段（漢代－清代）：秦漢之際，漢字經歷了從古代向近代的轉變，到漢代以隸書的形成並作爲正體爲標誌。兩漢期間，隸書經過正體化之後開始向新隸體過渡。從魏晉到隋唐，楷書形體風格逐步形成並發展到成熟階段。自此之後，漢字形體一直保持穩定，直到清末没有發生根本性變化。近代漢字的發展大體上與上古漢語向中古、近代漢語發展相一致，適應漢語發展的需要，漢字由記録上古漢語的詞逐步演變爲主要記録中古、近代漢語的語素①。

（4）現代漢字階段（20 世紀初葉以來）：這個階段漢字形體以楷書爲基本形態，隋唐以來發展完善的楷書字體繼續傳承使用，簡化字

---

① “近代文字”的概念見唐蘭《中國文字學》第 8 頁。朱德熙、張涌泉都使用了這個概念。參看張涌泉《大力加強近代漢字研究》，刊於《浙江教育學院學報》2003 年總 64 期。

逐步獲得正體字地位。1950年代之後，逐步形成繁體字與簡化字二元並存的漢字使用格局。漢語書面語由文言爲主發展成爲白話文，漢字的功能和屬性相應調整，現代漢字以記錄現代漢語爲主要功能，由字—詞的一致性（書面）或部分一致（記錄古白話），轉化爲字—語素的一致性，漢字適應記錄現代漢語的需要，完成了從“詞字”向“語素字”的轉變。

關於漢字發展歷史階段的研究，應該注意以下幾點：（1）漢字發展分期所依據的形體標準與功能標準並不完全吻合；（2）形體發展分期是相對的，任何階段性的形體發展都有一個相當長的過渡期，如從古代漢字到隸書、隸書到楷書以及繁體字到簡化字的形成，形體的漸變性決定了過渡狀態的存在；（3）漢字的傳承與發展相互交織，傳承是主要的，發展是緩慢的，漢字體系中新舊要素（新舊字、新舊形）都有一個共生共存的時期；（4）漢字結構（構造方法）的演變是客觀存在的，但是不足以成爲分期的主要依據，因爲在漢字體系處於快速發展和成熟階段，構形方式必須優先發展完善。

三 出土新材料與漢字發展研究

從東漢《說文解字》問世近兩千年以來，爲何還沒有出現一部全面描述漢字發展歷史面貌，系統總結其發展規律的漢字發展史著作？究其原由，漢字歷史悠久，其發展演變使得形體結構古今懸隔，傳世資料尚無法爲漢字發展史研究提供充分的材料。20世紀之前，人們除從傳抄古文、《說文》籀文或偶爾發現的彝器銘文、殘章斷簡等有限的資料中窺知先秦文字的梗概外，總體來說，對先秦古文字是一片茫然，就連東漢許慎都感歎：隸變之後“古文由此絕矣！”許慎之後，文字學者對漢字的研究難以跳出《說文》藩籬，研究的材料、理論和方法主要囿於《說文》，包括對漢字發展的歷史描述也超越不了許慎；他們對《說文》之前的材料所知甚少，對《說文》以後的材料（如隸書、楷書）又關注不夠。19 世紀末到 20 世紀，是出土文獻和文字新發現的時代，也是文字學和古文字學研究的繁榮時代。但是一百多年過去了，漢字發展研究雖然取得了許多成就，卻依然未能出現全面系統的研究成果。這是由於古文字新材料的考釋和辨認工作異常繁難，學者主要致力於古文字資料的整理、單字的考釋或專題研究，尚未及進行全面系統的綜合研究；同時對近代文字（隸、楷階段）研究的冷落也影響了漢字發展史的研究。所以，20 世紀依然未能出現一部全面系統的漢字發展史研究著作也是情有可原的。

研究漢字發展必須貫通古今漢字，誠如張涌泉所言："近代漢字研究和古文字研究是車之兩輪、鳥之兩翼，缺一不可。"① 漢字發展的歷史資料，時代越近保存越多。隸書以來的近代漢字資料可以說是極其豐富的，除傳世的各種刻版圖書、手書文字資料外，還有上世紀以來發現的西陲漢晉簡牘、敦煌遺籍、吳國竹簡（湖南長沙），以及存世的大量碑石銘刻和民間契約文書（如徽州契約文書存世的約有三十多萬件，主要爲明清時代手寫）等文字資料。就漢字發展史研究而言，這一時期的研究條件最爲充分。

我們所開展的漢字理論與漢字發展研究將重點放在了古漢字階段。之所以如此，主要基於以下幾方面的考慮：一是關於漢字起源或形成之前的資料有限，雖然新石器晚期的一些文化遺址也有不少重要的發現，但由於資料稀缺，很多問題尚處於探索階段，有待更多新材料的問世，才有可能開展較爲全面深入的研究；二是自殷商以來漢字經歷了三千多年的發展，問題複雜，資料龐雜，進行漢字發展史的全面研究，依靠少數人在短期內顯然是無法完成的；三是目前能看到的成系統的最早文字資料主要是殷商時期的甲骨文和青銅器銘文，這爲古漢字發展研究提供了可靠的起點和材料基礎，而整個古漢字階段新發現的各種文字資料極其豐富，也爲開展漢字理論與發展研究提供了

① 張涌泉：《大力加強近代漢字研究》，《浙江教育學院學報》2003 年總 64 期。

可能；此外，古漢字階段正是漢字體系發展成熟的關鍵時期，對漢字理論與發展研究而言也是最爲重要的一個時期，漢字理論與發展的許多關鍵性問題，衹有通過對這一階段的漢字進行深入研究才有可能獲得基本的認識。至於近代和現代漢字發展的問題，我們將在後續的研究中逐步開展。

古代漢字階段的漢字發展研究，跨越夏代至秦代（公元前21世紀—前3世紀末）這樣一個較長的時段，而至今可以確定的夏代文字資料極其有限，即便是商代前期的文字資料也不足以全面反映當時漢字發展的實際，因此，關於古漢字階段的漢字發展研究，我們實際上所能進行的衹是商代後期到秦代的漢字發展研究。

商代到秦代的古漢字又可以劃分爲幾個時期，唐蘭曾分爲商代、兩周(至於春秋末)、六國和秦四系[①]，裘錫圭在此基礎上調整爲商代文字、西周春秋文字、六國文字、秦系文字四類[②]，我們進一步劃分爲商代文字、西周文字、春秋文字、戰國文字和秦文字五個類別。這樣劃分不僅是根據這個階段各時期漢字體現的特點，也考慮到不同時期漢字發展演變的實際情況。春秋文字上承西周下啟戰國，新出資料日益增多，考察春秋文字的發展情況，對準確揭示西周文字在這一時期的演變和戰國文字的發展脈絡具有重要意義，有必要單獨列出討論。秦文字既包括西周晚期和春秋戰國的秦系文字，也包括秦統一六國之後的秦代文字。考察秦文字的發展，還需要關注新出的秦至漢初的漢字資料以及《説文解字》小篆系統，這是因爲，一方面小篆雖然是古漢字的終結形態，但在漢代依然延續使用；另一方面戰國晚期形成於秦國的隸書，直到西漢早期還處於發展過渡狀態。因此，我們所考察的秦文字的發展情況，既要向上追溯到春秋戰國的秦系文字，也要向下延伸到漢代早期漢字發展使用的情況。

---

① 唐蘭:《古文字學導論》，第33、315頁。
② 裘錫圭:《文字學概要》，第40頁。

20世紀以來古代漢字的一系列重要發現，爲我們全面展示了自殷商晚期以來到隸書形成各個時期的漢字歷史面貌，使漢字發展研究先秦資料不足的局面有了根本的改變。這些資料主要有：

1. 商代文字。商代前期的文字資料雖然相對較少，但近年來也有一些陶文和甲骨文珍貴資料的發現。由這些零星的材料進而討論殷商甲骨文之前的商代文字，並探討漢字的起源問題也是漢字發展研究需要重視的問題。商代後期的文字資料以殷墟甲骨文和殷商青銅器銘文爲代表。殷商甲骨文目前已發現十餘萬片，從武丁時代到帝辛時代的文字構形、發展和使用情況大體得到較爲全面的展現。雖然甲骨文有著專門用途，參考同時代的青銅器銘文，我們還是可以作出上述判斷。從鄭州小雙橋新出商代中期的陶文資料看，殷墟甲骨文是漢字經歷漫長持續發展已進入成熟階段的產物，完全可以作爲商代晚期漢字發展史研究的樣本①。

2. 西周文字。西周甲骨文的發現，使周初文字的面貌重現天日，並且證實西周文字與殷商文字一脈相承，這對漢字發展史的研究意義十分重大。西周文字以青銅器銘文爲代表，近百年來尤其是新中國建立以來青銅器銘文有許多重大發現，從記載武王克商的利簋、成王五年初遷宅於成周的何尊到記載夏禹事跡的豳公盨，從長安張家坡西周墓地、北京琉璃河燕國墓地、山西曲沃北趙村晉侯墓地到河南三門峽上村嶺虢國墓地出土的青銅器群，以及從陝西扶風莊白村、齊家村、召陳村、強家村到岐山董家村和眉縣楊家村等多處窖藏青銅器，爲我們提供了大批時代明確的青銅器銘文資料。1994年出齊的《殷周金文集成》（包括殷商、春秋和戰國金文）收集殷周青銅器銘文達11983件，該書收錄器物時間下限爲1988年，此後新出的青銅器銘文又多達1500餘件②。其中的西周銘文資料是研究這個時期漢字發展

① 宋國定：《鄭州小雙橋遺址出土陶器上的朱書》，《文物》2003年第5期。

② 劉雨、盧岩編著：《近出殷周金文集錄》；劉雨、嚴志斌編著：《近出殷周金文集錄二編》；鍾柏生等編：《新收殷周青銅器銘文暨器影彙編》。

歷史的最爲可靠的第一手資料。

3. 春秋文字。春秋文字資料主要是金文，秦石鼓文、晉盟書等也都是具有重要價值的春秋文字資料①。春秋金文多屬諸侯國鑄器，不像西周那樣有許多長篇巨製。近年來春秋文字新材料不斷出土，極大地豐富了我們對春秋文字發展情況的認識。

4. 戰國文字。戰國文字資料除鑄刻於青銅器物上的金文以外，載體多種多樣。璽印、貨幣和陶器上的文字數量衆多，特别是大量楚簡文字資料的發現，使戰國文字的重要地位得到凸現。戰國文字雖然字形簡率、地域風格變化較大，但是可以與傳世的戰國古文或先秦文獻進行比較互證。這些資料體現了漢字在這一時期的複雜應用情況和快速發展演進的實際面貌。

5. 秦漢文字。這裏所説的秦漢文字，主要指秦到西漢早期的文字資料。戰國秦系文字在秦統一六國後成爲漢字正體，小篆成爲規範六國異文的標準字形。實際上從戰國時期開始漢字就在經歷著以秦系文字爲基礎的隸變過程，到西漢早期隸書依然處於這一發展完善過程之中。隸書的形成完成了漢字形體的古今轉變，是漢字發展史研究最爲重要的課題之一。秦漢文字資料除石刻、金文、璽印、陶文和傳世的小篆外，就是大批新發現的簡牘帛書文字資料，如睡虎地、里耶秦簡和馬王堆、銀雀山簡牘帛書等。這些重大發現爲揭示漢字古今轉變的歷史面貌及其發展規律提供了完整系統的資料②。

由此可見，至少從商代晚期到漢代早期古文字新發現已爲我們提供了完整、系統的資料，這些資料使得當前進行全面系統的古漢字發展研究具備了可能。

---

① 石鼓文和侯馬盟書具體年代尚有爭議，我們同意它們屬於春秋時期的意見。

② 秦漢文字資料具有古今過渡性特點，正如裘錫圭所説："如果把戰國晚期到西漢早期劃爲古文字和隸楷兩個階段之間的過渡階段，也許更符合漢字字體發展的實際情況。"見《文字學概要》，第40頁。

四　漢字發展研究的基礎性工作

漢字發展情況十分複雜，祇有從一些基礎性的研究工作做起，才能爲科學的漢字發展史研究奠定扎實的基礎。

（一）要建立漢字發展研究的基本理論構架

面對紛紜複雜的漢字發展現象，從哪些方面入手才能準確揭示漢字體系的實質性發展，或者説我們需要建立一個什麼樣的坐標才能確切衡量出漢字體系的實質性發展演變，這是漢字發展研究必須面對的首要問題。從現有涉及漢字發展研究的論著看，對這個問題似乎還没有形成明確一致的意見。許多論著將漢字發展的描述僅僅限定在漢字形體發展的層面，這是遠遠不夠的。我們認爲建立漢字發展研究的理論構架，需要兼顧漢字體系的宏觀和微觀、表層和深層、局部和全局等不同方面。

一是漢字形體發展的客觀描寫。歷代漢字形體的發展變化最爲直觀明瞭，也是漢字發展研究依託的基礎。漢字形體發展的描寫不僅要總體上劃分漢字發展的不同階段，還要具體分析漢字形體發展中産生的省減、增繁、變異、訛變等現象，並揭示漢字形體發展演變的一般規律。

二是漢字結構發展演變的動態分析。漢字結構涉及到構造方法和結構類型兩個密切相關而又不完全相同的問題。前者是指漢字符號生成和構造的方式，後者是對相同結構特徵漢字的分類概括。漢字構造方式是一個歷時態演進的系統，其發展演變表現在漢字體系中就是不同結構類型漢字分布的數量的變化。因此，在描寫漢字形體發展演變的同時，還要揭明漢字構造方法的深層發展變化[①]。初步研究顯示，漢字結構方法的發展受漢字形體發展的影響，但是漢字形體和結構發展並不是完全同步的。

三是漢字使用情況的全面考察。漢字數千年來沿續使用，漢字的發展變化則是其適應使用需求而不斷變化的結果，不同時期漢字使用的客觀實際直接體現了漢字的發展演變。與上一個時代相比較，漢字在某一時代使用過程中出現的各種新要素，是判斷漢字體系發展的重要觀測點。比如，從漢字體系整體發展的角度看，不同歷史階段在有些漢字退出使用領域的同時，又會產生出一批新字。這些新字的構造方法、記錄詞語和使用的情況，較爲集中地體現了漢字體系新的發展趨勢。因此，對一個時代淘汰字和新增字的分析研究是漢字發展研究的一個重要的切入點。漢字發展研究要注意通過動態比較分析，全面掌握某一時代漢字使用總量的變化，並將傳承字、新增字、淘汰字的實際情況以及各個字使用的頻率列爲基本的內容。漢字功能的變化調整也是在使用層面展現出來的，這主要表現爲字詞關係和字際關係的調整變化。同時，不同時代出土文獻在文本層面展現的漢字書寫現象也反映著漢字使用的狀態，如文本的書寫特徵以及因書寫原因造成的訛誤、類化、重文、合文乃至美飾（增飾筆畫、變形體、鳥蟲書）等現象，都需要進行深入的考察和分析。

四是影響漢字發展的相關背景研究。漢字的形成和發展有其獨特的歷史文化背景，哪些背景要素對漢字發展產生過直接或間接的影響，是漢字發展研究不能不予以重視的。漢字與中華民族博大精深、源遠流長的歷史文化關係異常複雜，在漢字形成時期（從起源到成體系）、發展和轉變時期，無不深受歷史文化背景變遷的影響。這種影響既有思想觀念層面的，也有物質文化層面的，需要做系統深入的探

① 黄德寬：《漢字構形方式：一個歷時態演進的系統》，《安徽大學學報》1994年第3期；《漢字構形方式的動態分析》，《安徽大學學報》2003年第4期。

討和揭示。

（二）要以斷代文字研究爲基礎

梳理清楚每一個時代的文字情況，是漢字發展研究的基礎和前提工作。近百年來出土的各種古文字資料，已經由學者作了較爲全面的研究和整理，比如各種古文字原始資料的整理公布、文字的辨認和考釋、各種字編和字表的編纂等工作，都取得了突出的成績。這些爲漢字的斷代研究創造了較好的條件。事實上，目前從純文字學角度進行的斷代研究還做得十分不夠，對各個時期漢字的基本面貌還缺乏精確而全面的揭示和描寫，真正意義上的斷代文字學研究還沒有完全開展起來。在一個合適的理論框架基礎上進行各個時期的斷代研究，是漢字發展研究的當務之急。

（三）要與斷代研究相結合開展主要專題研究

對一些漢字發展的關鍵問題逐一進行深入的專題研究，有利於更加準確地把握漢字體系的整體發展。在漢字形體發展方面，個體漢字字形流變史、古文字階段形體的定型、隸變的發生及其完成、形體演變中的增省變異等現象及其發生的原因等；在結構發展方面，不同結構類型的漢字發展變化、漢字不同構造方式構形功能的調整變化、結構內部的形音義關係等；在字際關係方面，漢字孳乳分化與發展譜系的建立、漢字應用過程中出現的替換、通用和互借等；在漢字與相關背景關係方面，漢字與漢語的關係、漢字與中華文化的關係，等等。開展這些專題研究，必將使我們對漢字的發展獲得更爲全面和深入的認識。

如果我們重視以上三個方面的基礎性研究工作，就有可能從宏觀和微觀的不同層次上相對客觀地描述和揭示漢字數千年來發展演變的真實歷史。需要說明的是，出土文字資料作爲漢字發展研究最爲直接可靠的第一手材料，雖然客觀展現出不同時期漢字發展和使用的實際面貌，具有其他傳世材料無法比擬的優越性，但是，任何時代的出土材料都不可能是那個時代漢字發展和使用情況的完整而全面的記錄，出土材料實際上衹是我們在當前情況下所能獲得的關於某個時代漢字發展和使用情況的樣本。因此，所有依據出土材料而開展的漢字發展研究，衹是立足於所能見到的材料來進行的探討分析，尤其是各項統計分析，衹是爲了總體上反映漢字發展的基本趨勢，並不就是不同歷史時期漢字發展使用情況在數量上準確無誤的描述。

五　開展漢字發展研究的重要意義

開展漢字發展研究的首要意義，就是有利於更好認識漢字發展的歷史規律，促進漢語文字學的理論建設。比如，經過初步研究，我們從漢字發展角度認識到以下幾點：

一是漢字發展的延續性和漸變性。幾千年來，無論漢字體系還是漢字個體，其發展演變都是由微觀變化的積累，逐步形成宏觀的整體變化。漢字的每一筆一畫的變化、每一個偏旁部首的調整以及每一個新字的繁衍派生都是有跡可尋的。延續性和漸變性使漢字古今一脈相承，始終呈現出一種在穩定中求發展的狀態。劇烈的文字變革在歷史上從來都未曾發生過。這啟發我們，對漢字的改革調整必須遵循其延續性和漸變性，而不能憑主觀意願行事。

二是不同歷史階段漢字發展呈現出不同的特徵。就現在所能看到的材料，大體上可以說，殷商到西周早期的漢字發展以結構方式的不斷發展完善爲主，以形體綫條化和規整化爲輔，形聲到西周已成爲新增字的主要結構方式；西周中晚期漢字的發展則以形體的規整和定型爲主，以結構的調整爲輔；戰國到漢代隸書的形成，則以形體的筆劃化和劇烈演變爲主，以漢字體系內部的分化派生和分工的逐步定型爲輔。

三是漢字系統的層累性特點。漢字的數量之多一直是人們詬病的主要缺點之一。實際上，不同時代漢字使用的數量都是有限的，各個時代的常用漢字大體上保持在比較接近的範圍内。漢字數量之多是由於長期不間斷積累的結果，就一個時代保存的漢字而言，既有歷史上出現而一直使用的傳承字，也有當時出現的新增字，還包括歷史上曾經使用而事實上早已退出實際使用領域的漢字。不同時代產生的漢字的堆積，構成了一個時代漢字的總和。因此，漢字的層累性特徵使得它一方面數量繁多，另一方面又内涵複雜。長期以來，文字學研究忽視這種層累性，將產生於不同時代層次的漢字放在同一個歷史層面觀察，因而對許多漢字發展中呈現的現象無法做出科學的分析。利用現代考古學等科學手段和古文字資料，在斷代研究的基礎上，我們可以更好地認識漢字層累性特徵，進而更加準確地揭示漢字發展演變的規律和特點。

其次，開展漢字發展研究可以促進漢語發展史研究不斷走向深入和完備。漢字與漢語的關係是文字學和漢語史必須重點研究的課題之一，至今爲止漢字發展史研究一直還處於停滯不前的狀態，尚沒有一部真正意義上的漢字發展史問世，對世界上唯一持續使用並記錄數千年漢語史的漢字系統而言，這不能不説是一個很大的遺憾。作爲漢語的書寫符號系統，一方面漢字發展受漢語發展的制約和影響，另一方面漢語發展也與漢字特點的形成和發展密切相關。本課題研究的成果，不僅可以爲漢字發展史的全面研究奠定基礎，而且對漢語史的研究不斷走向完善也具有重要意義。

第三，開展漢字發展研究是中華文明史研究的重要任務。漢字的形成是中華文明形成的標誌之一，漢字在中華文明發展的歷史進程中發揮著難以估量的重要作用。深入開展漢字發展研究將會更好地認識中華文明史的形成和發展，因此，漢字發展史研究理所當然應該成爲中華文明史研究的重大課題①。

---

① 李學勤:《文字起源研究是科學的重大課題》,《中國書法》2001 年第 2 期。

第四，開展漢字發展研究也是適應漢字研究和應用的需要。漢字發展研究可以促進對不同時期漢字形體、結構和使用特點認識的深化，這對出土文獻的釋讀和古文字疑難字的考釋具有啟迪意義；運用漢字發展研究的成果，可以促進漢字教學水準的提高，以適應漢語漢字日益走向世界的需要；對漢字發展規律和特點的進一步揭示，可以爲科學制定語文政策提供借鑒。

第二章

商代文字（上）

在漢字形成和發展的歷史進程中，商代具有極其重要的地位。《尚書·多士》提到“惟殷先人，有册有典”，這是傳世文獻對商之先人已有典册的記載；殷墟甲骨文的發現，再現了商代晚期文字使用的真實情況；而商代考古取得的成就，尤其是鄭州商城、偃師商城等遺址的發現①，爲商代前期文字的探索提供了很好的背景資料。作爲中華文明史研究的重要課題之一，許多學者都非常關注漢字起源和發展問題的研究②。我們認爲研究漢字的形成和發展，以殷墟爲代表的商代晚期文字是一個可靠的起點。由殷商晚期追溯到前期，進而對商代整個漢字的面貌作出合理的推測，是探索早期漢字形成和發展的一條可能的路徑。

殷墟甲骨文發現百餘年來，研究者已形成普遍的共識：殷墟甲骨文是現在所知的漢民族最早的成體系的文字。從文字符號的構成來

① 杜金鵬、王學榮主編：《偃師商城遺址研究》，科學出版社2004年版；河南省文物考古研究所編著：《鄭州商城（1953—1985年考古發掘報告）》，文物出版社2001年版。

② 自上世紀半坡文化等新石器陶文符號公布以來，裘錫圭、李學勤、饒宗頤、高明等都有論著發表。2000年10月中國殷商學會等單位發起召開“中國文字起源學術研討會”，30餘位中外學者聚集洛陽，專題研討交流他們研究中國文字起源的成果。見《中國文字起源學術研討會略述》，《中國書法》2001年第2期。

看，甲骨文單字數已超過四千，具備了漢字構形的各種類型①；從文字的符號化程度來看，甲骨文“形體已經經過了符號化的改造，無論在綫條化還是在規範化方面，都已具備了相當的規模，文字形體的區別方式與手段已達到相當高的水準”②；從文字形體書寫形式來看，漢字直行和縱向書寫的格局甲骨文已基本確定③；從文字符號的功能來看，甲骨文字的符號功能已發展到能逐詞記錄殷商語言，並能表現語言的語法規則和特點（如語序、虛詞和基本句型結構等）。這些表明，甲骨文是一種經歷了較長時間發展、功能完備、成熟發達的文字符號體系，它不僅是現在可以見到的最早的成體系的文字符號，也是迄今爲止可以確定的漢字進入成熟階段的體系完整的文字樣本。這使我們有理由將它作爲推求商代前期漢字發展水準的基點④。

一　商代前期陶文資料的若干發現

甲骨文的發展水準爲我們推測商代前期（約前 17—前 14 世紀）漢字面貌提供了基礎，而地下文字符號資料的發現才是最爲重要的直接證據。由殷商甲骨文向上追溯，已公布的考古發現的相關資料主要有：小屯陶文、藁城臺西陶文、清江吳城陶文、鄭州二里崗和南關外陶文等，這些陶文在李孝定和裘錫圭等人關於漢字形成和發展演變的討論中，都已作過分析論述⑤。近年來，商代前期的文字資料又有重要的新發現，這裏有必要作一次全面的清理。

---

① 李孝定：《從六書的觀點看甲骨文字》，收入《漢字的起源與演變論叢》。趙誠：《甲骨文字學綱要》，商務印書館 1993 年版。沈建華、曹錦炎：《新編甲骨文字形總表》，香港中文大學出版社 2001 年版。

② 參閱姚孝遂《甲骨文形體結構分析》，《古文字研究》第二十輯。

③ 裘錫圭：《文字學概要》，第 40 頁。游順釗：《古漢字書寫縱向成因》，《中國語文》1992 年第 5 期。

④ 詳見下章對以甲骨文爲代表的殷商後期漢字發展的研究。

⑤ 參閱李孝定《漢字的起源與演變論叢》所收有關論文和裘錫圭《文字學概要》有關章節。

（一）小屯殷墟陶文

小屯殷墟陶文主要是1928年到1936年考古發掘所得，時代爲商代晚期，大體與甲骨文相先後。共有有字陶片82片，單字62個。經李孝定考釋，這些字可分爲七類：（1）數字；（2）位置字；（3）象形字；（4）人名或方國；（5）干支；（6）雜例；（7）未詳①。儘管這批陶文主要是商代後期的材料，而且與甲骨文相比數量有限並十分零散，但是通過對出現於漢字成熟階段陶文的特點及其與同時代通行文字關係的觀察，對我們探索商代前期文字，尤其是以陶文爲主的資料，將會有重要的啟迪。比如，這批陶文大部分刻在器唇上或外表近口處，少數刻在腹部或內表，也有刻在足內的。多以單字出現（也有兩字以上的，多的達7字），有的字是入窑前刻在陶坯上的，可能爲陶人所作；有的則是燒製成器後刻劃的，大概爲用器者所爲。與甲骨文比較考證，50多個可識字與甲骨文基本相同。在甲骨文已成爲成熟文字的商代晚期，陶文的使用仍以單個形式出現爲主，成行或兩字以上的極爲少見，字的形體與甲骨文大抵相同，內容以記數、標記位置和記名稱（人名、氏名、國名）爲主。這些啟發我們，早於殷墟的其他新發現的陶文資料，如具有以上相似特點，自然可以作爲它們所處時代漢字的樣本，進而推測它們與所處時代通行文字的關係。這就是我們要介紹並非商代前期的小屯陶文的理由。李孝定對史前陶文與漢字起源及演變的研究，顯然也在以上方面受到小屯陶文的啟發②。

（二）藁城臺西陶文

藁城臺西陶文發現於河北省藁城商代遺址，早於殷墟小屯陶文，

① 小屯陶文見《中國考古報告集之二・小屯殷墟器物甲編・陶器》，李孝定對這批陶文作了全面考釋，並在漢字起源與演變的研究論文中多次論述了這批陶文。其《小屯陶文考釋》及陶文拓片圖版和相關論文，均收入《漢字的起源與演變論叢》。

② 參閱《從幾種史前和有史最早陶文的觀察蠡測中國文字的起源》《再論史前陶文和漢字起源問題》《符號與文字——三論史前陶文和漢字起源問題》等文，均收入《漢字的起源與演變論叢》。

其時代早期相當於商代前期的二里崗上層與邢臺曹演莊下層之間，晚期相當於殷墟早期文化前段[①]。遺址早晚兩期居址中共發現77件陶器上刻有文字符號，文字符號都是未燒製之前刻劃，一般衹有一個單字或符號，也有兩個字和符號的。內容大致可分兩類：一類爲數字記號，如“一、二、三、四、五、六、七、八、九”等，似乎表明器物成套的關係；另一類是族氏和人名，如“臣、止、巳、己、豐、乙、魚、大、刀、戈”等。此外，尚有一些不識的文字符號[②]。季雲對1973年在臺西村商代遺址中獲得的12片陶文進行研究，並與鄭州、安陽所出商代陶文進行比較，認爲臺西陶文與殷墟同類陶文有一定承襲關係，推測臺西陶文基本反映了遺址時期通行文字的特徵。12片陶文有7件年代較早，較晚的4件也不會遲於殷墟早期。相對於發掘面積而言，陶文的分布也是相當密集的。因此，他認爲“臺西時期的文字正是殷墟文字的前行階段”[③]。藁城臺西陶文早於殷墟，其字形與甲骨文可以相互印證，使我們從殷墟之外看到了更早的文字資料，可由此推斷，河北藁城遺址的陶文是當時該地通行漢字的珍貴遺存。從陶文簡練的綫條、流暢而率意的書寫，可以略窺當時文字使用和發展的水準。

（三）吳城陶文

吳城陶文20世紀70年代初發現於江西省清江縣西南35公里處的吳城村。該遺址是長江以南的一處規模較大的商代遺址。遺址一期的時代相當於殷商中期的二里崗上層，二期相當於殷墟早、中期，三期相當於殷墟晚期。從1973年冬到1974年秋三次進行發掘，發現刻有文字符號的器物一期14件（1件採集），刻劃39個文字符號；二期16件，刻劃19個文字符號；三期8件，刻劃（或壓印）8個文字符

① 河北省文物管理處臺西考古隊：《河北藁城臺西村商代遺址發掘簡報》，《文物》1979年第6期。
② 河北省文物管理處臺西考古隊：《河北藁城臺西村商代遺址發掘簡報》，《文物》1979年第6期。
③ 季雲：《藁城臺西商代遺址發現的陶器文字》，《文物》1974年第8期。

號。三期共計發現刻劃在 38 件器物上的 66 個文字符號。這些文字符號有單字的，也有兩個以上文字符號組合的，最多的達 12 個文字和符號[①]。1975 年第 4 次發掘，又發現了一批文字符號，連同 1974 年冬、1975 年冬和前三次出土遺物中陸續發現的材料，據考古報告報導共有陶文 77 個，其中一塊陶片上有 11 個文字和符號，其餘大都是單字，刻劃或壓印兩個字的衹有兩三例。與前三次發掘相同的文字有“五、矢、在、戈、大”等，也有不少是新見的[②]。唐蘭對吴城文化遺址的性質和文字進行了探討，認爲商代清江可能是越族的居住地，吴城文字符號中一些截然不同於商周文字的，很可能是另一種已經遺失的古文字[③]。吴城遺址及其陶器和石範上的文字符號，是文字發展研究方面一批具有很高學術價值的材料，關係到對這個遺址性質的認識和文字符號的理解。如戴敬標認爲：吴城陶文是反映南方地區折草占卜的文字記録[④]。李孝定不同意唐蘭對這批陶文的看法，認爲：“當時吴城的居民，其語言文字和漢民族本就相近，其相異是文字未達到約定俗成以前的現象，其相同則是約定俗成的結果，這批陶文和前此的各期陶文，及後乎此的甲骨金文，原就是一系相承的。”[⑤]吴城陶文中確實有一部分與漢字差别較大，如一期泥質灰陶缽（74 秋 T7 ⑤：51）器底上的 7 個文字符號、泥質黄陶盂（74 秋 T7 ⑤：58）器底上的 5 個文字符號，“作風比較獨特，似乎不屬於商文化的系統”[⑥]。但是，有許多陶文無疑屬於商代漢字系統，其中一些可與臺西陶文相印證，一些可與商代晚期甲骨文和青銅器銘文相比勘。在我們看來，可能的情

① 江西省博物館等：《江西清江吴城商代遺址發掘簡報》，《文物》1975 年第 7 期。

② 江西省博物館等：《江西清江吴城商代遺址第四次發掘的主要收獲》，《文物資料叢刊》第 2 輯，文物出版社 1978 年版。

③ 唐蘭：《關於江西吴城文化遺址與文字的初步探索》，《文物》1975 年第 7 期。

④ 戴敬標：《南方古代占卜初談——兼談對吴城陶文的識辨》，江西省考古學會成立大會暨學術討論會論文（1986 年）。

⑤ 李孝定：《再論史前陶文和漢字起源問題》，《漢字的起源與演變論叢》，第 217 頁。

⑥ 裘錫圭：《文字學概要》（修訂本），第 32 頁。按：《文字學概要》一書修訂本内容有所增補，本書引用時凡涉及内容調整的以修訂本爲準，沒有變化的依然根據 1988 年版本。

況是當時的清江地區既通行商代的漢字，接受商代文化的強大影響，也保留著地方文化的某些要素，包括長期生活在這個地區的人民所創造的文字。我們更爲重視的，是在商代中期就已經使用並延續到商代晚期的與商代文字有關的陶文。這些陶文中最引人注目的當是一期泥質黃釉陶罐（74 秋 T7 ⑤：46）肩部一周的文字和泥質灰陶缽（74 壩基西區取土採集）器底上的文字，它們是成行的，前者有 8 個字，後者有 4 個字，似乎可以連讀。陶罐實際共有 12 個文字和符號，還有 4 個較小符號刻在上方弦紋中，似乎不是文字。唐蘭認爲這個陶罐的文字與商周文字無疑是一個體系，並將其中的幾個字釋作“止、豆、木、帚、十、中”等[①]。李學勤試讀爲“帚臣燎豆之宗，仲，七”，懷疑“帚”是地名,“燎豆”是人名，這是一件祭器[②]。這個解釋作者後來又有所改變。陶文的釋讀還涉及順序問題，趙峰主張以“中”字爲句首。蕭良瓊認爲可讀爲“中宗之豆，燎臣帚，七”。“中宗”就是仲丁之子祖乙,“燎臣”是官名,“帚”與見於甲骨文中與“我”相近的南土方國“帚”有關，在今清江吳城附近[③]。饒宗頤認可蕭良瓊的讀法，將這片成句的陶文重新標點爲:“中宗之豆，燎。臣帚七。”[④] 另一件採集所得的重要器物一期灰陶缽底上的 4 個字是分兩行排列的。唐蘭考釋左行爲“帚田”，指出“卜辭文字常用帚作婦字”；右行後一字可能是“且”字,“商代常用且來代表祖字”[⑤]。李學勤曾釋作“帚田人土”，猜想“帚”是地名,“田人”即官名“甸人”,“土”是人

① 唐蘭:《關於江西吳城文化遺址與文字的初步探索》,《文物》1975 年第 7 期。

② 李學勤:《談青銅器與商文化的傳布》，原載 1978 年 5 月 1 日香港《大公報》，收入《新出青銅器研究》。

③ 參閱蕭良瓊《吳城陶文中的“帚”與商朝南土》一文，李學勤、趙峰說也見該文所引，收入《盡心集》，中國社會科學出版社 1996 年版，第 92—97 頁。

④ 饒宗頤:《符號・初文與字母——漢字樹》，香港商務印書館 1998 年版，第 57 頁。

⑤ 唐蘭:《關於江西吳城文化遺址與文字的初步探索》,《文物》1975 年第 7 期。

名[①]。蕭良瓊將陶文理解爲“在帚地的甸人之官在社廟用的祭器”[②]。儘管對這兩件陶器的文字讀法和理解還可以討論，但是有兩點已成爲共識：一是它們屬於與甲骨文一個系統的商代中期的文字，二是器物和文字記錄的內容與祭祀活動有關。除這兩件文字可以成句的陶器外，刻有兩個字的紅色粉砂巖石範（74ET13H6：23）也很重要，殷墟卜辭中讀作“又、有”的㞢字出現在石範上[③]。上述兩件陶器和石範上的文字顯示，吳城陶文不僅有記數和記族氏名的，更有記事性質的文字，這說明商代中期漢字就已進入成熟階段，並且這一點由當時漢字使用者和使用區域的廣泛性，可以得到進一步的印證。這些陶文絕大部分是在陶器成坯後，燒製或施釉之前刻劃上的，字形草率急就，顯然是出自陶工之手；吳城地處長江以南，其遺存雖然保留了濃厚的地域色彩，但漢字的普遍使用反映出商王朝勢力擴展帶來的文化影響廣泛而深刻[④]。

（四）新幹陶文

新幹陶文1989年出自江西省新幹大洋洲鄉商代大墓。該墓出土陶器和原始瓷器完整的和復原的達139件，在折肩罐、原始陶甕、硬陶大口尊等陶器上刻劃有陶文，一般是單字，也有兩個字的，大部分刻在器肩部，也有刻在底部的，主要有“五、七、十”等數字，重複出現次數最多的是“戈”字，其字形與吳城陶文基本相同。另外還在XDM：511號硬陶折肩罐和Ⅰ式XDM：503號原始瓷折肩罐底部出現了一個“晶”字，在原始陶甕XDM：534和XDM：535兩器的肩

---

① 李學勤：《談青銅器與商文化的傳布》，原載1978年5月1日香港《大公報》，收入《新出青銅器研究》。

② 蕭良瓊：《吳城陶文中的“帚”與商朝南土》，收入《盡心集》，中國社會科學出版社1996年版，第92—97頁。

③ 見唐蘭《關於江西吳城文化遺址與文字的初步探索》圖六，這個字也發現於鄭州二里崗遺址，詳下文。

④ 參閱江鴻（李學勤）《盤龍城與商朝的南土》，收入《當代學者自選文庫·李學勤卷》，第110—120頁。

部出現“戈革（？）”兩字連寫的陶文[①]。這個遺存出土遺物十分豐富，其中青銅器達475件，玉器有754件（顆）之多，規格非常之高，墓主人可能是地位很高的統治者。新幹商墓有較濃郁的地方文化色彩，屬於清江吳城文化的組成部分，那些刻劃有文字符號的陶器與吳城二期所出相類，文字符號也大都相同，墓葬的時間相當於商代後期早段。新幹商代大墓的發現證明在吳城文化分布區域有著高度發達的文明，這種文明既有地方特色，也受到中原商代文明的强烈影響[②]。新幹陶文與吳城陶文的一致，既表明商代中原文明對地處長江以南的吳城地方文化的影響，也證明商代中期到商代後期早段漢字在這一區域内的廣泛使用和流行。這爲我們評價商代前期漢字的發展水準提供了一個新的參考。

（五）小雙橋陶文

小雙橋陶文發現於河南省鄭州市西北的小雙橋村商代文化遺址。該遺址1989年發現，1995年起進一步多次組織考古發掘，發現這是一處非常重要的商代中期都城遺址[③]，一些學者論證它就是仲丁所遷之隞都。鄒衡認爲遺址可初步分爲三期：第一期相當於二里崗下層偏晚，第二期相當於二里崗上層，第三期應屬於白家莊期。小雙橋遺址基本上是第三期遺址，大體相當於鄭州商城的末期，此時鄭州商城已處於廢棄階段，小雙橋繼之成爲新建商王的都城[④]。小雙橋遺址陶器上不僅發現了刻劃的文字符號，更重要的是發現了朱書文字。陶文刻

---

① 參閲江西省文物考古研究所等所編《新幹商代大墓》圖八三、八四、八五、八六、八七、八九、九〇等，文物出版社1997年版；“戈革（？）”釋文，參閲李學勤《新幹大洋洲商墓的若干問題》，原載《文物》1991年第10期，收入《當代學者自選文庫·李學勤卷》。

② 參閲李學勤（1991）《新幹大洋洲商墓的若干問題》。

③ 河南省文物考古研究所等：《1995年鄭州小雙橋遺址的發掘》，《華夏考古》1996年第3期。

④ 關於這個遺址是否爲都城意見並不一致，陳旭力主隞都説，並發表過多篇論文，鄒衡等也支持這一説法。參閲陳旭《鄭州小雙橋商代遺址即隞都説》（《中原文物》1997年第2期）、鄒衡《鄭州小雙橋商代遺址隞（囂）都説輯補》（《考古與文物》1998年第4期）等文，他們提出的建城時間以及考古學和文獻證據比較有説服力。

劃符號較爲簡單，有的位於豆口沿外面，有的位於缸口沿外側或缸底外側和缸底，有的位於盆口沿沿面；朱書陶文多書於小型缸表面，也有個別位於大型缸的口沿外側或小型缸的口沿內側、器蓋表面[①]。陶文符號刻劃比較簡率，當出自製器陶工之手，多爲數字或記號。朱書陶文則是一個重要的發現。宋國定《鄭州小雙橋遺址出土陶器上的朱書》公布了有關資料並進行了初步的研究。他按內容將書寫陶文分爲三類：一是數字，如“二、三、七”等；二是象形文字或徽記類，較多是與人體相關的象形字；三是其他類別[②]。這些陶缸主要是王室祭器，上面的朱書文字到底代表什麼意義，還需要作進一步的探討。這批陶文的結構和特點與殷商甲骨文、金文有明顯的一致性，殷商文字當是陶文代表的商代前期文字的進一步發展。陶文雖然數量有限，但大多可以與甲骨金文相比較印證。文字綫條簡練、勻稱，結體自然，行筆流暢，考慮到是用軟筆書寫，可以推斷書寫者已相當純熟地掌握了書寫技巧，表明當時文字發展和書寫的整體水準較高，早已脱離原始狀態。雖然陶文多以單字出現，但也有兩個字以上的，如 95ZXV 區 H43：21 號陶片上的文字至少是兩行 3 個字，95ZXV 區 T105 ③：01 號陶片弦紋之間也有 3 個字，惜殘損模糊，難以辨別。兩字以上連寫現象的出現，是它們可以記録語言的一個重要的綫索，這似乎透露，小雙橋遺址所處的時代，漢字已然成熟，發展到可以記録語言的水準，這一點對解釋吳城和新幹陶文提供的信息是非常有意義的。

（六）鄭州商城陶文

鄭州商城遺址自上世紀 50 年代初發現以來，取得一系列重大考古收獲。這個遺址有著豐厚的文化堆積，反映出這個地區從龍山晚期文化、洛達廟文化到商代文化的有序發展。鄭州商城遺址應屬於商代

---

① 參閲《1995 年鄭州小雙橋遺址的發掘》，刻劃陶文符號見該報告所附圖一九。

② 見《文物》2003 年第 5 期，第 35—44 頁。

前期都城遺址，其始建大約在二里崗下層二期，一直延續使用到二里崗上層一期和二期，廢棄時間應在二里崗上層二期（即白家莊期）偏晚階段①。鄭州商城是都城遺址應該是無疑義的，不過到底是哪一個都城目前意見還不一致②。鄭州商城陶文主要分布在二里崗期遺存之中，在下層二期的大口尊口沿內側刻有數十種陶文符號③；在上層一期的大口尊口沿內側也刻劃有陶文符號數十種④。這些陶文有一些是記數的數字，下層二期與上層一期不少是重複的，如“一、二、三、四、五、六、七、十”等；有些是象形字，如“矢、木、網、黽、臣、鳥”等；有些雖不可識，但應屬於文字一類。這些陶文符號是在商城建成和繁榮期陶器上出現的，主要是大口尊這類器物，從小雙橋陶文主要分布在祭祀用陶器上來看，這類大口尊也可能是祭祀用器，至少它們應是王室有比較重要用途的一類器物。就當前考古發掘和研究的結果看，鄭州商城稍晚於偃師商城而早於小雙橋遺址，鄭州商城在二里崗上層二期進入廢棄階段，恰好小雙橋遺址處於興盛期。小雙橋朱書陶文與鄭州商城陶文一脈相承。鄭州商城陶文是商代前期漢字的重要資料。符號刻劃剛勁嫻熟，率意之中流露出結體的謹嚴，如《鄭州商城》圖四四九之10、13、19，四五〇之2、7、15，五一六之11、16、17、18，五一八之14，五一九之4、7、11、14等。特別是圖五二〇之“臣”和“鳥”二字，雖然用硬質工具刻劃，但行筆的流暢和綫條的準確生動是顯而易見的。雖然這些文字符號都是單個出現（個別是兩個連書），但它們同樣都傳遞出一個信息，那就是鄭州商城時期，漢字自身的發展和書寫已達到了較高的水準。

---

① 河南省文物考古研究所：《鄭州商城（1953—1985年考古發掘報告）》，文物出版社2001年版。

② 主要有“隞都、亳都”二說，田昌五等結合偃師商城的興廢和仲丁遷隞時間的推斷，提出鄭州商城可能始建於太甲，參閱《論鄭州商城》，《中原文物》1994年第2期。小雙橋遺址的發現與性質的確定，對鄭州和偃師商城的研究提供了重要的新的參考。

③ 參閱《鄭州商城》第657頁，圖四四九、四五〇，圖版一三四，1、2、4；該書第827頁及圖五五六，2、3。

④ 參閱《鄭州商城》第762頁，圖五一六—五二〇，圖版四九；該書第928頁及圖六一九，9。

鄭州二里崗期文字符號除陶器外，還有其他相關的發現。上層一期出土的小口饕餮紋罍（C8M2：1）頸部飾一紋飾，就有可能釋成“黽”字。唐蘭不僅釋這個花紋爲“黽”字，還指出另一把戈上有象形字“庸”，該字將代表城樓牆的兩豎並一豎，“黽”與“庸”都是氏族名[①]。上層一期還有兩件石器上刻有文字符號，一件是標本C5.3T302①：93，這件橢圓形卵石上刻有一個較爲複雜的象形符號；另一件是標本C15T7②：17，這件扁平體帶柄石鏟形器上刻有一個簇形符號（即“矢”字）[②]。1953年二里崗還發現過有字牛骨兩塊：一塊牛肱關節骨上刻有殷墟甲骨文常用字“㞢（又、有）”，另一塊牛肋骨上刻有十個字，或釋讀爲“……又土（社）羊。乙丑貞，從受……七月”[③]。這些零零星星的文字符號，襯托出鄭州商城陶文運用的大背景，也透露出當時文字發展和使用的重要信息。尤其是有字骨刻的發現，不僅表明二里崗期商代文字已能記錄語言，而且更將殷墟甲骨文的源頭直接追溯到商代前期。

（七）偃師商城陶文

嚴格地說，偃師商城自1983年發現以後，20多年來的考古發掘，並沒有發現一定數量的陶文。到目前爲止報導的衹有1984年春偃師商城宮殿遺址發掘時發現的兩例：一是在一個灰坑中出土的陶鼎口沿內側刻有一個似箭頭的符號（J1D4H24：52）；二是一個陶杯（J1D4H36：1）器身中部刻劃一個類似箭簇的符號[④]。多數學者認爲偃師商城就是成湯滅夏的始建都城亳都，在夏商考古和歷史研究中是極

---

① 《從河南鄭州出土的商代前期青銅器談起》，收入《唐蘭先生金文論集》，第481—493頁。

② 參閱《鄭州商城》第829頁，圖五五七，2、3。

③ 裴明相：《略談鄭州商代前期的骨刻文字》，收入胡厚宣主編的《全國商史學術討論會論文集》，第251—253頁，《殷都學刊》1985年增刊。

④ 中國社會科學院考古研究所河南二隊：《1984年春偃師屍鄉溝商城宮殿遺址發掘簡報》，原載《考古》1985年第4期，收入《偃師商城遺址研究》，科學出版社2004年版。

爲重大的發現①。偃師商城的建立與二里頭三期末年（約公元前 1600 年）一號宫殿的毁棄年代相銜接，這個時代正是夏的衰亡和商的起始年代。到二里崗上層一期，鄭州商城達到繁榮期，偃師商城則轉入衰落期。偃師商城遺址、鄭州商城遺址和小雙橋遺址的興衰更替大體上相互銜接，而鄭州商城、小雙橋遺址中都有數量較多的陶文乃至其他文字資料發現，爲何偃師商城至今卻衹見以上兩例文字符號？是目前還未發掘出來，還是當時就不曾有在陶器上刻劃文字符號的習慣，抑或鄭州二里崗期之前商人還沒能很好掌握文字？這是一個值得我們深思，並需要進一步討論的問題。

以上我們將考古發現的小屯以前的各類陶文和相關文字資料，作了一次較爲全面的整理分析。這些材料，從時間上看一直追溯到歷史紀年中的商湯時代；從地域分布看，既有商王都城的，如鄭州商城和小雙橋遺址；也有地方的，如藁城臺西；還有接受商文化影響的長江以南地區的，如清江吳城等。這爲我們進一步討論商代前期漢字發展的總體情況提供了可靠的一手資料。

二　關於商代前期漢字發展的討論

我們認爲商代晚期成熟的甲骨文，爲追溯商代前期的文字發展狀況奠定了基礎；而商代前期的陶文資料則爲具體探索當時的文字發展情況提供了直接的資料。上文的考察分析，也同時向我們提出了幾個需要進一步討論的問題。

首先，關於商代前期陶文對探討當時文字發展水準的價值問題。從已發現的商代前期陶文看，它們是零散、有限的，是否能成爲推斷它們所處時代文字體系發展水準的依據，並不是沒有異議的。上文我

① 《偃師商城遺址研究》一書收集了自偃師商城發現以來的已公布的考古報告和研究論文，關於偃師商城的性質等，參閲趙芝荃《評述鄭州商城和偃師商城幾個有爭議的問題》一文。

們強調，小屯陶文的啟迪意義在於它是以成熟的甲骨文爲背景的，小屯陶文的零散和有限，其刻寫的風格、方式，表達的內容，都可以作爲判斷其他陶文價值的參考。既然在甲骨文如此發達背景下的小屯陶文具備上述特點，那麼具有上述特點的其他陶文的背後，是否也同樣有一個類似於甲骨文這樣成熟的文字體系呢？如果是這樣，陶文透露的信息就具有重大價值。我們也正是從這樣一種認識出發來看待陶文的。通過對商代陶文的考察，可以看出它們總體上呈現的一些特點：

一是空間分布較廣。不僅從早期都城所在地鄭州二里崗遺址，到晚期都城安陽遺址有陶文的發現，而且商代都邑之外的河北藁城和商人勢力所及的江南清江也有同樣的發現。

二是時間延續連貫。上述幾批陶文材料，從小屯向上可以追溯繫連到商代前期的二里崗期甚至偃師商城時期，爲我們在一個較廣的範圍內提供了陶文縱向發展的先後時間序列，這個序列不僅從考古學上得到了證明，而且與文獻對商代歷史發展的記載總體相符。

三是相似性大於差異性。從商代前期早段到中期和晚期，時間跨度有二三百年之久（相當於公元前 17 世紀到前 14 世紀），但無論是鄭州二里崗期的陶文、小雙橋朱書，還是吳城和臺西陶文，其刻寫的風格、特點和文字符號的簡練成熟程度，相似性明顯大於差異性，尤其是幾批陶文都出現的一些字，如數字和“臣、刀”等象形字，幾乎沒有什麼大的差異。這表明陶文反映出的文字系統發展是緩慢的、漸進式的，各批陶文有著一脈相承的延續性。

四是文字連寫的資料時有發現。吳城陶文一期的文字連寫，表明它們可能記載了與祭祀相關的內容，小雙橋也有三個字以上的連寫陶文，二里崗期陶文雖不曾有可靠的連寫物證，但同期骨刻文字的發現則成爲重要的旁證。

從小屯陶文與成熟的甲骨文系統的關聯性，我們有理由認爲已發現的商代前期各批陶文對探討當時文字系統的發展都具有標本價值，由這些標本我們可以推斷商代前期應該有一個廣泛流行的文字系統，並且殷墟甲骨文應該是這個系統的進一步發展和完善，它在商代前期的發展水準已與甲骨文系統相差不遠。

其次，關於商代文字與夏代文字的關係問題。作爲成湯始建的亳都偃師商城，到目前爲止幾乎沒有發現什麼陶文，而鄭州商城發現的陶文也主要是二里崗下層二期以後的。這種現象是預示偃師商城時期的文字資料尚待發掘或沒有保存下來，還是當時商人就沒有使用文字？從偃師商城建造水準和早商文化發展的水準看，我們應該排除商湯時代尚沒有使用文字的可能。張光直將早商文化追溯到山東、蘇北等"東海岸"地區發現的新石器時代文化，並依據考古學資料揭示殷商文明與東部地區文化的某些聯繫[①]。良渚文化、大汶口文化等遺址多處發現陶文符號，一直爲中國文字起源研究的學者所關注[②]。這可以爲先商和早商時代商人可能已進入文字的創造和運用時代提供重要的佐證。商湯崛起於豫東地區，《孟子・滕文公下》稱湯"十一征而無敵天下"，最終滅夏立國[③]。偃師商城作爲立國都城，是商湯時代文明發展水準的直接物證。商城考古發現使人很難想像商湯時代文字發展還處於一個極低的水準或尚未有文字，這不符合文明發展的一般規則，也無法解釋二里崗期和小雙橋時期，以至商代後期的文字發展水準。由此看來，偃師商城尚未發現更多的文字資料，可能是由於文字保存條件或遺存尚待發現的緣故，因此我們認爲商湯立國時應該發展到文字成熟的階段。

如果商代進入到成熟文字階段，那麼商代文字與夏代文字是什麼關係？這又是一個值得深入研究的課題。商代文字與夏代文字的關

---

① 張光直:《殷商文明起源研究上的一個關鍵問題》、《商城與商王朝的起源及其早期文化》，收入《中國青銅時代》，第98—137頁。

② 李學勤對良渚陶器、玉器上的文字，曾多次予以討論，參閱《走出疑古時代》第二章有關論述，瀋陽，遼寧大學出版社1994年版。大汶口陶文發現以來，于省吾、唐蘭、李學勤、裘錫圭、高明等都有論著涉及，參閱陳昭容《從陶文探索漢字起源問題的總檢討》(《史語所集刊》(第57本)第四分冊)、李孝定《符號與文字——三論史前陶文和漢字起源問題》(收入《漢字的起源與演變論叢》)等。

③ 參閱孫淼《夏商史稿》第六章，文物出版社1987年版。

係，首先涉及的是夏、商的關係，或夏、商、周的關係問題。傳統儒家學説和舊史學將“三代”描述成前後更替的縱的繼承關係；當代學者從考古學資料中尋找出新的綫索，並利用比較社會學的觀點，重新檢討史料記載，探討夏、商、周作爲古代國家的形成和三代之間的縱横關係。張光直的研究表明：“夏、商、周三代的關係，不僅是前仆後繼的朝代繼承關係，而且一直是同時的列國之間的關係。從全華北的形勢來看，後者是三國之間的主要關係，而朝代的更替衹代表三國之間勢力强弱的浮沉而已。”①“從物質遺跡上看來，三代的文化是相近的：縱然不是同一民族，至少是同一類民族”；從都制來看，“三代的政府形式與統治力量來源也是相似的”。“三代都是有獨特性的中國古代文明的組成部分，其間的差異，在文化、民族的區分上的重要性是次要的。”② 這種新的認識，爲我們從總體上把握夏、商文字的關係提供了理論基礎。從史學研究所持有的這種觀點出發，我們認爲，夏、商、周的文字應該是“相近性”或“同一性”大於差異性，它們是一系的。

“夏、商、周文字一系説”，也可以從考古發現的文字實物材料中得到證明，如商、周文字的關係由於周原甲骨的發現就很清楚地被揭示出來。周原甲骨主要是西周文王之時的作品，其文字與殷墟甲骨文一脈相承，衹是風格小異，用字和用語有微弱差别，完全可以證明商、周文字是一系的③。從西周早期青銅器看，武王、成王時代的銘文，如記載武王克商的利簋銘文等，與商代晚期銅器銘文特點相似，書寫風格近同④。這也是商、周文字一系的明證。夏、商文字的關係，雖然没有類似體現商、周文字關係這樣有力的證據，但也存在著蛛絲

① 張光直：《從夏商周三代考古論三代關係與中國古代國家的形成》，《中國青銅時代》，第66—97頁。

② 張光直：《夏商周三代都制與三代文化異同》，《中國青銅時代》，第42—65頁。

③ 參閲王宇信《西周甲骨探論》。

④ 參閲朱鳳瀚《古代中國青銅器》，第454—455頁。

馬跡。無論是歷史傳說、文獻記載還是考古發現，種種跡象表明夏代應是中國進入文明時代的開始，作爲文明起源的標誌之一，夏代文字應該已經形成①。李先登對夏代文字問題曾多次論述，1981 年在王城崗遺址考古發掘中，他發現一個刻劃在陶胚上的“共”字，其字形與商、周文字“共”相似，他認爲這就是夏代的文字，並進而論證夏代初期就已經進入使用文字的階段，漢字是由夏人在夏初創造的②。作爲夏文化代表的偃師二里頭遺址，曾發現了 20 多種陶文符號，大都在大口尊和卷沿盆的口沿上，是燒成後使用時刻劃上的，從字形風格、結構來看，它們與二里崗陶文、小雙橋朱書應該是一系的，不少是可以與甲骨文相對應的③。根據我們對陶文價值的判斷，這也應是證明夏代文字發展水準十分珍貴的材料。由商、周文字關係推導夏、商文字之關係，再根據這些材料，可以看出“夏、商、周文字一系說”是有據的。商湯在夏王朝的統治中心區偃師建都的同時，由於文化上本來就存在的相通性，使商王朝輕而易舉地融合並延續了夏文化，也自然而然地傳承和發展了夏代的文字，這與西周對商代文化的繼承和發展並沒有什麼本質的差別。

第三，關於“惟殷先人，有冊有典”問題。簡牘制度的形成，是中國文字成熟並在較大範圍內使用的產物，“冊”與“典”二字就是簡牘制度在文字形態上的直接反映④。殷墟甲骨文中的“冊”與“典”的使用，表明商代晚期簡牘制度已經定型，當時通行的書寫材料是簡牘而非甲骨，這一點許多學者早已指出。同時，甲骨文還有其他綫索證明這一點。從甲骨文的書寫看，上文我們提到直行縱向的特點，顯然是長期在竹簡上書寫而形成的特徵在甲骨文中的體現。游順釗認爲

---

① 參閱李先登《近二十年來中國先秦考古學的發現與研究之回顧與展望》中“夏文化探索”一節，見《夏商周青銅文明探研》，科學出版社 2001 年版，第 116—118 頁。

② 李先登:《試論中國文字之起源》,《天津師大學報》1985 年第 4 期，收入《夏商周青銅文明探研》，第 267—273 頁。

③ 杜金鵬:《關於二里頭文化的刻畫符號與文字問題》,《中國書法》2001 年第 2 期。

④ 參閱錢存訓《書於竹帛》第五、八章，上海書店出版社 2002 年版。

漢字形成直行縱向書寫特徵的決定性因素是竹簡，這一看法無疑是正確的[①]。商代甚至還出現仿照竹簡來編連甲骨的證據[②]。這些情況表明，簡牘不僅在當時依然是通行的書寫材料，而且到商代晚期簡牘制度已經有了較長久的歷史。簡牘制度的流行需要兩個條件，一是竹子這種材料比較容易獲得，二是發明用軟筆和顔料做工具和材料。甲骨文中就有毛筆及朱墨書寫的文字，古代北方也盛產竹材[③]。小雙橋朱書文字，將用毛筆和顔料書寫漢字的歷史提前到商代中期的仲丁之世。而小雙橋朱書反映的文字綫條的嫻熟流暢，絕不是軟筆書寫的初始狀態，因此，我們推測當時通用的書寫方式已經是用毛筆書於簡牘了。其實新石器時代彩陶上的花紋和符號，表明用毛筆（或軟筆）的歷史可以早到中華文明形成之前[④]。這些爲《尚書·多士》“惟殷先人，有冊有典”的記載提供了考古學證據。殷之“先人”能有“典冊”，自然説明當時文字已發展到成熟階段，二里崗陶文、小雙橋陶文透露的信息與此一致。但是，這句話的“先人”是不定指稱，到底指誰則關係到殷人有“典冊”的時代確定。將“惟爾知，惟殷先人，有冊有典，殷革夏命”完整地看，“有冊有典”與“殷革夏命”是相關的，可以理解爲典冊中記載著“殷革夏命”這一史實，似乎也可理解爲殷先人“有典有冊”是因“革夏命”之故。儘管多數人按前一種意思詮釋，但也不能排除後一種解釋的可能。西周利簋銘文記載：“武征商，唯甲子朝。歲鼎，克聞，夙有商。”這裏的“有”就是“占有、擁有”。如按後一種理解，“殷革夏命”而“有冊有典”，是成湯“占有”夏王朝的“典冊”，而非殷“先人”自己作“典冊”。據《呂氏春秋·先識覽》記載：夏桀將亡，太史令終古執其圖法而出奔於商。這是否可以

---

① 遊順釗：《古漢字書寫縱向成因——六書外的一個探討》，《中國語文》1992年第5期。

② 李學勤：《濟南大辛莊甲骨卜辭的初步考察》，《文史哲》2003年第8期，收入《中國古代文明十講》，復旦大學出版社2003年版。

③ 參閱胡厚宣《氣候變遷與殷代氣候之檢討》及《甲骨學緒論》“一二、典冊”，均收入《甲骨學商史論叢二集》，初版於1945年，河北教育出版社2002年版。

④ 參閱錢存訓《書於竹帛》第五、八章，上海書店出版社2002年版。

作爲成湯擁有夏之“典冊”的一個旁證呢①？不管怎樣理解，夏商更替之際都應是有“典冊”的，也就是説漢字成熟的時代已完全可以追溯到商代前期的商湯之世。

三　本章小結

通過對出土的商代前期陶文的整理和分析討論，我們對商代前期漢字的發展情況大體可以得出以下看法：

夏、商、周在文化上有相當程度的共性特徵，三代使用的文字屬於同一體系，西周文字與商代晚期的漢字一脈相承，商代前期的文字則傳承和發展了夏代的文字。三代歷史上作爲“列國之間的關係”的存在，表明漢字在當時可能具備作爲一種交流和記事的通行文字的功能。三代對漢字的形成和發展皆有貢獻，但由於“勢力强弱的沉浮”和文明進程的先後，在漢字發展的不同時期它們各自的貢獻應有所不同。

商代前期陶文可以作爲考察漢字體系發展的珍貴樣本，它們對衡量各階段文字發展水準的價值，在於落一葉而知秋、由一斑而窺豹，要充分重視這類陶文資料的真正價值。本章的系統整理和分析顯示：通過這些陶文我們有可能對商代前期文字的發展水準獲得一個總體的認識和正確的判斷。

商代前期的文字已經發展到成熟階段，其後各時期陶文符號的相同性大於差異性，雖然處於不斷發展之中，但其基本風格和書寫方式沒有本質的變化。從商代前期到以甲骨文爲代表的商代後期，漢字體系經歷的衹是豐富和不斷發展完善這樣一個過程，這個過程一直延續到西周、春秋戰國乃至秦漢。漢字始終處於這樣一個進程之中，這

① 《太平御覽》卷六一八引“圖法”作“圖書”。“太史令”爲執掌文書圖籍之官職，這也是夏桀之世有“典冊”的旁證。

是它保持系統不斷優化與活力的必然要求。

簡牘制度在商代前期已經是一種成熟的制度，夏、商之際已有“典冊”當是一種可以推想並得到部分證明的事實，這也進而證明當時的文字已發展到成體系的成熟階段。關於夏代文字的零星資料，對理解商代早期漢字的發展水準提供了重要參照；而商代早期漢字發展水準的判定，對進一步探索夏代漢字的形成和發展也是一項富有意義的基礎性工作。

第三章

商代文字（下）

商代後期文字主要指以殷墟甲骨文爲代表的殷商時期所使用的文字。殷墟是商王盤庚遷殷直到商朝滅國這個階段的都城所在。發現於殷墟的殷商文字材料主要有甲骨文、金文、陶文和少量的玉石文字。就目前考古出土的古文字材料來看，商代文字經商代中期鄭州小雙橋的陶文到殷墟甲骨文字①，經過漫長持續發展而逐步進入到成熟文字階段。已整理公布的殷商文字材料，甲骨文有《甲骨文合集》《甲骨文合集補編》《小屯南地甲骨》《殷墟花園莊東地甲骨》，新近出版的《殷墟小屯村中村南甲骨》，還有一些過去著錄的和在刊物上發表的材料等；金文有《殷周金文集成》《近出殷周金文集錄》《近出殷周金文集錄二編》，《新收殷周青銅器銘文暨器影彙編》中所收殷商的銘文，以及新近考古報告發表的一些材料等。陶文及玉石文字，主要是《古陶文彙編》中的商代陶文，以及新發表的材料，如鄭州小雙橋商代陶文和殷墟出土的玉璋朱書文字材料等②。通過目前已發現的十餘萬片殷商甲骨文，大體能夠反映殷商時期文字構形、發展和使用情況。雖然甲骨文有著專門的用途，但完全可以作爲商代晚期漢字發展

① 宋國定：《鄭州小雙橋遺址出土陶器上的朱書》，《文物》2003 年第 5 期。

② 本書所引資料皆隨文加“（）”注明出處，各類資料所用簡稱詳見書後所附引書簡稱表。凡引用各書材料皆注明器物名稱、編號或著錄號；出於《殷周金文集成》的一般衹出器物編號。

研究的樣本，參考同時代的青銅器銘文和其他文字資料，我們對殷商文字的形體、結構和使用狀況做一綜合考察。

一　殷商文字的形體

（一）形體及相關概念

形體是字形與字體的統稱。字形，指的是文字個體呈現出的外部形態，字體則是一個時期內文字個體呈現的外部形態的綜合，即一個時期內文字的外部形態和書寫風格上的總體特徵。

形體是文字學研究的基本問題之一，漢字發展演變的考察主要基於對其形體發展的細緻觀察和分析。形體這一概念，早在上個世紀二十年代呂思勉就已提出來了，後來學者多有沿用①。裘錫圭認爲："從形體上看，漢字主要經歷了由繁到簡的變化。這種變化表現在字體和字形兩方面。字形的變化指一個個字的外形的變化。字體的變化則指文字在字形特點和書寫風格上的總的變化。"② 形體包括字體與字形，文字在一定發展階段的總體風格特徵與單個字的個體特徵是兩個層面的問題，把二者區分開來研究要更爲嚴密和科學。漢字字形研究，主要是對某一時段漢字字形構成單位的觀察和筆畫③形態變化及其組合方式的分析，並探討漢字字形發展演變的規律。漢字字體研究主要是分析某一時代漢字通行體呈現出的階段性風格特徵，偏重於從宏觀上整體把握一個時期或歷史階段的漢字形體風格特徵。儘管主張把字形和字體作爲兩個概念區分開來，但是字形與字體是互相依存、不可分割的：單個漢字的外部形態是構成字體總體風格特徵的基礎，

① 呂思勉：《文字學四種》，上海教育出版社 1985 年版，第 61 頁。

② 裘錫圭：《文字學概要》（修訂本），第 34—35 頁。

③ 本書所使用的"筆畫"是一個廣義的概念，與漢字隸變後形成的筆劃系統有別，古文字的筆畫更多的則是不定型的曲綫綫條或綫段。本書筆畫指古文字形體中一個綫條或綫段書寫單位。

沒有漢字個體形態的發展變化，就不會有總體風格特徵的變化；而個體的變化，總是在總體發展趨勢的影響下發生的。

形體是一個動態的概念，漢字的發展變化，在外部形態上呈現的風格特徵的變遷是非常鮮明而突出的，對同一時期的漢字形體的分析和不同時期漢字形體發展變化的研究是形體研究的兩項基本任務。前者是爲揭示某一時期漢字形體的特徵風格，後者是通過比較分析揭示不同時期漢字形體發展變化的聯繫和差別。兩個方面研究的結合，才能更好地認識漢字形體的特徵和發展規律。以下我們就從字形和字體兩個方面來考察殷商文字的形體特徵。

（二）殷商文字的字形

從 1899 年王懿榮發現甲骨時開始，學者就一直關注甲骨文字的形體特徵。由於王氏在 1900 年死於國難而沒有時間對文字進行辨析考證，據劉鶚《鐵雲藏龜・序》“福山王文敏公懿榮見之狂喜，以厚值留之”①，由此可知王懿榮應該對這些材料是有所認識的。劉鶚認爲甲骨是“殷人刀筆文字”，並對一些字形做了描述②。孫詒讓在《契文舉例》中細緻研究了三百多個甲骨文字，分析了一些字的形體③。羅振玉、王國維二人則通過字形分析，考釋文字、疏通辭例、勾沉史實等，如對“上甲”字形的分析以及通過分析“文字體勢大小全同”和“兩片斷痕合之如符節”而綴合甲骨④，明義士則在甲骨斷代方面提出了一些字形標準⑤。此後董作賓、郭沫若、于省吾等對甲骨字形的歷時演變做過比較好的分析研究⑥，而當代學者如姚孝遂、李學勤、裘

① 劉鶚：《鐵雲藏龜》，抱殘守缺齋石印本，1903 年版。

② 劉鶚：《鐵雲藏龜》，抱殘守缺齋石印本，1903 年版。

③ 孫詒讓：《契文舉例》，古石庵叢書本，1917 年版。張靜：《契文舉例研究》，安徽大學 1999 年碩士學位論文。

④ 見王國維《殷卜辭中所見先公先王考》和《戩壽堂甲骨文字考釋》。

⑤ 李學勤、彭裕商：《殷墟甲骨分期研究》，第 3 頁。

⑥ 董作賓：《甲骨文斷代研究例》，載《慶祝蔡元培先生六十五歲論文集》，中研院史語所 1933 年；郭沫若：《卜辭通纂》，科學出版社 1983 年版；于省吾：《甲骨文字釋林》。

錫圭、林澐、陳煒湛、黃天樹、劉釗、陳劍等對甲骨文字的形體做了更細緻的研究[①]。在前人研究的基礎上，今天對殷商文字形體有了較爲全面的認識。

字形分析主要包括對字形構成要素進行靜態分析和動態考察兩個方面。靜態分析是指對某一時期字形構成要素點、綫等筆畫特徵及其連接、組合方式（含方向）的分析；動態考察是指對字形在發展演變過程中出現的增繁、趨同、變異、別形、替換、訛變等現象的考察[②]。

1. 字形的靜態描寫

從字形總體的特徵來看，商代文字字形的方向相當不固定[③]。一般的字寫作向左或向右都可以，如“史”字，象手中有所持物之形，在甲骨文中可以寫作，也可以寫作[④]。“人”字，本是畫一側面站立之人形，可以寫作或。“子”字象小兒之形，突出其頭部和上肢的特點，寫作或。“祝”字，從示，兄（祝之初文）聲，或以爲象跪在神主之前有所禱告之形，既有的寫法，也有的寫法。“元”字本象突出頭部之人形，作、等形，從左從右，布局不定。由於書寫規則沒有完全定型，不僅是字形方向不固定，甚至有倒寫、側寫的情形。如“帝”字，常見的形體作、、、、、等形，而甲骨中也有作形的。“旁”字，多數情況都寫作、、、等形，方向左右不定，甲骨文中還有、等字形，過去一直不爲大家所識，裘锡圭认为此字就是“旁”字

① 姚孝遂：《姚孝遂古文字論集》；李學勤、彭裕商：《殷墟甲骨分期研究》；裘錫圭：《古文字論集》；林澐：《林澐學術文集》；陳煒湛：《甲骨文論集》，上海古籍出版社2003年版；黃天樹：《黃天樹古文字論集》，學苑出版社2006年版；劉釗：《古文字構形學》；陳劍：《甲骨金文考釋論集》。

② 本書對漢字形體結構的有關論述，凡未注明出處的，多參考黃德寬《漢語文字學》講稿（待刊本），後文不再一一注明。

③ 裘錫圭：《文字學概要》，第45頁。

④ 本書列舉字形需要時皆隨文括注出處，凡未注明的，可參看我們編纂的《商代文字字形表》等系列字形表，該系列字形表將由上海古籍出版社近期出版。

的倒書[①]。此外像“侯、至、婦”等也有倒書的情況[②]。唐蘭曾指出，和分别是和的倒書，都應該是“逆”字。又如、是“歸”的倒書，是“壴”的倒書[③]。這種情況進一步表明，那時的書寫範式雖已大體成形，但還有少量例外情況。劉釗對甲骨文中的倒書現象的各種情況做了全面歸納，並進一步指出：“甲骨文中的倒書是一個很特殊的現象，正確地辨識這些倒書，對分析一些文字的構成和通讀卜辭會有很大的幫助。”[④]當然，對於具體的一個字形而言，有時在甲骨文中“正”寫和“倒”寫的用例幾乎相當，這時還不好確定何是“正體”，何是“特例”[⑤]。

殷商文字中有些字，表現得很象形，是用描摹的手法而形成文字形態的。如婦好鼎“婦好”二字中的“女”作或[⑥]，不僅方向左右不拘，而且其兩臂交於胸前而正襟端坐，表現得活靈活現。又如“芍”字作、[⑦]，其下爲彎腰俯首之人形，動作情態婉然。從時代的關係來看，商代字數較多的金文的時代不一定就比殷墟甲骨文要早，但是由於材料的特殊性，金文往往比甲骨文字更具濃厚的象形性特徵。裘錫圭指出，金文基本上保持著毛筆字的樣子，並認爲金文在當時處於正體的地位[⑧]。

商代金文的象形程度更高，構成字形的要素多出現肥筆和團塊，使用的方式多數是用描摹的手法“畫成其物”，如、、、、等，相應的甲骨文字形作、、、、等[⑨]，前者使用團塊和肥筆描摹事物形體，如其中的“止、𠂇、貝”等形體，形態栩

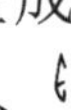

① 裘錫圭：《裘錫圭學術文集（一）》，第231頁。
② 劉釗：《古文字構形學》，第9—22頁。
③ 裘錫圭：《裘錫圭學術文集（一）》，第231頁。
④ 劉釗：《古文字構形學》，第17頁。
⑤ 劉釗：《古文字構形學》，第14頁。
⑥ 《殷周金文集成（修訂增補本）》1327號，中華書局2007年版。
⑦ 吴振武：《説“苞”“鬱”》，《中原文物》1990年第3期。
⑧ 裘錫圭：《文字學概要》，商務印書館1988年版，第42—43頁。
⑨ 字形參看高明、涂白奎《古文字類編（增訂本）》，第1563、274、263、255頁。

栩如生，幾乎與所象物體接近，圖形意味十足，象形程度高。而甲骨文字，多數是用刀刻畫在質地堅硬的龜甲和獸骨上，有的勾廓，有的則使用單綫條，並注重用點畫、綫條來構字，字形簡潔，符號化程度較高，與圖畫判然有别。裘錫圭曾指出商代金文是在正規場合下使用的文字，尤其是族名，帶有一定的保守性，字形更爲象形。而甲骨文字在日常生活中經常使用，刻字的人爲提高寫字效率，就把毛筆的筆法改爲細筆或勾廓，以期簡便①。隨著時間的發展，字形經歷綫條化、符號化之後簡化程度越來越高，尤其是甲骨文字，越是晚期的字形書寫的綫條越是簡便，如下表所示②：

時代 例字	𠂤組	何組	黃組
馬			
鹿			
鳥			
豖			

“馬”字，在𠂤組卜辭中，馬腹部用勾勒的方式畫出輪廓，馬的鬃毛、馬蹄、馬尾畫得形象逼真，到了何組卜辭中已把馬腹部的勾廓綫條省減，馬蹄的勾廓也全部省去，頭部雖仍保持了勾廓，但已省得與原形大不一樣了。黃組卜辭則在何組卜辭的基礎上更加簡省。“鹿”字，𠂤組字形雖殘缺不全③，但鹿角、鹿頭、鹿眼等全部勾出，何組卜辭進一步簡省。何組卜辭、黃組卜辭字形變化不大，不過從綫條和筆法來看，後者更加簡潔流暢，符號化的特點更爲明確。

總之，從甲骨文可以看出，殷商文字字形圖形意味十足，象形

① 裘錫圭:《文字學概要》，第 42—43 頁。

② 本表中所選字形和分期如無特別說明，均採自劉釗等《新甲骨文編》。

③ 李宗焜《甲骨文字編》，第 610 頁。按，此《合》20715 拓片殘缺不全，李書摹爲全形。

程度高，有的幾乎與原物接近，有的描摹動作情態惟妙惟肖。文字書寫的方向相當不固定，左右不拘，或正或倒。到了殷商晚期文字，字形書寫逐漸簡潔，符號化和簡化程度不斷提高。

2. 字形的動態分析

從動態的角度，把每一個具體的單字放在殷商文字演變的大背景下，考察每一個字在演進過程中發生的變化，可以更好地認識各類字形演變現象。商代文字字形演變現象，主要有“增繁、省簡、同形、異寫、訛變”等。

（1）增繁

字形在書寫過程中，由於書寫的原因會造成增加一些點畫或是綫段，而這些點畫或是綫段在字形中並不起區分意義的作用。如“元”字，作、等形，有時在表示人頭部的一横畫上加一小短横作。“天”作形，上部畫出人的頭部之形，又作形，頭部的輪廓綫條化後變作一横畫，而形則是在前一字形的基礎上多加一小短横。唐蘭曾指出：“凡字首是横畫，常加一畫。”① 劉釗對甲骨文字增加飾筆的現象進行了全面總結，除增加横筆外，還有增加、、、等②。

還有一些是在用字記詞的過程中，增加聲符或意符③起到標音或表意作用。如“自”字，早期甲骨文作形，象鼻子之形，後加聲符“畀”作形，所加聲符，不僅有標音的作用，同時把甲骨文中寫作“自”形的{自}和{鼻}④區分開。殷商文字的基本形體較爲有限，字不足以記詞，因而有用同一個字記録語言中多個詞的現象，或是由於詞義引申而導致一形多義等，爲了字形記録詞義的明晰性，就會在

① 唐蘭：《古文字學導論》，第224頁。

② 劉釗：《古文字構形學》，第25—28頁。

③ 本書所使用的“聲符”指起表音作用的與字音相關的偏旁；“意符”指與字義相關的各種構形偏旁，包括會意字的構成偏旁、形聲字的形符（義符）等。

④ 爲了區分“字”與“詞”，本書在舉例時凡是指“詞”的字，一律加“{ }”爲標誌，下文不一一注明。

原字的基礎上增加某些偏旁以别義，“自”與“鼻”就是這樣的例子。在早期甲骨文中“鳳”字作、等形，是象形字。到了晚期作形，所加之形，是“凡”字，在此處是聲符①。加了聲符“凡”後，與的音義都一樣，所以“凡”字可能衹是起標音的作用。還有增加意符的，如“屰”字作形，用倒著寫的“人”來表示順倒之義的{逆}，後來增加了“彳”旁。在甲骨文中一般認爲所加之“彳”衹起增繁的作用，沒有明顯别義的功能。增加偏旁是甲骨文中一種常見的增繁現象，如表中各例②：

例字	簡體	增繁體	備注
自、鼻			加注聲符
羌		、	加注意符
鳳			加注聲符
蛛			加注聲符
逆			加注意符
寅			加分化符號
賓			加注意符
卒			加注聲符
星			加注聲符

從字形記詞的功能來看，有些增繁是有意義的，有些增繁則可能是無意義的。從字形層面來看，有些增繁有標音或示意的功能，有

① 唐蘭：《古文字學導論》，第230頁。
② 表中字形可參看《甲骨文編》和《古文字類編（增訂本）》等書。

些則可能是沒有實際的意義[①]。單從書寫層面來看，有些增繁可能起到裝飾美化或平衡視覺等功用。

（2）省簡

文字從它產生的那一天起就面臨著簡化的問題。唐蘭説："原始文字，近於圖畫，寫的時候，太費事了。因是，有兩種簡化的方法，（1）把筆畫太肥不便刀筆的地方，用雙鉤或較瘦的筆畫表現出來，這種結果使文字的每一筆畫，沒有肥細的歧異和幾何裏的綫一樣……（2）凡筆畫多而複雜的字，常趨向到簡易的方面。"[②] 姚孝遂指出："由圖畫到文字的漫長發展過程，其中符號形體的規範化與定型化，占著很重要的地位。愈是早期的文字符號，其形體通常是愈接近於原始的圖像。文字符號的圖畫性過強，也就是説，它未經過必要的綫條化與簡單化的改造，它就不便書寫使用，也就不便於記錄語言。"[③] 因而，省簡不僅是字形、結構方面的由繁到簡的省減過程，而且還包含著書寫方式、方法的簡便過程。由於我們所能看到的衹是一個個的字形，不能由字形而直觀地看到書寫者的書寫過程，所以一直以來，書寫方式和方法沒有被納入文字研究的範疇中，倒是成了書法藝術領域關注的一個概念。以下就殷商文字字形所表現出來的省簡現象，從書寫和字形、結構的繁簡兩方面來觀察這種現象。

書寫方式的省簡主要是指從金文中用毛筆據物寫生的描摹圖畫，到甲骨中用硬筆綫條勾勒輪廓的書寫方法變化，如把團塊、填實的寫法改爲綫條的勾廓，改圓形爲方形，改肥筆爲細筆等。姚孝遂説："文字符號是由圖畫發展演變而來的，考古發掘資料和傳世文物可以充分證明這一點。客觀事物的圖像，經過綫條化、規範化的改造，逐漸演

---

① 有些飾筆，在最初可能衹是飾筆，但在後來的演變中發展成爲了筆畫。如甲骨文的"十"字，最初寫作一豎畫，後在豎畫上加一點，後來點畫延長成一橫畫，逐漸演變成爲今天的字形。

② 唐蘭：《古文字學導論》，第220頁。

③ 姚孝遂：《古文字的符號化問題》，《古文字學論集》（初編），香港中文大學1983年版，第84—85頁。

變成爲符號，這個過程是漫長的。即使文字形體在實現了符號化的改造，成爲實用性的符號系統的早期，仍然不可避免地保留著許多原始圖形的殘餘跡象。有一些人就是由於祇見到早期文字符號系統中仍然殘存著原始圖形這一方面，而忽略了其經過綫條化、規範化改造的更爲主要的另一個方面，從而錯誤地把文字符號等同於圖畫。”① 以殷商金文與甲骨文字進行形體對比，這一點就清晰地展現出來了，如下表各例②：

例字	殷商金文	甲骨文字
魚		
羊		
虎		
牛		
鹿		
伐		
何		

裘錫圭指出：“鑄有族名金文的銅器，時代往往比早期甲骨文晚，甚至在西周早期的銅器上都還時常能看到這種金文。但是它們的字形卻比早期甲骨文更象形。這種現象應該是古人對待族名的保守態度所造成的。現代的姓氏和地名，有一些還保持著較古的語音，例如作爲姓氏的‘洗’（xiǎn，也作‘冼’）、地名番禺的‘番’（pān）。這跟商

① 姚孝遂：《甲骨文形體結構分析》，《古文字研究》（第 20 輯），第 265 頁。
② 表中字形可參看《甲骨文編》《金文編》和《古文字類編（增訂本）》各書。

代後期人用較古的字體來寫族名，是同類的現象。”① 以上所舉的字例，正好表明殷商金文書寫所用的方法是毛筆描摹，著意於象形；大多甲骨文的書寫方法是刻寫，取其書寫便捷，是綫條性的勾廓。因此，裘錫圭說：“甲骨文和金文在字體上有不同的特點。在商代，毛筆是主要的書寫工具……我們今天雖然已經無法看到用毛筆書寫的商代典册，但是還能在商代後期留下來的甲骨和玉、石、陶等類物品上看到少量毛筆字。金文基本上保持著毛筆字的樣子，甲骨文就不同了。商代統治者頻繁進行占卜，需要刻在甲骨上的卜辭數量很大。在堅硬的甲骨上刻字，非常費時費力。刻字的人爲了提高效率，不得不改變毛筆的筆法，主要是改圓形爲方形，改填實爲勾廓，改粗筆爲細筆……有時他們還比較劇烈地簡化字形，如把子丑寅卯的‘子’由[illegible]簡化爲[illegible]，把‘于’字由[illegible]簡化爲[illegible]等等。”②

甲骨文是當時的一種比較特殊的俗體字，而金文大體上可以看作當時的正體字。裘錫圭認爲：“在講漢字形體演變的時候，應該充分注意甲骨文作爲一種俗體的特點。”③ 正體與俗體，還表現在書寫風格的繁文縟節和簡便快捷，這也是繁簡的另一種表現形式。字形的繁簡演變，前人已有很好的分析論述了，殷商文字中體現繁簡關係的字較多，如下表各例④：

例字	繁體	簡體	備注
車	[illegible]	[illegible]	省去了車衡、車軛
棄	[illegible]	[illegible]	省去表箕形的“其”字
保	[illegible]	[illegible]	背負狀的人形簡省

① 裘錫圭：《文字學概要》，第 44 頁。
② 裘錫圭：《文字學概要》，第 42 頁。
③ 裘錫圭：《文字學概要》，第 43 頁。
④ 表中字形可參看《甲骨文編》《殷墟花園莊東地甲骨》和《古文字類編（增訂本）》等書。

例字	繁體	簡體	備注
干			省成綫條
子			由小孩形簡省而來
首			正面省作側面形
牝			初作象形狀
圓			鼎字簡寫
飲			表示舌的部分綫條化

文字是記錄語言的符號。從符號學的角度看，經濟便捷是符號的基本特徵，所以記錄語言的符號系統也要求其書寫的方式方法和形體結構做到這一點，因而商代文字字形的省簡體現了文字發展的一般規律。

省簡和增繁是字形演化的兩個主要方向，從符號層面看，字形省簡程度越高，符號樣式越少，書寫和記憶就越便捷，符號使用的效率就越高。但在文字記錄語言這一層面，字形過於減省、符號過少，就會影響符號的辨識和文本閲讀，從而影響信息的傳遞。因此文字形體的發展，一方面在簡化作用下而不斷產生各種省簡的形體，另一方面則爲了“別義”而又不斷地派生出增繁的新字形。

（3）同形

同形是指爲分別記錄不同的詞所造而字形偶然相同的一組字，也指由於形借、字形演變等原因所形成的字形相同而音義不同的一組字。姚孝遂曾指出:“異字同形現象是文字在其發展演變過程中出現的一種特殊現象。從原則上說，這是一種不正常的現象，它注定是要逐漸消亡的。然而在某些特定的情況下，又是一種不可避免的現象。這就是文字形體在孳乳、分化過程中，存在於過渡環節的一種形體交叉現象。”①

裘錫圭說：“同形字這個名稱是仿照同音詞起的。不同的詞如果語音相同，就是同音詞。不同的字如果字形相同，就是同形字。同形字的性質跟異體字正好相反。異體字的外形雖然不同，實際上卻衹能起一個字的作用。同形字的外形雖然相同，實際上卻是不同的字。對於同形字的範圍，可以有廣狹不同的理解。範圍最狹的同形字，衹包括那些分頭爲不同的詞造的、字形偶然相同的字……範圍最廣的同形字，包括所有表示不同的詞的相同字形。按照這種理解，被借字和假借字……應該算同形字。甚至用來表示本義的和用來表示派生詞性質的引申義的同一個字……也可以看作同形字。但是，由於語義引申而造成的一個字可以表示兩個以上同源詞的現象，是大家都熟悉的，似乎沒有必要另用同形字的概念來說明它。假借是一種很重要的文字現象，講漢字的人一般都要專門加以討論，也沒有必要從同形字的角度另外再加以說明。所以我們不準備講範圍最廣的那種同形字。不過，我們覺得如果衹把分頭爲不同的詞造的、字形偶然相同的字看作同形字，範圍又嫌太窄了一些……我們認爲由於形借而產生的、用同樣的字形表示不同的詞的現象，也應該包括在同形字現象裏……因爲一個字原來所代表的詞跟借它的形的那個詞之間，既沒有本義跟假借義的關係，也沒有本義跟引申義的關係。對這個字的字形來說，它們都可以看作本義。也就是說，如果不管歷史情況，這個字也可以看作是爲借它的形的那個詞而造的……所以由於形借而產生的同形現象，以納入同形字的範圍爲好。此外，有些本來不同形的字，由於字體演變、簡化或訛變等原因，後來變得完全同形了。這種字當然也應該看作同形字。”② 從裘錫圭以上的論述來看，廣義的同形，在殷商甲骨文中至少包括以下幾種情況：（1）造字時的同形，如用“卜”這一字形來表

① 姚孝遂：《甲骨文形體結構分析》，《古文字研究》（第20輯），第280頁。
② 裘錫圭：《文字學概要》，第208—210頁。

{卜}和{外}[①]；(2) 同源分化引起的同形，如甲骨文中“月”字和“夕”字等[②]；(3)詞義引申分化而引起的，如“行”可以表示道路之義，又可表示行走之義[③]；(4)因形近書寫而訛混，如“山”字和“火”字。最初造字時，各有所象，現實中“山”與“火”本不相類，字形分別作、。[④]但是在實際書寫中因二字形體近似往往會有混同的情況，如（火，《合》17067）、（山，《合》1363）[⑤]，單從二字的形體很難辨認出來。如果把從“山”和從“火”爲偏旁的字都納入來考察，就更能看出二字區分的界限非常模糊[⑥]。(5) 形體演變規律作用下而造成的同形，如“又”有時訛變爲“止”[⑦]；(6) 由於假借而造成的，如前文所述“鼎”與“貞”字。下面列舉分析幾組同形字例：

【壬—工】陳煒湛指出：“卜辭十干之壬多作，工字早期多作，象矩形，規矩爲工具，故其義引申爲工作、工巧、能事。但在祖庚祖甲以後，工字簡省爲，遂與壬字同形，唯於文義上可加以區別。”[⑧]如卜辭多見之“典”，一般讀爲“貢典”，是就祭祀時獻其典册，以致其祝告之詞也[⑨]。“工”字在黄組卜辭中多寫作形，如《合》37840之“典”、《懷特》1805之“典”。又有“多”，亦當讀爲“多工”，與“百工”的意思相當。而在干支中，寫作形的，無疑就是“壬”字了。

【甲—七】甲骨文“七”字作、等形，“甲”字作、、

---

① 林澐：《林澐学术文集》，第25頁。
② 林澐：《林澐学术文集》，第24頁。
③ 裘錫圭：《文字學概要》，第209頁。
④ 劉釗等：《新甲骨文編》，第518、559頁。
⑤ 楊鬱彥：《甲骨文同形字疏要》，臺灣輔仁大學2004年博士學位論文，第72—73頁。
⑥ 劉釗等：《新甲骨文編》，第518—522頁、第559—569頁。
⑦ 裘錫圭：《古文字論集》，第4頁。
⑧ 陳煒湛：《甲骨文異字同形例》，《古文字研究》（第6輯），第241頁。
⑨ 于省吾：《甲骨文字釋林》，第71頁。

等形[1]。二字僅從字形上難以準確區分開[2]，但作爲干支的“甲”與數位“七”的使用場合在甲骨文中判然有别：“甲”一般多出現在卜辭前辭的干支中，殷先公先王名如大甲、小甲等，還有冠上稱謂來稱這些帶“甲”的先公先王，如“祖甲、父甲、母甲”等；而“七”作爲基數詞或序數詞，一般作爲修飾語出現在名詞前後[3]。楊鬱彦利用當前甲骨分期分類的新成果進一步把二字的形體排譜對比，從中發現，即使是屬於同一類的甲骨中，也難以把二字明晰地區分開[4]。姚孝遂認爲：“文字作爲人類社會用以交流思想、記録語言的工具，是隨著‘人事日繁’而‘孳乳浸多’的。爲了掌握和分辨日益增多的文字符號，就必須對不同的文字符號，在形體上具有明確的、毫不含混的區别形式。不同的文字體系，可以利用不同的區别形式。然而任何不同的文字體系的區别形式，都必須受著一個共同規律的制約。這就是：文字形體自身發展規律日趨簡化和規範化的原則。”[5]我們知道，文字形體區别的明晰性與文字形體記録語言的簡約性是一對矛盾：文字符號之間的聯繫越簡明就越有利於使用者掌握；而文字符號之間的區分越明顯，則越有利於使用者辨識並提高使用效率。從這個例子看到，文字符號的區别度是在影響記録語言清晰性的前提下才起實質作用的。

【入—六】甲骨文中“入”字作、、等形，“六”字作、、、、等形[6]，其中作形的“六”字與“入”的形體相似。從最初的構形來源來看，二字明顯是有區别的，至於在賓組卜辭中所見到的作形的“六”字，是不是刻寫者個人因素造成的，目前還不好做出判斷。如《合》13452版，兩條卜辭的“六月”，一作

---

① 劉釗等：《新甲骨文編》，第767、773頁。

② 趙誠認爲“甲”字横豎畫基本等長，而“七”字横畫要略長一些。參《甲骨文簡明詞典》，北京，中華書局1988年版，第225頁。姚孝遂亦有相似的論述，參見《甲骨文形體結構分析》，《古文字研究》（第20輯）。

③ 陳煒湛：《甲骨文異字同形例》，《古文字研究》（第6輯），第242—243頁。

④ 楊鬱彦：《甲骨文同形字疏要》，臺灣輔仁大學2004年博士學位論文，第118—121頁。

⑤ 姚孝遂：《甲骨文形體結構分析》，《古文字研究》（第20輯），第271頁。

⑥ 劉釗等：《新甲骨文編》，第321、767頁。

，一作。此外，甲骨文中“下”作、等形，與“入”相近[1]；“六”與“宀”作、等形也相似[2]。

同時，我們還看到，因爲商代統治者頻繁占卜，需要刻在甲骨上的卜辭數量很大，所以書寫者往往爲了追求書寫的便捷而表現出“簡率”的風格，字形有時刻寫的隨意性較大。因此，在二百七十多年中，衆多刻寫者各自留下的數量不等的“字跡”，即使兩個或幾個字在字形上沒有太大的相似性，但是偶爾的同形也是不可避免的。如“災”與“用”，二字從構形到用法，均毫無關聯。但是“災”字作（《合》36650），“用”字作（《合》1613）[3]，二字字形近似。從“災”字中間“才”的筆勢來看，下面部分是兩筆斜畫而不是一筆的平畫。《合》36650 同版其他“災”字分別作、、等形，可見刻作形的“災”字，可能衹是“才”字中的那兩筆刻寫得角度較小而近似於一筆導致與“用”字的形近，而不是其他原因。這種形近，是個別刻寫者由於偶然原因造成的，不具有普遍性和規律性。對於這種由於個人書寫因素產生的個別現象，則不能簡單化地作爲一種規律性現象納入文字學研究的視野。

同形現象在文字記錄語言中，衹是一種臨時的或是偶然的現象。沒有任何區別的絕對同形現象在同一體系的文字中是極少數的。過去人們所看到的同形現象，多數是把不同發展階段的文字放在同一平面而得出的結論，較少進行動態的考察，也忽視了書寫者個人的書寫用字習慣。在同一時期或是同一文字發展階段，同一個書寫者所寫的字，其內部的區分度應該是較爲清楚的，一般不會不注意字形之間的區別。

（4）異形

由於造字或是書寫等原因，造成幾個字音義和用法完全一樣而

① 陳煒湛：《甲骨文異字同形例》，《古文字研究》（第 6 輯），第 227—229 頁。

② 劉釗等：《新甲骨文編》，第 424 頁。

③ 吳新華：《甲骨文字形同形現象研究》，河北大學 2013 年碩士學位論文，第 11 頁。

字形有異，這幾個字互爲異體，屬於異形問題。姚孝遂說："同字異形，亦稱之爲異體字。就其嚴格意義來說，是指同一文字體系的同一個文字符號在同一的時間範圍内存在的形體上的差異。同一文字在不同時期的形體差異以及通假字，不應該屬於嚴格意義的異體字範疇。"①

商代的文字材料，除所見大宗的甲骨文外，還有鑄（刻）在青銅器上的金文。此外陶、石、玉等器物上也發現有文字，不過數量較少。因爲書寫材料和書寫工具的關係而導致了書寫方式的不同，從而使甲骨文與金文的字體有各自明顯的特點。裘錫圭曾指出："我們可以把甲骨文看作當時的一種比較特殊的俗體字，而金文大體可以看作當時的正體字。所謂正體就是在比較鄭重的場合使用的正規字體，所謂俗體就是日常使用的比較簡便的字體。"② 其實，同是甲骨文，由於刻寫者的不同，在文字的結構和書寫特點等方面也存在不同的差異。劉釗認爲："要更加重視甲骨分組分類工作對甲骨文字形考釋的促進。不同類組的不同用字用詞習慣，對甲骨文中同字異形的辨識和歸併極爲關鍵。"③ 此前已有不少學者利用分組分類的成果整理了甲骨文字，取得了令人矚目的成績。黄天樹說："甲骨文字的構造形態不是靜態的，而是動態的，即同一個字在不同期或不同類（指據字體等特徵把甲骨文分成不同的類）的卜辭裏可以寫得很不一樣。因此講甲骨文字的構造時一定要樹立動態的觀念。"④ 李學勤曾根據師同鼎銘中的"車"字有兩種不同的寫法而想到"在甲骨文中偶而也有類似現象，一辭中一個字有不同寫法，引起釋讀上的疑難"。據此他將曾釋作"雹"的字改釋爲"雨"⑤。以下各例，都是殷商文字中典型的異形字。

---

① 姚孝遂：《甲骨文形體結構分析》，《古文字研究》（第20輯），第278頁。
② 裘錫圭：《文字學概要》，第42—43頁。
③ 劉釗：《新甲骨文編・後記》，第1043—1044頁。
④ 黄天樹：《黄天樹古文字論集》，學苑出版社2006年版，第271頁。
⑤ 李學勤：《甲骨文同辭同字異構例》，《江漢考古》2000年第1期。

【災】甲骨文“災”有多個異形，“卜辭中先後用字不同，最常見者爲災字。如卜田之辭，在武丁、祖庚之世用……祖甲之世，也把字直書作……這字一直用到廩辛、康丁之世……到了武乙時代，田遊卜辭，一律改用戋字。村中出土的卜辭，多是如此……同時也用一個從在聲的字，作……從此字又過渡到字。第五期帝乙、帝辛之世，便完全改用字了”①。在賓組一類中此字還寫作，如《合》7996“貞，（災），不孽？”在歷組中作，《屯南》344“田，亡（析）？”在無名組中作，如《合》28847“亡（汏），禽？”②“災”字最初的構形，象洪水横流之狀③。後來把字的方向改變成直寫，作形。再後來加注聲符“才”作形，或是用“戋”字代替。因爲有了聲符，所以象“水”形的彎曲筆畫，簡寫成直畫作形。此外，還有從“宀”從“火”的形，從“斤”“才”聲的形和從“水”“才”聲的形。所有這些變化，不僅有時代的因素，也有不同書寫者書寫習慣的原因，都是“災”字之異體。

【陰】甲骨文有從“隹”“今”聲之字，作、、等形。于省吾認爲是“陰晴”之“陰”字④。字，或作、、等形⑤，或以爲是“霧”字，從“隹”“冃”聲。趙誠認爲是“陰”之異體，表示“天氣陰晴之陰”⑥。孫常敘、施謝捷也都有專文論述⑦。對於與的關係，裘錫圭認爲：“爲了書寫方便，圓頂變成了尖頂。”⑧另外，無名組卜辭有中作形者，有學者隸作“霒”，以爲是“陰”之

① 董作賓：《甲骨文斷代研究例》，收入《慶祝蔡元培先生六十五歲論文集》，中研院史語所1933年版，第410—411頁。

② 黄天樹：《黄天樹古文字論集》，學苑出版社2006年版，第271—272頁。

③ 林澐：《古文字研究簡論》，吉林大學出版社1986年版，第101頁。

④ 于省吾：《甲骨文字釋林》，第112頁。

⑤ 字形參看《新甲骨文編》，第765頁。

⑥ 趙誠：《甲骨文詞義系統探索》，見《甲骨文與殷商史》（第2輯），上海古籍出版社1986年版。

⑦ 孫常敘：《孫常敘古文字學論集》，東北師範大學出版社1998年版，第19—33頁；施謝捷：《甲骨文字考釋十篇》，《考古與文物》1989年第6期。

⑧ 裘錫圭：《文字學概要》，第141頁。

異體。黄天樹進一步指出："⿰云酓字看起來由‘云、今、酉’三個偏旁構成，實際上應分析爲從‘云’‘酓’聲。酓雖然是從‘酉’‘今’聲的形聲字，但在⿰云酓字的結構中應作爲一個整體承擔聲符職能的。"①

【室】甲骨文“室”多數作、、、等形，分別見於賓組、出組、歷組、無名組、黄組等卜辭，而何組卜辭多作、、等形②。黄天樹說："卜辭習見‘大室、血室、南室’等語，卜辭中的‘室’即其類。所謂‘自室出’是說：從宗廟的‘室’中取出。卜辭‘室’字所從之‘至’或倒書作（《合》27695），或從‘矢’聲作（《合》30347）。古音‘室’在書紐質部，‘至’在章紐質部，韻部相同，聲亦可通，故室字可以‘至’爲聲。又‘矢’古音在書紐脂部，與‘至’陰入對轉，故室字又可以‘至’爲聲。室字，從‘宀’‘矢’聲（或‘至’省聲）。"③

【雨】甲骨文“雨”字作、、、、、、、等形④。自組大字類卜辭的雨字作、形，象自天而降之水滴形⑤。後在賓組卜辭中，下滴之雨滴與上面一横畫連在一起作、形。在出組卜辭中，又於横上加了一小短横作形。在黄組卜辭中多作形，與長横畫連在一起的兩個短豎筆向外略撇出。

另外，甲骨文中有字，過去有釋作“靁、霽、雹”等字的⑥。李學勤曾指出此字應該是“雨”字⑦。新出的甲骨文字編類的工具書，都沒有吸收這一見解，可見此說還未得到學術的普遍認可⑧。《合》903 正，中間一部分文字，多用肥筆書寫而後刻成，與殷商金文字形

① 黄天樹：《黄天樹古文字論集》，學苑出版社 2006 年版，第 272 頁。並參沈建華、曹錦炎：《新編甲骨文字形總表》，香港中文大學出版社 2001 年版，第 133 頁。

② 劉釗等：《新甲骨文編》，第 425—426 頁。

③ 黄天樹：《黄天樹古文字論集》，學苑出版社 2006 年版，第 278 頁。

④ 劉釗等：《新甲骨文編》，第 621—623 頁。

⑤ 林澐：《古文字研究簡論》，吉林大學出版社 1986 年版，第 17—18 頁。

⑥ 參《甲骨文字字釋綜覽》，日本東京大學出版會 1994 年版，第 317 頁。

⑦ 李學勤：《甲骨文同辭同字異構例》，《江漢考古》2000 年第 1 期。

⑧ 劉釗等：《新甲骨文編》第 626 頁列於“雹”字下。

特點相似。其中“雨”字作形，下面表示雨滴的三個點呈橢圓形。甲骨文多數都是用刀刻寫的，像金文中那樣的肥筆和團塊的寫法，多數都會變成單綫條的刻畫或是勾勒輪廓。如“天”字，殷商金文作形[1]，甲骨作、形[2]，對比不難發現二者的區别。一個字的一些點畫，有時刻作輪廓，有時則刻成一筆。如“雷”字表示雨的部分，有鏤空刻寫的、形的，也有刻作點狀的、形[3]。因此，我們懷疑字正如李學勤所説，有可能是雨字的一個異寫。、等形，下部表示雨滴的地方有一小短竪筆，有可能是表示雨點下滴之狀。如《合》14156 雨字作形，下面的雨點垂滴之狀尤其明顯。

另外，裘錫圭還指出：“文字的某個部分既可以用一般的單綫也可以用勾廓法來表示的現象，在甲骨文裏也是比較常見的，如天既可作也可作，犬既可作也可作等等。有時候，這種現象也會使考釋者把一個字的異體誤認爲另一個字。例如甲骨文裏常見一個寫作、、、、等形的字（《文編》649 － 650 頁。以下隸定爲䏍）。這是圖形式族名金文裏字（《金文編》885 頁）的簡體，在卜辭裏常常用作人名。”[4] 還有像“奠”作、，就是等，都是因一部分單綫條一部分勾廓而形成的異形現象[5]。

甲骨文字中有時依然殘存著某些早期“隨語言環境而改變字形”的現象。如卜辭中的“㞢”字，有寫作“䢅”的，也有寫作“𡨥”的，這幾個字，能不能算作異體，還有待進一步研究[6]。此外如“牢、宰”與“寓”，“牝”與“駜、豼、羊匕”，“疾”與，寫作與的“車”，寫作與的“齒”等等，也可能是“隨語言環境而改變字形”。在沒有足夠證據時，形體上有一定差異的字一般不宜簡單地看作是一個

① 容庚：《金文編》，第 3 頁。
② 劉釗等：《新甲骨文編》，第 2 頁。
③ 劉釗等：《新甲骨文編》，第 623—624 頁。
④ 裘錫圭：《裘錫圭學術文集（一）》，第 231 頁。
⑤ 裘錫圭：《裘錫圭學術文集（一）》，第 232 頁。
⑥ 裘錫圭：《文字學概要》，第 8 頁。

字的異形。如“逐”字，甲骨文多數作（《合》10230）、（《合》10230）等形，從“止”從“豕”會意，表示追逐動物之意。又有作（《合》10294）、（《懷特》152）形者，用“兔”字代替“豕”字構形。又如《合》20715：

其辭爲“辛巳卜，自貞，甫往奐鹿，不其□”。裘錫圭認爲：“‘甫’是人名，卜辭屢見。奐字象犬逐兔，應該是‘逐’的另一種異體。前人多將它們看作兩個字，辭義就講不通了。這個字原來也應該是可以表示‘犬逐兔’或‘以犬逐兔’一類意思的。”在甲骨文中也有、等形，爲“逐”的異體的可能性很大①。從詞的角度來看，把以上幾個字看作是一字之異形應該沒問題，但從語境來看，可能表示的是逐兔，表示逐鹿，“奐”字最初則表示一種田獵方式的可能性較大。隨著時間的推移，這種因语境而造字的原始文字現象逐步減少並最终消失。

姚孝遂說：“同字異形的現象在甲骨文早期最爲突出，到了晚期這種現象逐漸消失，字形逐漸趨於一統。文字是約定俗成的產物，具有極其廣泛的社會性。文字形體的發展演變過程，是一個不斷孳乳分化、同時又不斷規範化的過程。因此，同字異形可以說是文字早期階段一種必然的、不可避免的現象。”② 殷商之時，掌握和使用文字的

① 裘錫圭：《裘錫圭學術文集（一）》，第418頁。

② 姚孝遂：《甲骨文形體結構分析》，《古文字研究》（第20輯），第278頁。

人衹是統治階級當中的一部分，相當於貴族階層。由於文字不爲一般的社會大衆掌握，所以文字的使用也就衹局限於一定的社會階層範圍內。文字使用的約定俗成性也就衹在這一群體內產生作用，因而書寫者在刻寫文字時有一定的隨意性和靈活性。由於文字的書寫者不同，書寫習慣與用字習慣也會有一定的個體差異。而甲骨卜辭可能衹是當時貞卜情況的記錄，並不完全具有“檔案”的性質，所以書寫者在刻寫甲骨時的個體差異也會時有呈現。在研讀甲骨、考釋文字時，以上種種因素需要整體考慮。殷商文字，尤其是早期甲骨文字，文字異形表現得複雜而多樣。隨著文化的進步，文字使用範圍的擴大，文字的規範意識必然會形成，異形突出的現象因此就會得到制約，“到了晚期這種現象逐漸消失，字形逐漸趨於一統”。

（5）訛變

訛變指古文字形體演變過程中出現的因訛成是的現象。古文字中某些字的偏旁部件因被誤寫而與它形體相近而功能不同的其他偏旁部件相混，從而導致原字形體結構發生改變，這種改變後的形體又得以在一定時空範圍內流行，甚至最後成爲文字系統中的定型形體，這類現象就是形體的訛變。一般説來，訛變僅發生在字的某些偏旁部件，就一個字的整體而言，並不同別的字相混淆。訛變形體開始時衹是未訛變形體的一個異體而存在，有的行用一段時間後被淘汰，有的則成爲文字系統的定型形體。文字在記錄語言功能增強的同時，其字義與字形之間的關係在逐漸疏離①，因而文字的使用者因不解或誤解字形的構形理據而誤書字形的現象會時有發生。在古文字中，還會出現一時的書寫錯誤或訛混，這類偶然因素造成的誤書現象屬於字用問題，應該與訛變分別討論。

殷商文字中，往往因爲筆畫苟簡、形近混淆、添加飾筆、解散

① 黃德寬：《漢字闡釋與文化傳統》，中國科學技術大學出版社 1995 年版，第 3—4 頁。

形體等不同情況而導致形體訛變的發生①。如表中諸例：

例字	訛變前	訛變後	備注
異			頭上所頂之物，訛爲"田"
受			從手捧之承盤形（凡），訛爲"舟"
袁			從"又"訛作從"止"③
孽			"自"上添加曲筆爲飾，後進一步訛作"屮"

"異"字，頭上所頂之物與"田"字形近，訛爲"田"；"受"所承之物訛變作"舟"；"袁"字從"止"，由"又"字與"衣"上部延伸的豎畫連寫而訛來。

在殷商文字中，雖然已經發生因訛成是的訛變現象和因對字形構形理據的誤解而導致的誤書，但殷商文字中象形、會意等表意字仍然占據主要地位，文字形體的形象性特徵尚未從根本上改變，所以與後世文字相比，訛變和誤書現象在文字演變的現象中表現得並不十分突出。

（三）殷商文字的字體

字體是指一個時代或是文字發展演變的一個階段內文字表現出來的整體風格和書寫特徵。通過上文分析，已經基本揭示了殷商文字的字形特點。就字體而言，商代金文與甲骨文在總體風格上有一定的差異，二者宜分開考察。

商代金文中，關於早期的族徽或是圖形文字，其性質學術界目前還沒有形成一致的看法。從字體角度來看，這類圖形文字書寫工具

① 沙宗元：《古漢字字形訛變現象初探》，安徽大學 2001 年碩士學位論文，第 38—39 頁。
② 裘錫圭：《古文字論集》，第 3—4 頁。

都是用毛筆，多肥筆和團塊，象形程度高，與圖畫酷似，保留了文字的圖畫性特徵。到了殷商晚期，出現了字數稍多的銘文，大概仍是毛筆書寫，保留肥筆和團塊仍是其字體特點，但形體的象形程度有所降低，符號化程度則進一步增強。商代金文大多是族徽或用於較爲隆重的場合，字體風格也顯得莊重嚴整。

同時期的甲骨文字，除極少數是軟筆書寫外，絕大多數是用刀刻寫的，因而把金文的肥筆變成勾廓或是瘦筆。由於甲骨質地堅硬，刻寫不易，甲骨文字字形綫條多呈直綫條或是多方折筆，象形程度大大降低，字形符號化和綫條化程度則大大提高。從某種意義上來說，甲骨文體現的風格特徵主要是由書寫工具和載體所決定的，其符號化程度已經超越了商代文字演進的歷史進程。甲骨文多數是占辭刻辭，使用頻率高，刻寫較爲簡率，字體風格總體上顯得簡潔勁瘦。

甲骨字體風格的形成，不僅與時代風氣息息相關，還與書寫工具和材料、書寫方式以及文字的功用密不可分。就殷商甲骨文而言，雖然前後衹有二百七十多年的歷史，但是由於時代不同、刻寫者的不同，從而也出現了在刻寫風格和字體上的細微差別。董作賓在《甲骨斷代研究例》中討論到斷代標準時專就“書體”這一標準進行了分析，他認爲:“從各時期文字書法的不同上，可以看出殷代二百餘年間文風的盛衰。在早期武丁的時代，不但貞卜及所記的事項重要，而且當時史官書契的文字，也都壯偉宏放，極有精神。第二、三期，兩世四王，不過守成之主，史官的書契，也衹能拘拘謹謹，維持前人成規，無所進益；而末流所至，乃更趨於頹靡。第四期中，武乙終日遊田，書契文字，亦形簡陋。文丁銳意復古，力振頹風，所惜的當時文字也衹是徒存皮毛，不見精采。第五期帝乙、帝辛之世，貞卜事項，王必躬親，書契文字極爲嚴密整飭，雖屆亡國末運，而文風不變，製作一新，功業實不可掩沒。”① 他從工具、款式、作風三個方面細緻分析，分別用雄偉、整飭、頽靡、勁峭、嚴整來形容第一期到第五期甲骨文字的風格特徵。

隨著研究的深入，人們開始意識到五期斷代太過籠統而不利於甲骨文字的整理，從而進一步把每一期內根據貞人集團進行分組分群研究，通過組和群來逐步細化分期斷代。李學勤認爲：“卜辭的分類與斷代是兩個不同的步驟，我們應先根據字體、字形等特徵分卜辭爲若干類，然後分別判定各類所屬時代。同一王世不見得衹有一類卜辭，同一類卜辭不見得同屬於一個王世。”② 過去學者多以爲“貞人即是卜辭的刻寫者”③，當這一誤解被澄清後，學者從考古類型學和現代“字跡學”角度對甲骨文字體進行了更深入的分類研究。黄天樹說：“同一個貞人所卜之辭在字體上有時可能分屬於不同的類；另一方面，不同組的貞人所卜之辭有時字體又同屬一個類。因此如果同時用貞人和字體兩個標準來劃分甲骨就會陷入顧此失彼的窘境。從這個意義上講，爲甲骨分類衹能使用一個標準。就是說分類應僅僅以字體爲標準來分類，不要受貞人的干擾；分組應僅僅以貞人爲標準來分組，不要受字體的干擾。這樣以字體劃出來的‘類’和以貞人劃分出來的‘組’是兩個系統。依據字體的分類由於不受局限，因此所劃分出來的‘類’是一個完整的‘類’系統。”“從分類的角度來看，字體標準是一個比較理想的分類辦法。類系統和組系統的關係是很複雜的。一方面，在類的系統中的同一個類可以分屬於組系統中的兩個組……另一方面，在組系統中的同一個組又可能包含著類系統中的幾個類……因此這兩個系統並不是處於同一個平面之上。” ④

① 董作賓：《甲骨文斷代研究例》，《慶祝蔡元培先生六十五歲論文集》，中研院史語所 1933 年，第 417 頁。

② 李學勤：《評陳夢家〈殷虛卜辭綜述〉》，《考古學報》1957 年第 3 期。

③ 董作賓：《甲骨文斷代研究例》，《慶祝蔡元培先生六十五歲論文集》，中研院史語所 1933 年，第 345 頁。

④ 黄天樹：《殷墟王卜辭的分類與斷代》，第 6—8 頁。

李學勤、彭裕商在《殷墟甲骨分期研究》中從字體角度對甲骨作了全面的分類研究，提出了村北與村南兩系説。這裏所説的字體，實質上是從刻寫風格來分析的，根據目前的研究進展，對於甲骨刻辭内部字體風格的描寫已經較爲細緻。不過，有些特徵描述太過細微以致非專業學者無法區分開各種風格的字體，並且學者的研究仍處在風格特徵舉例描寫階段，還沒有進入到依據這些風格特徵對全部刻辭進行逐片分類的階段。因此我們在這裏分別從武丁、廩辛康丁和帝乙帝辛三個不同時期的王卜辭中，選取典型字體約略舉例，來描寫字體風格的特徵。這些卜辭，分別相當於過去“五期”分法的一、三、五期，有一定時間跨度，能較好地看出刻寫風格的變化①。

𠂤組圓體類的時代多數學者認爲是武丁早期，𠂤組小字類和㞢類和典賓類、賓組一類等卜辭的時代，大體都是武丁時期的卜辭。

（1）𠂤組圓體類書體風格一般説來字形稍大，多呈肥筆，筆道渾圓流暢，轉折處多呈圓轉角，有如墨書。如：字作，王作、等形，㞢作，丙作，方作，子作、，少量作；用作，雨作，止作，丁作、，叀作、、，酉作，子（巳）作、等形②。

（2）𠂤組小字分爲A、B兩類，A類書體風格清秀、筆畫細勁。有特徵的字形，如：其作或，甲子之子作，子（巳）作，少量作，祭祀之侑多作，少量作，申作，午作或，辰作等，貞字寫作、、、、等。B類字形風格特點是：貞作，其作，午作，人作，卯作，余作等③。

（3）㞢類書體風格是字形較大且多曲筆，有些字體刻得比較草率。有特徵的字形，如：㞢作，尖鋭的犄角頗引人注目，申作，未作

① 以下描寫分析參考了黄天樹《殷墟王卜辭的分類與斷代》、王建军《殷墟卜辭字形特徵及類型劃分》（鄭州大學2006年碩士學位論文）。

② 黄天樹：《殷墟王卜辭的分類與斷代》，第15頁。

③ 黄天樹：《殷墟王卜辭的分類與斷代》，第23—25頁。

，寅作或，辛作，母作或等①。

（4）典賓類書體風格雄健整飭，字體比較大，筆畫多瘦勁有力。部分卜辭筆畫肥厚，肥、瘦兩種書體字形結構完全相同。有特徵的字形，如：賓作，㱿作，翌作，不作、少量作，𡆥作、少量作，隹多作直尾之，人作，方作，申作，亥多數作、少量作，子（巳）作，酉作等②。

（5）賓組一類刻在骨版上的字形一般稍大，筆畫方飭，多用直筆。如賓作頂部出頭之，㱿作、，𡆥作，申多作、少量作，不作等③。

廩辛康丁時期的卜辭，有何組和歷無名間組等④。

（1）何組一類書體的風格是字形較大，筆畫粗細比較平勻，横平豎直。特徵性的字有：貞作或、，王作，宰作、，翌作、少量作，又作直尾，吉多作，旬字不出頭的和出頭的互見，庚作，辛作，子（巳）作，申作，亥作⑤。

（2）何組二類書體如用小楷所書，筆畫稍粗，綫條不平勻，中粗而尾尖。有特徵的字，如：翌作，貞作、子（巳）作、吉作、牢作，王作、用作等⑥。

（3）歷無名間組，林澐認爲："在字形上'用'字的豎劃均有明顯的折角，横劃均僅有一筆左右相通，另有二短劃上下相錯。'牢'字外框方正、狹長。'又'字及'又'旁均作明顯的折角。'于'字均横平豎直。'眔'字的'目'形均兩端向相反方向強烈彎曲……從書體作風看，字略狹長，刻劃工整而比歷組要細，而且很少有曲筆。"⑦

---

① 黄天樹：《殷墟王卜辭的分類與斷代》，第30頁。
② 黄天樹：《殷墟王卜辭的分類與斷代》，第42—47頁。
③ 黄天樹：《殷墟王卜辭的分類與斷代》，第50頁。
④ 黄天樹：《殷墟王卜辭的分類與斷代》，第13頁。
⑤ 黄天樹：《殷墟王卜辭的分類與斷代》，第227頁。
⑥ 黄天樹：《殷墟王卜辭的分類與斷代》，第237—238頁。
⑦ 林澐：《無名組卜辭中父丁稱謂研究》，《古文字研究》（第13輯），第25頁。

如：午作，子（巳）作，亥作，罘作等。

黄組卜辭大體相當於帝乙帝辛時期的，書體風格是字體細小，書法整飭，行款劃一，文例嚴謹。字形有特徵的，如：王作，丙作，庚作，辛作，癸作，子（巳）作，子作，寅作，辰作，午作，申作，酉作，戌作，亥作，其作，用作，叀作，茲作，𡆥作，𡆢作等①。

從以上描寫可以看出，雖然甲骨文字體現了不同刻寫者的個性風格，但是從縱向比較仍可以發現同一時期甲骨字體所具有的類聚性特點，並可以從中總結出同一時期甲骨書體風格發展的階段性特徵，如從武丁、廩辛康丁時期到晚期黄組類，卜辭書體風格特徵呈現的變化是比較明顯的。

二　殷商文字的結構

（一）結構與結構分析

結構與形體一樣，也是考察漢字發展的基本觀測點之一。漢字的結構一般指的是漢字的結體（布排）和構造。漢字是二維結構，具有可解析的特點，大約從西周以來，前人就開始了漢字結構的分析，並逐步形成了古代關於漢字構造的代表性學説——“六書”理論②。甲骨文發現以來，在研究漢字新材料的基礎上，學者提出了“三書”説和“二書”説③。我們認爲：“漢字結構的研究涉及到構形方式（或造字方法）、不同結構的字及結構類型三個不同層次的問題。所謂構形方式，指的是文字符號生成方式，也即構造文字符號的方法；用不同

① 黄天樹：《殷墟王卜辭的分類與斷代》，第 276 頁。

② 參看黄德寬、陳秉新：《漢語文字學史（增訂本）》。

③ 參看黄德寬、陳秉新：《漢語文字學史（增訂本）》，第 256—257、第 284—288 頁；黄天樹：《黄天樹古文字論集》，學苑出版社 2006 年版，第 269—270 頁。

的構形方式即構造出不同結構特徵的漢字；將不同結構特徵的漢字予以歸納分類就概括出不同的結構類型。對漢字結構的研究，通常是由單個漢字形體的分析，上升到對結構類型的概括，進而認識到與結構類型相應的構形方式的。實際上，已有討論漢字結構的論著，基本上是對漢字系統單個形體符號進行共時的、靜態的分析歸納，對結構類型和構形方式一般不作明確的區分。”① 因此，漢字的結構分析涉及兩個層面的問題，一是表層的結構類型概括，一是深層的漢字生成方式即構形方式的探討。結構類型概括和構形方式分析既相互關聯，又有所區別。結構類型是同一種構形方式構成漢字的類聚，構形方式是指漢字符號的生成方式，就是構造漢字符號的方法。就結構分析而言，由於不同結構類型漢字的分布是構形方式的物質存在形式，因此，結構類型的概括是考察漢字構形方式的基本途徑。

結構類型是根據漢字構形特點歸納出來的類型，傳統“六書”主要是對結構類型的概括。戴震提出“六書”“四體二用”之說，指出：“大致造字之始，無所憑依，宇宙間事與形兩大端而已，指其事之實曰指事，一二上下是也；象其形之大體曰象形，日月水火是也。文字既立，則聲寄於字，而字有可調之聲，意寄於字，而字有可通之意，是又文字兩大端也。因而博衍之，取乎聲諧曰諧聲，聲不諧而會其意曰會意。四者書之體止此矣。”② 參考戴氏的意見，我們將漢字的結構歸納爲象形、指事、會意、形聲等四種基本類型；構形方式的動態分析則是通過考察漢字發展演變各個階段不同結構類型漢字尤其是新增字的分布情況，來揭示漢字構形方式動態演變的軌跡。

對所有的字進行結構類型分類是一項難度很大的工作。古文字的構形情況比較複雜，單從構形層面來說，如果在同一歷史時期產生的字，字形清楚，結構也明確，所象之形或是所會之意比較容易理

① 黃德寬：《漢字構形方式的動態分析》，《安徽大學學報（哲社版）》2003 年第 4 期。
② 戴震：《答江慎修先生論小學書》，收入《戴震全書》第三冊，黃山書社 1994 年版。

解，其結構分析和歸類相對較爲容易；有些字的字形和結構雖然清楚，但所象之形或所會之意卻很難查考，因此也就難以準確歸類。對於構形難以分析的字，我們參考《説文解字》和先賢時哲的研究成果來作出綜合判定。如“敖”字，其構形雖然很難理解，但該字字形是一個不易切分的整體，我們就歸之於象形字一類中；有些字我們暫時從一家之説做了歸類，但這並不一定代表我們最終的看法，如“乍”字，有學者認爲是會意字，我們暫從其説歸入會意中；有些字的構形有一個動態發展的過程，如“鳳”字，早期的字形是象形字，而後又加注了“凡”字作爲聲符，因而又是形聲字，我們就根據其實際結構特徵既歸到象形也統計到形聲一類。古文字形體發展中的增加偏旁，有時增加的偏旁有表意或標音作用，也有一些字所加的偏旁並不表意或標音，可能衹在結構的均衡、美飾等方面起作用。我們從符號學的角度，把前一類偏旁稱爲功能符號，後一類叫作羨餘符號。增加功能符號的，有以下幾類：一是注聲，一是注形，一是抽象符號。注聲方面，有在表意字上注聲的，也有在形聲字上注聲的。靜態的分析，在表意字上注聲，有可能會出現所謂形聲字多形符的問題；而在形聲字上注聲，就會出現雙聲符甚至多聲符字。在注形中，有一類字如“祭”和“得”，注形後的字形傳承了下來，而其原始的形體“夗、导”不再以單字的身份出現在文字系統中（导字在魏晉以來又因“得”字而重新造了省形變體字）。依據傳統歸類，我們把這類字仍按其原始字形歸入會意中。如果注形後其原始字形仍在文字系統中使用，我們一般認爲屬形聲結構。如“中”字注形而分化的“仲、衷、忠”等字，都歸入形聲字中。還有一類加抽象標指符號“口”的字，如“高、古、吉”等，所加的“口”雖然沒有起表意或記音作用，但是增加“口”之後，所起的作用在於標指與“京、✚(盾的初文)、⇧(圭之初文)①”相關的抽象義。像這類字，我們一般歸入了會意字中。羨餘符號，指

① “吉”字還有一種字形作𠮷，所從之亼爲斧頭。

的是在文字構形中對於字義沒有起任何作用的部分，如“元、天”等字，最初分别寫作[古文字]、[古文字]形，而在後來的演變中，表示人頭部的團塊或輪廓變作綫條。古文字中往往在長綫條的筆畫上加一小短横，“元、天”又寫作[古文字]、[古文字]形即是其例。上面的小短横不具備構形功能，祇是文字演變過程中增加的飾筆，因而這類字，我們仍按其原始形體而視作象形。還有繁化符號“口”，出現在字形中也沒有任何構形功能；其他的如鳥蟲書等所畫之鳥、蟲或其他符號，都沒有進入到結構層面，祇是文字書寫過程表現出來的美飾現象，這些字依然按其原來的字形結構歸類。

（二）殷商文字的結構分析

我們採取“象形、指事、會意、形聲”四分法對殷商文字進行構形分析①。由於造字方法可能不同，商代文字中就已經出現有爲同一個詞造不同結構類型字的情況。如{肘}，甲骨文有寫作[古文字]，也有寫作[古文字]，前者爲象形字，後者爲指事字。再如{災}，有寫作[古文字]，也有寫作[古文字]的，前者爲象形字，後者爲形聲字。這些爲同一個詞構造的不同字形就形成一字之異體。不同結構類型的異體字，我們在統計單字量時，視爲一個字種，但在統計結構類型時，就要分開計數。如“肘”這個字，它既歸象形字，又歸指事字。所以，按結構類型統計出來的數量總和會大於單字的數量。

文字形體演變過程中，增繁形符或聲符會導致結構類型的改變。不管原來這個字是什麽結構類型，加上形符或聲符後，客觀上就成了形聲結構。如果是增加了形符，那新增加的形符就成了新字形的形符，原來的字就成了聲符。如“桼”字，原來寫作[古文字]，是一個象形字；有時又加上“水”寫作[古文字]，這時就應該看成“從水[古文字]聲”了。又如“後”字，原來寫作[古文字]，是個會意字；後來又加上了“彳”寫作

---

① 本書所有構形分析都是就已識字而言的，未識字一般不納入構形分析的範圍。

，這時就應該分析成“從彳聲”。許慎把它分析成從“彳、么、夊”①三個部分，實際並不符合該字的内部結構。增加聲符的，如“皇”字，原來寫作，當是一象形字；加上“王”寫作，這時就應該分析成“從王聲”了。又如“辟”字，原來作，當是一會意字；加上“璧”的象形初文寫作，這時就應該分析成“從璧聲”。許慎把“辟”字中“璧”的初文當作“口”，並且把“辟”字分析成從“卩、辛、口”②三個偏旁，跟該字形成的内部結構實際也是不相符的。

增加形符或聲符形成的字形，如果跟原字形衹是異體關係，我們在統計單字量時視爲一個字種，但在統計不同結構類型時，就要分開統計。象形字和會意字增加形符或聲符，就變成形聲字，那麼這個字頭的未加形加聲的字形和已加形加聲的字形就分屬兩種結構類型，如“黍”字，既歸象形字，又歸形聲字；“辟”字，既歸會意字，又歸形聲字。形聲字再增加形符或聲符，仍然是形聲字，新增加的形符就成了新字形的形符，原來的形聲字客觀上就成了新字形的聲符；新增加的聲符就成了新字形的聲符，原來的形聲字客觀上就成了新字形的形符（實際上形成了雙聲符字）。所以，形聲字由於加形加聲造成的異體，我們在統計字量時視爲一個字種，在統計結構類型時也不另外計數，如“御”這個字頭，有寫作的，以“午”爲聲符，是個形聲字；有的寫作，增加“彳”作形符，此時字形應該分析作“從彳卸聲”，仍然是形聲結構，所以“御”的兩種異體都歸形聲字。

對《説文》有的形體，一般參照《説文》來分析其結構並歸類，但某些字商代可能與《説文》字形完全不一樣，我們則依據商代字形分析該字的結構類型。如《説文》“祊”當然分析成形聲字，可是這個字商代寫作，應把它看成象形字。

① 《説文解字》，第 43 頁。
② 《説文解字》，第 187 頁。

根據以上的標準，我們對殷商主要是甲骨文的已識字按照結構類型進行統計分析。由於有的字存在異體，所以，按照結構類型統計的數據會大於單字量。目前殷商甲骨文已識字是 1243 個，已識字按照結構類型統計總數是 1310，其中有 67 個存在不同的結構異體。殷商文字不同結構類型的字分布如下：

1. 象形字（339 個）

帝、示、祇、祊、祟、王、皇、玉、璧、琮、中、串、屮、屯、艸、若、曾、介、公、必、余、采、牛、牢、告、口、周、單、走、止、歲、行、齒、足、龠、冊、舌、干、屰、丙、商、十、章、辛、革、鞭、鬲、鬳、爪、丮、鬥、又、父、夬、彗、𠂇、聿、臣、殳、支、卜、貞、兆、用、爾、目、瞽、眉、盾、自、隹、巂、雞、萑、羊、鳥、鳳、幺、叀、玄、歺、冎、肉、肩、肘、贏、刀、丯、角、竹、箕、畀、工、巫、乃、丂、兮、乎、亏、壴、豆、虍、虎、皿、盧、井、皀、鬯、爵、入、矢、高、冂、亭、京、亯、畐、良、亩、來、夌、夒、舞、木、朱、槸、東、才、桑、帀、宋、南、丰、乇、束、橐、員、貝、朋、日、暈、㫃、晶、曑、月、囧、夕、圅、卣、朿、爿、鼎、克、彔、禾、穆、秝、秋、黍、米、尗、宀、吕、同、冕、网、巾、帶、帚、白、尚、人、匕、丘、徵、身、衣、袁、卒、裘、老、尸、舟、方、兒、欠、旡、頁、丏、首、須、顛、文、髟、卩、勹、茍、鬼、彪、山、嶽、产、石、長、冄、而、豕、豭、豖、希、彖、兕、易、象、馬、廌、鹿、麋、麑、皂、兔、犬、尨、鼠、火、尞、焚、大、夨、交、壺、幸、睪、心、水、溺、淵、川、巛、州、泉、雨、雷、雹、雲、魚、燕、龍、翼、非、卂、不、西、戶、門、耳、臣、失、脊、女、乂、弗、弋、乑、戈、戉、戚、我、亅、瑟、乍、匚、曲、甾、甗、弓、彈、發、系、繼、率、虫、蜀、蝠、虹、求、它、龜、黽、鼄、凡、土、墉、堇、田、疇、黃、力、幵、勺、且、斤、斧、斗、斝、車、𠂤、阜、宁、亞、九、禽、萬、禹、嘼、乙、丙、丁、戊、己、庚、辛、壬、癸、子、疑、去、巤、寅、

卯、辰、巳、㠯、午、未、申、酉、戌、亥

其中“祇、祟、皇、璧、琮、歲、龠、商、鬳、貞、雞、鳳、羸、盧、舞、員、黍、徵、卒、鬼、尞、巛、雹、脊、發、它、黿、堇、斧、疑”等30個字又有形聲結構異體，“肘”字又有指事異體。

象形是通過對詞語概念的所指進行象徵性摹寫來構成字形符號的一種方法。《說文》：“象形者，畫成其物，隨體詰詘，日月是也。”我們對殷商文字中全部339個已識象形字做整體分析歸納後，象形字的生成方式有以下幾種：

殷商時期的象形字主要是通過整體摹寫事物的形狀而構成的。如描摹自然界事物的有“日、月、水、火、山、丘、泉、雨、石、土”等；描摹動植物的有“鹿、虎、馬、鱼、犬、豕、豭、龙、凤、象、角、虫、貝、木、屮、禾、來、黍、桑”等；與人或人體相關的有“人、頁、首、白、止、足、自、面、心、肩、肉、又、肘”等；與器物相關的有“刀、斤、力、矢、盾、戚、井、壺、鼎、鬲、卣、爵、斗、車、舟、衣、网、冊”等。

先民通過觀察客觀的事物，有時對它們的形態等特徵做了細緻區分。如“鹿”字寫作，字形體現鹿角和眼睛等特徵，身體部分多以簡潔的綫條勾出，顯示鹿奔跑的速度和輕盈的體態。“馬”字則以突出其鬃毛爲特徵，從而與其他動物區分開。“豕”與“犬”字的主要區別在於尾部,“豕”尾作下垂狀而“犬”尾則是向上勾曲。“禾、黍”與“來”分別寫作、、，它們的區別在於表示穗在頭部，聚穗的是“禾”，散開歧出的是“黍”，而直穗的是“來（麥）”。世界上的事物是千形百態、各不相同的，通過摹寫形態而進入到記錄語言的符號系統中的字形之間要有一定的區別度，否則人們就不能通過識別字形而理解所記錄的詞義。這一時期的象形字的主體雖然是以描摹整體事物而來的圖形，但這種描摹與圖畫的全景式反映是截然不同的。這裏面不僅體現了先民對客觀事物特徵的細緻把握，還體現了他們對客觀事物的主觀體認，如“日”字畫作圓形而“月”

字作、以表山、以表丘等，體現出他們對自然現象的觀測和認知。

象形字除整體描摹物體外，還用突出局部特徵的方式造字構形，如“身、子”等字。“身”字的意思是指人身體的軀幹部分，字形作，突出腹部。小兒的頭部顯得較大，上肢動作突出，所以“子”就畫一個頭部較大、胳膊揮動的來記錄這個詞。“元”字是畫出一側面直立的人形，在人形上畫一較大的圓（金文的這個圓則用團塊填實），突出其頭部。與此相類似，還有一部分字則衹用突出的特徵部分來指稱整個事物，如“羊、牛”二字分别寫作和，就是用描摹出頭部特徵的形體來表示｛羊｝和｛牛｝的。

還有些象形字則通過表現人體動作形態來構形，如“走、夨、勹”等，這些字多數與動作有關，如“走”字作形，本象人奔跑之形。從構字的要素來看，與正面站立的人形“大”字一樣，但“大”字表示臂膀的部分做下垂狀，而“走”字則象人跑步擺臂的形狀，這就是利用動作形態來構成字而示意的。“夨”字是在“大”的基礎上頭部傾仄而來，“勹”是描摹人形的匍匐狀態來構形。又如“頁”字，甲骨文作、等形，《説文》：“頭也，從百從儿，古文䭫首如此。”依許慎所説，“頁”描摹的當是跪跽而稽首之狀，是一種動作情態。

有些事物，即使全體畫出，也會因爲形體之間的近似或是形體本身表意不夠清晰而不便於識别，往往就會連同這一事物出現的環境等一併畫出，這種構形方式，我們稱爲“隨形附麗”式，如“眉、齒、須、州”等字。“眉”字作，不僅畫出了彎彎的眉毛形狀，而且把眉毛下面的“目”也一併畫出。如果衹用“目”上幾道彎曲的綫條表示眉，可能存在表意不夠清晰的問題。“齒”字，衹有依託“口”形，“齒”才好表現；“須”生於面頰，故從“頁”。而“州”字作，在水中用一小圓圈來表示“水中的陸地”，若衹畫出表示陸地的小圓圈而不出現“水”，看到這個形體不一定會想到是“州”。

總之，儘管象形這類字是通過“畫成其物”而産生的，但這些圖形不是對客觀事物的簡單描摹，是在人類改造自然過程中對現實世界認識的昇華，其中包含了先民的思想和智慧。

2. 指事字（65 個）

一、元、天、上、下、气、小、少、八、牟、由、丩、言、厷、叉、占、爻、芈、膺、肘、刃、奠、甘、曰、彭、血、丹、今、朱、之、生、柬、項、面、彤、厄、剢、旬、勿、粦、黑、悤、亦、亢、夫、立、息、至、鹵、耴、拇、母、亡、引、終、亟、亙、亘、畺、升、五、六、七、甲、丑

其中“占”字又有會意異體，“肘”字又有象形異體。

指事是通過抽象符號的組合和標指來構成記錄詞語符號的方法。《說文》：“視而可識，察而見意，上下是也。”殷商文字中，指事字有 65 個。殷商文字的指事構形，可以分成三類：

一類是純抽象符號，如“一、二、三、小、上、下”字等，沒有具體所象之物，多數都是符號的組合。

一類是因形指事，即在象形字的基礎上加上指事符號來標指意義所在，如“刃、末、本、亦、肘”等字。甲骨文“刀”字作 形，是從商代金文 形勾廓綫條化而來的，是象形字。在“刀”字上表示刀刃的部分加一指事符號，寫作 形，用指事符號標明字意所在。再如“悤”字，甲骨文作 （《合》5346），《說文》：“悤，多遽悤悤也。從心囪，囪亦聲。”《金文編》謂：“從 在心上，示心之多遽悤悤也。《說文》云從心囪，囪當是 之變形。又云囪亦聲，乃由指事而又變爲形聲矣。”①“心”上所加的點畫是指事符號，表示字義之所在。《說文》之所以認爲“悤”是形聲字，主要是依據已經訛變的與原字形不一樣的小篆立說，許氏把上面由 訛變作 的形體看作是聲符。

再有一類是因聲指事，于省吾最早揭示這類構形現象，指出：“附畫因聲指事字，是由於文字孳乳愈多而採取了因利乘便的方法，

① 容庚：《金文編》，第 692 頁。

在獨體字上附加極爲簡單的點畫，作爲區别，既可以達到指其事的目的，而又因原字以爲聲符，一舉兩得。”① 如“白”（ ）與“百”（ ）、“人”（ ）與“千”（ ）等字，“百、千”都是因“白”和“人”而加上指事符號構形的，而且“百”和“千”字的讀音也是分别因“白”和“人”字而來的。

3. 會意字（356 個）

吏、祭、祼、祝、三、玨、每、芆、芻、折、莫、莽、葬、分、釋、吹、名、各、歬、登、步、遣、逐、復、後、得、御、建、延、衛、品、喦、㗊、廿、卅、卌、信、競、竟、童、妾、對、僕、収、丞、弄、弅、戒、兵、具、興、農、鞠、孚、爲、埶、孰、叟、燮、曼、尹、及、秉、反、㞋、取、史、畫、晝、臧、役、皮、啟、徹、肇、攸、敗、寇、牧、占、甫、葡、爽、旻、罘、相、泪、睭、皆、翟、隻、雀、美、彝、雔、靃、雥、鳴、糞、棄、冓、再、爯、幼、玆、受、爰、爭、奴、叡、死、刖、利、初、删、刖、耤、解、典、舁、沓、寧、喜、嘉、豊、虘、虤、虤、益、盡、盈、即、食、飤、合、侖、會、倉、内、躲、矦、央、就、辜、亭、啚、嗇、夏、舝、韋、夅、乘、李、樹、枚、杲、樂、采、析、休、梟、柬、林、森、出、索、刺、囿、因、囚、困、圂、買、朋、邑、鄰、晉、昏、昌、朝、旋、旅、族、斿、冥、朙、夗、夙、多、栗、齊、棗、稼、采、穫、梨、秦、秝、兼、香、舂、臽、耑、向、寍、宂、寶、宰、宿、寑、寒、宋、宗、宩、竀、突、疾、羅、帚、敝、保、付、偁、敚、係、伐、咎、弔、从、并、北、似、眾、壬、朢、監、孝、屍、犀、尾、服、兑、兄、兓、見、視、覓、㳄、司、令、卯、印、夘、辟、磬、昜、𧰼、豚、瀼、臭、焚、爨、烖、光、炎、燮、焱、赤、夾、吳、執、圉、奏、奰、竝、普、慶、溫、衍、注、浮、砅、休、涿、沈、沫、林、涉、侃、永、谷、龖、乳、聯、聖、聽、聲、聞、聑、

① 于省吾：《甲骨文字釋林》，第 462 頁。

拏、承、揚、擐、妻、好、姣、姦、妥、民、戎、成、戕、武、戠、戔、匄、區、医、弜、弦、孫、絕、彝、絲、蚰、蟲、二、埽、坐、圣、圭、堯、野、畜、男、劦、金、鑄、鑿、釣、尻、輂、官、陟、陷、隊、三、獸、巴、辭、孕、孨、毓、羞、配、尊

其中“祼、祝、莫、莽、葬、遣、後、得、御、衛、童、孚、埶、啟、牧、棄、耤、寧、𦎫、韋、昏、冥、朙、寍、寶、宿、疾、服、辟、烖、執、砅、聲、擐、毓”等35字又有形聲結構異體，“占”字又有指事異體。

會意即通過兩個或兩個以上意符的組合表意來構成記錄詞語符號的方法。《說文》：“比類合誼，以見指撝，武信是也。”殷商已識會意字可以分爲三類：一是以形相會類，二是重複偏旁類，三是以意相合類。

以形相會式的會意字，如“宿、病、獲”等字，通過各個意符的搭配組合關係來表達或暗示出一個新的意思，從而構成記錄詞語的符號。如“宿”字在甲骨文中作形，上面“宀”是房屋，裏面是“人”和（是簟之初文），表示人在屋裏睡覺，通過三個意符的組合，將｛宿｝這個詞義表現出來。“疾”字作形，表示人生病臥床，身體虛弱淌汗，由象形的“牀、人”和抽象的點畫組合，來表達｛疾｝的詞義。甲骨文“獲”字作，象以手抓鳥之形，由“又”（手）和“隹”兩個意符組合來表示擒獲之｛獲｝的詞義。從構字角度來看，這類會意字與圖畫更爲接近，有些與“畫成其物”的象形構字法相似，應該也屬於較早出現的一批字。此外還有一些字，基本上是靠各個意符之間相對的位置關係來表現字義的，如“替”和“並”字，分別寫作和，爲兩人站立之象，但是兩人的位置“替”字作一高一低之狀，而“並”字則是兩人站在同水平綫上，二字的意思就通過相對的位置差異來表現。“陟”和“降”分別寫作和形，是“阜”字，一般認爲是山阜之形，“陟”字的趾形方向朝上，表示人向上登高之形，而“降”字的趾形方向朝下，表示人從高處降下，通過“趾”的不同

方向來表示不同的意思。象“各”和“出”，也是如此構形，腳趾朝向穴坎的是“各”字，反之就是“出”字。此外，“好”字和“毓”字分別寫作和，都用“女”和“子”兩個意符構字，但是“女”和“子”的相對位置關係決定二字的不同，甲骨文中“好”字中的“女”和“子”是面對面的，而“毓”字中的“子”是在“女”的背後稍靠下一點的位置，並且“子”的字形多數是倒著的。裘錫圭認爲：“利用偏旁位置關係的會意字一般是在古文字階段造出來的。”①

象形字中有利用動作形態來構字的情形，有些會意字也是通過這種方式構形的，如“望”字，甲骨文象人企足或站在“土”上而翹首極目遠望之形；“聞”字作形，象人以手撫耳仔細聆聽之狀。以上這些字，不僅要由相關的意符參與構字，而且還需要刻畫出相關的動作形態才能使意思得以展現，與前一種以形相會式的會意字稍有不同。

在會意字中，還可以看到像“从、比、林、吕、炎”等類字，利用偏旁的比併或重疊來構字的。比併偏旁所構新字的字義，往往不是這個偏旁所表意思的重複，如“从”字，不是表示二個人，而是二人一前一後“相隨”之意。有時也會把一個偏旁重疊三次之多，如“森、晶、毳、焱、劦”等。這類字利用偏旁的重疊，有時含有“衆多”的意思，“森”就是指連木成片的林木，有時也會表示這些事物具有的某種特點，如“犇、焱、劦”等。

在《說文》中有個別字可以意符連讀而成義的，如“暴”字，“日出竦手舉米曬之”之意，把各個偏旁連起來讀就是該字的意思，其他如“扁、袒”等，這類會意字稱之爲以意相合式。商代文字中是否有這一類型的會意字，裘錫圭曾有過討論。他認爲甲骨文中的“去”字，就是用“大口”連讀而成意的②。如果這一說法成立，那麼會意字中

① 裘錫圭：《文字學概要》，第130頁。
② 裘錫圭：《古文字論集》，第646—647頁。

以意相合的構形方式起源還是比較早的。

4. 形聲字（550 個）

旁、祇、祀、祏、祼、祝、祓、祈、禦、祟、禫、皇、璧、琮、琅、芺、萑、茁、苞、艾、苴、艿、蒿、萅、莫、莽、葬、豕、公、牡、犅、牝、物、噣、嚛、吾、君、召、問、唯、咸、吉、唐、咅、噶、吒、吝、唬、嚴、喪、趄、歷、歸、登、歲、此、正、巡、徒、過、進、還、迨、速、逆、遘、逢、通、徙、返、遣、邐、遲、達、逋、追、遼、遠、逴、邍、遽、邊、德、彶、迪、退、後、得、律、御、街、衛、齲、踬、龠、龢、嗣、商、古、千、博、訊、訢、謎、詎、誅、童、龔、共、異、鬳、融、鬻、煮、孚、埶、䊸、䎒、鬭、右、叡、嫠、馭、叔、友、度、肄、臤、鼓、豉、段、鳧、將、尋、專、啟、敏、孜、效、改、更、畋、敘、牧、教、學、貞、庸、習、售、魯、者、智、百、鼻、習、雉、雞、雛、雝、雇、traditional、藋、舊、蔑、羌、轟、鳳、鷹、棄、幽、疐、受、叡、殉、殊、膏、腹、散、羸、剛、剝、剃、制、劓、切、耤、衡、曆、曹、晉、曹、迺、迺、粤、寧、可、咢、義、旨、鼓、登、盂、齍、盧、盜、去、青、既、亶、饗、飤、缶、亳、市、覃、厚、牆、麥、舞、韋、夆、杏、楙、檟、柳、杞、檀、櫟、柏、杍、枎、稟、栽、宋、榴、椎、棊、臬、桊、椿、鬱、楚、麓、生、師、敖、孛、稽、圖、圃、圍、員、賸、賓、責、賈、貸、貪、邦、啓、昃、昏、昔、昕、曤、旦、旂、冥、星、霸、龓、朙、盟、夢、龠、韍、鼐、稠、秜、穅、年、黍、糟、家、宅、室、宣、宛、宏、寍、定、安、宓、寶、守、寵、宜、宿、索、宕、竊、宮、寮、疾、疢、疫、冑、罶、置、帛、黼、企、伊、侚、俾、倗、何、備、依、侵、任、傳、但、偪、化、從、比、徵、重、量、殷、襄、卒、耋、履、俞、朕、般、服、允、先、次、歆、盜、順、卯、卲、叩、辟、鬼、醜、畏、嵬、廄、龐、庇、庶、庚、硪、豭、豪、彘、豹、貔、貘、騩、駁、騽、騺、駜、駛、麐、麋、麝、麗、犷、獻、狂、猶、狐、狽、獄、熊、猋、閔、烄、熹、爇、烓、烖、戚、夸、夷、埶、畀、奚、念、懋、怒、恚、恙、河、湅、涂、洛、汝、沁、灌、深、潭、淮、濼、洹、湡、滤、洚、沖、濞、澭、沚、汜、濘、洼、潢、湄、砅、瀑、潦、瀧、涵、滏、洎、汏、洒、瀼、濤、巛、震、雹、霝、零、霖、霎、霾、雩、霸、漁、蘢、臺、閤、闔、闌、聲、聾、扶、撣、擇、擐、攣、扔、扜、搓、脊、姓、姜、姬、敃、娸、娶、婦、妊、娠、嫋、姑、妹、姪、姼、婢、娥、妸、妶、婤、始、媚、姝、妗、姘、嫙、如、婡、妟、妝、媟、妍、娃、婎、婄、婪、孃、奸、娘、嫀、妬、肇、截、戕、弋、義、直、匿、匽、弘、發、轡、蟺、它、鼍、鼀、基、坎、堇、艱、畯、鑊、鎷、斧、新、省、陽、陸、陮、降、陶、除、陴、陡、隮、成、異、辪、字、孌、季、孟、孽、疑、毓、酒、畬

其中“祇、祟、皇、璧、琮、歲、龠、商、膚、貞、雞、鳳、羸、盧、舞、員、黍、徵、卒、鬼、尞、巛、雹、脊、發、它、鼀、堇、斧、疑”等30字又有象形的異體，“祼、祝、莫、莽、葬、遣、後、得、御、衛、童、孚、埶、啟、牧、棄、耤、寧、䵹、韋、昏、冥、朙、盜、寶、宿、疾、服、辟、烖、埶、砅、聲、擐、毓”等35字又有會意字異體。

形聲是通過形符標示、聲符記音來構成記錄詞語符號的方法。《說文》：“以事爲名，取譬相成，江河是也。”一個形聲字，一般包括形符和聲符兩個部分，形符又稱形旁、義符，聲符又叫聲旁、音符。形聲字形符的功能是從意義層面參與構形的，其主要功能是標指和區分；聲符則是從語音層面參與構形的，通過聲符記錄詞語讀音來建立字與詞的聯繫。因此，形聲的構形方式，使文字的構形既繼承了表意構形的傳統，又開創了記音表詞的新途徑。

我們認爲：“古漢字階段形符的變動不居，同一形聲結構存在多種異形分歧及義近通用，是十分突出的特點。”[①] 就甲骨文字而言，有

① 黄德寬：《漢字理論叢稿》，第66—67頁。

些字最初是象形字，在演變過程中增加了形符而成爲形聲字，如“黍、遘、祝”字等。這些字最初的構形均爲表意字，在發展演變過程中，因爲表意的需要而增加了形符，從而成爲形聲字。“黍”字寫作是象形字，從賓組卜辭開始就出現了在形上加注形符“水”作形，雖然這個字形已經產生，但是此後的卜辭中“黍”字兩形併用。“遘”甲骨文作、、等形，形符可有可無，可以從“彳”，也可以從“辵”，還沒有固定下來。形符與字義的關係，大致可以劃分爲以下幾類：形符完全或基本表義的，如“星”字本是在“晶”上加“生”聲分化而來的，所以“晶”字是形符，“晶”與“星”的意義一樣；形符表示類屬意義，如“江、河”等字，其中的形符“水”表示類屬意義；還有些形符與字義相關聯，也有一些關係較爲模糊的[①]。總之，形聲字形符的表義功能具有一定的局限性，它表示的義與整個字義不能簡單等量齊觀。

形聲字的聲符與語音直接發生聯繫，是文字符號記音功能的體現。漢字的基本形體都是通過描摹客觀事物而來的，字形通過所描摹的事物的概念與語言中的詞發生了聯繫，但是甲骨文已經通過大量使用假借的方式來記錄語言，而假借的本質就是以形記音，所以我們認爲在殷商時代，形與音的聯繫已經比較密切，因而在一些形聲字中聲符的作用已經具有專職化的功能。形聲字聲符的表音功能，也就是形聲字與其聲符讀音關係的問題。我們認爲：“任何一種文字符號體系，與語言的物質外殼——語音發生聯繫，都是約定俗成的結果。儘管人們力圖將語音在文字符號上準確無誤地反映出來，但結果總是不能令人滿意。即使是比較先進的拼音文字，也不能做到十分精確地記錄實際語音，因此，文字符號記錄語言衹能是相對的。古漢字形聲結構作爲一種表音的文字符號，自然也衹能是相對精確地反映古漢語的

① 參見黄德寬《漢字理論叢稿》，第72—75頁。

語音。”①“聲符的根本職能是記錄語音，它僅僅作爲記錄語音的物質符號而存在，它的發展、變化都與語言的發展變化關係密切。聲符相對穩定性和單一性的特點，它所具備的較強的表音功能，以及在形聲結構中的主導和核心地位，都可以説明這一點。也就是説，聲符的特點、功能及其地位是由它作爲記錄語音的符號性質所決定的。”②

殷商形聲字的構形大體可以分爲三個類别，即加注形符類、加注聲符類、形聲同取類。

（1）加注形符類。在一個字上加注形符，可以在本字上加形符，也可以在一個借音字上加注形符。如“祝”字，本來作，象一人跽跪張口祝禱之形，後來又作形，是在本字上加注了“示”作爲形符。甲骨文有一些專有名詞，如武丁時諸婦中的“姘、好”等，應該是在“井”和“子”上加注“女”而來，婦姘和婦好可能是出生於井和子部族的女子，其中的“井”和“子”是借音字。甲骨文的婦名大多加“女”而構成形聲字。

（2）加注聲符類。在象形、會意字或假借字基礎上加注聲符而構成形聲字的，如，—，在“鳳”的象形字上加“凡”作爲聲符；—，在“翌”的假借字上加“立”作爲聲符；“晶—星”，在“晶”字基礎上加“生”作爲聲符，後分化爲兩個字；—，在鼻的象形字上加“畀”作爲聲符，後分化爲兩個字；—，在表示洪水成災的原字形上加“才”作爲聲符，等等。此外，“雞”（加“奚”聲）、“斧”（加“午”聲）、“耤”（加“昔”聲）等字，甲骨文也都在象形或會意字上加注聲符而形成形聲結構，後來進而對形符進行了類化調整，或對聲符進行替換改造而成爲定型的形聲字傳承至今的。

（3）形聲同取類。在形聲構形方式發展較爲成熟之際，隨著語言詞彙的不斷豐富，爲了更爲便捷地記錄語言中新產生的詞，根據詞

① 黄德寬：《漢字理論叢稿》，第82頁。
② 黄德寬：《漢字理論叢稿》，第92頁。

的意義類屬選取相應的字作爲形符，再選取一個音同或音近的字作爲聲符，兩兩配合構成一個新的形聲字來記錄語言中的這個詞，這種形聲構形方式即形聲同取類。形聲同取式在甲骨文中主要表現在一些專有名詞中：如記錄植物的“柳、柏、杞”等字；記錄水名的“河、洛、洹”等字；記錄動物名稱的“駁、狐、狽”等字。當然確定形聲同取要慎重，因爲我們看到的出土文獻資料並不是當時用字的全部材料，追溯某些字的源頭存在客觀的難度，所以形聲同取更重要的價值是其理論意義，而不在於確定甲骨文中哪些字是不是形聲同取而來的。

總之，從形聲字的一般分類來看，殷商時期形聲字的各種主要類型都已具備，顯示出形聲結構已發展成爲成熟的構形方式。

以上我們從結構類型入手，分析了各類符號生成的方式，從而探討了殷商文字符號的來源以及符號構成的特徵，這爲進一步認識殷商文字的構形功能和構形方式的動態發展演變奠定了基礎。

商代已識字結構類型比例

類型 分布	象形	指事	會意	形聲	合計
數量	339	65	356	550	1310
比例	25.9	5.0	27.2	41.9	100（%）

以上數據統計顯然是不精確的，因爲每個字結構的具體分析和歸類，可能不同的學者會有分歧，數據採集依據的材料也不可能全面反映殷商文字的實際。但是，這些統計分析總體上還是能反映出殷商時期漢字的基本結構類型及其分布情況的。據統計可以看出，殷商時期象形、指事、會意等表意類構形方式是主要構形方式，用這三種構形方式構成的字占殷商甲骨文總數的 58.1% 以上，而形聲構形方式在這個階段已經發展成熟，形聲結構類型的字在已識字中也已達到的 41.9%，雖然優勢尚不明顯，但卻展現出後來居上的發展態勢，這表

明西周以後形聲逐步發展成爲漢字的主要構形方式具有歷史的必然性。

上章我們討論商代前期的文字時，由於資料零碎而不成系統，無法探討其結構類型和構形方式，因此，對殷商文字構形方式的發展也就無從比較。從殷商甲骨文結構類型齊全和發展程度來看，殷商文字有相當一部分應該是傳承商代前期乃至夏代的文字，這應該是一種合乎邏輯的推測。殷商文字中既有傳承字，也有殷商時期的新增字，是一個經歷較長時間歷史發展而積累起來的符號系統。目前，我們還不能對殷商文字的傳承和新增字作出確切的判斷，而殷墟甲骨文爲代表的商代後期文字內部構形方式的發展演變也還不具備進行分階段研究的條件，因而我們對商代文字構形方式的動態分析還是很初步的。不過，對殷商文字結構的總體分析，則爲西周以後文字構形方式動態發展的考察提供了可資比較的可靠資料。

三 殷商文字的字用考察

（一）字用與字用分析

字用就是文字的使用，是文字記錄語言功用的體現。文字在實際使用中由於種種原因不僅自身會有各種各樣的變化，而且不同字之間也會形成種種錯綜複雜的關係，字用分析就是考察分析某一個時期文字的具體使用情况及其表現出的各種錯綜複雜關係。

關於用字問題，很早就有學者注意到了。如漢代學者對經典用字的訓釋,《禮記·曲禮下》“予一人”，鄭玄注:“余、予古今字。”《禮運》“故聖人耐以天下爲一家”，鄭玄注:“耐，古能字。”① 唐代陸德明《經典釋文》則把經籍中各種文字使用情况作了集中彙録。及至有清一代，小學家在校讀古書、探求古義時，不但在實踐中解决了古書中文字使

① 參見張舜徽:《鄭學叢著·鄭氏經注釋例》，齊魯書社 1984 年版。

用的一些難解之題，而且也形成了一些關於解決文獻用字問題的理論，如戴震、段玉裁、王念孫等。研究古文字的學者在傳統語言文字學的基礎上，探討了出土文獻中用字的許多情況並取得不少成就，如楊樹達①、于省吾②、裘錫圭③等學者。詹鄞鑫注意到“文獻用字中字與字的不同關係”，分析了“文獻用字”中的同源字、假借字、古今字、異體字、同形字、繁簡字等現象④。

在我們看來，字用現象的分析考察不僅對古代文獻的校釋是一項基礎性工作，而且也是考察分析漢字發展的重要途徑。無論傳世文獻還是出土文獻，其保留的各種用字現象，都是漢字發展演變和用字習慣變化在不同時代文本中的歷史記錄，是探討漢字發展演變的珍貴材料。

對文本材料進行字用分析，一要考察漢字發展的某一時期或是某一階段文字的實際使用情況，如使用文字的總數，不同字的使用頻率及其分布等；二要分析這些字在使用過程中所反映的字際關係的調整變化，如異體、假借、同形、形近混用、同源通用等⑤；三要觀察文字符號隨著詞義的引申分化在使用層面的表現，如字詞關係的調整、字的派生分化現象等；最後，還要重視觀察文字書寫過程中出現的各種現象，這也是文本字用分析的一個有意義的視角。文字的書寫現象過去的研究關注還不夠。其實，文字的書寫受到許多因素的影響，比如書寫者個人的文化素養、審美趣味、文字知識、書寫習慣、書寫方式以及所使用的書寫工具、書寫材料等，還有書寫者的書寫熟練程度、對書寫內容的熟悉程度等也會影響到書寫的結果。受這些因

---

① 楊樹達:《積微居小學金石論叢》，上海古籍出版社 2007 年版。

② 于省吾:《澤螺居詩經新證》，中華書局 2009 年版。

③ 裘錫圭:《文字學概要》。

④ 詹鄞鑫:《漢字說略》，遼寧教育出版社 1991 年版。值得注意的是，這些術語在具體理解上不同學者會有所差別，本書在使用這些術語時，依據全國科學技術名詞審定委員會公布的《語言學名詞（2011）》“文字學”部分的界定（商務印書館 2011 年版，第 19—32 頁）。

⑤ 參看王貴元《簡帛文獻用字研究》，《西北大學學報（哲社版）》2008 年第 3 期。

素影響而形成的書寫結果都體現在文本之中，如字形訛混、誤書錯字、重文合書、格式行款、美化裝飾等。因此，有必要將這些發生在書寫過程中的現象納入字用分析的範圍予以關注。

殷商文字的字用分析與一般文獻的字用研究是有差別的。甲骨文雖然是目前所見最早的成熟的文字系統，但是它所記録的內容與傳世文獻能夠一一對讀的少之又少，所以用解讀傳世文獻形成的固定習慣來釋讀出土的殷商甲骨文，顯然有一定的隔閡。正如陳劍所説:“甲骨文字異體眾多，同一個字往往有多種不同的寫法，從詞的角度看，同一個詞可以用多種不同的字形（包括異體字和通用字）來表示，而同一個字形又往往可以用來表示多個不同的詞，其間的關係相當複雜。跟後代文字如西周春秋金文相比較，雖然殷墟甲骨文衹是在當時的貞人集團這樣一小群人中使用的文字，存在的時間也不過兩百年左右，但其中的變化卻遠爲複雜得多，這是給甲骨文字釋讀造成障礙和困難的重要原因。”①

（二）殷商文字字用考察

我們從三個方面來考察分析殷商文字用字現象：一是考察總字量以及單字的使用情況，二是分析殷商文字體現的字與字之間的關係，三是分析書寫過程中產生的有關現象。通過考察殷商文字的字際和字詞關係、用字異同以及隨著時間變化而形成的用字關係的調整，從而能多角度多層次揭示殷商文字的使用情況。

目前已公布的殷商文字資料有甲骨文、金文、陶文和少量的玉石文字。商代銅器上的銘文大都很簡單，多數衹有幾個字，晚期階段出現了一些篇幅達三、四十字的銘文，但已發現的這類篇幅較長的銘文數量非常有限。因而，研究殷商文字字用現象，主要的依據是殷商甲骨文。甲骨文包括了殷商晚期兩百多年的資料，對甲骨文本的字用

① 陳劍:《甲骨金文考釋論集》，第318頁。

考察，首先就涉及到甲骨文所屬時代的確定。近幾十年來，對甲骨分期分類研究取得了新的進展和許多成果，這爲甲骨文用字現象的探討提供了重要參考。

1. 字量、常用字與罕用字

（1）字量

對殷商文字實際使用的單字數量目前還沒有一致的結論。以殷商甲骨文爲例，學者們對材料收集的情況不同，處理甲骨文字際關係的標準差異，導致對字數統計的分歧。較早的統計，如《甲骨文編》（1965 年），據編輯序言："此書正編和附錄所收共計 4672 字，而其中有些字還可以歸併；目前甲骨刻辭中所見到的全部單字的總數，約在 4500 字左右。"姚孝遂主編《殷墟甲骨刻辭類纂》（1989 年）前列"字形總表"，共編列了 3673 個字號，不計"先王先妣稱謂"和"父母兄子稱謂"，則有 3556 個字號。限於體例，《類纂》有些常用字和習刻字未能收入編號。其後，于省吾主編、姚孝遂按語編撰的《甲骨文字詁林》（1996 年）對《殷墟甲骨刻辭類纂》的釋讀有所是正，並在文字形體分合方面進行了一些調整，共列 3691 號字頭。兩書由於時代原因，後出的《殷墟花園莊東地甲骨》（72 個新見字）和《殷墟小屯村中村南甲骨》（45 個新見字）中的新見字未能收入。

沈建華、曹錦炎編著《甲骨文字形表》[①]（2008 年）共列字頭 4026 號（包括合文），該書《再版後記》說："這次修訂，我們注意收集原《總表》遺漏的異體字形，同時又增加了《甲骨文合集補編》和《殷墟花園莊東地甲骨》新見的甲骨文字和異體字，總計約在 300 字左右。……經過再修訂，這次全部所收集的甲骨文總計 6211 字，單字爲 4024 字（按流水號，正文實際編號 4026 號），異體字計 2187 字（修補字頭 380 個），比原來《總表》的統計數多出 160 個，單字比原來少了 47 個。"該書未收《殷墟小屯村中村南甲骨》的 45 個新見字，

① 該書是《新編甲骨文字形總表》（香港中文大學中國文化研究所出版，2001 年）的修訂本。

且字頭合併的較多，故其所列字頭有所減少。

劉釗、洪颺、張新俊編纂的《新甲骨文編》（2009 年）正編字頭數約爲 2350 個，合文 170 個，附錄 1204 個。該書包括西周甲骨，但未收村中村南甲骨新見字，存在一些誤歸誤合之字①。

李宗焜的《甲骨文字編》（2012 年）收錄截至 2010 年底所見的殷墟甲骨文字，共計單字 4378 號、殘文 52 個、摹本 26 個、合文 328 組。單字 4378 號中，隸定 2369 號，其中可釋者 1682 號：（1）見於《漢語大字典》收錄者 1365 號。（2）未見於《漢語大字典》，而音義基本可定者 317 號。全書摹錄甲骨字形總計 46635 文。該書後出轉精，收錄材料較爲全面，但由於出版時間關係，亦未收《殷墟小屯村中村南甲骨》的 45 個新見字。

以上是目前學界具有代表性的幾部甲骨文字書收字情況，各家數據差異較爲明顯。

根據已公布的商代文字資料，包括商代的甲骨文、金文和陶文及少量玉石文字，我們編製了《商代文字字形表》。據字表統計，目前殷商文字已識字有 1243 個（按結構類型統計爲 1310 個），可以隸定並部分瞭解其字義的 1161 個。殷商已識字與可隸定字字量共達 2404 字。還有一些目前結構不明或無法隸定的字，我們初步統計的字頭數爲 1500 個。其中對商代金文的認定，即哪些是字，哪些不是字，取捨的尺度難以把握，所以統計的資料隨時都有改變的可能。這三個部分的字數相加，殷商文字的總字量數爲 3904 個②，這大體是目前所見商代出土文字資料中使用的單字總量。

商代的已識字共 1243 個。列舉如下：

一、元、天、吏、上、帝、旁、下、示、祇、祭、祀、祊、祏、祼、祝、祓、祈、禦、祟、禫、三、王、皇、玉、璧、琮、琅、玨、

① 參看李一鳴《〈新甲骨文編〉校訂》，東北師範大學 2010 年碩士學位論文；王子揚：《甲骨文字形類組差異現象研究》附錄一，首都師範大學，2011 年博士學位論文。

② 材料統計的截止時間爲 2012 年 12 月。

气、中、串、屮、屯、每、艸、芺、萑、芇、苞、艾、芟、若、苴、芻、折、芀、蒿、萅、莫、莽、葬、小、少、八、分、曾、㒸、介、𠔁、公、必、余、釆、釋、牛、牡、犅、牝、牟、牢、物、告、口、噣、嚛、吹、名、吾、君、召、問、唯、咸、吉、周、唐、咅、噧、吒、吝、各、唬、由、嗀、單、喪、走、趄、止、歬、歷、歸、登、癹、步、歲、此、正、巡、徒、過、進、遝、迨、速、逆、遘、逢、通、徙、返、遣、邐、遲、達、逋、追、逐、遼、遠、逴、邍、遽、邊、德、復、彶、迪、退、後、得、律、御、建、延、行、街、衛、齒、齲、足、踬、品、嵒、龠、龢、冊、嗣、㗊、舌、干、屰、㕯、商、丩、古、十、千、博、廿、卅、卌、言、訊、信、訢、謎、詎、誅、競、章、竟、辛、童、妾、對、僕、𠬞、丞、弄、𢍏、戒、兵、龏、具、共、異、興、晨、革、鞠、鞭、鬲、鬳、融、鬻、煮、爪、孚、爲、丮、埶、孰、䄪、𡖊、鬥、鬭、又、右、厷、叉、父、叟、燮、曼、夬、尹、叡、𣦼、及、秉、反、𠬝、㕡、叔、取、彗、友、度、𠂇、史、肄、聿、畫、晝、臤、臣、臧、殳、㱿、毁、𣪘、役、鳧、將、尋、專、皮、攴、啟、徹、肇、敏、孜、效、改、更、攸、敗、寇、畋、敘、牧、教、斅、卜、貞、占、兆、用、甫、庸、葡、爻、爾、爽、夐、目、眔、智、相、眚、瞽、泪、眀、眉、盾、自、皆、魯、者、𥏼、百、鼻、習、翟、隹、隻、巂、雀、雉、雞、雛、雝、雇、𨾴、雈、藿、舊、蔑、羊、芈、美、羌、羴、雔、霍、雥、雧、鳥、鳳、鷹、鳴、糞、棄、冓、再、爯、幺、幼、幽、叀、疐、玄、兹、𠬪、爰、受、爭、𣦼、叡、𣦾、歺、殁、殊、死、冎、𠛛、肉、膏、膺、肩、肘、腹、散、羸、刀、利、初、剛、刪、剝、刖、𠛎、制、劓、刃、㓞、丯、耤、角、衡、解、竹、箕、典、畀、奠、工、㠭、巫、甘、曆、曰、㬱、朁、沓、曹、乃、迺、逌、丂、甹、寧、可、兮、号、羲、乎、亏、旨、喜、壴、彭、嘉、鼓、豆、豋、豊、虍、虐、虎、虤、虩、皿、盂、齍、盧、盜、益、盡、盈、去、血、丹、青、井、皀、即、既、亘、鬯、爵、食、飤、饗、餕、合、侖、今、會、倉、入、内、缶、矢、𨈐、矦、高、亳、冂、市、央、亶、京、就、亯、𦎫、𩫏、厚、畐、良、㐭、啚、嗇、牆、來、麥、夌、夏、夒、舞、𩏂、韋、夆、夅、乘、木、杏、李、𣗥、櫅、柳、杞、檀、櫟、柏、樹、朱、枚、朻、枎、槀、杲、栽、宋、茉、楅、椎、棊、臬、樂、采、櫼、析、枼、休、梟、椿、東、棘、林、鬱、楚、麓、森、才、桑、之、㞢、帀、師、出、敖、索、孛、𣎵、南、生、丰、乇、稽、朿、刺、橐、圖、囿、圃、因、囟、圍、困、圂、員、貝、賸、賓、責、賈、賫、買、貪、賏、朋、邑、邦、鄰、日、晉、啓、昃、昏、昌、昔、昕、暈、曤、旦、朝、㫃、旂、旋、旅、族、斿、冥、晶、星、曑、月、霸、朧、朙、囧、盟、夕、夢、夗、夤、夙、多、函、東、𣚬、卤、栗、齊、朿、棗、爿、鼎、鼐、克、彔、禾、稼、稠、穆、秝、秜、采、穫、穅、梨、年、秋、秦、秫、兼、黍、香、米、糫、舂、臽、朩、耑、宀、家、宅、室、宣、向、宛、宏、寍、定、安、宓、宂、寶、宰、守、寵、宜、宿、寑、寒、索、宕、宋、𥨒、宗、宫、吕、宩、寮、窺、突、疾、疫、疫、同、冕、冑、网、䍙、羅、置、巾、帶、帚、帛、白、皁、敝、黹、黼、人、保、企、伊、佝、僤、倗、何、備、依、付、偁、敚、侵、任、傳、係、伐、但、咎、弔、偪、化、匕、从、從、并、比、北、丘、㐺、眾、壬、徵、望、重、量、監、身、殷、衣、袁、襄、卒、裘、老、耋、孝、尸、屍、屖、尾、履、舟、俞、朕、般、服、方、兒、允、兌、兄、𣦸、先、見、視、覓、欠、次、歙、㳄、盜、旡、頁、項、順、面、丏、首、須、頿、彤、文、髟、司、卩、令、卯、卲、厄、卸、卯、叩、印、卬、辟、勹、旬、苟、鬼、鬽、醜、畏、嵬、山、嶽、廏、龐、庇、庶、廙、产、石、硪、磬、長、勿、昜、冄、而、豕、豭、豰、豖、彘、豪、豩、毚、彖、豚、豹、貔、貘、兕、易、象、馬、騩、駁、騽、驁、駜、駛、廌、灋、鹿、麐、麇、麋、麑、麛、麗、㲋、兔、犬、尨、𤜱、臭、獻、狂、猷、狐、狽、獄、鼠、熊、火、尞、焛、烄、熹、燹、㶳、焚、爨、烖、光、烕、炎、燮、粦、黑、恖、焱、熒、赤、大、夾、夸、夷、亦、夨、吳、交、壺、幸、執、圉、亢、奉、奏、畀、奚、奰、夫、立、竝、普、心、息、念、慶、懋、怒、恚、恙、水、河、涑、溫、涂、溺、洛、汝、沁、灌、深、潭、淮、濼、洹、湡、滤、洚、衍、沖、濞、瀱、淵、沚、汜、濘、洼、潢、湄、注、汓、砅、休、瀑、潦、涿、瀧、沈、涵、滏、洎、汏、洒、沬、瀼、濤、㳄、涉、川、巛、侃、州、泉、永、谷、雨、雷、震、雹、霝、零、霖、霎、霾、雩、霸、雲、魚、漁、燕、龍、珥、龖、翼、非、卂、乳、不、至、臺、西、鹵、戶、門、閤、闔、闌、耳、耴、聯、聖、聽、聲、聞、聾、聑、臣、拇、扶、撣、拏、擇、承、揚、失、擐、攣、扔、扞、搓、脊、女、姓、姜、姬、妝、媅、娶、妻、婦、妊、娠、嫋、母、姑、妹、姪、姼、婢、娥、婀、妶、娴、始、媚、姝、好、妗、姘、嬿、如、娕、晏、妝、媟、妍、娃、婎、婄、婁、孃、奸、妏、姦、妥、娘、嫀、姤、民、乂、弗、弋、氒、戈、肇、戎、戍、截、戕、戋、戏、武、戠、戔、戉、戚、我、義、亅、瑟、直、亡、乍、匄、區、匿、匽、医、匚、曲、甾、甗、弓、引、弘、彈、發、弜、弦、孫、糸、絕、繼、終、彝、絲、轡、率、虫、蜀、蟺、蝠、虹、蝕、求、蟲、它、龜、黽、鼍、鼄、二、亟、亙、亘、凡、土、基、埽、坐、墉、坎、圣、圭、堯、堇、艱、野、田、疇、畯、畜、畺、黃、男、力、劦、金、鑄、鑊、鑿、釣、鎷、幵、勺、凥、且、斤、斧、新、斗、斝、升、車、輂、𠂤、㠯、官、阜、陽、陸、隹、陟、陷、隊、降、陶、除、陴、陡、隮、三、宁、亞、五、六、七、九、禽、萬、禹、嘼、獸、甲、乙、丙、丁、戊、成、己、巽、巴、庚、辛、辥、辭、壬、癸、子、孕、字、孿、季、孟、孽、疑、孨、𠫓、毓、㝈、丑、羞、寅、卯、辰、巳、㠯、午、未、申、酉、酒、配、酓、尊、戌、亥

商代可隸定字有 1161 個，列舉如下：

元、祏、㝅、禦、祉、𥙿、禩、祓、禪、禖、移、袜、叐、玟、珖、玎、玫、璠、玟、璽、玫、㐬、龖、蕃、萠、𡿮、矣、奄、

雀、龕、僉、樴、輂、咎、唐、昬、餵、君、咎、君、昷、罒、
吾、舌、昔、魯、罟、智、曹、啚、楙、楚、沓、磐、或、省、
唆、嗘、吼、嚜、喇、呪、旃、昚、另、攛、叟、罿、罾、赵、
芉、崔、芇、岦、紊、莽、蘆、矣、岢、黄、森、圭、昰、定、
歪、正、足、歪、害、𤼵、歪、歪、罡、䜌、丘、𡗗、爨、蹇、
生、奉、邑、齒、齾、癸、孃、逖、逼、遷、迭、辷、辿、遇、
迖、達、邀、邁、述、徣、徶、侻、徉、伲、悰、徹、徠、佗、
徯、徴、徿、偺、徾、徭、侁、徦、徬、促、徎、仡、休、後、
偾、徾、偷、徖、徹、徺、衡、衞、衢、衙、衡、衎、衍、衡、
衡、衛、齗、鬯、鬻、繇、覊、罶、罠、繝、細、冊、罼、酉、
敀、㘽、敂、㺃、詬、譸、訣、謐、郔、豹、兆、豿、綒、蔣、
蹊、竕、弄、弆、奪、竟、纂、弊、弇、畀、龏、冀、奐、弁、
弆、弁、弁、彝、奔、弇、异、弁、鼻、弆、弄、弆、斧、畀、
㒵、炎、袁、㚘、斐、兵、輿、卭、壘、鼉、盟、臽、衙、鬲、
鬳、鬵、鬻、鬻、鬻、鬻、鬻、𢆶、奚、孚、鰥、祺、炽、期、
𢍰、鈕、餌、餌、双、双、岌、僸、叹、功、叙、叙、叔、权、
敷、欣、叙、叡、奴、敍、夏、叟、曼、叡、侵、侵、賨、匿、
蓋、殹、齸、毅、殺、殿、毅、殺、投、發、般、殺、殸、殸、
般、毀、股、叟、跛、敲、鞭、攸、敞、妓、敲、敊、敬、敝、
敷、敝、敦、敓、敘、敗、鼓、攸、隞、隞、敀、鐓、魁、攺、
技、甫、罗、罹、羸、罪、罢、善、畓、番、冒、善、曹、阜、
皐、帛、梟、畠、畋、囮、化、雋、集、焦、售、畚、鈓、瞿、
隺、雚、雘、雀、藿、萈、犾、羊、羴、矗、䫶、鳶、嗷、駒、
郢、嵫、夒、夂、夏、忄、卣、𠂤、斨、朘、朊、胴、胶、服、
罚、肱、制、剃、剅、剅、刷、刺、利、剝、刵、則、刨、剖、
剢、剢、刹、䇼、耒、耝、般、箕、笆、笄、箅、卭、秠、彝、
棊、蜀、岑、指、諷、豐、豐、异、龏、祸、虐、虍、虛、虐、
鹵、虢、虓、虎、虒、虡、盧、盖、喊、呡、盨、盅、益、盄、

䀉、𥁑、𥁳、𥂘、𥁐、𥁊、𥂁、𥁍、𥁎、𥁻、奐、𢍚、异、𧝏、𣌵、𢍓、𢦎、𢧊、𡬼、𥂳、𢉼、𥄚、𠓿、𣌬、𥎼、孜、𣏟、𥎵、𣢘、𠑷、𥏻、𤇾、𠆾、𠆿、𧜲、𢿫、𢾌、𡥦、𡷈、𢆉、𩯾、𦲙、𠅰、𠅮、𡦺、𧤈、郎、𩯻、𩯵、𢍔、𠅶、𢻼、𢽾、𤖼、𦐼、𥈤、杋、条、𣏯、梌、𣠔、柾、杰、𣐬、𣛝、𣚁、𣟻、𣚍、𣏚、𣡼、𣗬、枂、𣐤、椃、𥞤、𢊆、𣕈、𦽂、𦾢、𦵄、𣏤、𣝶、𣜬、𣚡、𣜵、𣜵、杏、圭、𣜣、𪐹、𢽑、𦩎、𣏩、𠧎、𠛳、𩋰、𣝍、𪓿、𡈅、𡇚、㘥、𡆾、困、𡆸、𡆨、暖、𠛋、𡷍、𣪫、𦘺、督、旴、𣅀、䎡、𣇎、𣈂、𥈅、啊、𣅰、𣄴、𣄾、𣅃、𣅔、旃、旋、族、𣃕、旋、𣃖、旟、𣃽、旋、旌、𣄓、肭、明、𦡊、肰、屮、𡕛、𣦤、𢿵、𣨛、𩅪、𠧰、𠧻、𧲯、𣎴、𣎳、爿、𣑨、𣓁、𤖹、𩕄、𩁹、𣐻、𥞒、𥝢、𥝧、𥞤、𥞁、𥞂、𥡗、𥺵、𨧿、𥺮、𥻧、𤖩、𡪙、𡨝、𡨘、𡨫、宪、𡧾、𡨡、𡧆、𡨒、𡩚、𡧡、𡨑、𡧭、𡨥、𡨈、𡨟、𡩥、𡩑、𡧪、𡧠、𡨐、𡩊、𡨤、𡨕、𡩓、𡩈、𡧌、𡨊、𡩅、𡨗、𡨷、来、𡩿、𡨦、𡪞、𡩝、𡪼、𡪩、𡪣、𡨶、实、㝠、𡨴、𡪀、𡩲、害、𡪈、𡩕、寅、𡫲、宫、𡨰、𡨇、𡩂、𡨾、𡪄、𦊆、𦋑、𦊶、𦋙、𦋢、𦋝、𦋺、𦋖、𦋇、𦋂、𦋟、𦊇、𦋛、𦋠、𦋽、𧸤、𡱋、𢈛、𢓩、𢔊、𡖈、𣦰、佞、𠊄、𠊍、𤽆、𠇗、㒋、𠏇、𠍵、𠊱、𠎳、𠏊、𠆦、伓、㐺、𠉘、𠈹、𠩔、𪞶、𠙴、𥥙、𡱙、𧦭、𧗦、衣、𧜩、𧛓、𧜮、𧚦、𡱭、𡱸、𠩭、𦨮、𦨛、𢍟、𡴵、𤽊、覓、㱃、𣤜、𣢗、𣥋、𠬪、𠨔、𠨍、𠨌、卩、仰、𠨧、𠨐、𠨒、卯、𠨬、𩲍、𩲡、奥、𨕎、𡊔、𥁮、𠚠、𡉳、𥾵、𡊏、𠂢、𡋟、𡊍、𠏯、𠈭、𢋵、𢊳、硈、𥐘、𥑆、𥐒、隻、雙、𦘵、豪、𤠡、𤢽、豚、豕、𧰲、𧰧、𧰮、𧱎、𧲓、𤼝、𡗤、騂、𩢋、𩣣、馬、𤢊、𤟢、𩢸、𩡧、𩢉、𩡺、𩡴、𪊑、𪊉、麤、𪊍、衜、𪊠、𢉭、𪋍、𩾢、𩿵、𩿨、狕、狄、𤡧、𤞏、𤞫、𤠒、𤟉、𤆄、炇、熿、𡚈、羞、異、𢌚、𡕒、𠀡、𦥠、𤈦、𢌽、奚、𤆬、𡂱、𡛁、𡛣、㸎、𡗿、冬、𩂐、𢕊、𤉢、𡗤、𤐡、𦤎、㧕、𤝹、

弜、妖、肰、弢、炐、奸、肜、焲、叔、吳、臭、奊、劉、誄、
悳、忝、洖、沘、淠、沘、淄、漅、淺、洱、潾、汒、涿、泊、
湎、潑、漾、澩、澮、洩、滴、潚、溦、瀴、溫、洄、潪、娑、
洴、涹、涳、洎、灕、溇、泛、洊、洀、潳、洴、滍、灉、漐、
瀧、減、泐、汎、淯、浡、淴、潀、汩、洛、潾、滩、涺、溴、
瀶、澍、澑、涇、賚、梡、霹、靈、靈、雲、零、霙、霣、霅、
霈、吾、豉、慮、嵩、餒、氐、焦、曣、敽、嚨、龔、巃、龏、
瓕、杯、秅、邵、弆、卺、腐、扁、廣、閑、闢、闟、闔、閭、
閔、閾、聑、肆、聍、堅、聘、聶、豐、笑、宴、娑、嫈、曼、
罢、妥、妥、卤、妓、娃、妹、媎、篖、妽、牧、婞、姳、妊、
娣、嬳、姃、娖、媼、妫、嬩、娆、孊、孉、婡、娋、嬉、嫊、
妬、妒、婛、嫖、媞、嫉、姛、放、娍、彡、嬿、姍、娉、婡、
姬、姣、嬒、妃、嫁、嬿、媄、嫊、婇、娛、如、媨、似、嫁、
嬙、姘、孅、嬞、嫇、媸、婍、婭、媼、嬛、嬔、婘、媙、姱、
嬧、娀、嬈、婃、媢、媓、嬃、嬖、嫍、嬢、婛、姓、嬣、嬉、
嫞、𢦏、𢧢、𡅜、徵、媤、戎、戓、戔、戠、戟、戣、戓、戜、
戳、戮、戕、戮、拳、吾、登、戲、勻、叵、匽、匠、匡、匧、
匹、獅、弢、弢、弬、爴、給、紳、絅、紉、綁、緌、紩、纖、
匾、兆、奴、敎、眾、罷、蟲、壘、龜、龞、扛、區、里、量、
畫、竟、吏、壐、型、齒、冀、鼓、劻、祭、舩、凡、斯、胻、
弤、輻、盅、臼、皇、皇、皰、朋、徊、酥、齒、舟、軝、栢、
鄙、鼻、陭、障、陸、陰、陵、陸、陝、陵、阢、陪、隙、阪、
隆、阻、隧、陣、阜、皐、麤、冏、杏、莽、戚、戚、叓、奐、
龘、舡、邾、亭、鉉、畜、酻、彭、酸、醫、酰、酘、醶、轉、
醱、酥、氤、畚、甹、戮、戟、戊、破、戲、棘、賡、蘋

以上所列已識字和可隸定字，衹是提供一個參考性的意見。這中間一些字算不算已識抑或還是未識，不同學者之間有認識上的分歧。

（2）常用字

常用字一般是指記録基本詞彙、使用頻率高的那些字。殷商甲骨文是商代後期遺留下來的主要文字資料，它們基本上是商王朝統治者的占卜記録，其中大部分是爲商王朝或商王個人占卜的記録，小部分是爲一些跟商王有密切關係的貴族占卜的記録[①]。甲骨卜辭通常是在貞人灼龜命卜之後，以一定公文形式在甲骨上刻寫下的相關文辭[②]。由於甲骨卜辭“公文形式”的特質，如果用統計字頻的方式來統計得出甲骨文用字頻率，其結果高頻率出現的字所代表的詞並不一定就是殷商語言的基本詞彙，因爲有些帶有“固定格式”性質的詞語出現頻率會非常高，日常生活中使用的詞語或文獻語言使用的常用詞反而可能出現的頻率較低，甚至不一定都能在“甲骨卜辭”中體現出來。如“卜”字和“貞”字，因爲在一條卜辭的前辭中多數都會用到這兩個字，它們的出現頻率就非常高，顯然它們記録的都不是基本詞彙[③]。因此，我們對殷商文字中常用字的確定，需要通過古今漢語基本詞彙的比較，以及殷商甲骨所處的時代特徵來綜合判斷。至於記録神祇、人物、方國、地名、山水、動物、植物等專用名詞的字，一般來説大多可以排除在常用字之外，作爲專用字看待。

目前，甲骨文中常用字多數已爲學者所認識，對於這些字的字義大體已基本瞭解，在甲骨文例中的某些具體用義，有的可能還需要進一步研究。許多專用字，尤其是人名、地名等，多數還不能確識，意思也不能完全理解清楚。雖然這部分字，對於甲骨文義的理解不會帶來太大的障礙，但考釋這一部分字的艱巨性卻不容小覷。

殷商文字中已出現的常用字有“示、玉、正、由、足、去、來、市、央、出、生、且、北、兄、令、田、且、舌、合、虎、休、交、亦、耳、西、乃、在、良、言、羌、步、折、取、貞、卜、面、首、

① 裘錫圭：《甲骨文》，《神州學人》1994 年第 7 期。

② 王宇信、楊升南主編：《甲骨學一百年》，第 239 頁。

③ 陳婷珠：《殷商甲骨文字形系統再研究》，華東師範大學 2007 年博士學位論文，第 246—251 頁。

易、問、今、追、逐”等等，就這些常用字所記錄的詞來分析，包括以下幾類：

A. 記錄名詞的，如“春、市、羌、門、戶、牛、羊、犬、鳥、豕、王、商、帝、君、史、臣、伯、北、南、雨、星、日、月、天、父、兄、妣、祖、斤、刀、矢、戈、中、左、右、子、族、首、面、冊、典、兵、方、木、水、人、夫、火、心”等。

B. 記錄動詞的，如“共、各、出、來、正、生、去、曰、比、从、鬥、立、乍、田、合、至、往、涉、歸、取、貞、卜、問、追、逐”等。

C. 記錄數詞的，如“一、二、三、四、五、六、七、八、九、十、十五、二十、三十、四十、五十、百、千、萬”等。

D. 記錄形容詞的，如“白、大、小、多、古、弘、若、魯、足、新、舊、黄、黑、幽、寧”等。

E. 記錄副詞的，如“叀、隹、其、妹、異、巳、亦、允、皆、同、既、咸、非、毋、勿、不、弗”等。

F. 記錄介詞的，如“在、自、從、于、以、至、及”等。

G. 記錄連詞的，如“眔、又、及、于”等。

H. 記錄語氣詞的，如“抑、執”等。

常用字所記錄的詞涉及古漢語各個詞類，說明殷商文字已經可以準確記錄當時的語言，這從另一層面證明了殷商文字系統的成熟性。

（3）罕用字

在所見甲骨文中，出現頻率低，並且在特定場合出現的一些字，我們認爲是罕用字的可能性較大，如個別人名、地名、水名等。罕用字中有相當一部分字的音義，目前無法確定，甚至有些字的字形不易識別、結構也不易有效分析。當然這部分字，給通讀甲骨文造成的障礙不大。如《商代文字字形表・附錄》中所收錄的一些字，如[古文字]、[古文字]、[古文字]、[古文字]等①，這些字不僅出現頻率低，而且結構也不易分析，幾乎沒有構成他字的能力。

從上個世紀八十年代以來，甲骨文字考釋工作的進展較爲緩慢，除了其他一些原因外，主要原因是一些常用字已爲學術界所熟知，而罕用字由於出現頻率低而語境不易把握，再加上字形結構方面的原因，所以考證難度較大。其實對於有些常用字，我們也衹是認識了其主要義項或常用義項，而在甲骨文中的特殊用法，則仍需要學者努力研究②。

2. 記錄語言時體現的用字現象

文字是記錄語言的符號系統，文字的這種功能和價值是在記錄語言的過程中體現出來的。語言的發展演變往往會影響文字的發展演變，語言文字發展的相互影響，從而在文本用字中就出現了一形多詞、一詞多形、一字分化等問題，以下就從這幾個方面略作分析探討。

（1）一形多詞。一形多詞是指殷商文字中一個形體記錄語言中兩個或兩個以上的詞的現象。如以下各例：

①“卜”與{外}

甲骨文“卜”字作[古文字]、[古文字]、[古文字]等形③，本象龜甲所呈兆坼之形，《說文》：“卜，灼剥龜也，象灸龜之形，一曰象龜兆之縱横也。[古文字]古文卜。”段注：“灼剥者，謂灸而裂之。”因爲用火灼龜取兆的目的是預測吉凶，所以，與占卜相關之事也可以叫作“卜”。在甲骨文中，“卜”除了用於和占卜相關的事物外，還用爲内外的“外”。《合》34189：“庚辰卜：于卜[古文字]土。”“庚辰卜，于入[古文字]土。”“卜”與“入

---

① 江學旺等：《商代文字字形表·附録》，該表爲本課題結項成果，將另行出版。

② 沈培近些年來在這方面做了不少工作，如《說殷墟甲骨文“氣”字的虚詞用法》，《古文字研究》（第24輯）；《關於甲骨文“今”字的特殊用法》，《古文字研究》（第26輯）。

③ 孫海波：《甲骨文編》，第147頁。

(内)"上下對舉，其義爲外無疑[1]。又卜辭中的卜壬、卜丙，在《孟子·萬章》《史記·殷本紀》中均作"外壬、外丙"。張玉春、林澐曾對甲骨文中用"卜"表示{外}進行了深入探討[2]，張玉春認爲占卜分内外卦，在古代是存在的，但具體内容則時代久遠不可確知。林澐則認爲："推測之所以用卜兆形來表達内外之外，可能是因爲當時卜兆側枝的方向是有嚴格的内外之别的。現在我們考察殷墟的卜甲，無論是腹甲或背甲、左甲或右甲，卜兆側枝一律指向中縫或中脊，即無側枝的一面一定朝外。卜骨上的卜兆側枝則一律指向脊椎所在的一側，也是無側枝的一面一定朝外。"[3] 總之，"卜"字在甲骨文時代用以表{外}，與這種特定的文化環境是分不開的，所以用"卜"來表{外}這一特定的現象爲當時人所熟知，用於交際中也不至於會引起誤解。

②"自"與{鼻}

甲骨文"自"字作自、自等形，象鼻子形。《説文》："自，鼻也，象鼻形。"甲骨文中用自表示鼻子的意思，如《合》11506正："有疾自"。裘錫圭認爲：自可能有'自、鼻'二音，代表兩個同義詞。後來才在表示'鼻'的自上加注'畀'聲分化出了'鼻'字。"[4] 甲骨文有"鼻"字，作鼻形，與自開始分化。此外，《合》33035："叀王自征刀方。"從文意理解，應是商王親自帶兵征討刀方。"自"有"自己"的意思。徐灝《説文解字箋注》説："人之自謂或指其鼻，故有自己之稱。"又《合》24228："王步自商，亡災。"這裏的"自"顯然是介詞"從"的意思[5]。甲骨文中的"自"實際是三個詞的記録符號，即{鼻}、{自}(代詞)和{自}(介詞)。

---

① 裘錫圭：《關於殷墟卜辭的命辭是否問句的考察》，《中國語文》1988年第1期。
② 張玉春：《説外》，《東北師範大學學報》1984年第5期。
③ 林澐：《士王二字同形分化説》，《盡心集》，中國社會科學出版社1996年版，第5—6頁。
④ 裘錫圭：《文字學概要》，第7頁。
⑤ 參看《古文字轉注舉例》，《林澐學術文集》，第38頁。

以上字例表明，在古文字中有用一個形體來記録語言中兩個以上詞的現象，這兩個以上的詞之間也可能沒有引申分化的關係。

③“鼎”和｛貞｝

甲骨文“鼎”字作、、、等形，“貞”字作、、、等形①。甲骨文中用“鼎”表示｛貞｝，《合》22086：“壬午卜”，“卜”下一字無疑應是｛貞｝，此處的字形顯然是“鼎”字，以“鼎”爲“貞”②。其實甲骨文中寫作、、等形的“貞”字，就是用簡化了的“鼎”字表示的③。在甲骨文中，“鼎”字常見有如下幾種用法：（1）名詞，指｛鼎｝；（2）副詞，表示“方、正當”；（3）動詞，“貞問”；（4）動詞，表示用鼎舉行祭祀、祭儀或是用鼎炊煮犧牲④。其中作爲“貞問”之義的“鼎”字，除前舉字例外，還有《合》19863：“癸酉，旬？”《合》22259：“己巳，婦姪亡。”（同版還有一條卜辭：“，姼亡。”）從卜辭中“鼎、貞”二字使用情況來看：——象形的“鼎”雖也見於前辭（序辭），但簡化的卻衹見於前辭而絕不用於命辭；當“鼎”的繁簡二形並見於一辭時，則用於前辭，用於命辭，絕不相混⑤。姚孝遂也指出：“‘貞、鼎’當屬同源，亦可通用，諸家已充分加以論證。但在卜辭，此二字已分化。凡‘貞問’字，諸形皆可通用，而‘當、方’及‘鼎彝’本義，均用其較原始之形體，而不用。凡分化之形體，均不得逆轉。此乃古文字之通例。”⑥準此，我們認爲，語言中｛貞｝的意義抽象，最初無法用“畫成其物”爲它造字。因爲“鼎”與｛貞｝音同，所以就借“鼎”字而記録了｛貞｝這個詞。而在甲骨卜辭中，二字已經有了明顯的分化，即作爲｛貞｝，可以用像鼎形的字，也可以用已

① 劉釗等：《新甲骨文編》，第410、201—203頁。
② 羅振玉：《殷虛書契考釋》，中華書局2006年版，第154頁。
③ 郭沫若：《卜辭通纂》，科學出版社1983年版，第225頁。
④ 陳煒湛：《卜辭貞鼎説》，《文物研究》（第6輯），黄山書社1990年版。
⑤ 陳煒湛：《卜辭貞鼎説》，《文物研究》（第6輯），黄山書社1990年版。
⑥ 于省吾主編：《甲骨文字詁林》（第三冊）第2729頁。

經分化了的字表示。而“鼎”字的其他意義，則不能用來記錄。而甲骨文中還遺留來記錄{貞}的情況，表明二字分化的過程還未徹底結束。今天的“貞”字，實際上是經由（殷商，《花東》446）—（西周《金文編》492 頁“鼎”字）—（春秋《金文編》493 頁“鼎”字）—（戰國金文，《金文編》493 頁“鼎”字）—（戰國竹簡，《上博四·柬》1）演化而來的。戰國簡帛中也多用記錄{鼎}，用來記錄{貞}。換言之，甲骨文中的字形，可能在殷商之後就已經是個死字了①，從目前所見出土的西周以來的文獻中，就沒再看到這個字形。秦漢之後，從目前所見出土文獻和傳世文獻的使用情況來看，“貞”字與“鼎”字完全分離開了。

④“矢”和{寅}

甲骨文中，“矢”字作、、等形，“寅”字作、、、等形②。二字在早期甲骨文中，字形基本相同，沒有特別的區分。但是從黄組卜辭時就可以看出，二字的字形已經開始有了明顯的分化，“矢”仍作原形，而“寅”字寫作、、等形③。干支之“寅”，本無形可象，無法以“畫成其物”造出形體，就是借用“矢”的字形來記錄的，二字古音一在脂部書紐，一在真部喻紐④，聲紐同屬舌面音⑤，韻部屬陰陽對轉，古音相近。姚孝遂曾指出：“拿甲骨文字來說，幾乎每一片甲骨刻辭都可以見到有所謂‘天干、地支’字，即‘甲、乙、丙、丁’……，‘子、丑、寅、卯……’等等，全都屬於假借字，沒有一個例外。”⑥“‘矢、寅、黄’諸形，既有聯繫，復有區別。要皆自矢形衍化而出。晚期卜辭則‘矢’作，‘寅’作、，‘黄’

① 周原甲骨中的“貞”字也是寫作“”形的。見曹瑋《周原甲骨文》，世界圖書出版公司 2002 年版，第 1、11 頁。

② 劉釗等：《新甲骨文編》，第 323、793 頁。

③ 劉釗等：《新甲骨文編》，第 793 頁。

④ 陳復華、何九盈：《古韻通曉》，中國社會科學出版社 1987 年版，第 193、303 頁。

⑤ 王力：《同源字典》，商務印書館 1982 年版，第 18 頁。

⑥ 姚孝遂：《古漢字的形體結構及其發展階段》，《古文字研究》（第 4 輯），第 16 頁。

作[illegible]，區別甚嚴。”①

從以上兩組字例可以看出，[illegible]和[illegible]最初時都是一形兩用，然後發生形體分化：[illegible]既可記録｛鼎｝又可記録｛貞｝，後來才在形體上有了分化；[illegible]既可記録｛矢｝又可記録｛寅｝，後來才有了形體上的分化。這種現象就是通常所謂的“同音假借”。語言是以聲音爲物質媒介（語音）來傳遞信息的，而文字是記録語言的符號系統，是以可視的形體來記録語言中的語音成分。漢字的使用者，長期以來逐步養成了“形義統一”的閲讀和使用習慣，因此就有了本字、假字的概念。我們今天所説的甲骨文中的假借現象，是以今天文獻的閲讀理念來理解那時的書面語的。

姚孝遂認爲：“就甲骨文字的整個體系來説，就它的發展階段來説，就它的根本功能和作用來説，它的每一個符號都有固定的讀音，完全是屬於表音文字的體系，已經發展到了表音文字的階段。其根本功能不是通過這些符號形象本身來表達概念的。把它説成是表意文字是錯誤的。”② 通過抽樣統計，一條卜辭“整段刻辭共二十三個字，假借字十七個，約占 74%；形義一致的衹有兩個字，還不到 9%。所有甲骨刻辭大體上都是這個比例”③。“假借”在甲骨文中是一種常見的用字現象，實質上是語言中的一些同音詞共用了一個與之同音的形體來記録。語言中不同的詞同音現象，包括語言中的兩個詞同音而造了不同的字來記録，也包括文字在記録語言時“字不足以記詞”而出現的“本無其字”的假借（如“歲、我”等），同樣“本有其字”的借用也包括在内。此外，還有語義的引申和同義换讀等也會導致同音現象産生④。需要説明的是，一般所説的“同音”都是相對的，是就目前對古音的認識水平和文獻閲讀習慣而言的。

① 于省吾主編：《甲骨文字詁林》按語，第 2537 頁。
② 姚孝遂：《古漢字的形體結構及其發展階段》，《古文字研究》（第 4 輯），第 12 頁。
③ 姚孝遂：《古漢字的形體結構及其發展階段》，《古文字研究》（第 4 輯），第 14 頁。
④ 裘錫圭：《文字學概要》，第 255—256 頁。

（2）一詞多形。一詞多形指語言中的同一個詞在甲骨文中有時會用兩個以上不同的形體來記錄的現象。如以下各例：

【疾】“疾”字在甲骨文中作[illegible]、[illegible]等形，丁山認爲是人有臥疾之形①；又作[illegible]、[illegible]等形，象人腋下著“矢”之形②。于省吾認爲：“古文字中疒與疾，雖然本義有別，但由於音同相假，有時不僅均用作疒病之疒，也均用作急速之急。秦漢以來以疾代疒，疾字通行而疒與疾則廢而不用。”③姚孝遂說：“卜辭每見‘今夕雨[illegible]’，是用爲急速之義，又疾病之疾亦作[illegible]或[illegible]，如《合》364‘骨凡有[illegible]’，唯此類用法，僅見於𠂤組卜辭。𠂤組貞人用字，每多異體，此其一例。”④二字區別不甚明晰，可能是爲語言當中的“疾”因語境不同而造的兩個的字形，一爲倚臥之疾，一爲外傷所致。目前所見甲骨文例無法揭示二字的不同，所以仍應視爲一字之異體。“疾”應該是將這兩個字形相互糅合而成的⑤。

【登】關於甲骨文𢍺字的構形，裘錫圭曾討論過，他說：“商代後期的甲骨文裏，可以看到接近圖畫的表意手法的一些殘餘痕跡。其中比較突出的一點，就是某些表意字往往隨語言環境而改變字形。例如：甲骨卜辭裏常常提到商王對祖先舉行進獻食品的𢍺祭。𢍺在典籍裏多作‘登’（《周禮·夏官·羊人》：‘祭祀，割羊牲，登其首’鄭玄注：‘登，升也。’）。卜辭𢍺字本作[illegible]，象兩手捧著一種叫作‘豆’的盛食器皿。如果登祭所用的食品是鬯（一種香酒），𢍺字往往改寫作[illegible]，兩手所捧的‘豆’换成‘鬯’。卜辭裏既有‘𢍺鬯’之文，又有‘[illegible]鬯’之文。看來[illegible]僅僅是𢍺字有特定用途的一個異體。”⑥卜辭

① 孫海波：《甲骨文編》，第329頁。
② 孫海波：《甲骨文編》，第330頁。
③ 于省吾：《甲骨文字釋林》，第321頁。
④ 于省吾主編：《甲骨文字詁林》，第3099頁。
⑤ 關於形體糅合現象，詳見下章有關討論。
⑥ 裘錫圭：《文字學概要》，第7—8頁。

中還有、等字①，也應是“豆”表進獻義的幾個異體。這些異體對於｛登｝而言，也就是一詞多形現象。

【五】甲骨文“五”字作、，又作、等形②，關於數字的起源，于省吾、郭沫若都有過探討③。“五”字的形，顯然是積畫而成的，而形則應另有來源。無論如何，二字形同爲“五”無疑。

除以上所舉各例外，在文字演變規律作用下，甲骨文字中出現的一字異體，從字用角度看，也可以看作“一詞多形”現象。如下表各字：

例字	常用字形	其他形體	備注
㞢			加聲符“又”
莫			加意符“隹”
葬			或加意符“人”或省聲符“爿”
聲			聲符簡省

從以上字例可以看出，甲骨文一字數形的現象較爲普遍：有造字時就爲語言當中的同一個詞而造了不同的形體，有文字刻寫者個人的因素而導致的“手寫體”之間的差異，還有就是在文字演變規律作用下一個字增繁或省減而造成的異體。

（3）一字分化。由於詞的引申而導致一詞多音義現象的出現，作爲詞的記錄單位——字，也同時被賦予一形多音義的功能。一個字包含的音義過多，記錄語言的清晰度會受到影響，這時往往就通過分化方式派生出新字，即原本一個字承擔的職能改由兩個以上的字來分

① 孫海波：《甲骨文編》，第 221—222 頁。

② 劉釗等：《新甲骨文編》，第 766 頁。

③ 于省吾：《甲骨文字釋林》，第 95—102 頁；郭沫若：《甲骨文字研究》，科學出版社 1982 年版，第 115—119 頁。

擔，這就是一字分化現象。一字分化是一個動態演進的過程，這個過程會在文本用字中得以體現。漢語詞義引申而導致的形體分化是漢字孳乳分化的普遍現象，值得注意的是，在甲骨文中還有因意義相關聯而一形多用並進而發生分化的現象，如：

①“月”和“夕”

在甲骨文中，“月”字早期字形基本上寫作[甲骨字形]（《合》2653）、[甲骨字形]（《合》24369），或作[甲骨字形]（《合》14132 正），晚期多作[甲骨字形]（《合》36482）、[甲骨字形]（《合》37743）等形。“夕”字在早期多作[甲骨字形]形，後來多寫作[甲骨字形]、[甲骨字形]形，直到最後在黄組卜辭中才固定作[甲骨字形]形。甲骨文中“月”用如其本義，如《合》11483：“之夕月有食。”但絕大多數的卜辭用“月”表示計時單位“一月、兩月”的{月}，如《合》2653：“癸酉卜，亙貞，生十三月婦好來。”《合》11170 正：“貞，王勿往省牛，十三月。”{月}在語言中出現的比較早，在甲骨文以前，很可能“月”這個詞已經有了引申義，即表示“一月”之{月}。從考古材料也可以知道，發祥比較早的先民在生產活動中已經掌握了初步的天文知識，而月亮有規律地圓闕更替，無疑給他們記時提供了直接的根據。所以在甲骨文中，“月”用作記時的{月}要比用其本義的辭例多得多。“月亮”經常在夜晚才能看到，白天一般是不經見的。而語言中抽象的名詞“夕”，本就沒有形體可象，在這種情況下，借用一個與之密切相關的事物的字形來代表這個詞，甲骨文中最初用{月}的字形表{夕}就是這樣來的。甲骨文中，“月”和“夕”在𠂤組卜辭中沒有字形上的區別，衹能根據辭例上下文來判斷。“在賓組卜辭中出現了在字形上區別月和夕的做法，即在[甲骨字形]形內部加一短畫以專表記夕……所以賓組卜辭中[甲骨字形]字固應讀夕，[甲骨字形]字則除讀月外仍有讀夕的……較晚的無名組卜辭則採用相反的法子，在[甲骨字形]形內加短畫以表記月……最晚的黄組卜辭承襲了這種做法，以記月，以記夕。”[①] 二字由最初的一字，後來分化作兩個字形，屬於同源分化。

②“士”和“王”

“王”甲骨文作、、、等形[②]。關於“王”之構形，衆説不一。林澐從吴其昌説，認爲是斧鉞形。甲骨文“士、王”二字同形，二者關係林澐作過深入探討，不僅從字形上梳理了二字的演化關係，還進一步論證了用“斧”形記録{士}、{王}的原因，進而從本質上揭示了它們的同源關係[③]。“斧”在古代往往被賦予了權力的象徵，陸宗達指出：“《禮記·明堂位》：‘昔者周公朝諸侯於明堂之位，天子負斧扆南向而立。’‘斧扆’是畫著斧形的圍屏，也就是用斧子的形象標誌王位。”[④] 卜辭中“王”始終是指商王[⑤]，而“士”字，林澐推測：“士用象鉞形的字來記録，而鉞爲古代大辟的刑具，所以商代卜辭中不多見的‘士’最有可能是理刑獄的司法官。”[⑥] 總之，“士”與“王”二字是同源分化。

③“女”和“母”

甲骨文“女”字作、、等形，“母”字作、、等形[⑦]。“女”象一個女人跽在地雙手交叉於胸前之狀，又有少數作形，首部多一筆，或以爲象簪笄形。“母”字則多在“女”字中加上兩點，是分化符號。姚孝遂説：“‘女’可用爲‘父母’之‘母’，在這一點上，可視作‘同’。但是，反過來‘母’卻不能用作‘子女’之‘女’。卜辭的辭例可以充分證明這一點。此爲其‘異’。這就是文字形體衍化的不可逆性。”[⑧]“卜辭‘女、母’多通用，但亦有別。祖妣之稱

① 林澐：《士王二字同形分化説》，《盡心集》，中國社會科學出版社 1996 年版，第 6—7 頁。
② 劉釗：《新甲骨文編》，第 19—20 頁。
③ 林澐：《王、士同源及相關問題》，《林澐學術文集》，第 27—28 頁。
④ 陸宗達：《説文解字通論》，北京出版社 1981 年版，第 215 頁。
⑤ 于省吾主編：《甲骨文字詁林》按語，第 3278 頁。
⑥ 林澐：《士王二字同形分化説》，《盡心集》，中國社會科學出版社 1996 年版，第 6—7 頁。
⑦ 劉釗等：《新甲骨文編》，第 656—658 頁。
⑧ 姚孝遂：《再論古漢字的性質》，《古文字研究》（第 17 輯），第 227—229 頁。

‘母’者，亦或作‘女’，然反之‘女’則不得稱‘母’。‘㞢生’之辭，育‘女’謂之‘不妫’或‘不吉’，無作‘母’者。‘取女’之女亦無作‘母’者；‘艮女’之女亦不作‘母’。又婦名均從‘女’，不從‘母’。據此，輩尊者稱母，或假‘女’爲‘母’，否則僅稱‘女’，不得稱‘母’。”①

④“立”和“位”

甲骨文“立”字作、、等形②，象一正面人形站立於地上。卜辭“立”有用其本義的，如《合》28799：“王其藝兇乃麓，王于東立，虎出，擒。”③卜辭中多見“立事”一詞，《合》24：“辛亥卜，爭貞，収衆人，立大事于西奠……”《合》5510正：“甲子卜，亙貞，立事。”上古之時，凡言國之大事，多是祭祀與戰爭。《左傳·成公十三年》：“國之大事，在祀與戎。”“立事”典籍又作位事、蒞事，如《法言·重黎》：“或問周官，曰立事。”《管子·問》：“群臣有位事，官大夫幾何人。”《左傳·襄公二十八年》：“嘗于太公之廟，慶舍蒞事。”引申而指蒞臨政事。徐灝《注箋》云：“人所立處謂之位，故立、位同字。”《合》6480：“辛未卜爭貞，婦好其比沚貳伐方，王自東罙伐捍陷于婦好立。”于省吾認爲“陷于婦好立”，即“商王臨蒞婦好所在之地以從事陷鹿的倒文”④。由此可見，“立、位”其實並不是截然分開的，直到西周金文“立、位”依然同字，其後才逐步從“立”孳乳分化出“位、蒞”等字。林澐說：“古音立爲緝部來母，位爲物部匣母，無由通轉。因此‘古者立位同字’不是假借，衹能說是一種‘一形多用’的現象。也就是說，一方面用形字記錄站立之立這一語詞，另一方面又用它記錄位置之位這一語詞。”⑤

① 于省吾主編：《甲骨文字詁林》按語，第446頁。

② 孫海波：《甲骨文編》，第428頁。

③ 于省吾主編：《甲骨文字詁林》按語，第232頁。

④ 于省吾：《甲骨文字釋林》，第275頁。

⑤ 林澐：《士王二字同形分化說》，《盡心集》，中國社會科學出版社1996年版，第6—7頁。

⑤“禾”和“年”

甲骨文“禾”字作、、等形。羅振玉説：“上象其穗與葉，下象莖與根。”① 裘錫圭分析説：“穀子的穗是聚而下垂的，黍子的穗是散的，麥子的穗是直上的。所以甲骨文把‘禾’字寫作，‘黍’字寫作，‘來’字寫作（來的本義是麥），主要是依靠穗形的不同來區别它們。‘禾’字有時還寫作（人文 2983）、（乙 4876）等形，酷似成熟的穀子（參看貝塚茂樹、伊藤道治《甲骨文字研究》（本文篇第 684 頁）。‘年’字所從的‘禾’偶爾也有這樣寫的，如《甲》3430 的。”②《合》32028：“辛未貞，桒禾於河，燎三牢沈三牛宜牢。”如同卜辭“桒生”是求生育之事一樣，“桒禾”應該是求收成的。在歷組卜辭中，習見的“桒禾、受禾”，而其他卜辭一般多寫作“桒年、受年”，陳煒湛認爲：“甲骨文禾年二字常見，關係至爲密切……二者形義有别而又有聯繫，辭例往往可以相通，具有同義詞的性質……不過桒年、受年、它年主要見於早期，廩辛以後便屬少見，桒禾、受禾、它禾絶不見於早期。可見年、禾二詞的同義實有時代之因素在内。從大量文例考察，禾與年同義通用是中期卜辭的特點之一。桒禾、受禾、它禾也就是這一階段産生的新片語，分别與原有的桒年、受年、它年構成同義詞組，並行不悖。”③ 陳煒湛指出了這種特殊性的由來，基本上否定了“禾”爲“年”之省的看法。林澐從文字發展的角度詳細分析了這種現象：“卜辭中的字並不能讀‘禾’，字也衹有一部分該讀‘年’，所以不能籠統説二字通用。之所以又可讀‘年’，是因爲語詞‘年’本義是指收成，所以借用有代表性的農作物作表意字。也就是説，把禾字轉注爲年字。後來爲了在字形上區别，就在該讀‘年’的字上加注聲符‘人’（真

① 于省吾主編：《甲骨文字詁林》，中華書局 1996 年版，第 1417 頁。

② 裘錫圭：《甲骨文中所見的商代農業》，《全國商史學術討論會論文集》，《殷都學刊》編輯部，1985 年版，第 198—244 頁。

③ 陳煒湛：《卜辭禾年説》，《甲骨文論集》，上海古籍出版社 2003 年版，第 14—19 頁。

部日母)，出現了‘年’的專用字□。□在武丁時代的賓組卜辭中已經普遍使用，可以說其時禾、年兩字已經分化。歷組卜辭的刻寫者，則保持了禾字可以轉注爲年字的遺風。”①總之,“禾”是穀物名，用禾穀熟來表示收成及後來的{年}義（年的本義就是收成），因而“禾”又成爲{年}的表意字，又加注聲符“人”才分化出“年”字來。

姚孝遂指出:“中國的漢字，就其最初的來源而言，主要是‘近取諸身，遠取諸物’，是客觀事物的圖像。在此基礎上，將這些客觀事物的圖像進行符號化的改造，形成若干基本的形體，作爲用於記錄語言的文字符號。此後再逐步將基本文字符號形體加以組合，就形成了一個龐大的文字符號體系。”“文字形體的發展，是一個由簡單到複雜，數量由少到多的過程。”“當人們意識到通假的方法會帶來辭義不夠明確，容易造成理解上的誤差等弊端之後，就通過將基本形體加以組合的方法，即所謂‘形聲相益’的方法，產生更多的新的文字形體，盡可能地用不同的文字形體來表達不同的辭義，以滿足記錄語言的需要。這一發展變化過程，就是文字孳乳分化的過程。”②同源分化是漢字孳乳分化的核心部分，因而研究甲骨文的一字分化現象更有利於深刻認識甲骨文字的孳乳派生規律。

3. 殷商文字的書寫

作爲記錄語言的符號，文字不能離開書寫這一環節而獨立存在，尤其是印刷術發明之前的文字存在形式，都是以書寫爲前提的。前文已經提到，書寫者、書寫工具和書寫材料以及書寫方式方法甚至書寫環境等對書寫的結果都會產生一定的影響。書寫現象是字用研究的重要內容，開展漢字發展研究應該關注文本的書寫問題。殷商文字的書寫有以下幾方面值得注意。

① 林澐:《古文字轉注舉例》,《林澐學術文集》，第40頁。

② 姚孝遂:《殷周古文同源分化現象探索・序》，吉林人民出版社1996年版，第1頁。

（1）行款

甲骨文的行款體式總體是確定的，直行縱向是基本範式，換行時可以從右向左行，也可以從左向右行，同時也存在横行書寫的體式。基本行款範式會影響一些字的書寫方式，使得文字形體結構與行款體式相一致。如“馬、虎、豹”等動物類象形字，如果從“畫成其物”角度來説，這些字横書作爬行狀是最符合“象形”構造的，但在甲骨文中，我們看到的都是竪立騰空之狀。再如“疾”字，作一人臥牀出汗之形，而人形和臥具之形都是竪立的，並不是按照客觀事物的狀態横置。甲骨文中這類書寫現象，應該都是直行縱向的行款體式影響文字形體的結果。甲骨文行款的形成不是偶然的，上章我們已經指出這與簡牘制度的形成和發展密切相關。簡牘書寫的方式和簡牘的形制，決定了直行縱向的書寫流程，也進而決定了一些文字符號在書寫時取縱勢。儘管甲骨文的行款與龜甲獸骨這種載體和占卜方式密切相關，用途的特殊也會影響甲骨文字的行款布局，如左行、右行和横行等，但是，總體來看，甲骨文的書寫顯然受到長期以來在竹簡上書寫而形成的習慣的影響。甲骨文直行縱向的行款範式，應是書寫竹簡習慣在甲骨中的表現；一些字改變客觀事物的重心而採取竪立騰空的書寫樣式，當是日常簡牘書寫常態在甲骨文中的反映①。

（2）合文

古文字一般是一個字作爲一個書寫單位，記録一個相對應的詞，這種方式奠定了漢字書寫記詞的傳統。從殷商甲骨文始，就出現了將兩個字組合書寫在一起的現象，這就是“合文”。甲骨中的合文現象，多見於記録數字和先公先王的名號上。寫成合文的兩個字，有時可以共用偏旁或筆畫。如“上甲”合文作[illegible]，上部爲是“上”字，下部是“甲”，兩字儘管在一起，但每一個字的字形

① 遊順釗：《古漢字書寫縱向成因——六書外的一個探討》，《中國語文》1992年第5期。

都完整。也有寫作形[illegible]的，“上”字的長筆與“甲”字上面的一横共用。又甲骨文中“七十”寫作[illegible]形，“七”字作[illegible]，“七”字的中豎與“十”字合在一起，“七”與“七十”的不同僅在於中間豎筆的長短。“五百”作[illegible]，“五”的下筆横畫與“百”的上筆横畫共用。“五牢”有作[illegible]的，左右並列，也有作[illegible]形的，“五”的下筆横畫與“牢”字最上面的横筆共用一畫。又如《合》27310：“叀父庸奏，王永。”其中“父庸”不僅合文，裘錫圭還進而指出應該讀作“父庚庸”①。因爲“庸”字上部就是“庚”形，“庚”字就沒有單獨再寫，這是因合文而省略。

（3）重文

甲骨材質堅硬，刻寫不易，在書寫過程中爲力求簡潔，便產生了“重文”書寫現象。所謂“重文”就是將鄰近的相同用字省略不寫，以重文符號“=”來替代它，從而達到提高書寫效率的目的。甲骨文中爲大家熟知的“受[illegible]”，在“又”字的下方加兩個小短横來表示“又”字重文，讀作“受又又”（受有祐，“有”和“祐”都是“又”的後起分化字）。《合》28011片：“壬戌卜，貞，弗受又又。”二“又”字清晰可辨，沒有重複書寫也就沒用重文形式。此片甲骨是侯家莊所出大甲，郭沫若根據此片的兩字重複書寫的形式進一步論證了[illegible]是重

① 裘錫圭：《古文字論集》，第143—144頁。

文形式①。這種重文形式在殷商金文中也可以見到，裘錫圭指出："商代晚期銅器銘文中偶而也有重文號，如小子□卣'乙子=令小子□先㠯（以）人于'，應讀爲'乙子（巳），子令……'。商代甲骨、金文裏重文號使用得極少，這可能主要是由於文辭簡單重文出現的機會較少的緣故。"②

28011

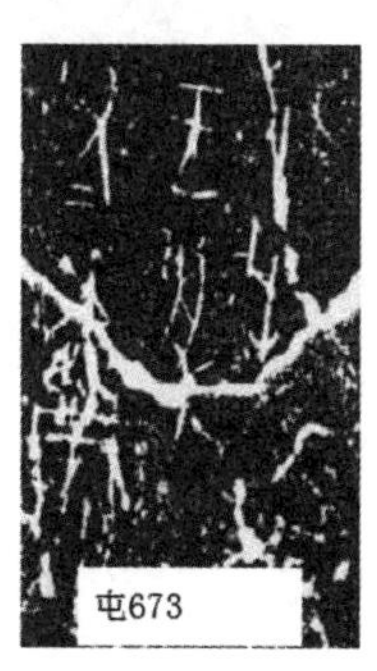
屯673

在甲骨文中有一種重文現象值得關注，如《合》32504："辛卯卜，又且乙未用。"一般都按字面的讀法來讀，裘錫圭認爲此條卜辭應該讀作"又且乙，乙未用"。根據這類例子，他指出："甲骨文裏除了使用重文號以外，實際上還存在另一種比較原始的省略重文的方法，那就是不加任何記號直接將重文省去。也就是說，直接讓一個字頂同樣的兩個字。這一點前人似乎沒有注意。"③其他還有《合》32072："己巳卜，又伐乙亥且。"應爲"己巳卜，又伐且乙乙亥。"《合》32201："乙亥卜，又十牢十伐大甲申。"讀爲"乙亥卜，又十牢十伐太甲甲申。"《合》27417中"二父己"，應當讀"二父——父己、父庚"④。

① 裘錫圭：《古文字論集》，第141頁。
② 裘錫圭：《古文字論集》，第141頁。
③ 裘錫圭：《古文字論集》，第141頁。
④ 裘錫圭：《古文字論集》，第141—142頁。

32504

32072

32201

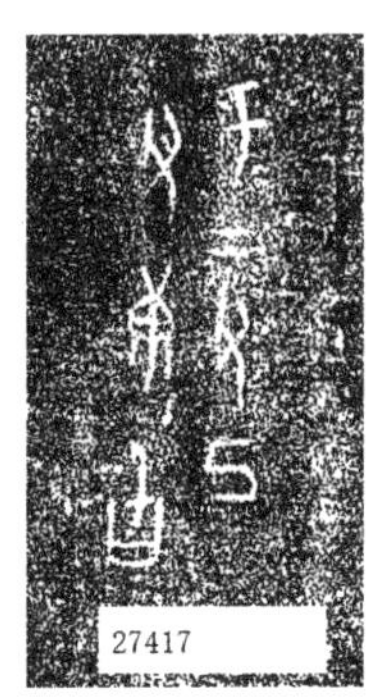
27417

（4）誤書

甲骨文在刻寫過程中還會發生一些書寫錯誤，這類錯誤是由於書寫者的一時疏忽或偶然因素造成的，如缺刻筆畫、奪字、錯字、形近混淆等現象，我們稱之爲“誤書”。缺刻筆畫的，如《合》24440，郭沫若對此片有分析說明，他說:“此片第三行以下均缺刻横畫，僅一‘二’字爲例外。第三行癸未奪‘未’字，末行癸亥奪‘亥’字。”①甲骨文中有些字也發生缺刻筆畫現象，如“祝”字作形，有缺刻一横畫作形的;“若”字一般作形，有作形的，表示頭髮和手的曲畫全部缺刻②。

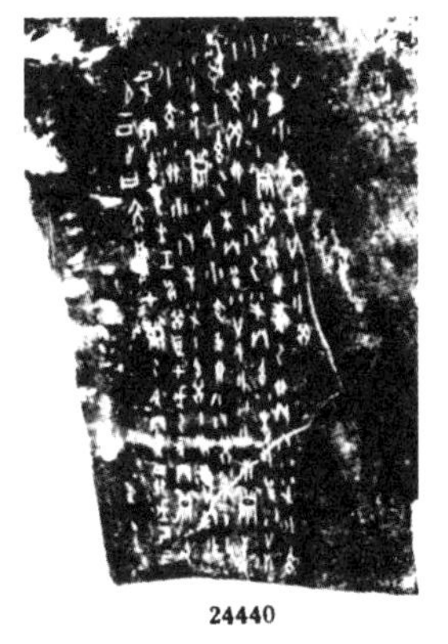
24440

23477

① 郭沫若:《卜辭通纂》，科學出版社 1983 年版，第 216 頁。

② 見李宗焜《甲骨文字編》相關字形下。

文字誤刻的，如《合》23477 片："癸亥［卜］，貞，兄庚歲眔兄己叀……貞，兄庚歲眔庚己其牛。"同版甲骨，上文是"兄庚、兄己"而下文是"兄庚、庚己"，由此知道"庚己"之"庚"是因"兄庚"誤書。郭沫若指出："上第四辭之'庚己'，以下第一辭之'兄己'例之，'庚'乃兄字之誤。"①

一字誤書作他字，帶有一定的偶然性。在甲骨文中，有些字因形體相近，刻寫者往往稍不留意就會寫混，進而造成錯訛，如"口"訛作"凵"、"口"與"肉"相混、"大"與"矢"相混、"刀"和"人"相混等②。如：

【須】（《合》675 正）—（《合》816 反）

【黃】（《合》10181）—（《合》32017）

【言】（《合》26759）—（《合》26752）

【由】（《合》17320）—（《合》18399）

【族】（《合》14915）—（《合》26879）

【雉】（《合》26879）—（《甲骨文編》0492）

【勿】（《合》15090）—（《合》25886）

【召】（《合》36662）—（《合》36723）

此外，甲骨文祭字作，所從肉形作，又作，肉形與口字作完全同形。甲骨文有（《合》22322）、（《合》20338）兩字過去誤釋爲"喙"和，其實兩字皆從"肉"，應釋爲"豚"和（將），這也是甲骨文偏旁訛混的典型例子。

甲骨文中因形近訛混時有發生，有些可能是書寫者對形近字缺乏辨析而造成誤書，有的可能是書寫習慣而造成形近相混。這類訛混現象，儘管也可能有一些共同的特徵，但都是文本中的偶然性書寫錯誤，與因訛成是的訛變現象有別。

① 郭沫若：《卜辭通纂》，科學出版社 1983 年版，第 264 頁。

② 劉釗：《古文字構形學》，第 46—49 頁。

四 本章小結

甲骨文作爲漢字當前唯一可見的最早的符號系統，單字總數約爲3900個左右，其中已識字和可隸定字2400左右。各家認識的差異主要是由一些字形分合處理上的分歧所致。與《說文解字》爲代表的定型的古漢字符號系統相比，甲骨文已具備漢字構型的各種類型。傳統"六書"中之"四體"（即象形、指事、會意、形聲），甲骨文皆已兼備。這表明殷商晚期，以甲骨文爲代表的漢字基本構形方式已經確定，構形系統已逐步發展成熟①。如果對各構形方式作進一步的考察，可以發現不同構形方式的符號構成能力當時已經各有差別。"象形"大部分來源較早，在殷商之前應已獲得充分發展，《說文》所收的象形字，幾乎都以單體或字符出現在甲骨文之中，而且這種構形方式其後也較少構成新字；"指事"在甲骨文中構形功能微弱，西周即已趨於萎縮；"會意"則保持著其早期特點，尚具有相當的構字能力；"形聲"不僅具備了各種類別（注形、注音、形聲同取），而且總體上顯示出漢字構形的"聲化"趨勢②。甲骨文字符號系統的基本構形元素，還可以進一步分析爲表示具體圖像的形體和抽象的符號兩類，前者約150多個，後者數量更爲有限，主要是數字記號和標指區別的抽象符號（後者或稱爲"記號"）。能用有限的基本形體符號爲元素組合構成一整套符號系統，表明甲骨文構形方式已處於較發達的水平③。

關於甲骨文字已發展到符號化程度較高的水平。文字作爲記錄語言的符號系統，從原始狀態到成熟階段，經歷著一個形體符號化

① 李孝定：《從六書的觀點看甲骨文字》，《漢字的起源與演變論叢》，第40頁。
② 黄德寬：《漢字構形方式：一個歷時態演進的系統》，《安徽大學學報》（哲學社會科學版）1994年第3期。
③ 參看姚孝遂《甲骨文形體結構分析》，《古文字研究》（第20輯），第263—285頁。

的進程，即文字符號從較爲原始的圖形，逐步簡單化、綫條化和規範化，從而形成適宜記録語言的符號系統。這種符號化進程及其達到的程度，也是判斷一種古老文字符號系統成熟程度的重要標尺①。甲骨文形體符號的發展程度，姚孝遂曾進行過全面系統的考察，結論是“甲骨文雖然在文字形體上仍然保存著大量的原始圖形的色彩，但從整個文字體系來看，其形體已經經過了符號化的改造，無論在綫條化還是在規範化方面，都已具備了相當的規模，文字形體的區别方式與手段已達到相當高的水平。甲骨文以後的各種文字體系，在形體區别方式和手段方面，都是遵循著甲骨文所奠定的基礎而有所前進和發展，這僅僅是一個不斷豐富和加深的過程，並沒有什麼根本性的突破和超越”②。這個結論符合甲骨文符號化的實際，我們無須再進行重複的論證。

甲骨文字符號的書寫形式體現了商代後期漢字通行的書寫形式。漢字創造發明過程中形成的書寫習慣，決定著它不同於其他民族古文字的獨特書寫形式。就單字而言，不管單體符號還是組合符號，都追求對稱均衡、重心平衡，以二維結構平面展開。在漢字發展的不同階段其綫條形式雖有不同，但這種結體原則是一以貫之的。就書面語言的書寫行款形式看，直行排列，自上而下，是漢字長期沿襲的傳統，直到二十世紀這一傳統才被改變。從甲骨文看，這在當時就已經是一種通行的書寫形式。適應這種書寫形式的要求，一些字的形體轉向 90 度取縱勢，從而改變了客體象形符號的重心方向。如緣自動物的形體取縱向“變成足部騰空”，有些形體如“水、弓”和“床”形等都改變客觀形態而豎立。“直行、縱向”兩種書寫現象，表明甲骨文時代漢字的書寫技巧已達到很高的水

① 參看姚孝遂《古文字符號化問題》，《古文字學論集》（初編），香港中文大學 1983 年版，第 77—155 頁。

② 參看姚孝遂《甲骨文形體結構分析》，《古文字研究》（第 20 輯），第 272 頁。

平，漢字直行和縱向的格局已基本確定[①]。

甲骨文字符號具備記錄當時語言的基本功能。文字符號系統記錄語言的功能，是判斷其成熟程度並與其他符號系統相區別的唯一標準，這是由文字的屬性所決定的。甲骨文記錄殷商後期漢語的情況，在甲骨文研究早期認識上並不完全一致，有人曾經認爲甲骨文是一種特殊用途的文字，並不能反映當時語言的實際情況。隨著對甲骨文研究的深入，尤其是對甲骨文語法現象和辭彙系統研究的全面展開，人們已經逐漸認識到甲骨文作爲殷商時代語言的記錄，在漢語發展史研究方面所具有的重大價值[②]。管燮初從句法和詞類兩方面對甲骨文進行研究，發現甲骨文的句子結構及其類型、詞類及其功能，大體與後代漢語相近，認爲甲骨文是以殷商口語爲基礎的書面語[③]。這一看法，其後經海內外衆多學者的更加深入系統的研究，已成爲定論[④]。作爲記錄當時口語的書面語，甲骨文字符號記錄語言的功能已經發展到成熟的階段。伊斯特林認爲：古代漢字是一種"表詞文字"，"表詞文字是這樣一種文字類型，它的符號表達單個的詞"，"表詞文字表達的言語劃分爲詞；它還經常反映詞的句法順序，在許多情況下也反映言語的語音"。作爲詞的符號的表詞字分爲兩類，一類表詞字直接與詞的意義相聯繫，另一類直接同詞的語音方面相聯繫[⑤]。甲骨文字符號的功能與"表詞文字"說的上述理論基本相符。從字與詞的對應看，一個甲骨文字書寫符號代表的是一個詞；從構形方式以及與詞義發生聯繫的途徑看，這些文字符號一類是從形意關係入手構成形體符號（象形、會意、指事），

---

① 裘錫圭：《文字學概要》，第45頁；遊順釗：《古漢字書寫縱向成因——六書外的一個探討》，《中國語文》1992年第5期。

② 參看王宇信、楊升南主編《甲骨學一百年》第七章。

③ 管燮初：《甲骨刻辭語法研究》，中國科學出版社1953年版。

④ 參看《甲骨學一百年》，第270—280頁；張玉金《甲骨文語法學》，學林出版社2001年版。

⑤ （蘇）B.A.伊斯特林：《文字的產生和發展》中譯本，左少興譯、王榮宅校，北京大學出版社1987年版，第34—38頁。

一類則是從形音關係入手構成和選定形體符號（形聲、假借）。實際上，要實現記録漢語的功能，除符合語言的語法結構外，豐富的虛詞和許多抽象的概念，使甲骨文字建立字詞對應關係（或稱以單個符號表達單個的詞）必然要走上表音的道路，表現在甲骨文中就是假借的普遍發生和形聲字的湧現。甲骨文常用字中假借字差不多有 90%，隨機抽樣統計甲骨文假借字占 74% 左右[①]。甲骨文的形聲字雖然數量不多，但所體現出的構形與字音的結合及“形聲化”趨勢是非常明顯的[②]。根據現在研究所獲得的認識，甲骨文字的符號功能確實已發展到能逐詞記録殷商語言，並能表現語言的語法規則和特點（如語序、虛詞和基本句型結構等），應該是一種功能完善的文字符號系統。

總而言之，甲骨文是一種經歷了較長時間發展、功能完備、成熟發達的文字符號體系。它不僅是現在可以見到的最早的成體系的文字符號，也是迄今爲止可以確定的漢字進入成熟階段的體系完整的唯一文字樣本；甲骨文不僅體現了殷商文字的基本面貌，而且也全面奠定了西周以後漢字發展的基礎。這個結論並不否定漢字在殷商時期仍然保留著某些原始色彩，因爲它依然處於發展變化之中。作爲一個體系的成熟，與體系中有關構成要素尚待進一步發展完善並不矛盾，因爲即便是早已經歷漫長發展歷史的成熟文字體系，也還會不斷發生這樣的變化。對殷商晚期甲骨文成熟程度的基本評價，使我們有理由將它作爲推求商代前期漢字發展水平的基點。問題是到底經歷了多長時間，經過何種環節，漢字才能發展到甲骨文所呈現出的這種成熟狀態，這是我們應該去探索和回答的。董作賓比較甲骨文與納西象形文

---

① 據姚孝遂統計。他曾提出從甲骨文字元號的實際功能來看，甲骨文是記録當時語言的完善的符號系統，已發展到表音文字階段。這一新説曾引起過熱烈討論。參閱《古文字研究工作的現狀和展望》（《古文字研究》（第 1 輯）、《古漢字的形體結構及其發展階段》（《古文字研究》（第 4 輯）、《再論漢字的性質》（《古文字研究》（第 17 輯）、《甲骨文形體結構分析》（《古文字研究》（第 20 輯）等論文。

② 上列姚孝遂諸文中對形聲字的結構特點和形符、聲符的功能也有充分論述。

字的發展情況後，認爲運用甲骨文距離漢字的創造當已有悠久的年歲，其創始的時代當在新石器時代[①]。郭沫若甚至斷言：中國文字“到了甲骨文時代，毫無疑問是經過了至少兩三千年的發展的”[②]。裘錫圭則認爲“漢字形成的時間大概不會早於夏代（約前 21—前 17 世紀）”；“漢字形成完整的文字體系，很可能也就在夏商之際”，即在西元前 17 世紀前後[③]。雖然諸家都認爲漢字遠在商代晚期甲骨文之前早已出現，但是對漢字創造和形成完整體系的具體時代的認識還有很大的分歧。

① 董作賓有《從麼些文（即納西文）看甲骨文》一文，參閱李孝定《漢字的起源與演變論叢》第 40 頁所引。

② 郭沫若：《古代文字之辯證的發展》，《考古學報》1972 年第 1 期。

③ 裘錫圭：《文字學概要》（修訂本），第 31、33 頁。

第四章

西周文字

西周文字指的是出土的西周金文、周原甲骨文和西周陶文等西周時期材料上的文字。目前已整理公布的西周時期的文字材料，金文有《殷周金文集成》《近出殷周金文集録》《近出殷周金文集録二編》和《商周青銅器銘文暨圖像集成》中所收録的西周金文，甲骨文有《周原甲骨文》，陶文主要是《古陶文彙編》中收入的西周陶文①。

一　西周文字形體的發展

從殷商甲骨文到西周文字，漢字形體的發展既體現在字形方面，也表現在字體方面。經歷西周早期、中期和晚期的持續性演進，漢字體系日趨成熟。下面我們從字形和字體兩個方面來考察西周文字形體的變化。字形的變化，我們著重考察文字方向的改變、筆畫和偏旁的增減；字體的變化，我們著重考察筆畫形態的改變，如圓轉變平直，團塊變綫條，等等。

將西周文字與它所從來的商代文字相比，就可以看出西周文字

① 周原甲骨雖然有些是先周的，但一般都把它看作西周時期的文字資料；《商周青銅器銘文暨圖像集成》所收録器物跟前三書大多重複，我們會剔除重複出現者。

字形和字體的發展演變的特點。值得注意的是，由於甲骨文和金文載體不同，書寫工具也不同，筆畫形態自然不一樣，所以，研究字體的變化，不能將甲骨文與金文簡單相比，衹有將同類載體的文字加以比較，即甲骨文跟甲骨文相比，金文跟金文相比，才能獲得較爲正確的認識；而研究字形的變化，如文字方向的改變，筆畫、偏旁的增減，就不存在載體類型不同造成的差異問題，因此，本章分析西周金文字形變化時，往往以商代甲骨文爲參照。

（一）西周文字的字形

1. 西周甲骨文字形

朱歧祥將殷周甲骨文字形加以比較分析後，得出如下看法："由周原甲骨的書寫與殷墟卜辭相同，表示出早周文化與殷商有著緊密的接觸。周原甲骨填補了文字由殷卜辭過渡至周金文間的空檔，讓我們瞭解殷周文字演變的一貫性和整體性。周原甲骨的字形有與殷代早期文字相合，亦有衹與殷晚期文字類同，可見周原甲骨的內容並不單純，周文字並非在某一時間內通盤的自殷商截取。商文字對於周的影響，顯然是逐漸的和階段性的，是自然的吸收同化而並非人爲的高壓移植。另一方面，周人顯然已經具備一定程度的文化水平，對於外來文化有檢定取捨的能力。舉凡適合本國族實際需要的則模仿取用，不適合的加以過濾，而不盲目接受。殷周文字的有同有異，正反映出周民族的理性風格，有選擇性的吸取殷人文化。"① 經過比較分析，可以看出西周甲骨字形具有以下幾個特點：

（1）字形方向基本固定。有些在殷墟甲骨中左右皆可的字，在西周甲骨文中衹看見一種寫法，而且跟後來小篆的方向一致。朱歧祥據此推測："'書同文'的實際需求和取代殷商書體的企圖，顯然已在早

① 朱歧祥：《周原甲骨研究》，第122頁。

周甲骨中自覺的默默推行。”① 如以下各表所舉字例：

	己	子	巳	人	乍	克
殷墟	合 1488	合 3410	合 6497	合 1022 乙	合 904 正	合 114 合 7076 正
	合 1853	合 20035	合 13525	合 21099	合 7188	合 15190 合 16247
西周	H11：128	H11：83	H31：1	H31：3	H11：14	H11：6
	H11：139	H11：94	H11：5	H11：4	H11：24	H11：21
小篆						

	女	妾	母	父	弔	身	亡
殷墟	合 19907	合 631	合 924 正	合 2128	合 4227	合 822 正	合 7371
	合 19982	合 65	合 4924	合 6647	合 31807	合 13666	合 11979
西周	H11：1	FQ2	H31：4	H11：11	H11：37	H11：61	H11：20
	H11：98		H11：95	H11：83			H11：35
小篆							

	中	隹	卜	虫	龍	弜
殷墟	合 7363 正	合 614	合 13004 合 22047	合 20332	合 4658	合 5810
	合 7369	合 5245	合 28957 合 30381	合 21972	合 6591	合 5433

① 朱歧祥：《周原甲骨研究》，第 122 頁。由於目前能見到的西周甲骨數量較少，這樣的結論尚有待檢驗。

	中	隹	卜	虫	龍	弜
西周	H11：57+155	H11：3	H11：52	H11：22	H11：92	H11：114
		H11：40	H11：38			H11：134
小篆						

	弗	方	月	尸	乎
殷墟	合7076正	合418正 合6736	合14132正	合20012	合190反
	合20975	合6701 合20616	合37840	合21172	合4920
西周	H31：4	H11：82	H11：40	H11：51+107	H11：52
		H11：84	H11：55		1號卜甲
小篆					

還有殷墟甲骨中正倒、正側皆可的字，在西周甲骨也衹有一種寫法。如：

	至	不	舟
殷墟	合226正	合6834正	合655 合32850
	合27346	合22074	合21659
西周	H11：3	H11：47	H11：4
	2號卜甲		
小篆			

以上基本上都是獨體字。殷墟甲骨中有的合體字偏旁左右無別，而在西周甲骨也衹見一種寫法，且與小篆一致。如：

	休	伐	保	叀	年	追
殷墟	合 3360	合 32 正	合 1370	合 1672	合 846 正	合 869
	合 8162	合 6476	合 3683	合 5543	合 10080	合 20460
西周	FQ2	H11：232	FQ2	H11：32	H11：64	H11：47
		H11：68	H11：50	2 號卜甲		
小篆						
	出	此	㞋	族	既	散
殷墟	合 5098	合 27040	合 697	合 6343	合 163	合 17942
	合 5762	合 30318	合 1095 正	合 6814	合 6648 正	合 27996
西周	H11：136	FQ2	H11：114	H11：17	H11：13	H11：4
	H11：9	FQ2		H11：116+175		
小篆						

（2）筆畫從簡不從繁。同一個字，如果殷墟甲骨有繁簡不同的寫法，西周甲骨往往從簡。如“文”，殷墟作（合 4611 反）、（合 18682）、（合 946），西周甲骨同於最簡寫法，作（H11：112）、（H11：1）；“周”，殷墟作（合 1086 正）、（合 6820）、（合 590 正），西周甲骨則同於省去了點的，作（H11：117）、（H11：104）；“自”，殷墟作（合 137 正）、（合 21734）、（合 27798），（懷 655），西周甲骨作（H11：117）、（H11：18），（H11：2），選擇筆畫比較平直的寫法，平直的筆畫較隨體詰屈省簡。

有的寫法，在殷墟並沒有出現，在西周甲骨首先出現，這些變化也都符合經濟的原則，並且傳承下來。如“卜”，殷墟作（合 13004）、（合 22047）、（合 28957）、（合 30381），“旁裂紋往上斜出；周原甲骨的卜字則均從短横直角作（H11：52）”[①]。“牛”，殷墟作（合20477）、（合20664），下面是兩斜筆；西周甲骨作（H11：125），下面改成一横畫，西周金文“牛”也都作此形，如（4132）、（2838A）。一直筆比兩斜筆自然經濟。

也有殷墟甲骨存在繁簡兩種寫法，西周甲骨貌似採用字形繁複的，其實是有其内在原因的。如：“來”，殷墟早期既有作（合12463），也有作（合21818），後來一般都上加一斜筆，如（合24169）、（合29736）、（合33721）、（合36725）；西周甲骨都是有一横的寫法，這一横當然是由殷墟的斜筆變化而來，如（2號卜甲）、（H11：14）。“告”，殷墟作（合9620）、（合137反），周原甲骨作（H11：83）、（H11：96）。“宗”，殷墟有作（合13547）、（合333）、（合36083）、（合36148），西周甲骨作（H11：1）。“帝”，殷墟有作（合2107）、（合34147），西周甲骨作（H11：122）。“克”，殷墟作（合114）、（合15190）等，西周甲骨作（H11：21）。很顯然，殷墟甲骨文的繁複字形是由簡而繁的，簡繁字形代表了早晚不同時期的寫法。周原甲骨不可能早到殷墟早期，當周方國從殷商引進文字時，殷商通行的已經衹是這些繁複字形了，所以不能根據西周甲骨字形同於殷墟繁寫字形的現象就簡單化地得出西周某些甲骨字形捨簡採繁的結論。

殷墟中有時存在假借字和在假借字上加形符而形成的後起本字並存的情況，如“貞”，殷墟大多數都寫成（合9951）、（合21220）、（合22086）、（合25157）、（合32764）等，一般學者都認爲這是假借了“鼎”字；偶爾也見到作（花東446），這是加上了形符“卜”。西周甲骨作（H11：174）、（H11：5）、（H11：9），都從“卜”，這種選擇顯然跟寫“本字”對表意有積極作用有關。

有的可能是出於表意的目的，周原甲骨採用了殷墟甲骨中增加形符的異體，如“後”，殷墟有作（合18595）、（合25948），也有的加

① 朱歧祥：《周原甲骨研究》，第120頁。

形符“彳”作[字形]（屯2358），周原甲骨作[字形]（H11：83）。

（3）異體趨於定型。有的字在殷商甲骨文有偏旁不同的異體，西周甲骨選擇其中一種，並且定於一尊，一直沿用至今。如“牢”，殷墟或從“牛”作[字形]（合321），或從“羊”作[字形]（合378），西周甲骨作[字形]（H11：78）。“逐”，殷墟有從“豕”作[字形]（合9354反），也有從“犬”作[字形]（合28790），西周甲骨從“豕”作[字形]（H11：113）。“五”，殷墟有作[字形]（合15662）、[字形]（合1906），西周甲骨作[字形]（H11：2）。

西周甲骨有的寫法是殷墟所沒有的，而這種寫法卻爲後世所承。如“壴”，殷墟作[字形]（合4843）、[字形]（合17391）、[字形]（合27220）、[字形]（合30693）、[字形]（合32418），中間的豎筆都是與方形或圓形相連的；西周甲骨卻作[字形]（H11：20），中間豎筆與圓形斷開，小篆的寫法正源於此。“車”，殷墟作[字形]（合584正甲）、[字形]（合10405正）、[字形]（合11456）、[字形]（花東416）、[字形]（合11458），商代金文也大體如此，都至少有兩輪形；西周甲骨作[字形]（FQ4），字形爲小篆所本。

2. 西周金文字形

與西周甲骨相比，西周金文，尤其是早期金文，反倒跟商代文字沒有多少變化。裘錫圭說：“西周金文的形體，最初幾乎完全沿襲商代晚期金文的作風。到康、昭、穆諸王的時代，字形逐漸趨於整齊方正，但是在其他方面變化仍然不大。”[①] 這可能是由於西周甲骨是周人自己刻的，所以是帶有選擇性的吸收。而“在克商之前周人沒有大規模的青銅工業，至今還未發現可以構成時間發展序列的先周青銅器體系”[②]。“隨著武王伐商的軍事勝利，商王朝鑄造青銅器的工匠相繼歸周，周人在商代青銅文明的基礎上建立起了自己的青銅文明。”[③]“在克商之後，周人接收了青銅鑄造工業和工藝奴隸，這些轉而爲周人服務的手工業產品，至少在一個時期內還是原來的模式，因此出現了一

① 裘錫圭：《文字學概要》，第46頁。

② 馬承源主編：《中國青銅器》，第416頁。

③ 馬承源主編：《中國青銅器》，第371頁。

批商製周銘的青銅器。”[①]因爲是原來商王朝的工藝奴隸製作的，等於是全盤移植，所以，就算銘文內容與商代的不同，字形卻與商代文字一樣，跟西周甲骨文反而不一致。而隨著時間的推移，周人培養出了自己的工匠，他們後來製造的青銅器，字形也就與西周甲骨一致了。

爲了研究西周金文字形的特點，我們將它跟商代甲骨文、金文加以比較，從而觀察字形的變化，作出正確的判斷。我們判定西周金文字形變化的總體原則是：前期有某種現象，後期沒有的，則視爲後期消失（此處前期、後期相對，沒有中期）；前期有某種現象，後期也有，中間就算沒有見到，也視爲存在（此處前期、中間、後期相對）。具體地説，如果某種現象，商代存在，而在整個西周都未發現，我們就視爲西周時消失；如果西周也有，我們不能簡單地説整個西周也都存在，因爲西周是一段很長的歷史時期，早期有不等於晚期也存在。爲了研究得更細緻些，也爲了結論更可靠些，我們將西周金文分爲早、中、晚三期[②]，分階段來觀察西周時期的變化。根據我們的觀察，如有這樣幾種可能，我們則做出相應的判斷：如果商代有某種文字現象，但是西周三期都沒有了，我們視爲西周時期消失了；如果商代有，西周早期也有，但中期和晚期未見，我們視爲中期就消失了；如果商代有，西周早期、中期也都還有，晚期未見，我們視爲晚期消失了。不過，由於出土的材料有限，有時情況並不這樣簡單。我們發現還有這幾種可能：有的文字現象，商代有，西周早期未見，但在西周中、晚期卻又還存在，我們就將西周早期也視爲存在，衹是由於某種原因，我們未見到而已；也有可能商代某種現象，西周早、中期材料都未見，晚期卻有發現，我們便將早、中期視爲存在。至於有沒有可能商代的某種現象在整個西周都未發現，或者西周早期的某種現象在西周中、晚期未發現，或者西周中期的某種現象在西周晚期未

① 馬承源主編：《中國青銅器》，第416頁。

② 分期主要依據《殷周金文集成》以及張長壽、陳公柔、王世民等《西周青銅器分期斷代研究》的分期。

發現，而到了春秋或戰國時期卻又出現了，我們覺得這不是沒有可能的。不過，我們以小篆爲參照，跟小篆寫法一致的，可以視爲西周晚期通行的寫法。因爲“小篆”雖然是秦統一之後才有的說法，但《說文》認爲小篆乃“皆取史籀大篆，或頗省改”[①]而來，而“史籀大篆”又是西周晚期的東西[②]，所以，從某種意義上講，除那些確定是春秋戰國和秦以後出現的字形外，我們依然可以將小篆字形作爲考察西周晚期字形的參考。

下面我們就從文字的方向、筆畫和偏旁的增減等方面來觀察西周金文字形的特點。

（1）有關文字方向的問題。西周金文字形的方向有的還不固定，有的已經固定或逐漸固定。

一是文字方向不固定的，這在獨體字和合體字上都有表現。商代文字中獨體字方向左右無別的現象，有的在西周也還存在。如[③]：

		元	中	每	父
商代		合 14822 屯 130	合 7363 合 7369	合 28685 合 39420	合 2128 合 6647
西周	早	2614　820	2458	4261	458　474
	中	2838A	3377	2838A	480
	晚	6　4197	24　3755	2494　2495	112　2511
		于	月	人	九
商代		合 34479 合 6692	2708 合 14132 正	合 28012 合 1022 乙	合 10003 合 15612

① 許慎撰，徐鉉校定：《說文解字》，第 315 頁。

② 《說文解字》：“及宣王，太史籀箸大篆十五篇。” 第 314 頁。

③ 表中字形的出處，衹有數字的是《殷周金文集成》拓片的編號。

		于	月	人	九
西周	早	2434 近出 943	2661	529	3950 4201
	中	107 近出 466	2697 2767	246	2789
	晚	2664 4063	2643 3807	69 4055	204 4055

商代合體字中某個偏旁方向不固定的現象，有的在西周金文中也還存在。如：

		旁	祀	召	各
商代		英 634 合 6666	合 15489 合 15493	合 8441 正 合 33029	合 10405 合 13171
西周	早	2071	2837A		2730
	中	5922	248 4174	61	107 755
	晚	3845 3936	4317 近出 97	204 4299	188 2814

		友	矦	多
商代		合 5622 合 6063	合 32911 合 98 正	合 19231 合 14315
西周	早	2660	464 8310	2655
	中	3726 3725	948	246
	晚	2787 684	545 2441	39 9613

商代合體字偏旁位置不固定的現象，有的在西周金文中也還存在。位置的不固定有時還兼有方向的不固定。如：

		秉	敏	杞	朕
商代		1764 合 17444	合 36765 合 532	5097 合 13890	合 4003 正 合 1197
西周	早	5008　近出 390	2837A	2654	2505　6475
	中	247	4322.1		2755
	晚	187　11064	近二 328　4325	2494　2495	41　2821

有的字在商代材料還未出現過，西周金文卻存在偏旁位置不固定的寫法。如：

		福	許	諫	夜
西周	早	4021		4237	5410
	中	246　2824	2832　4292	4285　近二 440	2789
	晚	110　103	2818　近二 588	近出 492　近二 939	2836　2816

二是文字方向已經固定或逐漸固定的，在獨體字和合體字上也都有表現。所謂“已經固定”，指在商代左右無别、正倒無别（或正側無别）的字形，在整個西周時期金文中卻衹有一種寫法，且與小篆字形一致。

獨體字方向商代左右無别，西周已經變固定的，如：

		克	尸	千	方
商代		合 15190 合 16247	合 33039 合 21172	合 8424 合 14207 反	合 20616 合 6701
西周	早	5428	2728	4320	944
	中	4331	4225	9716	251
	晚	2796	260	2833	181

		克	尸	千	方
小篆					

		巳	卜	夕	乃
商代		合 13525 合 6497	合 13004 合 22047	合 19798 合 21054	合 8986 合 7150 反
西周	早	2837	3577	2554	2431
	中		2838A	4222	2813
	晚	2841		187	2810
小篆					

獨體字方向商代正倒或正側無別，西周已經變固定的，如：

		止	止	足	矢
商代		合 20223 合 22013	合 2628 合 13682	合 19956 合 6977	合 20546 合 69
西周	早			10169 248	7632
	中	4292	4292	3784 近二 939	2784
	晚	4340B	4340B		2816
小篆					

		才	不	至	羊
商代		合 7 合 21743	合 6834 正 合 22074	合 226 正 合 27346	合 29535 合 21145
西周	早	689	2809	5410	5267
	中	948 2183	92	4191	2838
	晚	204	2810	2385	4313
小篆					

合體字某個偏旁方向商代左右或正倒無别，西周已經變固定的，如：

		吏	分	歲	邑
商代		合 1672 合 5543	合 7852 合 11398	合 13475 花東 114	合 21982 合 799
西周	早	643	6372		2595
	中	948	3977	2838A	2832
	晚	4313	2818	2841A	4466
小篆					

		正	追	龏	旁
商代		合 1140 正 合 6808	合 869 合 20460	01306 02433	合 6666 合 5776 正
西周	早	2702　4044	4241	688　近出 562	2071
	中	近二 433　2832	246	2696　2832	5922
	晚	2665　187	69	2829　近出 29	3845
小篆					

合體字偏旁位置商代左右或正倒、正側無别，西周已經變固定的，有時位置的不固定還兼有方向的不固定。如：

		祝	死	折	歸
商代		合 8093 花東 437	合 20051 合 21890	合 7924 合 15004	合 4079 正 合 5231
西周	早	1937	2837	6002	2739　4239
	中	9455	4222	4328	4331　107
	晚	4297	2827	2835	近出 43

	祝	死	折	歸
小篆				

		此	俞	及	即
商代		合 27040 合 30318	合 10405 懷 977	合 1427 正 合 33017	合 20174 合 32890
西周	早	5886	5222	5415	2581B
	中	6515	4276	4396	2838
	晚	2821	4277	近二 327	2815
小篆					

		量	射
商代		合 19822 合 31823	8904 8215
西周	早	3908	10792 854
	中	4251.1	2784
	晚	2836	2810
小篆			

有的字在商代材料還未出現過，西周金文祇有一種固定的寫法，且與小篆字形一致。如：

		祜	礿	鋈	環	屖	誨
西周	早		2763			2534	
	中	247		10168A	9897	572	10175
	晚				2841B		4328
小篆							

所謂“逐漸固定”，指在商代左右無别或正倒無别的字形，在西周早期或中期還是如此，但到中期或晚期就祇剩下一種寫法，且與小

篆字形方向一致。

獨體字由左右無別逐漸固定的，如：

		屯	若	尹	臣
商代		合 812 正 合 5177 臼	合 891 正 合 21128	合 20358 合 22083 甲	合 117 合 117
西周	早	2791　5337.2	2763　8545	1352　1925	2003　2004
	中	247　2509	4266	247	2765
	晚	109.1　189	近二 939	2829	190
小篆					

		身	亡	隹
商代		合 822 正　合 13666	合 11979　合 19555	合 5245　合 614
西周	早	4139　3362	2660　4140	2614
	中	246	4207	3730　2697
	晚	2841	146	2808
小篆				

“屯”字，商代到西周早期、中期都有朝左或朝右的寫法，晚期衹有朝右的一種寫法。“若”字，商代和西周早期都有朝左、朝右兩種寫法，西周中期就衹剩一種朝左寫法（有“口”的“若”字主體部分也是朝左）。“尹、臣、身、亡”等字，商代和西周早期都有兩種寫法，西周中期和晚期就衹有一種寫法。“隹”字，從商代到西周中期都有兩種寫法，晚期就剩下一種寫法了。

合體字偏旁方向由左右無別逐漸固定的，如：

	咸	射	昜
商代	合 20098　合 32164	合 24156　合 5760	合 11499　合 7413

		咸	射	昜
西周	早	944 5432.1	10792 10791	5322 11861
	中	6516	2784	2678
	晚	2810	2810	2679
小篆				

		官	旅
商代		合 4576 花東 416	合 5823 合 17159
西周	早	566	874 515
	中	4266	948 1789
	晚	2817	5907
小篆			

“咸”字所從的“戌”，在商代和西周早期或朝左或朝右，中期就衹剩一種寫法了。“射”字所從的“弓”和“矢”，在商代和西周早期或朝左或朝右，中期就衹有一種寫法了。“昜”字所從的“丂”，在商代和西周早期或朝左或朝右，西周中期就衹剩一種寫法了（加撇另論）。“官”字所從的“𠂤”，在商代和西周早期或朝左或朝右（在西周早期雖然我們目前衹見到一種朝左的寫法，但是按照我們前面的原則，既然商代和西周中期有朝右的寫法，則西周早期應視爲有朝右的寫法），西周中期就衹剩一種寫法了。“旅”字所從的“㫃”，從商代到西周中期或朝左或朝右，晚期就衹剩一種寫法了。

合體字偏旁位置由左右或上下無别逐漸固定的，有時位置的不固定還兼有方向的不固定。如：

		伊	祀	德	休
商代		合 27661 合 21573	合 15489 合 2231	合 32 正 合 7227	合 8162 合 8164
西周	早	3631	2837A	2614 2171	2453 2654
	中	9714	248 5430.2	250 近二 458	92
	晚	4287	4317	109 192	2807
小篆					

		朙	延	品
商代		近出 241 合 11708	合 7709 合 12764	合 34524 合 34525
西周	早	566 1988	5836 2763	5415.1
	中	2830 10175	2754 4214	755
	晚	238.1		
小篆				

“伊”字所從的“人”，在商代和西周早期都可以放在左邊或者右邊(西周早期雖然我們目前衹見到放在右邊一種寫法，但是按照我們前面的原則，既然商代和西周中期都有放在左邊的寫法，西周早期應視爲有此寫法)，西周中期就衹剩放在左邊一種寫法了。“祀”字所從的“巳”，從商代到西周中期都有放在左邊或右邊的寫法，在西周晚期就衹剩一種寫法了。“德”字所從的“彳”，從商代到西周中期都有放在左邊或右邊兩種寫法，西周晚期就衹剩一種寫法了。“休”字所從的“人”，在商代和西周早期都有放在左邊或右邊兩種寫法，西周中期就衹剩一種寫法了。“朙”字所從的“囧”，從商代到西周中期都有放在左邊或右邊兩種寫法，晚期就衹剩一種寫法了。

有的字商代未見，西周早、中、晚三期呈現偏旁位置逐漸固定的趨勢。如：

		神	諫	訟	璜
西周	早	4021	2837A	2837A	
	中	246　248	4292	近二 433	04292
	晚	260.2	2836	4215.1	近二 587
小篆					

“神”字所從的“申”，在西周早期和中期都可以放在左邊或右邊（早期雖然目前衹見到一種放在右邊的寫法，但是，既然中期還有兩種寫法，早期也可視爲有此寫法），晚期就衹有一種寫法了。“諫”字在西周早期和中期目前雖然衹見到一種寫法，但在晚期卻是另一種寫法，按照我們前面的原則，我們認爲應該是先有兩種寫法，後來固定爲一種。“訟”字在西周早期目前衹見到一種寫法，但是，既然中期的寫法跟它不一樣，按照我們的原則，可以將早期看作是有兩種寫法的，中期就衹剩一種。“璜”字在西周中期目前衹見到一種寫法，但是，既然晚期的寫法跟它不同，我們有理由認爲先有兩種寫法，後來衹剩一種。

（2）有關文字筆畫的問題。研究筆畫的增減等問題，我們以商代的字形爲參照，將西周各期的字形與之相比較。如果商代字形衹有一種筆畫數，西周跟它一致的，我們略而不談；如果商代某個字有筆畫數不同的幾種寫法，西周也都因襲了，我們視爲筆畫數不固定；如果商代沒有這種寫法，到西周才出現，我們就視爲增或者減；如果商代有筆畫數不同的寫法，而整個西周都衹承襲其中一種寫法，且與小篆一致的，我們視爲筆畫固定；如果是到了西周中期或晚期才定型的，我們視爲逐漸固定。

一是筆畫數不固定的，如：

		帝	中	周	臣
商代		5412.3 5413.3	合 7363 合 20587	合 1086 合 590	合 217 合 20354
西周	早	4241　5404.1	2458　859	2661　2626　2729	2595　1943
	中	2705　5392.2	3377　510	4626　2774	4221　2765
	晚	近二 292　260	24　134	2814　2796　2678	190　2836

		井	自	其
商代		合 9393　5444	合 5577　合 137 正	合 17055　合 35981　05414.1
西周	早	2614　3686（偏旁）	2661	2461　2704
	中	615　2192	2774　近出 466	141　49　35
	晚	187　2786	2745　4156	2511　24　238

“周”字在商代有有點和沒點兩種寫法，這兩種寫法在西周時期一直存在（西周加“口”另論）。“其”字在商代有有封口的横畫和無封口横畫兩種寫法，這兩種寫法在西周還一直存在（看前兩種寫法。至於西周中期和晚期下加筆畫另論）。“其”字在商代還有下加一横的寫法；西周早期雖然未見，但是中期和晚期都還存在，則早期可以視爲也存在。

二是增加筆畫的。西周文字增加筆畫的現象較普遍，類别也較多，增加筆畫的目的大多是爲了字形均衡匀稱，也有的衹是一時書寫習慣使然。

有竪筆或長斜筆左右或一旁加點的，如：

		余	必	寧	保	俞
商代		合補 421	合 4242	懷 1910	6909	2245
西周	早	2803		2107　6419		688
	中	61　10169	4321		4265　4193	4276　4328
	晚	110　4466	2814		181.2　9641	4277

“寧”字加“心”另論。“俞”字在商代是“從舟余聲”；西周早期跟商代相同；西周中期或同，或加斜筆；西周晚期雖未見加斜筆的寫法，但小篆作俞，除了“舟”，剩下的很顯然就是“余”和斜筆變化而來。許慎將兩豎筆看成是水[①]，不確。

有方形或圓形空白處加點或短横的，如：

		公	吉	魯	亯
商代		5074 合 27149	英 2510	合 10133 正	合 26993 02653
西周	早	00648 02150	2729	9096	4300 648
	中	02776 00036	88 5423A	246 4339	2705 4114
	晚	00016 02634	134 近二 428	18 9579	2 2529

有直筆上加圓點或横畫的，如：

		單	章	叀	生
商代		合 137 正	3940	1360	合 5845
西周	早	2270 6512		5277	2791 3631 887
	中	9456 5904	5425.1 近出 160	2831	4292 755 2781
	晚	82 9438	近二 588 4038	2814	2354

		季	身
商代		2653 合 28228	合 822 正 合 13666 正
西周	早	631 913	4139 3362
	中	246 4273	246
	晚	2547 2585 3893	2841c 148

① 《說文解字》，第 176 頁。

也有在竪筆之下加以横畫的，如："聖"字商代作（合 14295）。西周中期或同，如（10175）；或加横畫，如（745）。晚期作（109.2）。

有在横竪相交的横畫一端加短竪筆的，如：

		禽	萬
商代		合 5533	英 150 正
西周	早	1938	631　2461
	中	4328	4273　921　2558
	晚		110　2600　3946

有横畫開頭的字上疊加横畫的，如：

		章	妾	亟
商代		3940	花東 490	合 13637 反
西周	早			4341A
	中	5425.1　4229.1A	62	
	晚	近二 588　4038	2836　4287	

有的字不是以横畫開頭也加了横畫，如"乎"字，商代作（合 4920）；西周早期同於商代，如（2720）；西周中期開始出現加横畫的寫法，如（2804）；西周晚期不但有加一横的寫法，如（181），甚至出現加兩横的寫法，如（4282.1）。

有在朝上斜出筆畫的一側加斜筆的，往往爲小篆所承。如：

	角	廼
商代	合 6057 正	合 28772

		角	迺
西周	早		2837
	中	255	2832
	晚	4459 2810	699 2841B 2818
小篆			

有在底部加"八"字形筆畫的，如：

		其	奠
商代		合 20793 5414	合 15815
西周	早	2721	2415
	中	近二 437 644	4626
	晚	9630 240	730

有在左下角或右下角空白處加斜筆的，如：

		參	穆
商代		9370.1	合 28400
西周	早		
	中	9899.2 2832	2812
	晚	260.2 2836	4465.1A

三是省減筆畫的。省減繁複的筆畫有利於提高書寫效率，西周金文中的一些字在不影響美觀和辨識的時候，往往省減一些筆畫或部分構形要素。如下表各字：

	革	裘	車
商代	花東 474	合 7921	9776 花東 416 合 11458 1456

		革	裘	車
西周	早			4201　9071
	中		5405.2 4256.1　2831	2831　2697
	晚	2786		2779　9602.2

“革”字，商代本來有一個三角形的筆畫，西周晚期金文省去了三角形。“裘”字在商代本是一象形字，西周中期出現將毛飾省去的寫法（加聲符另論）。“車”字在商代至少有兩輪，從西周早期開始就出現了一種“衹剩下輪部了”① 的寫法。

西周金文有時將商代文字兩個相鄰的筆畫合併，就等於是減少了筆畫。如：“吾”字在商代作（近二244），西周有作（565），横畫共用。

四是筆畫數固定或逐漸固定的。

A. 筆畫數固定的，如表中各字：

		天	王	玉	豆
商代		1408　合22094	合21471　合36909	合11364　3940	屯2484　5395
西周	早	2674	944	3712	
	中	近二431　4229	247	4269	4276
	晚	20　近出28	82	2841B	4683　10176
小篆					
		來	克	川	禹
商代		合12463 合33721	合114 合15190	合1921 合21734	2112 9806

① 林澐：《古文字學簡論》，第90頁。

		來	克	川	禹
西周	早	2728	2809	4320	
	中	4328	247	2832	
	晚	260.2	2796		2833　4242
小篆					

“豆”字筆畫數固定指上面一橫而言。

B. 筆畫數逐漸固定的，如：

		告	羊	于	[illegible]
商代		合 32812 合 137 反	合 713 合 20680	合 37398 合 34479	合 22016 合 22547
西周	早	889　1849	1836　1627	2706　2531	4132.1　2837
	中	4293	2838	5425.1　246	9728
	晚	2835	4313.1	2663	2841
小篆					
		東	日	月	夕
商代		合 10405 合 34067	5949 922	合 137 反 2708	合 19798 合 17056
西周	早	2595　5869	2333　2670	2661	2554　2614
	中	2831	9302　9302	754　2697	4222
	晚	204	2787	2643	187.1
小篆					

（3）有關文字偏旁的問題。研究偏旁的增減等問題，我們以商代的字形爲參照，將西周各期的字形與之相比較。如果商代字形偏旁數衹有一種情況，西周跟它一致的，我們略而不談；如果商代某個字有

偏旁數不同的幾種寫法，西周也都因襲了，我們視爲偏旁數不固定；如果商代沒有這種寫法，到西周才出現，我們就視爲增或者減；如果商代有偏旁數不同的寫法，而整個西周都衹承襲其中一種寫法，且與小篆一致的，我們視爲偏旁數固定；如果是到了西周中期或晚期才定型的，我們視爲逐漸固定。

一是偏旁數不固定的，如：

		遣	得
商代		合 5318　合 31935	合 518　合 439
西周	早	4239　4140　2763　4239.2	2809
	中	4207　2755	2812　3976
	晚	260　3848	近二 587
		从（從）	文
商代		合 21343　合 5716　4853.2	合 18682　合 946 正
西周	早	3455　9384　2173	2670　5316.2
	中	5688　2435　4264.1	2804　249
	晚	4466　31　2779	3921　736

“遣”字在商代有從“口”和不從“口”兩種寫法，西周金文就是在這兩種寫法上再增加偏旁的，換句話說，偏旁數不固定依然存在。“得”字在商代有從“彳”和不從“彳”兩種寫法；西周早期雖然衹見到從“彳”一種寫法，但是西周中期兩種寫法還都存在，則可以將西周早期視爲存在兩種寫法；西周晚期雖然衹見到不從“彳”的一種寫法，但小篆有從“彳”的寫法，亦可將西周晚期視爲存在從“彳”的寫法。“從”字在商代有加“彳（或辵）”和不加兩種寫法，這兩種寫法西周一直存在。《說文解字》將“从”和“從”別爲二字，謂“从，

相聽也”，謂“從，隨行也”①，其實這兩種寫法不過是加形和不加形的異體字而已。“文”字商代有畫“心”和不畫的兩種寫法，西周時期一直存在。

二是增加偏旁的。根據增加偏旁所起的作用，可以分成幾種情況：所加偏旁能夠表意的，我們稱之爲“增加意符”；所加偏旁能夠表音的，我們稱之爲“增加聲符”；所加偏旁不能表意或表音的，我們稱之爲“增加羡符”。

A．增加意符的，如表中各字：

		各	走	畫	攸
商代		合 13171	合 27939	10514	合 9511
西周	早	2730 4330 5426	2837A 4241	3912 4201	3906
	中	00755	近出 491 04420	2812 4216.2	4209
	晚	188 10285	4275 4244 2808	4318.2	4290 近二 939
說明		加“彳、辵、走”	加“止、辵、彳”	加“周”	加“水”

		學	寧	胄	望	旬	蜀
商代		合 27712	懷 1910	合 36492	5417.1	合 6057 正	合 6861
西周	早	2803	2107 9104		2839 2748		4341A
	中	4273	近出 502	4167	4251.1 4252.1	5430.2	
	晚	4324.1	近二 331	2816	2815		
說明		加“子”	加“心”	加“目”	加“月”	加“日”	加“虫”

“學”字，《說文解字》謂是“斅”之省，而把“斅”字分析作“從敎，從冂……臼聲”②，支離破碎，其實“斅”當是在“學”上再加“支”

① 《說文解字》，第 169 頁。

② 《說文解字》，第 69 頁。

而成。“胄”字，商代從“冃”，“由”聲；西周中期加“目”，晚期又省去“冃”（省減另論）。

B. 增加聲符的，如表中各字：

		龏	曼	樂	裘
商代		2433	合 583 反 屯 740	6920	合 7921
西周	早	688 2537			
	中	2832 49		1969 247	5405.2 4256.1 2831
	晚	2829 4432	4433	10216	
說明		加“兄”聲	加“冃”聲	加“白”聲	加“又”或“求”聲

		兄	視	禽
商代		2335 11392 合 11599	合 6740 正	合 5533
西周	早	5002.2 5428.1 3654.1	2612 6014	1938
	中	2774 3700		4328
	晚	9713 4628.2		
說明		加“往、皇、光”聲	加“氏”聲	加“今”聲

C. 增加羨符的，如表中各字：

		若	曾	粤	黃	苟
商代		合 21128	合 1012	合 18842	合 29509 合 595 正	合 32294
西周	早	2763	近出 943	4341A	5970 6007	4140 4341
	中	4266 61	2678	251	2783 2727	252
	晚	2836 2841	4051	2841B	4277 2805 134	
說明		加“口”	加“口”	加“口”	加“口”	加“口”

“粤”字加“甾”另論（參“疊加相同偏旁”）。

D. 疊加相同偏旁的，如表中各字：

		敗	更	粤
商代		合 2274 正	合 10380	合 18842
西周	早		1940	4341A
	中	4216.2	2838A	251
	晚		4324.1	2841B
說明		疊加“鼎”	疊加“丙”	疊加“甾”

三是省減偏旁的，如表中各字：

		教	典	胄
商代		合 31482	合 38305 合 30659	合 36492
西周	早		4241	
	中		4262.1	4167
	晚	10176	4465.1A	2816
說明		減少“子”	減少“廾”或“又”	減少“冃”

“教”，《說文》有個“古文”即作“𢼂”①。“典”，《說文》小篆作𠔋，許慎分析作“從冊在丌上”②，所謂的“丌”應該是有兩横畫演變而成。“胄”字商代“從冃由聲”，西周中期加“目”（另論），晚期省減“冃”。《說文》小篆“胄”字作𦚍，許慎分析作“從肉由聲”③，所謂“肉”當是“冃”或“目”訛變而成。

四是偏旁數固定或逐漸固定的。偏旁的固定有時不是表現爲數量的固定，而是表現爲商代因偏旁不同而形成的幾種異體，在西周金

① 《說文解字》，第 69 頁。
② 《說文解字》，第 99 頁。
③ 《說文解字》，第 88 頁。

文中固定爲一種寫法；偏旁逐漸固定有時表現爲商代幾種因偏旁不同而形成的異體，在西周時期逐漸固定爲一種寫法。

A. 偏旁數固定的，如表中各字：

		祝	商	嫠	牧
商代		合 19890 合 8093	合 20586 合 33128	合 10290 5396.2	合 8241 正 合 5597
西周	早	1937	944		4238.2
	中	9455	2831	4286	4271
	晚	4297	10187	4325.1	2805
小篆					

“牢”在商代可以從“牛”作（合 321），也可以從“羊”作（合 378），西周金文都從“牛”。“牧”字在商代可以從“牛”作（合 8241 正），也可以從“羊”作（合 21096），西周金文都從“牛”。

B. 偏旁逐漸固定的，如表中各字：

		皇	歲	御	興
商代		合 6354 正 5100	合 25155 合 13475	合 713 合 6760	合 6531 合 28000
西周	早	2063 2760	4131	4044 3468	8616
	中	108	2838A	2776 04207	1963
	晚	2815	2841A	4070 4338	4405.2
小篆					
		啟	羌	射	辟
商代		合 13087 合 30196	合 163 合 26930	合 32886 花東 7	合 438 正 合 8108

		啟	羌	射	辟
西周	早	9889　3906	近出 987	10792　854	3438　2837
	中	9585　253　2066	5879	2784	2824
	晚	4326　238	2204	2818	2796
小篆					

“皇”字，商代和西周早期都有加聲符和不加聲符兩種寫法，西周中期就衹剩加聲符的一種寫法了。“歲”字，商代有加“步”和不加“步”兩種寫法；西周早期雖然目前衹見到一種寫法，但是中期和晚期都有加“步”的寫法，按照我們的原則，西周早期可以視爲有加“步”的寫法的；中期就衹剩下一種寫法了。“御”字，從商代到西周中期都存在加“彳（或辵）”或不加的兩種寫法，晚期不加的寫法就未見了。“興”字，商代有加“口”和不加“口”兩種寫法；西周早期雖然衹見到一種寫法，但西周中期有加“口”的寫法，按照我們的原則，西周早期可以視爲有加“口”的寫法；中期就衹剩一種寫法了。“啟”字，從商代到西周中期都有從“口”和不從“口”兩種寫法（從“又”或從“攴”屬於意符換用，另論），西周晚期衹剩從“口”的一種寫法了（“戈”有可能是“攴”之誤書）。“羌”字，商代有從“糸”和不從“糸”的兩種寫法；西周早期和中期雖然衹見到從“糸”的一種寫法，但是西周晚期有不從“糸”的寫法，按照我們的原則可以將西周早期和中期視爲有不從“糸”的寫法的；晚期就衹剩一種不從“糸”的寫法了。此外，“莫”在商代可以從“艸”作（合 27397），也可以從“茻”作（合 29807）；西周早期還是如此，如（5245.2）、（11844）；晚期就衹見從“茻”的一種寫法了，如（10176）。“遣”，商代可以從“辵”作（5412.3），也可以從（合補 8991）；西周早期也還有兩種寫法，到中期就衹剩從“辵”的一種寫法了。

根據上述考察分析，西周文字字形發展的主要特點可以概括爲以下幾點：

其一，字形方向大多固定或漸趨固定。無論是獨體字還是合體字偏旁的方向及位置都逐漸固定下來，尤其是西周甲骨文，字形方向基本固定。西周金文略有不同，一些在商代方向不固定的字，在西周金文也還存在；但更多的則是在西周早期就已經固定，或者到西周中期就變固定了，也有到晚期才變固定的。

其二，文字的筆畫數大多固定或漸趨固定。西周甲骨文往往是選擇商代筆畫數較少的一種寫法。西周金文略有不同，商代一些筆畫數不固定的寫法雖在西周也還存在，但多數字的筆畫數已經固定或逐漸固定。筆畫數已經固定的，往往都是該字在商代有幾種不同的寫法，從西周早期開始就選擇了其中一種寫法並且固定下來。筆畫數逐漸固定的，又可分幾種情況：一是商代幾種寫法在西周早期甚至中期還是並存的，但到中期或者晚期定於一形；二是在商代字形的基礎上增加了筆畫並且慢慢固定下來，在商代字形基礎上省減後再固定的也有一些例證。

第三，文字的偏旁大多固定或漸趨固定。西周甲骨文跟殷墟甲骨相比，偏旁數未見顯著變化。西周金文則不然，雖然商代一些偏旁數不固定的寫法在西周時期也還存在，但大多數字的偏旁已經固定或漸趨固定。偏旁數已經固定的，往往是該字在商代存在幾種不同的寫法，從西周早期開始就選擇了其中一種並且固定下來。偏旁數逐漸固定的，又可分幾種情況：一是商代幾種寫法在西周早期甚至中期還是並存的，但到中期或者晚期定於一形；二是在商代文字的基礎上增加了意符、聲符或羨符並且慢慢固定下來，也有少數字是通過省減商代文字偏旁而固定下來的。

（二）西周文字的字體

1. 西周甲骨文字體

關於西周甲骨文字體，有學者指出：“這批卜甲文字係用‘鋒刃器’鍥刻而成，其特點小如粟米，要用五倍放大鏡才能看得清楚。卜辭的字體有些與殷墟第三期、第五期甲骨文字的字體相似。因非出於一人之手，故字體的風格有所不同，但總體刀鋒剛勁有力，得心應手，技藝精湛，令人佩服。”“甲文字體可以分爲大、中、小三型。文字形體基本是豎長方形的，故舉例時以豎爲長，以横爲寬，且大者乃極少數，中者次之，小者爲最多。”①“這些甲骨文大部分的字體細小如粟，筆細如髮，要用放大鏡才能看清。其字體有圓筆、直筆、粗體、細體之分，直筆剛勁有力，圓筆運用自如，結構嚴謹，一絲不苟。”②這些描述，大體上反映了西周與殷商甲骨文的不同刻寫風格。

2. 西周金文字體

西周甲骨文數量有限，載體特殊，真正體現西周文字字體發展主流的還是這一時期的金文。西周金文直接承襲殷商金文，當然是既有因循繼承，又有發展變化的。商代金文那種象形程度較高的團塊或曲折的字體，即使在西周早期甚至中期也有不同程度的繼承，但它們或早或遲、或多或少都發生了變化，從整個西周時期來看，金文字體一直處在不斷變化之中。裘錫圭説:“西周金文形體演變的主要趨勢是綫條化、平直化。商代晚期和西周前期金文的字形，象形程度仍然比較高，彎彎曲曲的綫條很多，筆道有粗有細，並且還包含不少根本不能算作筆道的呈方、圓等形的團塊，書寫起來很費事。爲了改變這種情況，就需要使文字綫條化、平直化。”③

由於甲骨、銅器書寫工具和文字載體的不同，使得甲骨文和金文在體態上差距較大，不便於將西周金文跟商代甲骨文相比，我們就衹能將西周金文跟商代金文來做比較，從而觀察西周金文字體的變化。

經過比較，我們發現，除了綫條化和平直化，西周金文字體上還有一種演變現象，即把本來相連的整體或部分筆畫斷開形成幾個書

① 徐錫臺:《周原甲骨文綜述》，三秦出版社 1987 年版，第 153 頁。
② 陳全方:《周原與周文化》，上海人民出版社 1988 年版，第 154 頁。
③ 裘錫圭:《文字學概要》，第 46 頁。

寫單位，或部分筆畫與别的筆畫或偏旁結合形成新的書寫單位，這些書寫單位形式上與已有構形偏旁相同或相似，但實質上僅僅是一種書寫單位，並不具備偏旁的構形功能，我們稱這類形體發展現象爲“類偏旁化”。這種現象大多是爲了書寫的便利而割裂字形，或者由於後人對文字構形的不理解，而造成的“訛變”，但考慮到它畢竟造成了文字形態上的變化，我們也把它看作字體的變化。值得注意的是，變化以後不一定都是成字的偏旁，但一般至少有一個偏旁是成字的。所以，我們認爲西周金文字體的變化包括“綫條化、平直化”和“類偏旁化”三種情況。

（1）綫條化。所謂“綫條化”，“指粗筆變細，方形圓形的團塊爲綫條所代替等現象”①。經過比較，我們把“綫條化”具體分爲用曲綫勾廓和將團塊變成綫條等情況。

一是團塊狀綫條化。所謂“團塊狀綫條化”，是指商代呈現爲團塊狀的筆畫形態，在西周不復存在，都已綫條化。

A. 團塊狀變成勾廓的，如：

		元	咸	州	黄
商代		05278.2	2311　5613	10727	6000
西周	早	820	1520　944	4241	5970　6007
	中		近二 395		2783　2727
	晚		2810	10176	4277　2805 　134

“黄”字在西周加“口”另論；有時勾廓的位置也誤置，如（2783）、（134）。

B. 團塊狀變成綫條的，如：

① 裘錫圭：《文字學概要》，第 46 頁。

		元	豕	龍
商代		5278.2	1401 7519	9485
西周	早	2614	8921	5809
	中	2838A		
	晚	近二 452	2745 2829	10249
説明		圓點變綫條	身體變綫條	龍嘴變綫條

西周金文“元”字上一横畫是後加的，下一横是圓點演化而成。

二是團塊狀逐漸綫條化。所謂“團塊狀逐漸綫條化”，是指商代呈現爲團塊狀的筆畫形態，在西周仍然存在，但在西周中、晚期逐漸出現綫條化的寫法。

A. 團塊逐漸變成勾廓的，如：

		單	保	隻	天
商代		7014	1002 6909	6165 5083	4769
西周	早	近出 604 10070	3180 5275	5291.1 5194	9891.1 1554
	中	9456 5904	4265	4322.1	
	晚	82 9438	181.2	2833	
説明		圓點逐漸變勾廓	頭部逐漸變勾廓	隹形逐漸勾廓	身體逐漸變勾廓

		王	戉	天
商代		近二 540 741	7123	4769 1408
西周	早	935 11850	3055 1814	2674 近出 1242
	中			
	晚			
説明		刃部逐漸變勾廓	刃部逐漸變勾廓	頭部逐漸變勾廓

“單”字的一横是西周時期後加的，另論。

B. 團塊逐漸變綫條的，如：

		天	山	王	十
商代		4769	5396.2	近二 540　741	9301.2
西周	早	9891.1　2674	5410.2	935　944	2706
	中	92　4229.1A	9608	2487　107	252
	晚	20　近出 28	2836　3799	646　647	2656　近二 421
說明		圓點逐漸變綫條	山體逐漸變綫條	刃部逐漸變綫條	團塊逐漸變綫條
		牛	象	正	古
商代		1103	7509	5412　6822	7239
西周	早	1104　近二 321	5609	5244　4044	2837A
	中	2838A	2780　5423A	近二 433　2832	251　10175
	晚	4313.2	4365	2665　187	4342（墓）
說明		角耳面逐漸變綫條	團塊逐漸變綫條	圓點逐漸變綫條	團塊逐漸變綫條

C. 豎筆當中的團塊逐漸演變成左右兩斜筆。如：

		秦	午
商代		468	2709　5413.3
西周	早	2739	2674　5616.1
	中	3867.2	2719　4216.2
	晚	4288.1　4321	2663
說明		“午”的團塊狀逐漸變成斜筆	團塊狀逐漸變成斜筆

（2）平直化。所謂“平直化”，“指曲折象形的綫條被拉平，不相連的綫條被連成一筆等現象”①。根據我們的觀察，還有將彎曲的

① 裘錫圭:《文字學概要》，第 47 頁。

綫條拆散成相交的直筆的，這種現象往往是發生在原來呈拱形的彎曲綫條上。

A. 曲綫變成平直筆畫。所謂“曲綫變成平直筆畫”，是指商代呈現爲曲折象形的綫條，在西周金文中不再曲折，而是變成平直的筆畫；或者指商代不相連的綫條在西周金文中已經連成一筆；或者指商代彎曲的綫條在西周金文已經被拆散成相交的直筆。如：

		不	立	長	合
商代		8110	3115	近二 808　近二 899	11880
西周	早	4060	2778	1968　4237	7300
	中	92	4243	10175　3582	4292
	晚	2810	2814		
說明		曲綫變平直	曲綫變平直	曲綫變相交直筆	曲綫變相交直筆

B. 曲綫逐漸變平直筆畫。所謂“曲綫逐漸變平直筆畫”，是指商代呈現爲曲折象形的綫條，在整個西周或者西周早期或中期仍然存在，但在整個西周，或者西周中、晚期，或者西周晚期，也出現平直化的寫法；或者指商代不相連的綫條在整個西周或者西周早期或中期仍然存在，但在整個西周或者西周中、晚期，或者西周晚期，也出現曲折的綫條被拉平直或不相連的綫條被連成的一筆的寫法。如：

		天	元	兄
商代		4769	5278.2	2335　11392
西周	早	9891.1　近出 821　2674	820　2614	5002.2　近出 634
	中	9552　近二 431	9705　2838A	5932
	晚	近二 966　181.2　近出 28	近二 452　6	9713

	天	元	兄
說明	手臂和腿逐漸變平直	身體逐漸變平直	身體逐漸變平直

		王	若	自	貝
商代		近二 540	2400 8545	5395.1 近二 314	741
西周	早	935 944	2763 2837A	2661 3618	935
	中	2487 107	4266	2774 910	2705 4293
	晚	646 647	近二 939 2836	699 10271	4130
說明		刃部逐漸變平直	身體逐漸變平直	兩邊綫條連成一筆	兩邊綫條連成一筆

（3）類偏旁化。通過對形體筆畫組合連接方式的調整，形成與早期構形原意不相一致的形式變化，變化的結果則産生了類似偏旁的一些書寫單位。

A. 形體分裂而成類偏旁。所謂“形體分裂而成類偏旁”，是指商代一個整體象形的字或某個偏旁，或者部分相連的筆畫，在整個西周都已經被割裂成幾個類似的偏旁了，或者某個筆畫被斷開而與别的筆畫或偏旁結合成新的類似偏旁了。如：

		厷	宮
商代		1409	5971
西周	早	2488	2531
	中		2596
	晚	2841B	2786
說明		指事符號與“又”斷開	兩個環形斷開

商代“厷”是一指事字，指事符號本不能獨立，西周變成一圓圈，至少從字形上看可以獨立成“偏旁”了。商代“宮”是一形聲字，兩個相連的套環形是聲符；可能是因爲兩個套環不便結體，於是被分解爲

兩個獨立的圓形，許慎把“宫”字分析成“從宀躳省聲”[①]，而“躳”字許慎分析作“從身從吕”[②]，就説明許慎是把“宫”字裏的兩個環形看作“吕”了。

B. 形體逐漸分裂而成類偏旁。所謂“形體逐漸分裂而成類偏旁”，是指商代某個整體象形的字或某個偏旁，或者部分相連的筆畫，在西周早期或中期未變，而到了西周中期或晚期才逐漸發生分裂變化；或者在西周早期既有保持不變的，又有發生變化的寫法。如：

		皇	公	足
商代		[字形]5100	[字形]5074.1	[字形]2118 [字形]近出218
西周	早	[字形]近出271	[字形]2553 [字形]2730	
	中	[字形]246 [字形]108	[字形]2776 [字形]36	[字形]10169 [字形]248
	晚	[字形]39 [字形]近二428 [字形]2815	[字形]近二2 [字形]16	[字形]3784 [字形]4318
説明		豎筆與上面斷開	器的口沿與器腹斷開	“止”與脛斷開

“皇”字，參考商代甲骨文[字形]（合6354正）、[字形]（合6960），我們知道它本來是一個整體象形字，豎筆跟上面是一個整體，後來加了一個聲符“王”；商代金文是將“皇”字象形的部分跟“王”字共用了豎筆，而且豎筆跟上面部分還是連在一起的。西周早期和中期仍然如此，到西周晚期出現了將豎筆跟上面斷開的寫法，字形爲小篆[字形]所本，許慎就分析作“從自王”[③]。“公”字本是一整體象形字，後來口沿與器腹割裂開來，小篆[字形]本此，許慎即析作“從八從厶”[④]。商代“足”字是一整體象形字，其中的“止”本朝前；可能受單獨“止”字影響，西周中期出現將“足”所從的“止”寫成朝上，並且與上半斷開，字形

---

① 《説文解字》，第152頁。

② 《説文解字》，第152頁。

③ 段玉裁：《説文解字注》，上海古籍出版社1981年版，第9頁。

④ 《説文解字》，第28頁。

爲小篆所本，許慎析作“從止口”①。

總之，從商代到西周，金文字體保持不變的是極少數，這些不變的字往往都是因爲它們在殷商時代筆畫就已呈現爲綫條，並且平直勻稱；或者是因爲這些字在殷商就已存在不同的形態，其中就有綫條化、平直化的寫法，西周金文就沿襲了下來。如“一”字，商代作(4144)，已經是平直勻稱的綫條，所以，西周早期作(788)，中期作(2696)，晚期作(近出 345)，幾乎就沒有發生變化。“上、下”兩個字，商代作(5412)、(5412)，西周早期作(5410.1)，中期作(246)，晚期作(近出 108)，與殷商金文毫無二致。這當然不是因爲筆畫少的緣故，筆畫較多的字，衹要呈綫條和平直的狀態，也都基本不變，如“帝”字，商代作(5413.3)、(近出 307)，西周早期作(5404.1)，中期作(2705)、(251)，晚期作(260.2)；“歸”字，商代作(5396.2)，西周早期作(2803)，中期作(4331)，晚期作(近出 43)；“遣”字，商代作(4144)，西周早期作(4205)，中期作(2765)，晚期作(4465.2A)，幾乎都看不出商周有何變化。

經過比較，我們發現，西周早期字體很少發生變化，就算是在西周早期出現字體改變的寫法了，往往也是變與未變並存；一般都是要到西周中期甚至晚期，變化了的字體才逐漸取得獨尊的地位。

綫條化和平直化，是爲了把不便描摹的團塊和曲綫改造成便於書寫的筆畫，我們可以把它們統稱作“筆畫化”。“類偏旁化”雖然損害了文字構形的理據，但卻換來結體的方便。所以，筆畫化和類偏旁化是文字發展的必然趨勢。隨著筆畫化和類偏旁化的發生，西周文字的形體逐漸變得規整勻稱。

① 《說文解字》，第 45 頁。

二　西周文字字形的演變

通過對西周文字形體發展的總體趨勢和特點的考察，以及比較分析商周時代文字形體的異同，上文大體上揭示了西周時期文字形體發展的概貌。西周文字形體的總體發展，是字形微觀變化日積月累的結果。在西周文字形體演變歷程中，偏旁和筆畫的增繁、省減、替換和訛變等現象大量發生。這一方面反映出西周時期字形系統還處於發展完善之中，正經歷著一個不斷調整優化的過程；另一方面也顯示出漢字體系發展的基本途徑和走向。下面我們分別對西周文字字形發展的有關現象作進一步的考察分析。

（一）增繁

增繁是指一個字在既有的構形之上增添一些新的偏旁或筆畫，而該字所記錄的音、義並未因而產生任何變化的構形演變現象。西周文字增繁現象產生的原因相當複雜，依據功能的不同，可以區分爲兩大類：其中一類，所增的偏旁與文字的音或義有關，具有實質意義，爲“有意增繁”；另一類增加一些與文字本身的音或義無關的偏旁或筆畫，而且增繁以後的形體與原形記錄的音義完全相同，爲“無意增繁”。

1. 有意增繁

根據所增偏旁在新的字形中的作用，西周文字的有意增繁可以分爲“增加形符、增加聲符”和“異體糅合”三類。

（1）增加形符

①增“止、彳、辵、走”等

【走】商代甲骨文作（合 17993）、（合 27939）。到西周早期金文中或加“止”，如（2837A）；或加“辵”，如（4241）。從“止”與從“辵”意相通[①]，故可換用。

【遣】商代甲骨文作（合 11484）、（合 5315）等形。西周早期金文中或加“辵”，如（4029）、（4239.2）；或加“彳”，如（5432.1）；或更增“走”，如（4341A）。因爲此期或此前未見有從“走”之“遣”，故此字衹能認爲是在從“彳”的字形上更添一意義相通之“走”。

【復】商代甲骨文作（合 43），到西周金文中大多加“彳”或“辵”，如（2507）、（10176）。《説文》將“复、復”別爲二字，訓“复”爲“行故道也”[②]，訓“復”爲“往來也”[③]；以古文字字形言之，表示與行走意有關的往往從“彳、辵”等，或增加此類形符，所以，“复”與“復”實爲一字，故本文合爲一字。

【後】商代甲骨文作（合 22283）、（合 25948）。西周早期金文或增“彳”，如（4300）；或增“辵”，如（2740）。

【奔】西周早期作（2837B），所從之“止”或訛成“中”，如（4241）[④]。到西周中期或增“彳”，如（4322.2）。《説文·夭部》析“奔”爲“從夭，賁省聲”[⑤]，不確。

②增“皿、金、斗、升、殳”

【盉】西周早期作從皿禾聲，如（9417），西周晚期金文或增“金”，如（9413），從皿與從鼎意相通。

【𣪘】西周中期金文或加“皿”，如（3588）。《説文》將“皀、𣪘”別爲二字，不確。“皀”實是“𣪘”之象形初文[⑥]，故本文將“皀、𣪘”合爲一字。

【𩫖】西周中期作（248）；或增“升”，如（4170.1）；或增“斗”，如（4171.1）。從“升”從“斗”意相通。

① 高明：《中國古文字學通論》，北京大學出版社 1997 年版，第 139 頁。
② 《説文解字》，第 112 頁。
③ 《説文解字》，第 43 頁。
④ 于省吾主編：《甲骨文字詁林》，第 1476 頁。
⑤ 《説文解字》，第 214 頁。
⑥ 見《甲骨文字詁林》引戴家祥説，第 2765 頁。

【般】商代作（6492），或加“殳”作（944）、（合 8838）。到西周中期金文中有時更增“皿”，如（10127）；西周晚期或增“金”，如（10129）。《說文》將“凡、般、槃”別爲三字。許慎訓“凡”爲“最括也”①，其實是“其假借義”，許氏析形“尤爲支離”②。許慎析“般”爲“象舟之旋。從舟從殳。殳所以旋也”③，析形不確，“舟”乃“凡”之訛。“般”的變化與“𣪘”基本一致，衹是“般”更多了“訛變”而已。故我們將“凡、般、槃”合爲一字。

【壺】西周早期是一象形字，如（9529）；西周晚期或增“金”，如（2745）。西周金文中往往於銅製的器物之名上增“金”以表示其製作材料的性質。西周中期金文中有時於“壺”上增“殳”，如（6456.1）。增“殳”究竟爲何意，今雖不能確知，但從表示器皿的字往往加“殳”來看（如“𣪘、般”等），所加之“殳”當不是無意的。

【匡】西周中期作（2838），西周晚期或加“金”，如（4552）（按此字倒書）。

③增“心”

【寧】商代金文作（1851）；西周早期金文或加“心”，如（4021）。《說文·丂部》“寧”下曰：“願詞也。從丂寍聲。”④許慎析形不確，當爲“從心從寍、寍亦聲”。在卜辭中“均爲安定止息之意，無用爲願詞者”⑤。

【懿】西周早期作（4341A），西周中期或增“心”，如（251）。

④增“又、丮”

【封】西周早期作（2153）；西周中期增“又”，如（4293）；西周晚期或增“丮”，如（4287）。《說文》將“丰、封”別爲二字，訓

① 《說文解字》，第 286 頁。
② 見《甲骨文字詁林》按語，第 2849 頁。
③ 《說文解字》，第 176 頁。
④ 《說文解字》，第 101 頁。
⑤ 見《甲骨文字詁林》按語，第 2007 頁。

“丰”爲“草盛丰丰也。從生，上下達也”[1]，訓“封”爲“爵諸侯之土也。從之，從土，從寸，守其制度也……”[2]。郭沫若曰:“案此於字形已失，字義自非其朔。”[3]“丰”是“封”之初文。

⑤增“禾、米”

【稟】商代甲骨文作（合 9642）、（合 583 反）等形，陳夢家謂“象露天的穀堆之形”[4]。到西周中期金文中或加“米”，如（5424.1）；或加“禾”，如（4293）。古文字中意符“米”和“禾”相通[5]。《說文》將“亩”與“稟”別爲二字，饒炯《說文部首訂》謂“亩、稟實爲一字重文”，李孝定“疑亩廩稟古祇是一字”[6]，這些看法都是正確的。“亩、稟”實爲一字。

⑥增“日”

【旬】商代甲骨文作（合 6057 正），西周中期金文或加“日”，如（5430.1）。

⑦增“雨”

【雷】西周早期作（9815.2），中期或加“雨”，如（6011.1）。

⑧增“囗、邑”

【國】西周早期或作（2740）；西周中期或增“囗”，如（5419）；西周晚期或增“邑”，如（4313.1）。《說文》將“或、國”別爲二字，訓“或”爲“邦也。從囗從戈以守一。一，地也。域，或又從土”[7]，訓“國”爲“邦也，從囗從或”[8]。“或、國”實爲一字。

⑨增“虫”

【蜀】商代甲骨文作（合 6861）；西周早期增“虫”，如（4341A）。

---

① 《說文解字》，第 127 頁。
② 《說文解字》，第 287 頁。
③ 見《甲骨文字詁林》，第 1327 頁。
④ 見《甲骨文字詁林》，第 1965 頁。
⑤ 高明:《中國古文字學通論》，第 147 頁。
⑥ 李孝定編:《甲骨文字集釋》，中研院史語所 1965 年版，第 1877 頁。
⑦ 《說文解字》，第 266 頁。
⑧ 《說文解字》，第 129 頁。

⑩增“土”

【埶】西周早期金文承襲商代金文形體，如（3206）；西周中期後增添“土”，如（9899.2）、（2841）。

⑪ 增“攴”

【學】商代甲骨文或作（合 27712）；到西周早期金文中增“子”，如（2803）；或更增“攴”，如（4330）。許慎將“學”看成是“斆”之省，而將“斆”字分析爲“從敎，從冂。……臼聲”[1]，與該字發展事實不合。

⑫ 增“火”

【熏】西周中期不從“火”，如（9898A）；到西周晚期或加“火”，如（4326）、（2841A）。

（2）增加聲符

“增加聲符”是指在原有的表意字或形聲字上附加一個純粹標音的聲符。這或者是爲了滿足文字形聲化的需要，或者是由於原來的聲符難以確切標音的緣故。根據西周文字被加聲符字原來結構類型的不同，大致可分爲“追加聲符”和“疊加聲符”兩類。

“追加聲符”是指在原爲表意字（即傳統所謂“象形、指事、會意”字）上增加聲符的一種現象。“這是文字在聲化趨勢影響下一種最廣泛的音化形式，在西周金文中這種音化數量最多。”[2] 如：

【釐】西周金文或增“里”爲聲符，如（92）；或增“子”爲聲符，如（10175）。“釐、里、子”上古韻部相同。

【爾】西周晚期金文或增“日”爲聲符，如（626）；或增二“日”，如（2643）。古文字中從單從雙每無別[3]。“日、爾”聲母相同，韻部陰入對轉（“爾”是脂部，“日”是質部）。

【耤】商代甲骨文作（合 9500）等形，西周早期金文增“昔”爲

① 《說文解字》，第 69 頁。

② 劉釗：《古文字構形學》，第 79 頁。

③ 董蓮池：《金文編校補》，第 514 頁。

聲符，如（2803）。

【稟】西周中期或作（92），“稟”是在初文“亩”上增加“林”爲聲符而成。“林、亩”聲韻俱同。

【竂】商代甲骨文作（合24273）等形，西周早期金文增“吕”作聲符，如（4300）。“吕、竂”雙聲。

【裘】商代甲骨文作（合7921），“此純象形字也”。西周中期金文中或作（5404.2），“此於象形初文加聲旁又字也”①。“又、裘”同屬之部。

【兄】商代金文作（2335），西周早期金文或增“㞷”爲聲符，如（3644）；或增“皇”爲聲符，如（3654.1）；西周中期或增“光”爲聲符，如（3700）。“兄、皇、㞷、光”韻部相同，聲母的發音部位相同。

【禽】商代甲骨文作（合5533）等形，西周早期金文增“今”爲聲符，如（1938）。

【疑】商代甲骨文或作（合12532），西周早期金文或從“辵”，如（2178），從“彳”從“辵”相通；或增“牛”爲聲符，如（6480.1）。“牛、疑”聲韻俱同。

【頿】商代金文作（1033），西周早期金文增“此”爲聲符，如（2837）。

【樂】商代甲骨文作（合36501），西周中期金文或作（247），劉釗認爲所加“白”是追加的聲符②。“樂”在藥部，“白”在鐸部，二部韻近，劉説可從。

“疊加聲符”是指在形聲字上再增加聲符的現象。疊加聲符的原因可能是因爲時間和地域的關係而使舊有的聲符發生音變，使聲符的讀音與形聲字的讀音產生距離，從而加上一個更能準確表示形聲字讀

① 見《金文詁林》引楊樹達説，第5427頁。
② 劉釗:《古文字構形學》，第80頁。

音的聲符，也可能衹是爲了強調讀音而進行的疊床架屋式的增繁[1]。如：

【龏】商代金文從廾龍聲，如（2433），西周早期或疊加“兄”爲聲符，如（2537），中期作（49），晚期作（4432）。“廾、兄”韻相近。

【䭫】西周早期從頁旨聲，中期或疊加聲符“火”，如（4165）。“火”在微部，“䭫”在脂部，二部韻近；“火”與“䭫”聲母發音部位相同。

【㪶】西周早期金文作（2063），唐蘭讀爲“胡”[2]，則此字從“夫”得聲。或疊加“巨”作聲符，如（3462）。“巨、夫”同屬魚部。

（3）異體糅合

“異體糅合”是指將兩個或幾個（大多爲兩個）異體字糅合在一個構形單位（即字）之中，從而構成一個新的異體字[3]。參加異體糅合的，可以是兩個表意字。如：

【韋】商代甲骨文作（花東 195）等形；西周早期金文或作（2120）；西周晚期或將二者糅合而成（3848）。

【旅】商代甲骨文作（合 17159 反），或作（合 27875）。西周早期金文或承襲之，或作（2187）、（515）；有時又糅合作（3248）、（5432.2）、（874）。

表意字糅合，動態地看，容易看成是其中的某一個音義俱全的異體加上了另一偏旁，這樣，就很可能分析爲形聲字；靜態地看，就容易當成多形表示的會意字。

參加異體糅合的，也可以是兩個形聲字。如：

【福】西周早期金文作（5410.1），從示畐聲；中期或作（2662），從示北聲；有時又糅合作（5406.2）。

① 劉釗：《古文字構形學》，第 85 頁。
② 唐蘭：《西周青銅器銘文分代史徵》，第 507 頁。
③ 江學旺：《淺談古文字異體糅合》，《古漢語研究》2004 年第 1 期。

【䰈】西周中期或作(2830)，從黹且聲；或作(246)，從黹處聲；有時將二者糅合起來，如(254)。《金文編》將"䰈、黼"別爲二字[①]，陳漢平已指出其誤[②]。"處、且"韻部相同，完全可以充當同一個字的聲符；而且，、可以糅合，更進一步證明它們衹是一字之異體，而非不同的字。

【賸】西周早期金文作(823)，晚期作(4572)，"從人灷聲"；中期或作(2832)，"從人朕聲"，"朕"亦從"灷"得聲，《金文編》釋此字爲㑞[③]。西周中期金文(2282)等形，"從貝朕聲"，《金文編》釋爲"賸"[④]。《說文·人部》㑞下曰："送也。"[⑤]《說文·貝部》"賸"下曰："物相增加也……一曰送也……"[⑥]㑞與"賸"音義俱同，實是一字之異體。西周晚期或將此二異體糅合在一起，如(4563)、(4564)。能夠糅合，從反面也證明"㑞、賸"當是一字。《金文編》將"㑞、賸"別爲二字，又將其糅合體收於"賸"字下，並注云"或從人"[⑦]，不確。

兩個形聲結構異體糅合時，如果相同的偏旁是聲符，糅合體就容易被平面靜態地析成二形一聲；如果相同的偏旁是形符，就容易被看成是一形二聲。

異體糅合還可能發生在表意字和形聲字之間。如：

【揚】"揚"字的形體變化較多，前人對此字形體的分析說法也多有分歧[⑧]。古人造字必定有其理據性，分析古文字形體，首先必須瞭解紛繁的字形中何種形體爲先，何種形體在後，一般說來後出的形體大多是早期字形的變異。"揚"在商代金文中作(5394.1)，以人手捧

① 容庚：《金文編》，第 554 頁。
② 陳漢平：《金文編訂補》，第 88 頁。
③ 《金文編》，第 567 頁。
④ 《金文編》，第 430 頁。
⑤ 《說文解字》，第 165 頁。
⑥ 《說文解字》，第 130 頁。
⑦ 《金文編》，第 431 頁。
⑧ 見《金文詁林》"揚"字下引，第 6632 頁。

玉會意。西周早期金文或承襲商代字形；或別造“從玐昜聲”之字，如（2726）；有時又將這兩種異體糅合在一起，如（2581c）、（2720）（鑄工不明構形，誤將“玉”置於“昜”字中間）。“揚”字的其他各種形體都是在此三種形體上的省變。

【霸】甲骨文作（屯 873），很可能是“從革月聲”；或作（合 37848），“從雨從革”。到西周早期金文中糅合作（2184.2）。《說文》將“霸”與“霸”①別爲二字，恐不確；《說文》古文作②，上部當是“雨”之訛，字形應是糅合後的形體又省卻了“革”。

【散】商代甲骨文作（合 29092）、（合 8183）、（合 10908），從攴從林；或作（屯 149），從攴從艸。西周中期（9697）、晚期（3884），當是商代字形之沿襲。西周早期金文有作（2803），《金文編》隸定作“肞”，謂“《說文》所無”③，劉釗認爲“字從‘月’又從‘攴’，很可能就是省去旁的‘散’字”④。我們認爲劉釗釋爲“散”是可取的，但他將看成是之省，不一定合乎事實。形更多是出現於西周中期，而見於西周早期，我們覺得很可能是與糅合而成，如西周中期或作（2029）、（3779.1）。字應該可以看成是一個“從攴月聲”的形聲字，“散”與“月”陽入對轉，“故散可從‘月’爲聲符”⑤。“散”是會意字“㪔”與形聲字“肞”兩個異體糅合的結果。西周金文所從的，劉釗認爲“乃之省留下部者”⑥，也有可能是“艸”之訛，或者是“林、艸、竹”之間的換用。《說文》別“㪔⑦、散”爲二字，並訓“散”爲“雜肉也，從肉㪔聲”⑧，析形恐不確。

表意字與形聲字相糅合，是由於形聲字的形符與表意字的某個

---

① 《說文解字》，第 242 頁。
② 《說文解字》，第 141 頁。
③ 《金文編》，第 221 頁。
④ 《古文字構形學》，第 80 頁。
⑤ 《古文字構形學》，第 80 頁。
⑥ 《古文字構形學》，第 80 頁。
⑦ 《說文解字》，第 149 頁。
⑧ 《說文解字》，第 90 頁。

偏旁相同。糅合的結果，靜態地看，就容易當成多形一聲；動態地看，就容易當成是原會意字加上聲符，或者當成是原形聲字又加形符，從而構成新的形聲字。

沒有相同偏旁的異體字之間，一般是不會發生糅合現象的。如果是兩個獨體的異體字，即便字形相差很遠，也有可能被糅合，這大概是因爲大多數漢字都是合體字的緣故，因此，即便這兩個異體在字形上沒有聯繫，人們也會把它們糅合在一起。這種情況目前雖很少發現，但在西周文字中確實存在。如：

【師】甲骨文中有（合 5468）、（合 32900）等形，雖然構形不詳，但是在甲、金文中均讀作“師”。楊樹達曰：“羅振玉謂即師字，其說良是。”“《說文》‘官’字下云：‘𠂤猶眾也’，師字通訓眾，或者許君亦知𠂤師一字也。”[1] 或謂“金甲文‘𠂤’皆假作‘師’”[2]。我們覺得在不明它的構形和本義的情況下便謂“假作”，恐怕也不太合適，所以，我們認爲“𠂤”可能即“師”字初文之一。商代甲骨文又有（合 21894）等形[3]，形義雖都不詳，然從承襲其形的稍後的西周金文用法來看，均應讀作“師”，我們也把它看成“師”字初文。這兩個異體字到西周早期金文中又糅合在一起，作（884）、（5194）。《金文編》將“帀、𠂤、師”別爲三字，《簡明金文詞典》合併這三種形體於“師”字之下[4]。

異體糅合大多是兩個異體糅合，或是三個異體之間兩兩糅合。如：

【盨】西周中期金文中或作（4414），從皿須聲；或作（4385），從金須聲；到晚期或糅合成（4353），既從“皿”，又從“金”，“須”聲。西周中期和晚期金文中又有“從廾須聲”的異體，如（4404），此種異體有時又與“從皿須聲”之異體糅合，如（4468）。

---

① 見《甲骨文字詁林》所引，第 3044 頁。

② 見《甲骨文字詁林》按語，第 3042 頁。

③ 孫海波釋作“帀”，讀作“師”，見《甲骨文字詁林》第 2561 頁所引。

④ 王文耀編著：《簡明金文詞典》，上海辭書出版社 1998 年版，第 282 頁。

偶爾還見到三個異體糅合在一起，如：

【鑄】西周早期金文承襲商代甲骨文形體作（9551）；中期或作（633），或與早期從“火”的形體糅合成（4399）。西周中期還有一種異體作（632），到了西周晚期，從“金”的、從“火”的、“𠶷”聲的三種異體有時糅合在一起，如（3944）。當然，我們也可以認爲是中期從“火”的與“𠶷”聲的兩個異體的糅合體再與從“金”的異體相糅合的結果。

“異體糅合”衹是文字發展演變過程中的一種現象，並不代表文字發展的趨勢。糅合體出現之後，原來的異體並不一定消失，有時三者（或更多）共存一段時間。一般來說，那些結構繁複臃腫的糅合體往往會成爲被淘汰的對象。

異體糅合的結果，平面靜態地看，就會造成多形、多聲。唐蘭在論及“三體或四體的諧聲”時說：“我認爲形聲字在造字時衹有一形一聲（當然有些聲母本身已是形聲字），絕對沒有同時用兩個形或兩個聲的。”“形聲文字，不是一個時期造的，它是由於歷史的累積而成的。”“所以我們說形聲文字衹有一形一聲，凡所謂二形一聲，一形二聲的字，如其不是錯誤，就都是緟益或複體形聲字。”① 裘錫圭在談到“多形、多聲”問題時說：“有的字實際上是一形一聲的形聲字，《說文》把充當它的形旁或聲旁的合體字割裂了開來，因此把它錯析成了多形的形聲字。”②

《說文》所謂“多形多聲”字，從文字發展的動態過程來看，確有不少是因加形或加聲而形成的具有不同層次關係的“一形一聲”的形聲字，這類形聲字結合的層次很分明，且衹能作一種正確的字形分析。但是，這一說法對於異體糅合而成的古文字，就顯得不完全合適了。異體糅合不同於一般所講的“增加形符”和“增加聲符”。“增加

① 唐蘭：《中國文字學》，第107—108頁。

② 裘錫圭：《文字學概要》，第158頁。

形符”和“增加聲符”，從文字演變的過程來看，都衹能有一種正確的字形分析，如：

【龏】商代甲、金文均從廾龍聲，如（2433）；到西周早期或作（2537），中期或作（49），也衹能析爲“龏”加“兄”作聲符。

而異體糅合的結果，卻可以作兩種不同的分析。例如“盨”字，西周金文中既有“從皿須聲”的“盨”，又有“從金須聲”的“鑐”；那麼，西周晚期的，就不能簡單地析爲“盨”加“金”，或“鑐”加“皿”了，而應當認爲是前兩個異體糅合的結果。

“異體糅合”從表面上看與“合文”有相似之處，但它們有本質上的不同。“合文”是將兩個或兩個以上的（大多爲兩個）字合寫在一起，使它們看起來好像衹有一個構形單位，實際上卻記錄了兩個或兩個以上的（大多是兩個）詞，應當讀成兩個（或幾個）字。而異體糅合卻不能讀成兩個字，糅合的結果衹是又增加了一個新的異體字而已。

西周金文的“異體糅合”現象，不僅具有文字學理論價值，還有其實踐意義，它可以使我們對一些由多個偏旁構成的疑難字有比較清晰的認識。例如：

【農】甲、金文中有（合 9477）等形，《甲骨文字詁林》《金文編》和《新甲骨文編》均釋“晨”[①]。《說文·晨部》“晨”下曰：“早昧爽也，從臼從辰。辰，時也。辰亦聲。丮夕爲夙，臼辰爲晨，皆同意。”[②]然甲、金文的用例均不能證明許慎所說“晨”之本義。《說文·晨部》“農”下曰：“耕也，從晨囟聲……”[③]按《說文》體例，部首字跟所統之字意義上必定有聯繫，而“耕也”與“早昧爽也”意不相類，可見許慎對“晨”與“農”的處理明顯有問題。

我們認爲“晨”是“農”的一種初文。裘錫圭說，“從甲骨文看，

---

① 見《甲骨文字詁林》第 1172 條；《金文編》，第 167 頁；《新甲骨文編》，第 149 頁。

② 《說文解字》，第 60 頁。

③ 《說文解字》，第 60 頁。

辰是農業上用於清除草木的一種工具"①,"晨"即用雙手持辰耕作也。西周早期金文中或增"又",如(3366);西周中期和晚期金文中,"又"訛成"止",如(2817A)。

西周早期金文"𨒅"還有一種異體作(2803)等形,表示用辰耕作於田。到西周晚期金文中,這兩種異體糅合作(10176)。《說文》"𨒅"字小篆應該就是由此而來。許慎據小篆分析作"囟"聲,徐鍇曰:"囟當爲凶字乃得聲,疑非聲。"② 其實所謂"囟"乃"田"之訛,並非聲符。"晨、農"兩種字形可以糅合,也反過來說明"晨、農、𨒅"實爲一字之異體。許慎說"𨒅"從"晨",從某種意義上來講是對的;但他所說的"晨"之音義有誤。

甲、金文還有(合23153)、(10175)等形,與《說文》"𨒅"下所收古文"辳"相合,《甲骨文編》和《金文編》釋"𨒅"③,然常正光指出此字是表示與"暮"相對的"晨"④,《新甲骨文編》釋"晨"⑤,應以釋"𨒅"爲是。《說文》"𨒅"之籀文作⑥,應當就是金文(187)之訛(即"田"訛爲所謂"囟"),而應該就是跟糅合而成,那麼,"辳、農、"也就是一字之異體,"辳"當然可以釋"𨒅"了。至於常正光所指出的"辳"所表示的意義,那則是另外一個問題,因爲某個字表示了某種意義,不一定就是它的本義,也許是詞義引申的結果,也許是文字假借的結果。

2. 無意增繁

所謂"無意增繁"主要是指在文字原有形體上增加一些筆畫或偏旁,這些新增的筆畫或偏旁與該字音、義沒有關聯,對文字音、義的表達並不造成任何影響,衹是一種羨餘符號。這大概是出於美觀的要

① 裘錫圭:《裘錫圭學術文集》(甲骨文卷),第245頁。
② 《說文解字繫傳》,中華書局1998年版,第52頁。
③ 《甲骨文編》,第107頁;《金文編》,第168頁。
④ 《"辰爲商星"解》,載四川大學學報叢刊第10輯《古文字研究論集》。
⑤ 《新甲骨文編》,第394頁。
⑥ 《說文解字》,第60頁。

求，或是書寫習慣上的一種變化①。

西周金文的“無意增繁”主要分爲“增加偏旁”和“增加筆畫”兩類。

（1）增加偏旁

“增加偏旁”是指增加的是可以獨立成字或雖未獨立成字卻可以多次出現於不同字形中的構字偏旁或類偏旁。西周金文中增加的無意偏旁大致有下面幾種：

①增加“口”

【若】西周早期金文承襲商代甲、金文，如（2837）；到西周中期或增“口”，如（61）。

【曾】商代甲骨文一般作（合1012），西周早期金文增“口”，如（近出943）；中期沿襲加“口”的寫法，如（2678）。

【遹】西周早期金文作（2837），或作（3688.2）（從“止”從“辵”意相通）。《說文·辵部》“遹”下曰：“回避也。從辵矞聲。”《說文·㕯部》“矞”下曰：“以錐有所穿也。從矛從㕯。一曰滿有所出也。”從古文字字形來看，許慎析爲“從矛從㕯”明顯是割裂字形，“遹”字似應析爲聲或“矞”聲，而“矞”衹是無意增繁的結果，因爲所增之“口”與（即“矞”）的音、義均無關聯。

【苟】商代甲骨文作（合32294）、（合21091），西周早期金文或增“口”爲飾，如（4341A）；中期承襲加“口”的寫法，如（4316）。

【黄】商代甲骨文作（合29509）；西周早期金文或增“口”，如（6007）、（5416.1）。

【逆】西周晚期或增“口”，如（2835）。

【粦】甲骨文作（合261），西周中期或增“口”，如（10175）。

【亟】商代甲骨文作（合13637反），西周中期或增“口”，如（10175）。

---

① 何琳儀：《戰國文字通論》（訂補本），第215—216頁；裘錫圭：《文字學概要》，第36頁。

②增加“夊”

“凡人形可加足形而作，所以從和從通用。後來變，所以《說文》把許多人形的字，截歸夊部，這是錯誤的。”① 如：

【訊】商代甲骨文或作（合 36389）；西周金文大多增“夊”，如（2832）。

【夙】西周早期作（2614），西周中期或增“夊”，如（2812）。

【允】西周早期作（4341A），中期增“夊”，如（4328）。

【長】西周早期作（1968），西周中期或作（9455）。

【執】商代甲骨文作（合 20376）；西周早期金文增“夊”，如（9003）；中、晚期字形稍訛，如（2835）。

【揚】西周中期後或增“夊”，如（4288.1）。

有時於正面人形的兩個足趾部分各加一個“夊”，《說文》往往誤析爲“從舛”。如：

【粦】商代甲骨文作（合 261），西周中期金文或於“大”下加兩“夊”，如（754）。《說文·炎部》“粦”下曰：“從炎舛。”②“粦”非從“炎”，更不從“舛”。

【乘】商代甲骨文作（合 7529），西周中期或於“大”下增二“夊”，如（2831）、（4264.1）。《說文·桀部》“乘”下曰：“從入桀。”③ 許慎割裂字形，《金文編》已指出其“非”④。

【舞】商代甲骨文作（合 12826）等形，西周早期金文或於“大”下增二“夊”，如（11860）、（11861）。《說文·舛部》“舞”下曰：“樂也，用足相背。從舛無聲。”⑤ 所謂“用足相背”實在是爲了牽強“從舛”。“舞”與“無”本一字異體，“許慎誤歧爲二”⑥。

---

① 唐蘭：《古文字學導論》，第 239 頁。
② 《說文解字》，第 210 頁。
③ 《說文解字》，第 114 頁。
④ 《金文編》，第 387 頁。
⑤ 《說文解字》，第 113 頁。
⑥ 《甲骨文字詁林》，第 76 頁。

③增“又”或“廾”

【盉】西周早期作“從皿禾聲”；中期或增“又”，如（9443）；晚期或更增“廾”，如（9437）。

【寶】西周早期或增“廾”，如（3908）。

【豚】商代甲骨文或作（合30393）；西周早期金文增“又”，如（5421.2），中期有作（5365）。

【且】西周早期金文或增“又”，如（6503），中期有作（10175），晚期有作（4256）。

【壺】西周金文或增“廾”，如（9618.1乙）。

④增“宀”

【簋】西周早期或增“宀”，如（3488）。

【殷】商代金文作（5412.3）；西周早期或增“宀”，如（5421.2）。

【昜】商代甲骨文作（合3391）；西周早期金文或增“宀”，如（888），中期有作（5988）。

【福】西周中期和晚期或增“宀”，如（356）、（2560）。唐蘭認爲是“從示富聲”①。依唐蘭之説，則爲聲符替换。

⑤重複部分偏旁

【吾】商代甲骨文“五”字一般作（合20702）。甲骨文中有這樣一個合文，即（金21）（按摹本如此），《甲骨文編》列爲合文，認爲是“五十牢”②；《甲骨文字詁林》謂“其作者，與‘五’形義俱有别，不得視爲同字”③。“吾”字從“五”得聲，西周早期金文作（5828），《金文編》所收“四年相邦戟”的“吾”作，足證即之别體，尤其是將釋爲“五十”合文是沒有根據的，“五十”合文作（合672正）。西周晚期“吾”作（2841），當是重複“五”而成（兩個“五”共用中間的横筆，“口”上增一横，或許可以看成是“曰”字）。

---

① 唐蘭：《中國文字學》，第131頁。

② 中國社會科學院考古研究所編：《甲骨文編》，北京，中華書局1965年版，540頁。

③ 見《甲骨文字詁林》按語，第3575頁。

【更】商代甲骨文作（合 10380），從攴丙聲；西周金文又增一“丙”，如（4341A）。

【則】西周早期金文作（近出 486）；中期或又增一“鼎”，如（4208）。《說文·刀部》“則”下曰:“從刀從貝。”[①]“貝”乃“鼎”之訛，《說文》“則”字籀文猶存古形。

【帥】西周中期或從“巾”，如（247）；或從二“巾”，如（2774.A）。此字左旁構形不詳，參照《說文》的說解，當以從“巾”爲是。造字之初實在沒有必要同時選兩個“巾”爲意符，所以從二“巾”的，當是重複偏旁的結果。

此外，尚有增“爪”旁的，“勸”西周中期金文作（4209.1），晚期或於“力”上加爪形，如（4289.1）；增“攴”旁的，“亟”西周中期作（10175），晚期增“攴”，如（2841）；增“乚”旁的，“直”商代甲骨文作（合 21713），西周中期金文加“乚”，如（4199），爲小篆所本，許慎分析作“從乚，從十，從目”[②]，與古文字不合。

（2）增加飾筆

“增加飾筆”指在原有形體上增加一些不能獨立成字的筆畫。這些筆畫和指事符號不同：指事符號雖不能獨立成字，但卻有參與構成新字的功能，而飾筆的有無在構形方面卻沒有差別。前者如（朱）中的點是指事符號，後者如（尸）上的點是飾筆。因爲與形、音、義均有別，而與無別。

西周金文中的飾筆大致可分爲以下幾類：

①加點畫。凡垂直的長畫，中間常加 •[③]。如：

【福】西周早期作（5410.1）；到西周中期或於所從“示”上加點，如（2662）（“畐”與“北”屬於聲符換用）。

【祀】商代金文作（4144）；西周早期金文或於所從“示”上加點，

① 《說文解字》，第 91 頁。
② 《說文解字》，第 267 頁。
③ 唐蘭《古文字學導論》，第 223 頁。

如（9551）。

【冊】商代甲骨文作（合30653），西周中期或於竪筆上加點，如（4253）。《説文》謂“古文冊從竹”①，其實“竹”就是這兩個圓點進一步演變的結果（參前文“竪筆當中的團塊逐漸演變成左右兩斜筆”，而《説文》古文上面的兩筆，是兩斜筆跟竪筆離析的結果）。

【善】西周早期作（2695），所從之“羊”在西周晚期或加點，如（4303.2）。

【省】商代金文作（2694）；西周早期金文或加點，如（7234）。

【克】商代金文作（7378）；西周金文或加點，如（5428.1）。

【年】商代金文作（2653）；西周晚期或於人形上加點，如（2585）；點進一步拉長成一横，如（3893），字形爲《説文》小篆所本，許慎分析作“從禾千聲”②。

【尸】商代金文作（5280.1），西周晚期金文或加點，如（4288.1）。

【庶】西周早期作（2837），中期和晚期或加點，如（10311）。

【不】西周早期金文作（2778），中期或加點，如（62）。

【直】商代甲骨文作（合21713），西周中期金文加點，如（4199）。

【新】商代甲骨文作（合5786）、（合30799），或從“辛”聲，或從“亲”聲；西周金文或加點，如（3439）、（2596）。

【未】商代甲、金文作（9099）；西周中期金文或加點，如（4331）。

有時於空白處加點③。如：

【尚】西周早期金文作（1769），或於空白處加點，如（5428.1）（加於口中）。

【既】西周早期作（5415.1），晚期或加點，如（2807）。

【穆】商代甲骨文作（合28400），西周金文或加點，如（4465.1A）。

【寶】商代金文作（3602.2），西周早期金文或加點，如（5304）。

---

① 《説文解字》，第48頁。

② 《説文解字》，第146頁。

③ 唐蘭：《古文字學導論》，第226頁。

【辟】西周早期作（4237），晚期金文中或加點，如（4117.2）。

【易】商代金文作（2594）等形；西周早期金文中或加點，如（2581.c）。

【黑】商代甲骨文作（合 29508），到西周早期金文中加點作（4169）；晚期更增數點，如（3944）。

②加横畫。“凡字首是横畫，常加一畫。”① 如：

【福】西周早期金文作（5410.1），西周中期或加短横，如（246）。

【妾】商代甲骨文作（合 631），西周中期金文加横畫，如（62）。

【更】西周早期作（1940），中期作（2838A），晚期加横畫，如（4324.1）。

【彔】商代甲骨文作（合 5976）等形，西周中期金文中或加横畫，如（246）。

【宰】商代金文作（5395.2），西周晚期或加横畫，如（2815）。

【兩】西周早期作（2729），晚期或加横畫，如（4141.1）。《説文》將“兩、㒳”别爲二字②，恐非。

【龍】商代甲骨文或作（合 29990），西周晚期金文增一横畫，如（10249）。

【畺】商代甲骨文作（英 744）；西周金文增飾横畫，如（4009）。《説文》别“畺、畕”爲二字③，恐非。

【亟】商代甲骨文作（合 13637 反），西周早期金文增一横畫，如（4341A）。

【匹】西周早期作（4044），西周中期或增一横畫，如（4225.1）。

【昜】商代甲骨文作（合 8592）、（合 3391），西周中期或於日上部加横，如（4217.2）、（4216.2）。《説文》“殤”下謂“傷省聲”④，“傷”

① 唐蘭：《古文字學導論》，第 224 頁。

② 《説文解字》，第 157 頁。

③ 《説文解字》，第 291 頁。

④ 《説文解字》，第 85 頁。

下曰“煬省聲”[①]，“愓”下曰“煬省聲”[②]，“觴”下也曰“煬省聲”[③]，而“煬”字小篆卻作，許慎分析作“從矢昜聲”[④]。如果“煬”衹有一種寫法，許慎當然不能說“傷、愓、觴”從“煬”省聲，足證“煬”還有聲符寫作“昜”的，而這個“昜”應該就是來源於這類寫法的“昜”，換句話說，“昜”就是“昜”的一個異體，“殤、傷、愓、觴”其實就是“昜”（即“昜”）聲，根本不需要解釋爲省聲的。

有時於空白處加短橫，如：

【公】西周早期金文作（2150）等形，晚期或加短橫，如（2634）。

【吉】西周早期作（2729），中期或於口中加短橫，如（5423A）。

【復】商代甲骨文作（合5409）等形，西周早期金文或於空白處加短橫，如（2507）。

【魯】商代甲骨文從口，如（合9979），西周中期金文或加短橫，如（4339）。《說文》謂“魯，從白鮺省聲”[⑤]，不可信。

【亞】商代甲骨文作（合32911），西周晚期或加短橫，如（181.2）。

【國】西周早期作（2133），晚期或於口中加短橫，如（2841）。

【盉】西周早期金文從“皿”，如（9417）；中期或於“皿”中加短橫，如（9411）。

古文字中從“皿”的字，有時於“皿”中加短橫或加點，許慎不明字形之來源，往往析爲從“血”。如：

【監】商代甲骨文作（合27740）、（英741），從見從皿。西周早期金文中或於“皿”中加點，如（4031）（“人”與“目”分離）；或加短橫，如（883）。《說文》析爲“從臥，䘏省聲”[⑥]，誤甚。

【盩】西周早期金文作（5344.2），從皿；西周中期或加點，如

① 《說文解字》，第167頁。
② 《說文解字》，第222頁。
③ 《說文解字》，第94頁。
④ 《說文解字》，第110頁。
⑤ 《說文解字》，第74頁。
⑥ 《說文解字》，第170頁。

（4229.1A）。《説文・夲部》“盩”下曰：“從夲，攴見血也。”①恐非。

有時於豎筆中或豎筆末端加横畫。唐蘭説：“凡垂直的長畫，中間常加•，•又引爲一。”②這類現象古文字中不乏其例，如“朕”，商代金文作（6879）；西周金文或加•，如（4114）；有時•引成一横，如（4328）。還有一種先前未見有加點的形體出現，沒有一個由•引成“一”的過程的（也許是由於材料的限制，我們尚未見到），我們暫歸爲“增加横畫”。如：

【單】商代甲骨文或作（合 137 正），西周早期金文或增横畫，如（6512）。

【章】西周早期作（4195.2），晚期或加横筆，如（4038）。

【朱】西周中期金文或承襲商代甲骨文形體作（2789）；有時指事符號•引成一横畫，如（9898A）；或更增一横，如（4268.1）；晚期也有這種寫法，如（4288.1）。

【身】商代甲骨文作（合 822 正）、（合 17978）等形，西周早期金文加横畫，如（4205）、（4139）。

以上是所加横畫穿過豎筆的例子，還有横畫加於豎筆頂端或末端，或加於豎筆一側的例子，如：

【乎】商代金文作（5016），西周中期金文或於字的上部增一横畫，如（3769.2）。

【量】商代甲骨文作（合 19822），西周早期金文或於字的末端加横畫，如（3908）。

【封】商代甲骨文作（合 35501）、（合 20576 正）；西周中期作（4293）（增加形符“又”）。所從之，郭沫若析爲“從土丰聲”③，恐不確。“邦”西周早期作（2837），中期或作（4192.1），或作（932），足證、、無別，應當理解爲下加横筆而成。所以也衹能

① 《説文解字》，第 215 頁。

② 唐蘭：《古文字學導論》，第 223 頁。

③ 見《甲骨文字詁林》所引，第 1328 頁。

理解成下加横筆而成。

【裘】所從之“求”商代甲骨文寫作（合6767）、（合7150）等形，西周中期金文或增横畫，如（4060）。

【朕】商代金文作（6879），西周中期或於豎筆下端加横，如（4114）。

【孟】商代金文作（7099），西周晚期或於“子”的豎筆下端加横，如（718）（此字也可以認爲是“皿”中加横飾，恰與“子”相接）。

【驅】所從之“區”在商代甲骨文中作（合34679），西周晚期金文於豎筆一側加横，如（2835）。

【匽】商代金文作（9439.1），西周晚期於豎筆一側加横筆，如（2836）。

【廷】西周中期作（2804）等形，或於豎筆一側加短横，如（4254）。

③加短豎筆。有時於字的空白處加短豎筆，如：

【心】商代甲骨文作（合14022正），西周中期金文或於“心”中加短豎筆，如（2830），晚期有作（10176）。

【寍】商代甲骨文作（合13696正），西周中期同商代，如（10175）；晚期金文於所從“心”中加短豎筆，如（2841）。

【匹】西周早期作（4044），中期或於中加短豎，如（4302）。

④加斜曲筆。西周金文中有時於斜曲的筆畫邊附加一斜曲筆畫。如：

【緐】西周早期作（4341A），西周中期或於“每”下加斜筆，如（10175）。

【俞】商代金文作（2245），西周中期或加斜筆，如（4328）。

【保】商代金文作（1002），或省減作（6909）。西周晚期有作（9641），當是爲了對稱而在“子”的左邊加了斜筆。

【匹】西周早期金文作（4044），可能是“從石乙聲”（乙、匹同部）。許慎把“匹”字分析作“從八匚……八亦聲”[①]，跟古文字不合。西周中期或在“乙”字旁更增一斜曲筆，如（4302）。

有時，由於字形的類化，也有加撇筆或捺筆的。所謂“類化”，“是指文字在發展演變中，受所處的具體語言環境和受同一文字系統內部其他文字的影響，同時也受自身形體的影響，在構形和形體上相應地有所改變的現象”[②]。我們這裏講的類化，是指受同一系統內其他文字影響，同時也受自身形體的影響，而發生的形體演變。古文字中凡斜角向上的字，如果朝左斜出，往往會在左旁加一撇筆；如果朝右斜出，往往會在右旁加一捺筆。如“逌”字，商代甲骨文可寫作（合30975），也可寫作（合30173）；西周金文承襲這兩種寫法，如（2754）、（2816）。與此相類，一些原來沒有撇筆或捺筆的字，在西周時期往往也加了。如：

【廼】商代金文作（2033）等形，西周早期和中期金文基本承襲商代寫法，如（2837）、（2809）；晚期或加撇筆，如（2818）。

【𣪘】商代金文作（3904），西周早期作（3904），基本相同；西周中期和晚期金文有時加捺筆作（4220）、（4004）。

【角】商代甲骨文作（合4665）、（合5495）；西周中期金文或作（246），略同於甲骨文；晚期或加撇筆，如（2810）。

⑤加“八”形筆畫。西周金文中有時於豎形筆畫左右加“八”形筆畫，應該是爲了使字形豐滿、平衡。這種飾筆，有的沒有保留下來；那些保留下來了的，往往使後人對字形造成誤解。如：

【匿】商代金文作（5545），西周早期或加“八”形筆畫，如（2837）。

【孟】西周早期承襲商代金文作“從子皿聲”，如（3577.2），中期或加“八”形筆畫，如（910）。

① 《説文解字》，第267頁。
② 《古文字構形學》，第95頁。

【爵】商代甲骨文或作（合 30173），西周中期金文於豎筆左右加"八"形，如（4269）。

【必】商代甲骨文多作（懷 962），西周中期金文於兩邊加"八"形筆畫，如（4268.1），字形爲小篆所本。許慎將"必"字分析作"從八弋，弋亦聲"[1]，段玉裁改成"從八弋，八亦聲"[2]，皆非。

【余】商代甲骨文作（合補 421），西周金文或加"八"形，如（4466），字形爲小篆所本。許慎將"余"分析作"從八，舍省聲"[3]，非。

有時於底部是"人"字形的筆畫上加"八"形，如：

【魚】西周早期或作（1585），晚期或加"八"形，如（2841）。

《說文》中有些"從火"的字實際上就是這種"無意增繁"的結果，而許慎不明字形來源，誤析爲從"火"。如：

【黑】商代甲骨文作（合 10171 正），西周早期作（4169），下半還同於商代字形；西周晚期於"人"字形筆畫上加"八"形飾筆，如（3944）。《說文》將"黑"字看作從"炎"[4]，其實"黑"並不從"炎"。

⑥增∨、∧。唐蘭說•間或引爲∨[5]。考慮到有些加∨的字並未見有由•演變而來的過程，我們將∨、∧也當作一種直接增加的飾筆。∨一般加於豎形筆畫的上半截，∧一般加於豎形筆畫的下半截。如：

【單】西周早期作（10070），西周晚期或作（10195）。

【競】商代甲骨文作（合 22596）、（合 27337）、（合 27300）；西周金文或增∨，如（4341B）、（3783）。

【歸】西周早期金文作（2803），從"𠂤"；中期或作（近二 10），於"𠂤"上增∨。

① 《說文解字》，第 28 頁。
② 《說文解字注》，第 49 頁。
③ 《說文解字》，第 28 頁。
④ 《說文解字》，第 211 頁。
⑤ 《古文字學導論》，第 223 頁。

【叀】商代金文或作（1360），西周早期或作（5952），中期金文或作（2831），晚期或作（2814）。

有時還可以加兩到三個∨，如：

【對】商代甲骨文作（合18755）、（合36419）。西周金文或增一∨，如（5409.1）；或增二∨，如（2618）；或增三∨，如（2704）。有時既增∨，又增•，如（2726），足見∨並不一定都是由•引成。

【殷】商代金文作（5412.3），西周金文或於所從“身”上加∧，如（3966.2）。

【不】西周早期作（4060），中期或加∧，如（4269）。

⑦增＞、＜。一般是於橫筆的左端加＞，於橫筆的右端加＜。如：

【是】西周早期金文作（2724）；西周晚期或於橫筆左端加＞，如（2841）。

【禽】西周早期作（4041），中期或作（4328）。

【萬】西周早期作（631），中期或作（2438）；晚期或作（2600）。

⑧增一至多筆平行的斜筆。因爲這幾種筆畫經常互見，多一筆少一筆並無分別，所以我們將其歸爲一類。重文符號雖與“=”這種飾筆形式相同，但重文符號一般衹有一種形式，不存在一筆或三筆的情況；“斜曲筆”（見前文）與本條所講的“丿”也不同，“斜曲筆”也不存在兩條或更多，而且“斜曲筆”一般是沿著原字形的斜曲的筆畫而增飾。

【昜】商代甲骨文作（合8592）、（合3391），西周金文或增飾筆，如（10322）、（4201）、（2679）。

【參】商代金文作（9370.1），西周中期或增飾筆，如（2832）、（9899.1）。

【穆】商代甲骨文作（合28400），西周金文或增飾筆，如（2812）、（754）。

【廷】西周中期金文或作（2804），或增飾筆作（4252.2）。

⑨增加其他飾筆，如：西周金文中有時於○中增“+”，“𩫖”商代甲骨文作（合29795），西周早期金文或增“+”作（1966）；西周中期有時於○中更增一小圈，如（2830），字形爲小篆所本。許慎說“或但從口”①，應該就是指沒有加圈的字形；而將加圈的字形看成是“從回”②，顯然與古文字構形不合。“亯”商代作（2653），西周中期或增“+”作（4331）。

“增繁”現象貫串整個西周文字，早、中、晚三期都有大量增繁現象發生。“增加形符”，彰顯了字意，有時還反映了社會生活的變遷；“增加聲符”，標明了音讀，有時還區分了形近之字。“異體糅合”，容易造成字形的緟益，所以，那些字形臃腫的糅合體往往被淘汰，衹有少數由兩個獨體糅合而成的字形會保留下來。“無意增繁”使得文字的形體更加平穩、匀稱，起到一種美飾作用。雖然“有不少繁化的寫法在使用了一段時間之後，就爲保持原形的寫法所淘汰”③，但許多字增繁部分被保留下來，所增的偏旁或筆畫成了後世文字的有機構成部分。

（二）省簡

根據西周文字的實際情況，我們將西周文字的省簡大致分爲偏旁省減、筆畫省簡，每一種情況又分成若干小類。

1. 偏旁省減

根據被省減偏旁字的不同情況，我們將西周文字的省減分成“省減意符、省減聲符、截除性省減”和“省減偏旁而加標誌”等四類。

（1）省減意符。“省減意符”指被省減的是表意字的部分偏旁或形聲字的形符部分。如：

【訊】商代甲骨文作（合6746）、（合36389），西周晚期金文或省

---

① 《說文解字》，第110—111頁。
② 《說文解字》，第110頁。
③ 裘錫圭：《文字學概要》，第29頁。

“口”，如（4313.2）。

【典】商代甲、金文或作（合 38305）、（合 30659），西周早期金文或作（4241），省去了“廾”或“又”。

【鑄】西周金文的變形較多，或省“皿”作（684），或省“臼”作（711）；或省作（941）。

【宄】西周早期金文從“宮”，如（2345）、（9451）；有時省去一個環形作（4073）。

【冑】西周中期作（4167），晚期省作（2816）。

【寶】所從之“缶”有時省去下半，如（2342）、（3369）、（2461）。

（2）省減聲符。由於聲符在形聲字中是關鍵性的主導構形要素，一般來說，一形一聲的形聲字（即以獨體字充當聲符的）是不會省去聲符的。但是，如果形聲字的聲符本身是個很複雜的形聲字，“造字或用字的人，爲求字形的整齊匀稱和書寫的方便”①，也會省去某些形聲字的聲符的一部分。形聲字充當聲旁的，有時省去聲旁的聲符。如果不明白是省聲，就不易明瞭構形理據。如：

【昭】《金文編》“召”字下收以下幾個形體：（2407）、（2749）、（5416.1）、（9089）②。此字釋“召”不確，從字形來看，應當是“從月召聲”，《說文·月部》無此字。古文字中，從“日”與從“月”通用③，所以，此字當釋《說文·日部》之“昭”。“昭”字以增繁的“召”字爲聲符④，而“召”又是以“刀”爲聲符。西周早期“昭”或省“刀”，如（2749）。

【邊】西周早期作（2837），西周晚期或作（10176），省。《說文·辵部》“邊”下曰：“從辵臱聲。”⑤《說文·自部》“臱”下曰：“宮

① 裘錫圭：《文字學概要》，第 156 頁。
② 《金文編》，第 61 頁。
③ 高明：《中國古文字學通論》，第 157 頁。
④ 參見《甲骨文字詁林》按語，第 2473 頁。
⑤ 《說文解字》，第 42 頁。

不見也。闕。”[1] 黃錫全謂“臱”是“從自丙聲”的形聲字疊加“方”聲而成[2]。西周晚期的字可以看成是省減聲符“臱”的聲符“丙”。

【糕】西周中期有(10175)，裘錫圭釋“糕”[3]；晚期或作(2516)，省去聲符“𠬶”。

會意字充當聲旁的，有時也省去聲旁的部分偏旁。如果不知道是省聲，就很容易誤以爲會意字。如：

【廷】西周中期作(2804)，西周晚期或省“土”作(2805)。

【䕾】商代甲骨文作(合34547)、(合11484)，從廾從豆會意；後來增“米”作(合30988)[4]，形成形聲字(即從米從弄，弄亦聲)。西周早期金文或承襲甲骨文簡體作(3464)，或承襲甲骨文已增繁之形體作(2837)，有時又將繁體的“廾”省去，如(2837)、(4208)。

【揚】字形在西周金文中變化較多，所從的“昜”聲，或省“丂”，如(2729)、(2803)、(4293)；或省“日”，如(134)(按：“丂”上一短橫爲飾筆)。

【始】西周早期或從“司”聲，如(2434)；或省“司”所從之“口”，如(2425)(按此字加“㠯”聲)。

(3)截除性省減。古文字在簡化時有時將獨體或合體字無法再進行分解的部分構件截去一部分，也可以看成是從原來形體中截取一部分，這種簡化叫作“截除性省減”[5]。如：

【周】西周早期作(2729)，或作(416)；而(4264.1)、(5432.2)便是將、上半截去的結果。所從之“口”與上部共用筆畫，就從中間移到一邊。

【帥】西周中期大多作(247)，或作(2774.A)(參見增繁)；有

---

① 《說文解字》，第74頁。

② 黃錫全：《古文字論叢》，第427頁。

③ 裘錫圭：《古文字論集》，第381頁。

④ 參見《甲骨文字詁林》按語，第966頁。

⑤ 郭沫若：《由周初四德器考釋談到殷代已經進行文字簡化》，《文物》1959年7期；林澐：《古文字學簡論》，第89頁；高明：《中國古文字學通論》，第161—163頁。

時截去一半作（4316）。

【車】西周早期金文或承襲商代甲、金文作（4201）、（4328）；或截取部分形體，如（9071）、（2697），字形爲小篆所本。

（4）省減偏旁而加標誌。古文字中加“=”以代替省去的偏旁的方法在西周金文中已存在。如：

【履】西周中期作（2832），西周晚期或作（10176），裘錫圭説：“‘頁’下無趾形，又省‘舟’爲二短横。”①“止”形可有可無，而“舟”卻不可少，“頁”下所加之“=”當是代替已省之“舟”的。

【盨】西周金文中從木、從皿、從金、從廾的“盨”皆有，而中期或作（4439.1），所加的“=”或許就代表其中的某個形符。

【傳】西周早期作（5925），晚期或作（10176），所加之“=”代表“又”。

【鋻】西周中期一般作（10169）；或作（4321），所加之“=”就代表“金”。

【姞】西周早期作（5402.1），從女吉聲；晚期或作（740），所加之“=”或代表省去了的“口”。

2. 筆畫省簡

（1）筆畫省減。筆畫的多少在古文字中本無定數，一般情況下，不宜以筆畫省簡來看待這種差異，但是考慮到有些字中的某個偏旁常見形態的某些筆畫大體有定，比常見形態少了筆畫的偏旁，則可以稱之爲“筆畫省減”；而有些偏旁筆畫是有固定形態的，省簡後就有違構形原意，則更有引起重視的必要。如：

【彶】商代甲骨文作（合21653），從“彳”；西周中期或作（4264.2），晚期或作（2841），省去“彳”上一筆。按：《金文編》將此字收於“及”之下②，陳漢平改釋“彶”③。

① 裘錫圭：《古文字論集》，第367頁。
② 《金文編》，第189頁。
③ 陳漢平：《金文編訂補》，第32頁。

【邁】西周早期或從“彳”或從“辵”，到中期和晚期或省筆畫作（2460）、（2538）。

【還】西周中期作（4626），從“辵”；或作（4280.1），省去“辵”上一筆。

【迹】西周中期作（4216.1），或作（4217.2），省“辵”上一筆。

【遣】西周晚期作（4247.2）；或作（4246.2），省去“辵”上一筆。

其他省減筆畫的，如：

【周】商代甲骨文作（合 6825）、（合 590 正）；西周早期或承襲甲骨文形體，或作（2628）、（2730）；那麼，西周晚期的（10172），我們就認爲是省減中間一豎筆。

【趛】西周金文獨體的“金”字均有點畫點綴其間，而從“金”聲的“趛”在西周中期作（2713），或省點畫作（4429.2）。

【諆】西周早期作（2071），西周中期或作（2410），所從之“其”省去中間的交叉筆畫。

【史】商代甲、金文作（合 27333）、（468），中期後有時省筆畫作（4283）。

【睽】西周晚期或作（4298），或作（716），所從之“癸”省去部分筆畫。

【膺】商代甲骨文有（合 18338），劉釗認爲是“膺”字初文，“在鳥形胸部用一指事符號表示‘胸’這一概念”①。甲骨文中還有（合 109），與前一形當是一字，即將半圓形變成一點以指示“胸”之所在。西周金文（883）便以“膺”之初文爲聲符，有時省去指事符號作（2172）。

【進】西周早期作（2726），可能是個形聲字，從辵膺聲。或省去指事符號，如（9594.1），字形爲小篆所本。許慎因不明字形之演

① 劉釗：《古文字構形學》，第 82 頁。

變而析爲“從辵，闖省聲”①，不確。

【党】西周中期有[字形]（2789），《金文編》釋“堂”②。今按：此字上部與“堂”之籀文上部相同，但下部不從“土”，而是從“止”，董蓮池釋爲《說文·止部》之“党”③，是。“党”或省筆畫，如[字形]（4322.2）。

【肇】西周早期作[字形]（2614），西周中期或作[字形]（2733），所從之“聿”省去部分筆畫。

【室】西周早期作[字形]（3907），晚期或作[字形]（3970），所從之“矢”省去部分筆畫。

【櫑】西周中期作[字形]（3549），西周晚期作[字形]（4141.1）（“木”變成“金”屬於形符替換），所從之“申”省減部分筆畫。

【盉】西周早期作[字形]（9407），從皿禾聲。所從之“禾”或省去部分筆畫，如[字形]（9399）；或作[字形]（9437），參照中期的[字形]（9443），可知是省去了“禾”的部分筆畫。

【巨】西周早期作[字形]（689.2）、[字形]（893）；有時持“工”之手形減省，如[字形]（9412）。

【旛】西周中期作[字形]（4250），西周晚期或作[字形]（4579），所從之“米”省去中間横筆。

【糂】西周晚期作[字形]（680），所從之“米”省去横筆④。

（2）筆畫簡化。“筆畫簡化”主要指西周文字形體的“綫條化”和“平直化”趨勢，這是西周文字形體發展趨於省簡的一條重要途徑。上文已分析了“綫條化”和“平直化”對西周文字形體發展的重要價值，這裏進一步來考察分析若干實例。

①“綫條化”示例：

【王】商代甲、金文大多作[字形]（合 28400）、[字形]（近二 540），偶爾也簡

① 《說文解字》，第 39 頁。
② 容庚：《金文編》，第 884 頁。
③ 董蓮池：《金文編校補》，東北師范大學出版社 1995 年版，第 198 頁。
④ 裘錫圭：《古文字論集》，第 381 頁。

化作（合36909）。西周早期金文基本承襲商代未簡化時的形體，如（935）、（11850）；而中期和晚期大多承襲甲骨文已簡化的形體，如（107）、（646）。

【章】西周中期多作（9897.1）；或將上面的倒三角形簡化作一横筆，如（5425.1）。

【政】西周早期作（4341A），中期或將圓點簡化爲一横筆，如（251）。

【寇】西周中期作（2838A），晚期將“元”字上的圓點簡化爲一横筆，如（9641）。

【夆】商代金文作（5412.3），下部作肥筆；西周金文或襲之，如（5245.1）；或簡化爲綫條，如（2831）。

【毛】西周早期作（4341A），下面是肥筆形；西周晚期簡化作（2821）。

【俞】商代金文作（5990）；西周早期大多沿襲，如（5222.2），中期或簡化作（4276）。

【搏】西周中期或作（4322.2），西周晚期或簡化作（4313.1）。

【姑】西周早期或作（2333），或簡化作（5389.2）。

【氏】西周早期作（2803），晚期或簡化作（2829）。

【終】商代甲、金文作（合10656正）、（合20729）、（1450），西周中期金文或簡化作（247）。

②“平直化”示例：

【余】商代甲骨文大多作（合補421），西周金文或將下面兩斜筆簡化作一直筆，如（4206）、（145）。

【逆】商代甲骨文作（合17537正）、（合4918）；到西周金文或將表示兩手臂的斜筆簡化爲一直筆，如（2487）、（3747）。

【諫】西周早期作（2837A），中期簡化作（4292），“朿”上面兩斜筆變成一横。

【羊】商代甲骨文或作（合20680），西周金文或簡化作（2838），兩斜筆變爲一横。

【轡】商代甲骨文或作[字形]（合 8177），西周中期金文作[字形]（2719），兩斜筆變爲一横。

【幽】商代甲骨文或作[字形]（合 29510），西周晚期或作[字形]（2833），將曲筆簡化爲直筆。

【稟】商代甲骨文作[字形]（合 9642），西周金文中或將上面兩斜筆簡化爲一直筆，如[字形]（4293）（此字增加形符）。

【乘】商代甲骨文作[字形]（合 7529），西周金文或簡化爲[字形]（2831），"大"的兩臂簡化爲一横。

【赤】西周早期作[字形]（2706），晚期或簡化作[字形]（2816）。

【夫】西周早期金文作[字形]（2837），西周晚期或簡化作[字形]（701）。

（3）共用筆畫。在古文字中，用以構成合體字的幾個偏旁，其中位置相近而且形體也相似的筆畫，經常會發生彼此重疊的現象，這種現象可稱爲"單字共用筆畫"①，也有學者稱作"併畫性簡化"②。西周金文共用筆畫的，如：

【邁】邁或作[字形]（4039），所從之"止"與"萬"共用筆畫。

【還】還或作[字形]（4279.1），所從之"目"與"衣"共用筆畫。西周早期金文中還有一個[字形]（3763），《金文編》釋"還"③，裘錫圭釋"睘"，並說"前人把'又'和'衣'的下部合在一起看成趾形，因而誤釋"④。其實"止"訛成"又"金文中有很多例子，前舉的[字形]所從之"止"也訛成"又"。此字所從的"衣"在金文中（除了象形的"裘"字）僅此一見，不同於一般的"衣"或從"衣"之字，實際上是"衣"與"彳"共用筆畫，如果把前舉[字形]所從之[字形]移到上面與"衣"合併，便

① 何琳儀：《戰國文字通論》，第 190 頁；吳振武：《古文字中的借筆字》，《古文字研究》（第 20 輯），第 308—337 頁。

② 林澐：《古文字學簡論》，第 95 頁。

③ 《金文編》，第 98 頁。

④ 裘錫圭：《古文字論集》，第 2 頁。

與一樣了，所以，我們覺得此字可能還是以釋“還”爲是。

【復】西周金文或作（4191）、（4011）、（4466），所從之“夊”與上面偏旁共用筆畫。

【喜】西周早期作（4261），晚期或作（3839），“壴”與“口”共用横筆。

【静】西周早期或作（4273），中期或作（5408），晚期時“生”與“井”（可能是“丹”之誤書）共用横筆，如（2836）、（2835）。

【亲】西周中期作（9667），從“木”，“辛”聲；晚期作（3946），“辛”的下兩筆與“木”的上兩筆共用。

【舞】西周早期或作（2837），晚期或作（2679），“口”形與“大”形共用筆畫。

【從】西周早期或作（5027.2），從“从”從“止”；或作（9804.1），“止”與“从”的一個人形共用豎筆。

【重】商代金文或作（6162），西周早期或作（4241），“人”形移到“東”字中，並與“東”形共用豎筆。

【吉】西周早期或作（2729）；晚期或作（2643），“士”與“口”共用横筆。

“省簡”是漢字形體變化的主要發展趨勢①。西周金文無論在字體上，還是在字形上，都存在大量的省減現象。省減的方法雖然多種多樣，“目的卻是一個，皆促使漢字適應漢語發展，滿足社會的需要，以提供簡便的記録語言的工具”②。

（三）替换

古文字在發展過程中，有時會出現用聲音相同、相近或意義相同、相通的偏旁來替换原來偏旁的現象，這種現象稱爲“替换”。“替

① 裘錫圭：《文字學概要》，第30頁。
② 高明：《中國古文字學通論》，第164頁。

換”現象西周金文中已經較多出現，根據我們考察，大致可分成聲符替換、形符替換和表意字偏旁替換等幾類。

1. 聲符替換

“聲符替換”是指用音同音近的字來替換形聲字原來的聲符。替換的原因或因爲新的聲符能更好地反映形聲字已經變化了的實際讀音，或用常見的字替代不常見的聲符[①]。

有時是將甲字換成字形上沒有多少聯繫的乙字。如：

【福】西周早期金文作“從示畐聲”，如（4330）；中期或將“畐”換成“北”，如（2662）。“畐、北”聲韻均同。

【達】商代金文作（6485），“從辵大聲”[②]；西周中期將聲符“大”換成“羍”，如（10175）。

【宇】西周早期或作（10175），從“宀”，“于”聲；或從“禹”聲，如（2832）。“于、禹”聲韻俱同。

【兄】西周早期或加“𡉚”聲，如（5428.1）；或加“皇”聲，如（3654.1）；到西周中期，有時改爲“光”聲，如（3700）。“兄、𡉚、皇、光”韻部相同，聲母相近。

【匡】西周中期從“𡉚”聲，如（2838）；或從“王”聲，如（5423A）；西周晚期或換爲“黃”聲，如（4516）。“𡉚、王、黃”上古聲韻俱同。

有時是將聲旁換成一個字形上有聯繫的另外一個字。這裏面又可分成兩種情況：一種情況是本來以甲字作聲旁，後來換成以甲字充當聲符的形聲字乙作聲旁。這種情況表面上看容易被當作增繁，其實它衹是換了一個聲符而已。如：

【環】西周中期金文作“從玉袁聲”，如（9897.1）；晚期將“袁”換成“瞏”，如（2841）。而“瞏”本身就是從“袁”得聲。

【歷】商代甲骨文作（合 10425），“從止秝聲”。西周晚期金文換

① 裘錫圭：《文字學概要》，第 173—174 頁。

② 《說文解字》“達”字或體作“达”，第 41 頁。

成“厤”聲，如(2833)。而“厤”就從“秝”得聲。

【德】商代甲骨文作(合32正)，“從彳直聲”；西周早期金文或改爲“從彳悳聲”，如(4341A)。“悳”又從“直”得聲。

【御】商代甲骨文均從“午”聲，如(合22074)、(合32525)；西周早期金文或改爲從“缶”聲，如(9451)。而“缶”又是從“午”得聲。《說文》謂“缶”是象形字①，與古文字不合。

【盟】商代甲、金文作(2018)。《說文》將“盥”分析作“從囧從血”②，不確，當析爲“從皿囧聲”③。西周早期金文或改爲“朙”聲，如(9811.1)。《說文·月部》“朙”下曰：“從月從囧。”實際上，“囧、朙”俱在陽部，“囧”亦是“朙”的聲符。

【駒】西周早期從“丩”聲，如(3750)；中期以後換成“句”聲，如(2831)。“句”從“丩”得聲。

【鑄】西周中期或從“㕟”聲，如(941)；晚期或改從“𠷎”聲，如(2779)(從“皿”與從“金”的不同屬於形符換用)，“𠷎”從“㕟”得聲；或從“𩰲”聲，如(4389)，“𩰲”從“𠷎”得聲。

【鈴】西周晚期或從“令”聲，如(4313.1)；或從“命”聲，如(2841)。《說文》“命”下曰：“從口從令。”④按：“命”由“令”孳乳而來⑤，“令、命”同韻部，故“命”可析爲“從口從令，令亦聲”。

【鐘】西周中期或從“東”聲，如(88)；或從“童”聲，如(89)、(65)、(2835)；或從“重”聲，如(108)。《說文》謂“重”“從壬，東聲”⑥，而謂“童”“從辛，重省聲”⑦。從西周金文來看，“童”或從“東”聲(參見“童”字)；或從“重”聲，如(2835)所從之聲符，《說

① 《說文解字》，第109頁。
② 《說文解字》，第142頁。
③ 參見《甲骨文字詁林》按語，第2638頁。
④ 《說文解字》，第32頁。
⑤ 參見《甲骨文字詁林》按語，第366頁。
⑥ 《說文解字》，第169頁。
⑦ 《說文解字》，第58頁。

文》所謂“重省聲”，實際上就是“東”聲。“重、童”都與“東”聲有關，故這幾個字作聲符時可以互換。

【劓】商代甲骨文作(合 5994)、(合 5995 正)，從刀從自，自亦聲；西周早期金文換成“臬”充當聲符，如(2660)。“臬”又是“從木，自聲”①。

另一種情況是本來以形聲字甲作聲旁，後來換成甲字的聲符乙作聲旁。這種情況表面上看容易被當作是省減，其實也祇是換了一個聲符而已。如：

【曆】西周早期從“厤”聲，如(2721)；西周中期有時作“秝”聲，如(4194.2)。“秝”本就是“厤”的聲符。

【旛】西周中期從“稻(稻)”聲，如(4250)；西周晚期或作“舀”聲，如(4628.1)。“舀”本就是“稻”的聲符。

【耇】西周早期從“句”聲，如(6007)；西周晚期或作“ㄐ”聲，如(4039)(字形有訛變)。“ㄐ”本就是“句”的聲符。

【壽】西周早期從“𠷎(𢪔)”聲，如(6007)、(2724)(按：“𠷎”與“𠷎”當是一字，聲符不同而已)；或作“𠷎”聲，如(246)；中期或作“㠯”聲，如(9442)。“𠷎”是“𠷎”的聲符；“㠯”是“𠷎”的聲符，也是“𠷎”的聲符。

【較】西周中期從“教”聲，如(4302)(《說文》“教”之古文作②，從攴爻聲)；晚期或作“爻”聲，如(2841c)。

【賁】西周中期從“帛”聲，如(4331)；晚期作“白”聲，如(10174)。《說文》“帛”字“從巾，白聲”③。

2. 形符替換

“形符替換”指形聲字在發展過程中，先用甲字充當形符，後又用乙字替換原來的形符。替換的原因大約有兩種：一種是形符之間義

① 《說文解字注》，第 264 頁。
② 《說文解字》，第 69 頁。
③ 《說文解字》，第 160 頁。

近[1]；另一種是對文字所指的事或物有不同的著眼點[2]。如：

①“彳、辵、止、走”相替换

【各】商代甲骨文作（合13171），或增“彳”作（合31230）。西周金文或承襲甲骨文字形，如（4330）；或將“彳”改爲“辵”，如（5426）；晚期或换成“走”，如（10285.2）（當然，也可以看作是在“各”上加“辵”或“走”）。

【走】商代甲骨文作（合27939）。西周早期金文或增“止”，如（2803）；或增“辵”，如（4241）；西周晚期或將“止”或“辵”改爲“彳”，如（2808）。字形當析爲“從止（或從辵，或從彳）從，亦聲”。《説文》謂“走”字“從夭止……”[3]，析形不確，姚孝遂先生辨之已詳[4]。“走”實際上是由增加形符而成，因爲是有音有義的獨體字，所以它在新的字形中就是一個既標音又表意的聲符[5]。

【遲】商代甲骨文作（合30825）、（屯2986），從“彳”。西周中期金文或换成從“止”，如（4103）；或换成從“辵”，如（4103）。《説文》“遲”下曰：“從辵犀聲……，籀文遲從屖。”[6]《説文》又有“徲”字，許慎析爲“從彳犀聲”[7]。依古文字通例，從“彳”從“辵”無别，且聲符又相同，如果不是如容庚所言“遲”“不當從犀”[8]，便是《説文》“遲、徲”不當别爲二字。西周金文字形同於《説文》籀文，故字形隸定從籀文。

【從】商代甲骨文從“彳”，如（合5716）；商代金文或從“辵”，如（4853.2）。西周早期或换成從“止”，如（5027.2）。

②“口、言”相替换

① 唐蘭：《古文字學導論》，第231頁；高明：《中國古文字學通論》，第129頁。
② 裘錫圭：《文字學概要》，第168頁。
③ 《説文解字》，第35頁。
④ 見《甲骨文字詁林》按語，第318頁。
⑤ 黄德寬：《古漢字形聲結構論》，黄山書社1995年版。
⑥ 《説文解字》，第40頁。
⑦ 《説文解字》，第43頁。
⑧ 《金文編》，第100頁。

【哀】西周早期從“口”，如（4330）；中期換爲從“言”，如（5392.1）。《金文編》將“哀”與別爲二字，郭沫若謂“哀”與一字[①]，今從郭說。

③“鼎、皿、鬲、甗、匚、升、木、金”相替換

【齍】西周早期從“鼎”，如（543）；或從“皿”，如（1768）。

【盉】西周早期從“皿”，如（9417）；晚期或改成從“鼎”，如（9413）。

【獻】甲骨文從“甗”，如（合 31812）；到西周早期金文中或改爲從“鼎”，如（862）、（874）；晚期或改爲從“鬲”，如（10173）。

【盨】西周中期或從“皿”，如（4414）；晚期或改爲從“升”，如（4404）。西周中期或因材質變化，改爲從“木”、從“金”，如（4401）、（4385）。

【櫑】商代金文作（9823），從“皿”；西周中期換成從“木”，如（3549）；晚期或換成從“金”，如（2745）。

【匜】西周中期從“金”，如（10224）；晚期或改爲從“皿”，如（10219）。

④“又、丮、廾”相替換

【封】西周中期從“又”，如（4293）；晚期或換成從“丮”，如（4287）。

【擇】西周晚期從“又”，如（4628.1）；或從“廾”，如（4628.2）。《說文》將“睪”與“擇”別爲二字，容庚謂“睪”與“擇”爲一字，“從廾與從手同意”[②]，今從容說。

⑤“宀、广、厂”相替換

【宕】商代甲骨文從“宀”，如（合 28132）；西周中期金文或改爲從“广”，如（4328）。《說文》“宕”下曰：“過也。一曰洞屋。從宀

① 見《金文詁林》所引，第 1297 頁。
② 《金文編》，第 159 頁。

碭省聲。”[①] 唐蘭說：“省變本是文字演化裏應有的一種現象，凡是省文，一定原來有不省的寫法。可是《說文》裏的省，卻不一定如此，往往不省就不成字……假使不是後人妄改，那就一定是許叔重不得其說，從而爲之辭。”[②]“宕”在甲、金文未見有從“碭”的寫法，裘錫圭說“其實很可能就從石聲，‘宕、石’二字陽入對轉”[③]，裘說是。

【廟】西周早期或從“广”，如（2375）；或從“宀”，如（2739）。

【厰】西周中期或從“厂”，如（4328）；或從“广”，如（4328）。

【应】西周中期或從“广”，如（2736）；或從“宀”，如（4316）；或從“厂”，如（5424.1）。

⑥“川、水”相替換

【濼】甲骨文作（合 5902），李孝定謂從“川”[④]；西周中期或換成“水”，如（88）。

⑦“戈、干”相替換

【搏】西周中期或作（4322.2），從“干”；或作（4329），從“戈”。

⑧“女、母、卩、人”相替換

【妊】西周晚期或從“女”，如（4147.1）；或從“母”，如（3845）。

【姬】西周早期從“女”，如（2333）；中期或換爲從“母”，如（3350）。

【嬴】西周早期金文或從“女”，如（2171）；或從“卩”，如（5860）。

【賸】西周早期從“卩”，如（823）；中期或從“人”，如（2832）；晚期或改從“女”，如（3815）。

⑨“田、邑”相替換

【邦】商代甲、金文作（4880），從“田”；西周早期金文改從

---

① 《說文解字》，第 151 頁。
② 唐蘭：《中國文字學》，第 108 頁。
③ 裘錫圭：《甲骨文字考釋·石甲兔甲即陽甲說》，《古文字研究》（第 4 輯），第 164 頁。
④ 見《甲骨文字詁林》所引，第 3199 頁。

“邑”，如（2837）。

⑩“米、禾”相替换

【稟】西周中期或從“米”，如（5424.1）；或從“禾”，如（4293）。

⑪“戈、攴”相替换

【肈】西周早期或從“戈”，如（2614）；或從“攴”，如（2342）。《説文》將“肈”與“肇”别爲二字，“其實乃同字别體”①。

⑫“手、頁”相替换

【捧】西周早期從“手”，如（4237）；中期或從“手”，如（2736）；或换成從“頁”，如（4167）。

【䭫】西周早期金文從“頁”，如（2803）；西周中期或换成從“手”，如（4331）。

有時，因使用文字的人不明其爲形聲或會意兼聲字，而將標音或表意兼標音的偏旁改换掉，從而變成一般會意字。如：

【卿】商代甲、金文作（2709），從“皀”，“皀”亦聲；西周早期或改爲從“食”，如（3745）。

【捧】西周早期作“從手𠦪聲”，如（4237）；西周中期或改“𠦪”爲“頁”，如（4194.2），從手從頁會意。

3. 表意字偏旁的替换

在文字偏旁替换的現象中，不僅形聲字的形符和聲符可以替换，有些表意字的偏旁也可以用義近的偏旁來替换。如：

①“茻、艸、林”相替换

【農】西周早期金文或從“茻”，如（3575.1）；或從“艸”，如（2174）；或從“林”，如（189）。

②“又、廾”相替换

【史】商代甲骨文作（合1672），從“又”；西周早期金文或改爲從“廾”，如（2169）。

---

① 高明：《中國古文字學通論》，第142頁。

【羞】商代甲骨文從“又”，如（合 1048）；西周中期或改爲從“廾”，如（1770）。《説文》“羞”下曰：“從羊，羊所進也；從丑，丑亦聲。”①“丑”當是“又”之訛。

③“臼、殳”相替換

【解】商代甲骨文作（合 18387）；從“臼”；西周早期金文或改爲從“殳”，如（2345）。

④“殳、攴、又”相替換

【毀】商代甲骨文或作（合 27894），從“殳”；或作（合 23571），從“攴”。西周早期金文或換成從“又”，如（3480），晚期或作（3633）。

⑤“、几”相替換

【乘】商代甲骨文作（合 7529），從②；西周晚期金文或改從“几”，如（4437）。

⑥“宀、厂”相替換

【安】商代金文從“宀”，如（4881.1）；西周早期或換成從“厂”，如（885）。

⑦“戌、戊”相替換

【威】西周中期或從“戌”，如（4170.1）；或從“戊”，如（4171.1）。

另外還有：

【束】商代甲骨文作（合 14294），裘錫圭謂“字象木上有物纏束之形”；到西周中期作（2830），“字象‘木’的周圍有物包束之形”③。

西周文字的“替换”現象，是古文字形體尚未充分定型的表現，在文字定型過程中，人們完全可以從不同的角度選用義近的形符和音同的聲符來構形。由於社會生活的變遷和語言本身的發展，有時也會引起文字使用者對文字偏旁的替换，從而導致大量的異體字出現。“聲

① 《説文解字》，第 310 頁。
② 見《甲骨文字詁林》按語，第 298 頁。
③ 裘錫圭：《古文字論集》，第 358 頁。

符替换、形符替换”和“表意字偏旁替换”等現象的揭示，有利於我們對西周文字發展程度的準確把握。

（四）訛變

訛變是古文字演變過程中的常見現象。訛變的發生既有因對文字結構的理解錯誤而導致的誤寫，也有因形體相近而發生的混淆，還有借助形近偏旁對原字的有意改造。西周金文中形體訛變較殷商甲骨文更是較多的發生，張桂光曾將古文字的訛變分爲八種類型[①]，大體涵蓋了西周金文的訛變現象。訛變在漢字形體發展演進過程中具有重要的意義，是一個很值得深入研究的問題，根據訛變字與原字的關係，我們將西周金文的訛變現象分爲獨體離析、形近而訛和變形音化三個類别予以討論。

1. 獨體離析

所謂“獨體”，指“獨體字”或合體字中的不可再分析的部分偏旁。“獨體離析”現象是形體訛變中較易被忽視卻又十分重要的一類。在文字演變過程中，“獨體離析”的發生，或因文字形體演變而不自覺地隨時變易，或因使用者誤析形體而以訛傳訛，或出於書寫的便利而調整原字形連接方式，或通過離析偏旁、減少特異形體以優化漢字偏旁系統。儘管原因不盡相同，經過離析改造後導致原字構形理據改變的結果卻是相同的，因此，這應該是一種訛變現象。上文提到的“類偏旁化”，許多就是“獨體離析”造成的。如：

【曾】商代甲骨文作（合 1012），于省吾釋“曾”，並謂“曾字初文上兩畫與相連，積漸孳化，離析爲二”[②]。西周中期或承甲骨文字形，如（2678）（此字增），猶存古形；或離析作（4208）。作“八”作，而減少這一特異形體。

① 張桂光：《古文字中的形體訛變》，《古文字研究》（第 15 輯），第 153—183 頁。

② 見《甲骨文字詁林》所引，第 2125 頁。

【歲】商代甲骨文作（合 25155），或作（合 13475）；西周中期金文或將刃部和柲部離析爲二，如（2838）。

【龠】商代甲骨文作（合 22730），郭沫若謂象編管之形①，管口與管身連在一起；或作（合 4720）。西周早期金文中，管口與管身或分離，如（5421.2）。由而離析爲、，獨體象形蕩然無存，而書寫偏旁卻相對類化減少。

【蔑】商代金文作（5417.1），從戈眉（或釋“媚”）聲。西周中期金文中“眉”與“人”形離析，如（755），字形爲小篆所本，許慎據以析爲“從苜……從戍”②，不確。

【巨】西周早期金文從“大”或“夫”持“工”，如（893）、（689.2）；有時人手之形與人形離析，如（892）、（9456）。後世的“巨”當是在此基礎上省去“大”或“夫”而成，《說文》“巨”下曰：“從工，象手持之。”③

【監】商代甲骨文作（合 27740），從皿從見；西周早期或作（4031），晚期作（9622），“見旁逐漸分離爲從臣從人”④。

【鼄】商代甲骨文作（合 809 正）、（合 17780），“象蛛在網上之形……金文增‘朱’爲聲符。小篆從黽爲訛體，契文本象蛛形。”⑤甲骨文或增“束”爲聲，如（合 36417）⑥。西周中期或將“束”改爲“朱”，如（669），蛛體訛變同“它”。西周晚期還有一個（4158.1），如果我們把字後加的“朱”聲去掉，再把訛變而成的“它”字移上一點，便與後一形體毫無二致了，所以此字當釋“鼄”，是獨體離析的結果。《金文編》隸作“鼅”，陳漢平釋作“黽”⑦，恐均不確。

---

① 見《甲骨文字詁林》所引，第 736 頁。
② 《說文解字》，第 77 頁。
③ 《說文解字》，第 100 頁。
④ 見《甲骨文字詁林》引趙誠說，第 618 頁。
⑤ 見《甲骨文字詁林》按語，第 1822 頁。
⑥ 黄德寬：《古漢字形聲結構論》，黄山書社 1995 年版，第 38 頁。
⑦ 見《金文編訂補》，第 148 頁。

【邁】所從之“萬”在甲、金文中多作（04964）、（合 9812）。上面的觸角形西周早期有時變得近似“止”，如（3724）；有時觸角與身體離析，並且進一步訛成形近之“止”，如（3908）。

2. 形近而訛

“形近而訛”一般發生在文字的偏旁上，是指將甲偏旁寫成形體相近而與該字音、義無關的乙偏旁並沿襲傳承下來的現象[①]。如：

①凡→舟

【歬】甲骨文作（合 5769 正），是“湔”的本字，以盤中洗腳會意，後借爲前進字，並漸爲借義所專。西周中期或作（4220），所從之“凡”訛爲形近之“舟”。張桂光說：“因爲與前進義無涉，與它形近的卻被人們聯想到了，止在盤上的便變成了止舟爲前的（追簋）了。”[②]

②田→用

【甫】商代甲、金文作（合 19430）、（5395.1），從“田”；西周早期金文中或作（9052），所從之“田”訛爲形近之“用”。《說文》將“甫”分析作“從用父”[③]，不確。

③[④]→用

【葡】商代甲骨文作（合 3903），矢置於中；西周金文中作（4243）、（2841B），訛成形近之“用”（“用”與“矢”共用筆畫）。《說文》析“葡”爲“從用苟省”[⑤]，乃據已訛之形立說，不可信。

④日→目

【眔】商代甲骨文作（合 67 正）、（合 31996 正），從“日”；西周金文或承此形，如（2838A）；西周早期就有稍訛的，如（2809）；晚

---

① 如果這種寫法衹是偶爾出現，沒有被沿襲下來，那就是偶然性錯誤，我們稱之爲“無意‘誤書’”（詳後文）。

② 《古文字中的形體訛變》，《古文字研究》（第 15 輯），第 157 頁。

③ 《說文解字》，第 70 頁。

④ 即“同”字，“筒”的初文。

⑤ 《說文解字》，第 70 頁。

期乾脆將所從之“日”訛成形近之“目”，如[glyph]（4313.1），字形爲小篆所本，許慎據以析作“從㐺目”[①]，不可信。

⑤止→中

【奔】西周早期作[glyph]（2837B），從三“止”；或作[glyph]（4241），“止”訛成形近之“中”。《説文》根據已訛之形將“奔”析爲“賁”省聲[②]，不確。

3. 變形音化

“變形音化”，或稱“訛聲”，指表意字形體的一部分逐漸地演化成與之形體相接近的可以代表這個字字音的偏旁。“變形音化”是就訛變的結果而言的，發生訛變的某部分形體經類偏旁化與某個偏旁接近，而這個偏旁的讀音又與整個字的讀音相同或相近，於是就“音化”成爲這個字的表音偏旁——聲符了。如：

【妻】商代甲骨文或作[glyph]（合691正）、[glyph]（合696）；西周早期金文承襲甲骨文形體，如[glyph]（9811.1）；中期作[glyph]（5424.1），上部變成形近的“甾”。“甾”與“妻”聲韻皆近，可以充當聲符。

【朢】商代甲、金文作[glyph]（5417.1）；西周早期金文或增“月”爲形符，如[glyph]（5421.1）。西周中期所從之“臣”又訛變成形近之“耳”，如[glyph]（2812）、[glyph]（4316）；或又作[glyph]（10170），晚期有作[glyph]（2814）。“因‘耳’字與‘亡’字形近，於是便人爲地將‘耳’改造爲與其形體接近且可代表‘望’字讀音的‘亡’字。”[③]《説文》别“望、朢”爲二字，並訓“望”爲“出亡在外望其還也。從亡，朢省聲”[④]，實在是望形生訓，二形實爲一字。

【甫】商代甲骨文作[glyph]（合900正），從田從中。到西周早期金文中，中形或變爲形近之“父”，如[glyph]（9052）。“父、甫”聲近韻同，可以充

---

① 《説文解字》，第169頁。
② 《説文解字》，第214頁。
③ 劉釗：《古文字構形學》，第112—113頁。
④ 《説文解字》，第267頁。

當聲符。字形爲小篆所本，許慎據以析爲“從用父，父亦聲”[1]（“用”是“田”之訛，參“形近而訛”）。

【喪】商代甲骨文作（合8）等形，《甲骨文編》注曰：“此字異構甚繁，有從一口者，有從二口者，有從三口者，有從四口者，有從五口者。”[2] 劉釗說“結構爲從桑從口，口字數量不等，而隨著結構的不同變化數量，是與字音字義無關的‘區別符號’。喪字是從桑字分化出的一個字，即在桑字上加口作爲區別符號從而分化出喪字”[3]。“喪”也有可能是“從口桑聲”的形聲字，衹是“口”的數量不定而已。西周早期金文“桑”的根部訛變，如（2555），原來的兩斜筆被寫到一邊，字形接近“亡”；有的乾脆就同於“亡”，如（3908），原來的兩斜筆變成直筆，下面類化成了“亡”。“亡、喪”韻部同，可以充當聲符。《說文》據已訛之形析“喪”爲“從哭從亡會意，亡亦聲”[4]，不確。

【匹】西周早期作（4044），字形似乎可以分析作“從石乙聲”（乙、匹同部）[5]；晚期或作（2808），原來的“乙”變成形近的“匕”，“匕、匹”韻部陰入對轉[6]。

【青】西周中期作（9898A），從丹生聲；或作（10175），“丹”訛爲形近的“井”，“井、青”聲近韻同，可以充當聲符。

西周文字的“訛變”是古文字在簡化、聲化和符號化這一發展總趨勢的影響下發生的。“獨體離析”減少了古文字中的特異形體，使文字構形偏旁相對減少，書寫更加方便；“變形音化”使原來的表意字演化爲形聲字，從而優化了漢字結構。這兩種訛變現象都是以特殊方式推動古文字的簡化和聲化。“形近而訛”是在文字符號化程度增強的前提下產生的必然現象。西周金文中訛變的形體大多以其優越性

① 《說文解字》，第70頁。
② 《甲骨文編》，第54頁。
③ 劉釗：《古文字構形學》，第110頁。
④ 《說文解字》，第35頁。
⑤ 《說文解字》將“匹”分析作“從八匸……八亦聲”，與古文字不合。第267頁。
⑥ 黃德寬：《古漢字形聲結構論》，第155頁。

而被後世繼承下來，成爲漢字體系的重要組成部分。

三　西周文字的結構

（一）西周所有已識字結構統計分析

就目前我們所見到的出土西周文字資料（包括金文、甲骨文、陶文)來看，已識的西周文字大約1500個①。我們把西周文字的已識字分成象形、指事、會意、形聲四種結構類型，劃分的標準與殷商文字一致。由於一個字頭之下有可能有不同結構類型的異體字，所以，按照結構類型統計出來的總數會略大於西周文字已識字的單字量。

文字的形體是不斷變化的，對結構的分析不能根據後世已經訛變的字形，應當根據早期的字形。商代文字是我們所知的最早的成體系的文字，西周文字又承襲殷商文字，所以我們在分析西周文字結構時必須參考殷商文字。有的字是在西周材料中才見到的，而在同一歷史層面就已經有了幾種不一樣的寫法，這時我們會參考後代字形，因爲文字演變一般都是一個漸進的序列，與後代字形接近的應該就是代表晚出的寫法。由於古文字與《說文》小篆並不完全一致，我們對西周文字結構的分析，主要依據古文字字形，處理的原則也與殷商時代一致。對與《說文》不一致的形體結構，我們會作出適當的說明。

1. 象形字

西周已識字中，象形字有275個，具體如下：

帝、示、祇、王、皇、玉、琮、士、中、串、屮、屯、若、曾、公、必、余、采、牛、牢、告、口、周、單、止、歲、行、牙、足、龠、冊、舌、干、屰、谷、商、十、章、革、鬲、䰜、丮、又、父、ナ、聿、臣、殳、卜、兆、用、爾、目、眉、盾、自、翏、隹、雟、

① 我們統計的結果是1483個。由於不同學者判定的標準不完全一樣，結果可能會有些出入。

羊、鳥、鳳、烏、舄、幺、叀、玄、予、羸、刀、耒、角、竹、箕、畀、工、巫、乃、丂、兮、乎、于、壴、豆、虎、皿、井、皀、鬯、爵、入、矢、高、冂、𦎫、京、亯、畐、良、來、夌、憂、舞、木、果、東、才、朿、南、丰、乇、束、貝、日、昆、㫃、參、月、囧、夕、函、卣、束、鼎、克、彔、禾、穆、米、呂、冖、同、冕、兩、网、巾、帶、帚、白、黹、人、匕、身、衣、衰、卒、老、毛、尸、舟、方、兒、頁、丏、首、須、文、髟、卩、苟、鬼、甶、山、厂、石、長、冄、而、豕、豭、彖、豸、兕、易、象、馬、廌、鹿、麋、兔、犬、尨、能、熒、大、夨、交、尣、壺、㚔、𡘋、巤、心、水、淵、川、巠、州、泉、雷、魚、龍、非、卂、不、西、戶、戹、門、耳、𦣞、手、女、弗、弋、氏、氒、戈、戉、戚、我、乍、匚、甾、弓、發、糸、率、虫、求、它、龜、黽、凡、土、田、黃、幵、且、俎、斤、矛、車、𠭯、𠂤、宁、亞、九、萬、禹、嘼、乙、丙、丁、戊、己、庚、辛、壬、癸、子、疑、了、𡕥、寅、卯、辰、巳、㠯、午、未、申、酉、戌、亥

這些象形字中，“皇、龠、鬲、爾、盾、鳳、麋、壺、淵、雷、疑”等11字又有形聲結構異體。

西周象形字中，有一些與《説文》小篆字形不一致，這應該是字形已發生變化的緣故。下面略舉幾例。

【公】(2553)、(2554)、(648)、(2730)

商代金文“公”作(5074.1)，很顯然是一個整體，我們把它看成象形字。西周“公”字有的承襲商代寫法，有的字形發生離析，參考商代字形，我們當然可以確定上列的前三個字形是代表早期的，第四個字形是後來訛變而成的。《説文》小篆很顯然是由上列訛變的字形演化而來，許慎根據訛變的字形分析成“從八從厶”[①]，當然不可信。

① 《説文解字》，第28頁。

【必】𢀿（4321）、𢀿（4268.1）。

商代金文未見到“必”字，商代甲骨文中作𠃌（合 175），很顯然衹能是一個象形字。西周金文在兩旁加點起平衡、美飾作用，這兩點是羡畫，它們不是“必”字固有的偏旁，所以我們把西周的“必”字仍看成象形字。《說文》小篆𣃚是西周字形進一步演化的結果，許慎根據小篆分析作“從八弋，弋亦聲”[1]，段玉裁又分析作“從弋八聲”[2]，其實都是靠不住的。

【周】𠕁（2661）、𠵖（2628）、𠵖（2730）、𠵖（2678）、𠵖（2841A）

商代金文“周”字作𠕁（8155），商代甲骨文作𠕁（合 1086 正）、𠕁（合 6825），我們認爲應該看成象形字。西周或承襲商代字形，如上列第一形；或於下方加口，如上揭第二形，後面三個字形是第二形的省減。如按文字實際結構來看，我們完全有理由將後面四個字形看成形聲結構，考慮到所加的“口”在古文字中是一個較常見的無意增繁符號，我們將“周”字上所加的“口”看作羡符，所以仍將西周的“周”字看成象形字。《說文》小篆𠮷是由西周字形演變而成，許慎將其分析爲“從用口”[3]，顯然是不合適的。

2. 指事字

西周已識字中，指事字有 68 個，具體如下：

一、元、天、上、下、气、熏、荊、蔡、小、八、嗌、由、丩、言、音、厷、叉、爻、幻、寽、肜、刅、舍、奠、甘、曰、彭、血、丹、今、本、朱、之、生、朿、朿、市、勿、粦、黑、悤、亦、亢、夫、立、息、孔、至、鹵、耴、拇、母、氐、亡、引、終、亟、亙、亘、畺、升、叕、五、六、七、甲、丑

這些指事字中，“熏、荊”2 字又有形聲結構異體。

西周指事字中，有些與《說文》小篆字形不一致，我們略舉幾

[1] 《說文解字》，第 28 頁。
[2] 《說文解字注》，第 49 頁。
[3] 《說文解字》，第 33 頁。

例：

【熏】（9898A）、（4318.2）、（2841A）、（4326）

西周早期“熏”字是於“東”裏加點畫，如上揭第一形，我們視爲指事字。中期或承襲早期字形，如上揭第二形；或加“火”，如後面兩個字形。因爲“火”的意義跟“熏”有關，我們把它看作增加了形符，所以加了“火”的“熏”字我們就看作形聲字，原來的指事字自然就成了聲符。這樣一來，西周金文“熏”字就有了指事和形聲兩種異體。《說文》小篆跟西周文字基本一致，許慎把它分析作“從屮從黑”①，很顯然不合適。

【母】（688）、（2145）、（2774）

“母”字商代金文作（3224）、（5628），是在“女”字上加點畫，我們視爲指事字，西周金文跟商代基本一樣。《說文》小篆作，原來的兩點引成綫條，許慎分析成“從女，象褱子形。一曰象乳子也”②，也都不得要領。

【亡】（2660）、（4140）、（H11：113）

“亡”字商代甲骨文作（合7371）、（合11979），是於刀尖處加指事符號，應該是指事字。上揭後一個是西周甲骨文字形，與商代甲骨文完全一致。商代金文未見到“亡”字，但並不妨礙我們推測西周金文是商代演化的結果。《說文》小篆作，比西周金文又稍訛，許慎將其分析成“從入從乚”③，當然與字形不合。

3. 會意字

西周已識字中，會意字共321個，具體如下：

祼、三、瓚、珏、班、每、苗、芻、折、莫、分、名、各、噩、壽、步、遣、逐、御、建、延、衛、品、喿、嚚、器、廿、卅、世、冊、啻、信、誥、善、競、竟、妾、對、僕、収、弄、戒、兵、具、

① 《說文解字》，第15頁。
② 《說文解字》，第259頁。
③ 《說文解字》，第267頁。

𠬪、興、農、孚、爲、妥、埶、孰、叟、尹、及、秉、反、㝵、取、卑、史、肅、畫、晝、段、殺、皮、啟、徹、肇、敀、攸、敗、寇、斄、牧、甫、葡、爽、夏、眔、相、睸、盾、皆、翟、隻、雀、奞、奮、羔、美、彝、雔、靃、畢、棄、冓、爯、幼、兹、𤔲、奴、叡、死、胤、利、初、則、罰、耤、解、筮、典、巨、𡨦、甚、曶、喜、豊、虐、彪、虢、虤、號、益、昷、彤、即、食、飤、饡、合、會、倉、內、躲、侯、央、就、𦎫、𩫖、啚、嗇、夏、韋、乘、李、某、樂、采、析、休、梟、林、出、索、剌、因、圂、買、朋、邑、晉、昏、㬎、昊、昶、朝、斿、旋、旅、族、疊、朏、夗、多、齊、秦、舂、臽、麻、向、實、寶、宧、宰、寑、寡、寒、宋、宗、竈、窺、㒳、敝、保、佩、付、偁、㪔、伐、咎、弔、卓、从、并、北、似、眾、朢、監、孝、毳、屍、㞕、兌、兄、㱙、見、視、覓、次、吹、縣、司、令、印、辟、匊、昜、豙、𤕦、豚、𩁹、瀍、麃、臭、狄、獄、尞、焚、光、炎、燮、赤、夾、吳、奔、執、圉、盩、奏、竝、慶、衍、津、休、涿、沬、涉、侃、谷、穌、鮮、巠、庫、闢、閒、閑、閉、耿、聯、聽、聞、聝、承、揚、妻、威、好、婁、奻、姦、民、戎、戍、或、𢦏、武、戠、匃、弜、盭、孫、絕、彝、絲、二、圭、堯、堇、里、野、男、加、鑄、鑿、輦、官、陟、三、獸、辭、孱、𦊆、毓、羞、臾、配、尊

這些會意字中，“各、遣、御、衛、農、埶、肇、晝、啟、牧、甫、耤、會、韋、樂、旅、寶、朢、屍、兄、視、辟、聝、揚、妻、鑄、辭”等27字又有形聲結構異體。

西周會意字與《說文》也有不一致的，略舉幾例：

【敀】(4330)

商代未見“敀”字，西周從攴從耳會意。《說文》小篆作，與金文完全一致，許慎分析作“從攴耴省聲”[1]，恐怕沒有什麼根據。

---

① 《說文解字》，第68頁。

【段】（3586）、（4208）

商代未見“段”字，西周金文從攴從石會意①。《說文》小篆作，比金文稍訛，許慎分析作“從殳，耑省聲”②，不確。

【鮮】（2143）、（10166A）、（4362.2）

商代資料沒有見到“鮮”字，西周金文均作從魚從羊會意。《說文》小篆作，與金文偏旁完全一致，許慎分析成“從魚，羴省聲”③，恐不足爲據。

4. 形聲字

西周已識字中，形聲字共859個，具體如下：

吏、旁、祜、福、祐、神、禋、祭、祀、祠、礿、祝、禦、𥛱、皇、玟、珷、瑠、𡋯、璧、環、璜、琱、熏、蓼、芇、芜、荊、茀、艿、蘇、蒿、𦾔、尚、番、牡、犅、牲、犀、吾、哲、君、命、召、唯、哉、台、咸、右、啻、吉、唐、𠫑、咅、噧、各、否、哀、嗀、哦、唬、𠵿、嚴、喪、走、趞、趯、趛、趩、趙、趠、𧾕、趡、𧺼、㠓、堂、歷、歸、登、此、正、是、迹、逹、邁、巡、徒、邍、征、述、過、遺、進、造、迨、遄、速、逆、遇、遘、通、還、選、遣、邐、遲、遹、違、達、逋、遺、追、遠、邊、道、遽、邊、德、復、彶、待、退、後、得、律、御、廷、衛、衛、路、龠、龢、嗣、𦧇、句、拘、古、千、博、許、讎、訓、誨、誾、訊、諶、諱、誓、諫、諫、諴、諺、誖、䜌、詘、訇、諆、訏、諆、誣、訟、譖、諫、譽、讕、童、業、奉、奐、弁、龏、樊、共、異、與、農、鞞、鞾、鞃、靳、勒、鞭、鬲、鬳、融、𠃮、𩰫、巩、𢀜、右、曼、𢿧、叟、𣪕、叔、叚、友、事、肄、書、畫、臤、臧、殹、毅、𣪘、㲄、寺、尋、専、啟、肇、敏、敃、救、整、效、故、政、𢾾、儆、更、戠、𢿢、救、赦、𢿘、𢿿、攻、𢻎、敔、畋、攺、牧、教、斁、貞、卲、甫、

① 江學旺：《段、叚試析》，《語言研究》2013年第2期。

② 《說文解字》，第66頁。

③ 《說文解字》，244頁。

庸、爾、眂、睘、睽、旬、睦、睗、眣、眚、盾、魯、者、晳、百、雒、閵、雗、雁、雜、雔、堆、奪、雚、舊、乖、蔑、羝、羌、鳳、鸞、難、幽、幾、惠、疐、放、敖、爰、受、敢、歾、臚、散、辨、列、割、刜、釗、剌、劒、㓞、耤、衡、觴、笱、箕、簡、簟、筥、簠、笭、簧、左、差、曆、猒、曹、暜、曹、迺、逌、甹、寍、可、旨、嘗、尌、嘉、鼓、豐、虞、虔、虘、虖、虢、虒、盂、盛、齍、盧、盬、盄、盨、盉、卹、盡、青、靜、刑、既、亘、鬱、饗、餗、饔、飴、養、饙、餔、饉、會、缶、匋、鐳、亳、市、厚、亩、稟、牆、麥、致、韋、弟、夆、枏、梅、亲、楷、棠、杜、棫、杙、柞、櫅、楊、柳、楮、杞、桐、柏、桹、格、槃、橿、樂、梁、校、桒、榭、楚、楙、㞷、師、孛、巫、巢、櫜、圖、國、圃、圍、員、賢、賚、賸、賞、贏、貳、賓、質、貿、責、賈、賁、賦、賣、邦、都、邠、鄭、邾、邛、鄱、昧、昭、昔、旦、旂、旃、旄、旅、霸、有、朙、盟、夜、外、夢、甬、韖、鼒、鼎、穖、穅、年、穌、秭、粱、糂、糕、糟、家、宅、室、宣、宛、宇、寷、寏、弦、康、宬、寍、定、安、宓、宴、寴、寶、守、寵、宥、宜、宵、宆、客、寓、害、索、宄、宕、㝨、宮、寮、疾、瘨、胄、冒、罨、帥、幬、幃、席、布、帢、帛、黼、伊、倗、何、備、儕、側、儥、佁、便、任、俗、傳、佚、侮、佃、偃、伏、佋、焚、眞、從、比、冀、朢、重、量、臨、殷、衮、裏、襮、裣、襲、袤、褱、襄、褻、裨、裘、耇、壽、考、屖、屒、履、俞、朕、般、服、允、兄、兢、先、視、觀、親、次、歓、㾜、顏、頌、傾、頵、碩、顯、顥、顧、順、鎮、項、類、頪、顯、頣、頲、㐱、髮、卯、卲、卿、辟、匍、勻、旬、匌、匔、復、冢、敬、𩴉、畏、岡、巒、密、廬、庭、廄、廣、庶、廙、廟、廠、厲、厤、应、豦、彘、豹、貙、貘、貂、貉、貍、駒、驪、騅、駱、駟、驅、鷙、麋、麇、麀、麗、狗、獻、狂、猷、獄、獒、熬、夒、照、奎、奄、夸、夷、喬、壺、懿、報、奢、執、奚、昆、悳、念、憲、愁、愯、懋、慕、悆、愉、惷、河、沱、涇、浪、洛、淖、油、淮、淠、濼、洹、湡、海、滔、泌、減、汪、潏、淪、湋、淵、淖、沙、潢、灉、湛、潦、沈、淊、涇、湯、液、淳、瀘、瀕、流、緐、原、羕、雷、電、霝、雩、需、鰥、漁、鱻、龕、否、閈、闌、閔、聖、聾、聝、捧、扶、擇、掔、揚、振、擁、擐、擣、播、撲、姜、姬、姞、嬴、姚、嫣、妘、妻、婦、妊、姁、姑、妣、姊、妹、姪、奴、㚤、𩂣、改、始、媚、姝、姛、媅、孌、妄、嬨、嫖、婎、嫚、媿、肇、戟、賊、戲、戈、義、直、匿、匽、匹、匡、匜、弭、彊、弘、疆、弙、弼、繇、純、經、絅、綰、綨、綬、組、縷、縈、緘、維、繇、綏、韓、䜌、蛸、蜀、蟺、蠚、黿、恒、地、堣、塍、堵、在、坒、壚、封、城、坏、艱、盩、晦、畯、留、勇、金、錫、鋈、鑄、鐈、鑊、鎣、鈞、鈴、鐘、鎗、鏓、鐊、鋪、處、斯、斷、新、較、軫、轙、軝、䡜、輔、轉、陵、陰、陽、陸、陂、限、隥、降、阤、隆、陶、隊、隫、禽、成、曩、辥、辤、辭、字、㝅、孿、季、孟、疑、醴、酌、酓

這些形聲字中，“皇、龠、鬲、爾、盾、鳳、麋、壺、淵、雷、疑”等11字又有象形字異體，“熏、荊”2字又有指事字異體，“各、遣、御、衛、農、埶、肇、晝、啟、牧、甫、耤、會、韋、樂、旅、寶、朢、屎、兄、視、辟、揚、妻、鑄、辭、聝”27字又有會意字異體。

西周形聲字也有與《説文》不一致的，有的可以補《説文》之不足。略舉幾例：

【叚】[字形]（9899.2）、[字形]（2833）、[字形]（近二328）

商代資料目前還沒見到“叚”字，西周金文大多作上揭字形。第一個字形見於中期材料，我們把它分析成“從又石聲”；後兩個見於西周晚期材料，我們可以把它看成是增加了形符“爪”，“叚”字的初文客觀上就成了新字形的聲符，當然是形聲字；我們也可以把後兩個看成是形符替換，即用“受”替換了“又”，仍然是形聲字[①]。《説文》

① 江學旺：《段、叚試析》，《語言研究》2013年第2期。

小篆作，引譚長所說字形作，這個字形與金文還十分接近，《說文》小篆是訛變的結果。許慎於字形說“闕”，表示他不知如何分析，實際上是個形聲字，金文資料可以彌補《說文》不足。

【祝】（1938）、（9455）

商代金文作（近出 849），從跪著的“人”和“口”會意。商代甲骨文或同金文，如（合 19890）、（合 32527）；或增加“示”，如（合 8093）、（合 25918），此時其實際結構應該看成形聲結構了，即“從示聲”。《說文》小篆正同西周金文，許慎分析作“從示，從人、口。一曰從兌省”[1]，都與實際不合。

【進】（2726）、（9594.1）、（10174）

西周早期金文作前兩形，因爲後世都沒有那一點，可以推知第二形比第一形的寫法要遲些。早期“進”字所從的，劉釗釋“膺”[2]，則此字本是形聲字，即“從辵聲”；第二、第三形當是脫落了指事符號所致。《說文》小篆承襲的正是脫落點畫的字形，許慎分析作“從辵，閵省聲”[3]，與古文字不合。

西周文字目前已識字的單字量是 1483 個，如果按照不同結構類型統計是 1523 個（有的一個字頭有兩種結構的異體）。其中，象形字占結構類型總數的 18.0%，指事字占結構類型總數的 4.5%，會意字占結構總數的 21.1%，形聲字占結構總數的 56.4%。

西周時期文字結構類型比例

	象形	指事	會意	形聲	合計
數量	275	68	321	859	1523
比例	18.0	4.5	21.1	56.4	100（%）

① 《說文解字》，第 8 頁。
② 《古文字構形學》，第 82 頁。
③ 《說文解字》，第 39 頁。

（二）西周傳承已識字結構統計分析

西周使用的文字中，有不少都傳承自商代，根據我們的統計，傳承的已識字有840個，按照結構類型統計是877個。這一部分文字跟西周時期新增的文字結構特點有所不同，它作爲西周仍在使用的文字，會直接影響西周時期文字不同結構類型所占比例。

1. 象形字

西周傳承字中，象形字有245個，具體如下：

帝、示、王、皇、玉、琮、中、串、屮、屯、若、曾、公、必、余、采、牛、牢、告、口、周、單、止、歲、行、足、龠、冊、舌、干、屰、商、十、章、革、鬲、丮、又、父、𠂇、聿、臣、殳、卜、兆、用、爾、目、眉、盾、自、隹、雟、羊、鳥、鳳、幺、叀、玄、𦥑、刀、角、竹、箕、畀、工、巫、乃、丂、兮、乎、于、壴、豆、虎、皿、井、皀、鬯、爵、入、矢、高、冂、亯、京、亯、畐、良、來、麦、舞、木、東、才、朿、南、丰、乇、束、貝、日、㫃、參、月、囧、夕、毌、圅、卣、朿、鼎、克、彔、禾、穆、米、呂、同、冕、网、巾、帶、帚、白、黹、人、匕、身、衣、卒、老、尸、舟、方、兒、頁、丏、首、須、文、髟、卩、苟、鬼、山、石、長、冄、而、豕、豭、彖、兕、易、象、馬、廌、鹿、麋、兔、犬、龙、焱、大、夨、交、壺、幸、執、心、水、淵、川、州、泉、雷、魚、龍、非、卂、不、西、戶、門、耳、𦣞、女、弗、弋、氒、戈、戉、戚、我、乍、匚、甾、弓、發、糸、率、虫、求、它、黽、黽、凡、土、田、黃、幵、且、斤、車、𠂤、宁、亞、九、萬、禹、嘼、乙、丙、丁、戊、己、庚、辛、壬、癸、子、疑、㚘、寅、卯、辰、巳、㠯、午、未、申、酉、戌、亥

這些傳承的象形字中，“皇、龠、鬲、爾、盾、鳳、麋、壺、淵、

雷、疑”等 11 字又有形聲結構異體，而“鬲、爾、盾、壺、雷、疑”等 6 字的形聲結構異體是在西周才出現的。

2. 指事字

西周傳承字中，指事字有 53 個，具體如下：

一、元、天、上、下、气、小、八、由、丩、言、厷、㕚、爻、奠、甘、曰、彭、血、丹、今、朱、之、生、朿、彤、勿、粦、黑、恖、亦、亢、夫、立、息、至、鹵、耴、拇、母、亡、引、終、亟、亙、亘、畺、升、五、六、七、甲、丑

3. 會意字

西周傳承字中，會意字有 242 個，具體如下：

祼、三、珏、每、芻、折、莫、分、名、各、茾、步、遣、逐、御、建、延、衛、品、廿、卅、卌、信、競、竟、妾、對、僕、収、弄、戒、兵、具、興、農、孚、爲、埶、孰、叟、尹、及、秉、反、𠬝、取、史、畫、書、皮、啟、徹、肇、攸、敗、寇、牧、甫、匍、爽、旻、眔、相、䀠、皆、翟、隻、雀、美、彝、雔、靃、棄、冓、爯、幼、兹、奴、叡、死、利、初、耤、解、典、彝、喜、豊、虘、虢、虤、益、昷、即、食、飤、合、會、倉、内、𨈖、侯、央、就、𦎫、𩫏、啚、嗇、夏、韋、乘、李、樂、采、析、休、梟、林、出、索、刺、因、圂、買、朋、邑、晉、昏、朝、旋、旅、族、斿、殈、多、齊、秦、春、臽、向、寶、宰、寑、寒、宋、宗、窺、敝、保、付、偁、散、伐、咎、弔、从、并、北、似、眾、聖、監、孝、屍、屖、兌、兄、既、見、視、覓、次、司、令、印、辟、易、鰥、豚、灋、臭、尞、焚、光、炎、燮、赤、夾、吳、執、圉、奏、竝、慶、衍、休、涿、沫、涉、侃、永、谷、聯、聽、聞、承、揚、妻、好、奻、姦、妥、民、戎、成、戔、武、戠、匄、弜、孫、絕、彝、絲、二、圭、堯、堇、野、男、鑄、鑿、輦、官、陟、三、獸、辭、毓、羞、配、尊

這些傳承的會意字中，“各、遣、御、衛、農、埶、肇、畫、啟、

牧、甫、耤、會、韋、樂、旅、寶、望、屖、兄、視、辟、揚、妻、鑄、辭”等26字又有形聲結構異體，而“各、農、肇、畫、甫、會、樂、旅、望、屖、兄、視、揚、妻、鑄、辭”等16字的形聲結構異體又是在西周時期出現的。

4. 形聲字

西周傳承字中，形聲字有337個，具體如下：

吏、旁、祭、祀、祝、禦、皇、璧、芇、艿、蒿、萅、牡、犅、吾、君、召、唯、咸、吉、唐、咅、噧、各、唬、嚴、喪、走、趄、歷、歸、登、此、正、巡、徒、過、進、迨、速、逆、遘、通、遣、邐、遲、達、逋、追、遠、邍、遽、邊、德、復、彶、退、後、得、律、御、衛、龠、龢、嗣、古、千、博、訊、䜐、童、龏、共、異、農、鞭、鬲、鬳、融、埶、[illegible]、[illegible]、右、曼、叡、[illegible]、䝅、叔、友、肄、畫、臤、臧、段、皃、尋、啟、肇、敏、敄、效、更、畋、牧、教、斆、貞、甫、庸、爾、眚、盾、魯、者、[illegible]、百、雝、堆、雚、舊、蔑、羌、鳳、幽、疐、爰、受、散、㓝、則、㓞、耤、衡、曆、曶、朁、曹、迺、逌、甹、寧、可、旨、嘉、鼓、盂、齍、盧、青、既、𠤷、會、缶、亳、市、厚、亩、牆、麥、韋、夅、櫅、柳、杞、柏、櫑、樂、枼、楚、㞷、師、孛、圖、圃、圍、員、賸、賓、責、賈、賚、邦、昔、旦、旂、旅、霸、朙、盟、韗、鼐、穅、年、糧、家、宅、室、宣、宛、寍、定、安、宓、寶、守、寵、宜、索、宕、[illegible]、宮、寮、疾、冑、䍙、帛、黼、伊、倗、何、備、任、傳、從、比、望、重、量、殷、襄、裘、屖、履、俞、朕、般、服、允、兄、先、視、次、歆、順、頵、邲、卲、辟、旬、畏、廏、庶、廙、[illegible]、豹、貘、麋、麇、麗、獻、狂、猷、獄、夒、夸、夷、壺、奚、念、懋、河、洛、淮、濼、洹、湡、淵、潢、潦、沈、涇、原、雷、靁、雩、漁、闌、聖、聾、扶、擇、揚、擐、姜、姬、妻、婦、妊、姞、妹、姪、始、媚、姝、肈、戈、義、直、匿、匽、弘、䜌、蜀、蟺、黿、艱、畯、金、鑄、鑊、新、陽、陸、降、陶、隮、禽、成、曩、

辪、辭、字、孿、季、孟、疑、畬

這些傳承的形聲字中，“皇、龠、鬲、爾、盾、鳳、麋、壺、淵、雷、疑”等11字又有象形字異體，“各、遣、御、衛、農、𠃬、肇、畫、敨、牧、甫、耤、會、韋、樂、旅、寶、望、屖、兄、視、辟、揚、妻、鑄、辭”等26字又有會意字異體。

西周時期傳承字（包括傳承字中新增的形聲異體字形）各種結構類型所占的比例如下：

西周時期傳承字結構類型比例

	象形	指事	會意	形聲	合計
數量	245	53	242	337	877
比例	28.0	6.0	27.6	38.4	100（%）

我們將西周傳承字與整個西周時期已識字結構類型相比，可以看到每種結構類型所占比例二者很不一致：西周時期象形字比例是18.0%，而傳承字中象形字占28.0%，二者相差10個百分點；西周時期指事字比例是4.5%，而傳承字中指事字占6.0%，二者相差1.5個百分點；西周時期會意字比例是21.1%，而傳承字中會意字占27.6%，二者相差6.5個百分點；西周時期形聲字的比例是56.4%，而傳承字中形聲字占38.4%，二者相差18個百分點。

如果衹統計商代傳承的字形，比例還有不同。因爲商代傳承的象形字中有“鬲、爾、盾、壺、雷、疑”等6字在西周又通過加形（即“鬲、壺、雷”）或加聲（即“爾、盾、疑”）的方式形成了形聲結構的異體，傳承的會意字中有“各、農、肇、畫、甫、會、樂、旅、望、屖、兄、視、揚、妻、鑄、辭”等16字在西周通過加形（即“各、肇、畫、會、旅、望、屖”）、加聲（即“樂、兄、視”）、變形音化（即“甫、妻”）、異體糅合（即“農、揚、鑄”）和另造（即“揚、鑄、辭”）的方式形成了形聲結構的異體，這22個（“揚、鑄”2字異體糅合和另造的結構都是形聲結構，不另計）形聲結構的字形實際不是來自商代。除去這22個，真正傳承自商代的字形總數應是855個。

西周時期傳承字形結構類型比例

	象形	指事	會意	形聲	合計
數量	245	53	242	315	855
比例	28.7	6.2	28.3	36.8	100（%）

我們再將傳承自商代的字形跟整個西周時期相比，就會看到差距更大：西周時期象形字比例是18.0%，而傳承的字形中象形字占28.7%，二者相差10.7個百分點；西周時期指事字比例是4.5%，而傳承的字形中指事字占6.2%，二者相差1.7個百分點；西周時期會意字比例是21.1%，而傳承的字形中會意字占28.3%，二者相差7.2個百分點；西周時期形聲字的比例是56.4%，而傳承的字形中形聲字占36.8%，二者相差19.6個百分點。

以形表意的文字（包括象形、指事、會意），都是傳承字（或傳承的字形）比例高於整個西周時期的，而形聲字卻是西周時期比例高於傳承字（或傳承的字形）。由此可見，不僅傳承字不能反映西周時期文字構形方式的變化，由於傳承字或傳承的字形在西周文字中占有很大比重（傳承字所占的比例爲56.6%，傳承的字形所占比例爲56.1%），就連整個西周時期所有文字的結構類型比例，恐怕都不能真正反映西周時期文字構形方式的變化，衹有研究西周時期新增文字的結構類型，才能真正揭示西周與殷商時期文字構形方式的不同。需要說明的是，西周使用的文字大多傳承自商代，商代使用的文字也不一定都是商代創造的，有可能也有傳承自前代的，因爲目前沒有更早的文字材料來證明，我們姑且把它們當作商代的。

（三）西周新增已識字結構統計分析

西周時期新增的已識字字頭是 643 個，這些新增字頭按照結構類型統計是 646 個。具體如下：

1. 象形字

西周時期新增的象形字 30 個，具體如下：

士、牙、谷、鬲、翏、烏、舄、予、耒、憂、果、昆、冖、兩、衰、毛、由、厂、豸、能、九、㡭、巠、乇、手、氏、俎、矛、𠷎、孓

2. 指事字

西周時期新增的指事字 15 個（其中“熏、荊”又有形聲結構異體），具體如下：

熏、荊、蔡、嗌、音、幻、寽、办、舍、本、朿、市、孔、氏、叕

3. 會意字

西周時期新增的會意字 79 個（其中“聝”又有形聲結構異體），具體如下：

瓚、班、苗、噩、喿、嚚、器、世、啻、誥、善、𣥂、卑、肅、段、殺、取、𢼸、奞、奮、羔、畢、𦍒、胤、則、罰、筮、巨、甚、旨、彪、虢、彤、饡、某、㬎、昊、昶、疊、朏、麻、實、宦、寡、竈、㒼、佩、卓、毳、吹、縣、匊、豖、鬻、麃、狄、獄、奔、盭、津、鯀、鮮、䡵、庫、闢、閒、閑、閉、耿、聝、威、婁、或、盩、里、加、孱、昏、臾

4. 形聲字

西周時期新增的形聲字 522 個（其中“熏、荊”又有指事字異體，“聝”又有會意字異體），具體如下：

祜、福、祐、神、禋、祠、礿、禕、玟、珷、珋、璗、環、璜、琱、熏、蓼、芜、荊、茀、蘇、尚、番、牲、犀、哲、命、哉、台、

右、音、鬲、否、哀、殻、哦、嚴、趞、趯、趛、趩、趙、趠、𧾨、趡、𡸀、党、是、迹、逹、邁、邎、征、述、𨗨、造、遄、遇、還、選、遹、違、遺、道、待、廷、衛、路、軹、句、拘、許、讎、訓、誨、誾、諶、諱、誓、誎、諫、諴、諺、誖、䜌、詍、訇、諆、訏、𧩯、訟、譖、誎、𧬓、讕、業、奉、奐、弇、樊、與、鞞、𩍛、鞃、靳、勒、巩、叚、事、書、殹、毅、寺、専、敃、整、故、政、敦、㡀、敳、敶、救、赦、敡、㪨、攻、敔、改、卲、眡、睘、睽、旬、睦、睗、眣、維、閵、䪏、雁、雜、奪、乖、羝、鸞、難、幾、惠、放、敖、敢、歾、臚、辨、列、割、釗、劎、觴、筍、䈎、簡、簟、筥、簋、笭、簧、左、差、猒、嘗、尌、豐、虞、虔、虘、虖、虢、虒、盛、盬、盄、盨、盉、卹、盡、靜、刑、鬱、饕、餗、饔、飴、養、饌、餔、饉、匋、鑐、稟、致、弟、枏、梅、亲、楷、棠、杜、棫、杙、柞、楊、楮、桐、根、格、槃、梁、校、樹、楙、𣐫、巢、橐、國、賢、賚、賞、贏、貳、質、貿、賦、賣、都、邠、鄭、邾、邛、鄮、昧、昭、旃、旄、有、夜、外、夢、甬、鼏、穖、穌、秫、粱、糂、𥻨、宇、寷、𡧍、弦、㝩、宬、宴、寴、宥、宵、宄、客、寓、害、宂、瘨、冒、帥、幬、幃、席、布、帢、儕、側、儥、佁、便、俗、佚、侑、佃、偃、伏、佋、僰、眞、冀、臨、衮、裏、襮、袷、襲、衺、褱、褻、裨、耇、壽、考、屒、兢、觀、親、𣨶、顏、頌、𩓌、頛、碩、顯、顥、顧、鎮、項、顡、頪、顯、頧、参、髮、卿、匍、匀、匌、匓、𠣞、冢、敬、魖、岡、巒、密、廬、庭、廣、廟、𠪚、厲、厤、应、豦、貙、貂、貉、貍、駒、驪、騅、駱、駟、驅、䳋、麀、狗、燹、熬、照、奎、奄、喬、懿、報、奢、𡚇、昆、悳、憲、愁、愯、慕、悆、愉、惷、沱、涇、浪、渒、油、淠、海、滔、泌、減、汪、潏、淪、漳、淖、沙、淄、湛、淊、湯、液、淳、瀘、瀨、巟、緐、羕、電、需、鰥、鱻、龕、否、閈、閔、聝、捧、擊、振、擁、擣、播、撲、姑、嬴、姚、嫣、妘、姁、妣、姊、奴、妷、嬃、攺、姛、媅、孌、妄、嬂、嫖、婎、嫚、媿、戟、賊、戲、匹、匡、匜、弭、彊、疆、研、弼、緐、純、經、絅、綰、綨、綏、組、縷、縈、緘、維、緐、綏、鞣、蛸、蝳、恒、地、堣、塍、堵、在、坒、壎、封、城、坏、鳌、晦、留、勇、鍚、鍌、鐈、鍌、鈞、鈴、鐘、鎗、鍯、鐊、鋪、処、斯、斷、較、軫、轙、軝、軼、輔、轉、陵、陰、陂、限、隥、阤、隓、隊、辥、嗀、醴、酌

西周時期新增的字頭中，象形字占 4.7%，指事字占 2.3%，會意字占 12.2%，形聲字占 80.8%。

西周新增字結構類型比例

	象形	指事	會意	形聲	合計
數量	30	15	79	522	646
比例	4.7	2.3	12.2	80.8	100（%）

跟傳承字相比，象形字所占比例下降了 24.0%，指事字所占比例下降了 3.9%，會意字所占比例下降了 16.1%，形聲字所占比例上升了 44.0%。以形表意的文字比例大幅下降，形聲字比例大幅上升。

如果我們把傳承字新增的 22 個形聲結構的字形也考慮進去，西周時期新增字形總數則爲 668，比例也就不同了。

西周新增的字形結構類型比例

	象形	指事	會意	形聲	合計
數量	30	15	79	544	668
比例	4.5	2.3	11.8	81.4	100（%）

而從整個西周時期來看，象形字占 18.0%，比實際新增的象形字高出 13.5 個百分點；指事字占 4.5%，比實際新增的指事字高出 2.2 個百分點；會意字占 21.1%，比實際新增的會意字高出 9.3 個百分點；形聲字占 56.4%，卻又比實際新增的形聲字低 25 個百分點。

總之，西周時期新增的字形，以形表意類字形（包括象形、指事、會意）總共不到20%，形聲字超過80%，說明漢字構形方式發生了重大調整，形聲構形方式成爲絕對主體。

四 西周文字的字用

字用研究主要考察某個歷史時期文字使用的數量和具體情況，包括常用字和罕用字、字詞和字際關係，以及文字書寫的有關問題等。

（一）西周文字的字量

1. 西周文字單字總量

根據已公布的西周時期文字資料（主要是西周金文和周原甲骨文，還有少量西周陶文等材料），我們編製了《西周文字字形表》，統計出了西周可以辨識的單字量是1961個[①]，其中已識字是1483個，可隸定字478個。還有一些字偏旁結構目前尚不明朗而無法歸併，甚至連是不是字學術界都還存在分歧，這類字大約1500個，就地下出土材料而言已發現的西周時期單字總數大約3500個左右。西周時期的已識字使用頻率明顯高於未識字，也許正是因爲這些字使用得多，是常用字，爲後世所傳承使用並收入字典辭書，我們今天才得以真正認識。至於那些未識字，有些也許隨著舊詞的消亡而消亡了，有些也許爲後世新的字形取而代之了，所以考釋的難度較大。

2. 西周時期的傳承字和新增字

就一個時代使用的文字來看，可以分爲傳承字和新增字兩個部分。傳承字是承襲前代已有的字；新增字是前代沒有而該時代新出現

① 由於不同的人判定的標準不一樣，特別是那些未識字的分合不一致，統計出的數字肯定會有出入。

的字。將西周文字與商代文字相比，我們統計出了西周的傳承字和新增字。由於我們不能確定無法隸定的字跟前代文字的關係，暫不比較這些字，衹對已識字加以比較。

（1）傳承字

就目前所見到的材料來看，西周傳承自商代的文字共有 840 個。具體如下：

一、元、天、吏、上、帝、旁、下、示、祭、祀、祼、祝、禦、三、王、皇、玉、璧、琮、玨、气、中、串、屮、屯、每、芇、若、芻、折、艿、蒿、萅、莫、小、八、分、曾、公、必、余、采、牛、牡、犅、牢、告、口、名、吾、君、召、唯、咸、吉、周、唐、咅、噧、各、唬、由、嗀、單、喪、走、趄、止、寺、歷、歸、登、步、歲、此、正、巡、徒、過、進、迨、速、逆、遘、通、遣、邐、遲、達、逋、追、逐、遠、邍、遽、邊、德、復、彶、退、後、得、律、御、建、延、行、衛、足、品、龠、龢、冊、嗣、舌、干、屰、商、丩、古、十、千、博、廿、卅、言、訊、信、䛽、競、章、竟、童、妾、對、僕、収、弄、戒、兵、龔、具、共、異、興、農、革、鞭、鬲、鬳、融、孚、爲、丮、埶、孰、䊮、㚸、又、右、厷、叉、父、叟、曼、尹、叡、夌、及、秉、反、𠬝、㱿、叔、取、友、𠂇、史、肄、聿、畫、晝、臤、臣、臧、殳、段、殷、尋、專、皮、啟、徹、肇、敏、敄、效、更、攸、敗、寇、畋、牧、教、斆、卜、貞、兆、用、甫、庸、葡、爻、爾、爽、夏、目、眔、相、眀、眉、眚、盾、自、皆、魯、者、𦣞、百、翟、隹、隻、巂、雀、瞿、琟、雚、舊、蔑、羊、美、羌、彝、雔、靃、鳥、鳳、棄、冓、爯、幺、幼、幽、叀、惠、玄、兹、爰、受、𣦼、𣦿、死、散、嬴、刀、利、初、刜、剝、㓞、耤、角、衡、解、竹、箕、典、畀、奠、工、𢀜、巫、甘、曆、曰、𣈜、朁、曹、乃、迺、逌、丂、甹、寧、可、兮、乎、亏、旨、喜、壴、彭、嘉、鼓、豆、豐、虘、虎、虓、虤、皿、盂、齍、盧、益、昷、血、丹、青、井、皀、即、既、亘、鬯、爵、食、飤、合、今、會、倉、入、內、缶、矢、躲、矦、高、亳、冂、市、央、𩫏、京、就、亯、𦎫、𩫖、厚、畐、良、㐭、啚、嗇、牆、來、麥、夌、致、夏、舞、韋、夅、乘、木、李、櫅、柳、杞、柏、朱、櫑、樂、采、析、枼、休、梟、東、林、楚、才、之、師、出、索、孛、朿、南、生、丰、乇、束、刺、圖、圃、因、圍、圂、員、貝、賸、賓、責、賈、𧵩、買、朋、邑、邦、日、晉、昏、昔、旦、朝、㫃、旂、旋、旅、族、曑、月、霸、朙、囧、盟、夕、夙、多、毌、函、𣐺、𩏂、卤、齊、束、鼎、鼐、克、彔、禾、穆、穅、年、秦、米、糟、春、臽、家、宅、室、宣、向、宛、寍、定、安、宓、寶、宰、守、寵、宜、寑、寒、索、宕、宋、𥨶、宗、宮、呂、寮、窺、疾、同、冕、冑、网、䍙、巾、帶、帚、帛、白、敝、黹、黼、人、保、伊、倗、何、備、付、偁、㪔、任、傳、伐、咎、弔、匕、从、從、幷、比、北、㐺、眾、朢、重、量、監、身、殷、衣、襄、卒、裘、老、孝、尸、屍、屖、履、舟、俞、朕、般、服、方、兒、允、兌、兄、兓、先、見、視、次、㱃、㳄、頁、順、丏、首、須、頿、文、彣、司、卩、令、𠨍、卲、印、辟、旬、苟、鬼、畏、山、廏、庶、廣、石、長、勿、昜、冄、而、豕、豭、豩、彖、彘、豚、豹、貘、兕、易、象、馬、廌、灋、鹿、麋、麇、麗、兔、犬、尨、臭、獻、狂、猷、獄、尞、䙴、焚、光、炎、燮、粦、黑、悤、熒、赤、大、夾、夸、夷、亦、夨、吳、交、壺、㚔、執、圉、亢、𡗜、奏、奚、夫、立、竝、心、息、念、慶、𢙢、水、河、洛、淮、濼、洹、湡、衍、淵、潢、㳕、潦、涿、沈、涇、沫、涉、川、侃、州、泉、原、永、谷、雷、霝、雩、魚、漁、龍、非、卂、不、至、西、鹵、戶、門、闌、耳、耴、聯、聖、聽、聞、聾、臣、拇、扶、擇、承、揚、擐、女、姜、姬、妻、婦、妊、母、姑、妹、娙、始、媚、姝、好、奻、姦、民、弗、弋、乑、戈、肇、戎、戍、𢦏、戔、武、戠、戉、戚、我、義、直、亡、乍、匄、匿、匽、匚、甾、弓、引、弘、發、弜、孫、糸、絕、終、彝、絲、𢇍、率、虫、蜀、蟺、求、它、黿、黽、鼉、二、亟、亙、亘、凡、土、圭、堯、堇、艱、野、田、畯、畺、黃、男、金、鑄、鑊、鑿、幵、且、斤、新、升、車、輦、𠂤、官、陽、陸、陟、降、陶、三、宁、亞、五、六、七、九、禽、萬、禹、嘼、獸、甲、乙、丙、丁、戊、成、己、巽、庚、康、辛、辪、辭、壬、癸、子、字、㝅、孌、季、孟、疑、毓、㷭、丑、羞、寅、卯、辰、巳、㠯、午、未、申、酉、配、酓、尊、戌、亥

有些字見於殷商而不見於西周的出土材料，有可能是已退出使用領域，也有可能是由於出土材料所限而未被發現的緣故。如果材料更充足些，比較的結果可能就不一樣了。這些傳承字幾乎都是商周的常用字。

（2）新增字

西周已識字中新增字爲 643 個。具體如下：

祜、福、祐、祇、神、禋、祠、礿、禱、玟、珷、珋、璽、瓚、環、璜、琱、班、士、熏、蓼、芫、荊、苗、蔡、茀、蘇、尚、番、牲、犀、嗌、哲、命、哉、台、右、啻、嚻、否、哀、嗀、哦、嚴、咢、趞、趯、趁、趩、趙、趠、趯、趡、嵂、赏、是、迹、逨、邁、遴、征、述、遺、造、遄、遇、還、選、遹、違、遺、道、待、廷、衛、牙、路、喿、囂、器、谷、䚾、句、拘、世、卌、許、讎、音、訓、誨、闇、諶、諱、誥、誓、諫、諫、誠、諺、誖、䜌、詘、訇、諆、訏、誣、訟、譖、諫、譔、讕、善、音、業、奉、奐、异、𡗜、樊、與、鞞、轉、韔、靳、勒、䤄、妥、巩、叚、卑、事、肅、書、毆、段、毅、殺、寺、敂、整、故、政、斁、徹、敃、敓、敕、救、赦、敐、斀、攻、𢼸、敔、攺、邲、眂、睘、睽、旬、睦、賜、眣、翏、雒、闔、雗、雁、雜、奞、奪、奮、乖、羔、羝、鸞、難、烏、舄、畢、幾、惠、予、幻、放、敖、𤔔、寽、敢、歺、臚、胤、肜、則、辨、列、割、釗、罰、刅、劒、耒、觴、笥、箕、簡、笸、簞、筥、簠、笭、簧、左、差、巨、猒、甚、曶、嘗、尌、豐、虞、虔、虘、虖、彪、虢、號、虒、盛、盨、盂、盪、盉、衈、蠹、彤、靜、

刑、鬱、饗、餑、饔、飴、養、饡、餯、餔、饉、舍、匋、鐳、稟、憂、弟、栮、梅、亲、楷、棠、杜、棫、杙、柞、楊、楮、桐、某、本、果、梠、格、槃、梁、校、榭、楙、生、乘、巢、束、櫜、國、賢、賚、賞、贏、貳、質、貿、賦、賣、都、邠、鄭、邾、邛、鄙、昧、昭、㬎、昆、昊、昶、旃、斿、旄、疊、朏、有、夜、外、鼏、甬、鼏、穖、穌、秭、粱、糂、糕、麻、宇、寷、寏、弦、康、宬、宴、竊、實、宧、宥、宵、丐、寡、客、寓、害、宄、竈、瘨、冖、冒、兩、㒼、帥、幬、幃、席、布、市、帢、佩、儕、側、儥、佁、便、俗、佚、俛、佃、偃、伏、佋、僰、眞、卓、冀、臨、衮、裹、襮、袷、襲、衺、褭、褻、裨、衰、耇、壽、考、毛、毳、屒、兢、觀、親、覓、吹、歠、顏、頌、頓、顛、碩、顯、顥、顧、頊、頊、頯、頪、顯、頣、縣、㐱、髮、卿、匍、匊、勻、匈、匓、復、冢、敬、魖、甶、岡、巒、密、廬、庭、廣、廟、厂、厰、厲、厤、应、豦、豪、豸、貙、貂、貉、貍、駒、驪、騅、駱、駟、驅、驫、鶇、麃、麀、狗、狄、獄、能、㹞、熬、照、奎、奄、喬、奔、尢、懿、盩、報、奢、䇞、巤、㒸、悳、憲、憖、愯、慕、悆、愉、惷、沱、涇、浪、滰、油、淠、海、滔、泌、減、汪、潏、淪、漳、淖、沙、淄、津、湛、洎、湯、液、淳、瀘、瀕、巠、㐬、鰲、羕、電、需、鰩、鰈、鮮、鱻、龕、孔、否、臸、戹、庫、閈、闢、閒、閑、閉、閔、耿、職、手、搼、掔、振、擁、擣、播、撲、姑、嬴、姚、嫣、妘、姁、威、妣、姊、奴、姺、嬃、改、婀、媅、孌、妄、嬐、嫖、婎、嫚、婁、媿、氏、氐、戟、賊、戲、或、匹、匡、匜、弭、彊、璽、弝、弼、盭、繇、純、經、絅、綰、綦、綬、組、縷、縈、緘、維、緐、緌、繛、蛸、蝫、恒、地、堣、塍、堵、在、坒、壎、封、城、坏、里、釐、晦、留、加、勇、錫、鋚、鐈、鎣、鈞、鈴、鐘、鎗、鏓、鐊、鋪、処、俎、斯、斷、矛、較、軫、轙、軝、軎、輚、輔、轉、陵、陰、陂、限、隥、阤、隓、隊、隮、叕、辤、孱、舂、孑、臾、醴、酌我們之所以說這些是新增字，衹是就目前所見的材料而言的，即這些字在現有的商代文字材料裏未出現過。隨著新材料的發現，將來也許我們會發現這些字當中的某個字甚至某些字在商代就已經存在了，那統計的結果就不一樣了。

就西周時期所使用的已識的單字來說，傳承字占了大部分，新增字衹占一小部分。隨著新材料的發現，二者所占比例可能會發生變化。作爲記錄語言的符號，西周傳承字也體現了商周語言的繼承關係。

西周傳承字和新增字所占比例

	傳承字（個）	新增字（個）	單字量（個）
數量	840	643	1483
比例	56.6	43.4	100（%）

（二）西周時期文字使用的情況

1. 西周時期的常用字和罕用字

西周時期的已識字絕大多數使用頻率都很高，應該都是常用字。當然也存在一些罕用字，如有的字在西周文字材料中衹出現過一次，如“衵、埶、谷、䝿”等。不過，由於目前出土的西周時期文字材料主要是銅器銘文，其內容相對來說難以反映當時語言文字的全部活動，有些詞在銘文裏出現很少甚至都沒有出現過，記錄這些詞的文字也就很少使用甚至未見使用。在西周金文中出現得多的，我們當然可以說它是常用字；在金文裏出現得少的，不一定在其他文字材料裏也出現得少，衹是目前我們沒有見到更多的西周材料而已。所以，考察古文字的常用與罕用字，不可能像研究後世文字一樣，從各種性質的語料中進行抽樣調查，從而得出較爲可信的結論，這裏所說的常用字和罕用字也衹是就目前所見材料而提出的一個大致的說法。至於那些未識字則出現頻率很低，大多應該不是常用字，也正是因爲不常用，它們大多沒有被傳承下來。

2. 字詞和字際關係考察

文字是用來記錄語詞的符號，文字與它所記錄的詞之間形成各種關係。而且，由於考察的出發點不同，各種關係之間有時還會有交叉。從字義跟字所記錄的詞的意義關係的角度考察，我們分爲“本用”和“借用”；從字形跟詞形的關係的角度考察，我們分爲“一字多詞”和“一詞多形”。“本用”和“借用”屬於字詞關係考察；“一字多詞”也是屬於字詞關係考察；“一詞多形”就既包含字詞關係考察，又包含字際關係考察。所以，字詞與字際關係考察難以絕然分開。

（1）“本用”和“借用”

漢字構形與它所記錄的語詞在意義上建立了密切的聯繫，一個字往往就是爲某個詞所創造的專用記錄符號，這就形成了專字專用的字詞相互對應關係。“專字專用”是漢字的一個重要特點。“本用”與“借用”正是由漢字的這一特點所決定的。當一個字用來記錄它所爲創造的詞的本義時，我們稱之爲“本用”；當該字用來記錄其他意義時，我們稱之爲“借用”。當然，如果把記錄依於義以引申的引申義同樣看作本用也是合適的。衹是考慮到引申、假借有時難以區分和古文字語料具有一定的局限性，把字的引申義和假借義都看成是借用也許更容易把握一些。按照這個原則處理，相對而言“本用”嚴而“借用”寬。西周文字中，衹有少數字用於記錄本義，即“衹有本用”；大多都是既記錄本義又記錄引申義和假借義，即“既有本用，又有借用”；還有的字我們未見到它用來記錄本義，即“衹見借用”。

①衹有本用的。如：

【一】“一”的本義就是表示數量的。西周文字衹見到本用的，如“隹十月又一月丁亥”（2763）。

【三】“三”的本義就是表示數量的。西周文字衹見到本用的，如

“癸卯尹商𧶠貝三朋”（2499）。

②既有本用又有借用的。如：

【上】《說文》：“上，高也。”[1] 西周有本用的，如“先王其嚴才上”（260）。有借用表示“君王”的，如“公告氒事于上”（4341）。

【祀】“祀”的本義就是祭祀。西周有本用的，如“王祀于天室”（4261）。有借用表“年”的，如“隹王五祀”（358）。

③衹見借用的。如：

【元】“元”的本義《說文》以爲是“始也”。《爾雅·釋詁》：“元……，首也。”從字形來看，《爾雅》講的應該是本義。西周文字中未見表本義的例子，一般都是借用。有表示“大”義的，如“曆肇對元德”（2614）。有表示“開始、第一”的，如“隹王元年三月既生霸庚申，弔氏才大廟”（60）。有表示“長久”義的，如“天尹乍元弄”（6）。

【天】《說文》：“天，顛也。”許慎所講與字形相合，應該是本義。西周文字未見表示本義的，一般都是借用。有表示“上帝”義的，如“畯永保三方，配皇天”（181）。有表示人的姓的，如“天亡又王”（4261）。

文字構形之始一定是用來表示單一的本義的，但隨著時間的推移，由於詞義的引申，由本義引申出了一些別的意義，這時人們很可能借用原來的字來記錄這些新的意義；又由於有的詞無法造字或人們不願造字，於是就借用音同、音近的字來記錄該詞。這樣就使得一個字除了要記錄本義，還要記錄所爲造字的詞的種種引申義和另外一些音同、音近的詞，很多時候甚至不再用來表示它的本義。我們從西周文字的本用和借用來看，除了一些表示數詞的字衹用來表示本義外，其他的字很少衹有本用的，大多都有借用，甚至很多字都未見到表示本義的了，說明漢字產生很久遠，到西周時這些字已經經過了很長的使用時間了。

---

① 《說文解字》，第7頁。

（2）“一字多詞”和“一詞多形”

①一字多詞

“一字多詞”主要包括兩種現象：一種現象是一字記錄了多個詞，這些詞之間都有語音上的聯繫。一個字所記錄的意義可以分爲三類：本義、引申義和假借義。“引申義跟所從引申的意義，有時是同一個詞的不同意義，有時是不同的詞，即派生詞跟母詞。派生詞有很大一部分跟母詞不完全同音。所以引申是造成一形多音義現象的重要原因。”“一個字的本義跟假借義，同一個字的不同假借義，通常都是不同的詞，彼此的讀音往往也並不完全相同。所以假借也是造成一形多音義現象的重要原因。”[①] 西周文字中存在這一類現象。如：

【不】甲骨文“不”字“本象草根形，自用爲否定詞，久假不歸，本義久湮，遂別出‘棓’字”，“‘根’當爲‘棓’之本訓，‘不’則爲‘棓’之本形，其音則一”[②]。西周文字中“不”有以下假借用法：

a. 假借表示否定副詞，如“癲不敢弗帥且考”（247）。

b. 假借表示“大”義，如“敢對揚天子不顯休”（92）。

c. 假借表示人名，如“不指易貝十朋”（2735）。

【帝】《說文》：“帝，諦也，王天下之號也。從丄朿聲。”[③]“許慎關於帝字形義的說解均誤。帝字初文既不從上，更非從朿聲。論者多以爲象花蒂形……但帝字究竟何所取象，仍然待考。”[④] 西周文字中“帝”字有以下假借用法：

a. 假借表示天神、上帝，如“先王其嚴才帝左右”（49）。

b. 假借表示“大”，如“其用亯于氒帝考”（2705）。

【白】《說文》：“白，西方色也。陰用事，物色白。從入合二。”[⑤]

---

① 裘錫圭：《文字學概要》，第 255 頁。

② 《甲骨文字詁林》，第 2511 頁。

③ 《說文解字》，第 7 頁。

④ 《甲骨文字詁林》，第 1086 頁。

⑤ 《說文解字》，第 160 頁。

許慎對“白”字的説解，“形義俱誤”，“‘白’之本義爲‘首’，引申爲‘伯長’”[1]。“白”在西周有以下假借義：

a. 表示長、排行第一，如“散白㾓乍匕”(972)。

b. 表示爵位，即伯爵，如“魯白大父乍中姬俞賸毁”(3989)。

c. 表示管領一方的長官，如“易女邦辭三白，人鬲自馭至于庶人，六百又五十又九夫”(2837)。

d. 表示白色，如“公賞乍冊大白馬”(2758)。

上面講的“一字多詞”，是由於詞義的引申或文字的假借造成的，所以幾個詞之間語音相同或相近。還有一種“一字多詞”不是由於詞義引申或文字假借造成的，而是“範圍最狹的同形字，衹包括那些分頭爲不同的詞造的、字形偶然相同的字”[2]，所以同一個字記録的幾個詞之間沒有意義或語音上的聯繫，也即“一形多用”現象。西周文字也存在這樣的現象。如：

【 — 】

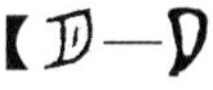

《説文》：“月，闕也。大陰之精。象形。”[3]“夕，莫也。從月半見。”[4]許慎把“夕”字看成是半個“月”字，這是不可信的。“象月亮的 最初既是‘月’字又是‘夕’字。”[5]甲骨文和金文中上列的兩種寫法實際是異體字，一個衹是象闕月的形象，另一個在空白處加了飾筆而已。西周文字中，這兩種寫法都可以表示“月”這個詞，如“隹三 （月），王才成周”(2661)，“隹六 （月），既生霸”(754)；這兩種寫法也都可以用來表示“夕”這個詞，如“其用夙 （夕）䰞享”(2614)，“用夙 （夕）䰞享”(2554)。“月”和“夕”不存在語音上的關聯，不能看成是假借，衹能看作一個字記録了兩個不同的詞，然後

[1] 參見《甲骨文字詁林》按語，第 1026 頁。
[2] 裘錫圭：《文字學概要》，第 209 頁。
[3] 《説文解字》，第 141 頁。
[4] 《説文解字》，第 142 頁。
[5] 裘錫圭：《文字學概要》（修訂本），第 6 頁。

才分化爲兩個字。

作爲合體字的偏旁，這兩種寫法也是沒有分別的。“霸”字，《說文》謂“從月”①，西周文字中這兩種寫法的都有，如(2760)，沒有飾筆；(2761)，有飾筆。“夜”字,《說文》謂“從夕”②，西周文字中也一樣有兩種寫法，如(4288.2)，沒有飾筆；(4288.1)，有飾筆。足見“月”和“夕”在西周時期還沒有分化，換句話說，西周文字中一個字記錄了“月”和“夕”兩個詞，或者說“月”和“夕”兩個詞使用了同一個字形。

【】

《說文》:“立，住也。”③“位，列中庭之左右謂之位。從人立。”④西周時期這個字形可以記錄“立”和“位”兩個詞。表示“立”這個詞的，如“辭土毛弔右此入門（立）中廷”(2821)；表示“位”這個詞的，如“王各大室，即（位）”(2821)。後來的“位”這個字當是增加形符分化出來的。

【】

《說文》:“衣，依也。上曰衣，下曰裳。”⑤“卒，隸人給事者衣爲卒。卒，衣有題識者。”⑥西周時期表示“衣、卒”兩個詞用的是同一個字形。表示“衣”這個詞的，如“易女鬯一卣冖（衣）市舄車馬”(2837)；表示“卒”這個詞的，如“（卒）祀于王不顯考文王”(4261)。春秋時期才在上加筆畫分化出“卒”這個字。

②一詞多形

“一詞多形”現象的產生，主要有兩個原因。“首先，由於漢字有異體。一個字有了異體，就意味著它所代表的詞有了不同的書寫形

① 《說文解字》，第141頁。
② 《說文解字》，第142頁。
③ 《說文解字》，第216頁。
④ 《說文解字》，第163頁。
⑤ 《說文解字》，第170頁。
⑥ 《說文解字》，第173頁。

式。”“其次，由於用來表示某一個詞的字是可以更換的。同一個詞先後或同時有兩個以上不同的字（如果是雙音詞或多音詞，便是兩組以上不同的字）可以用來表示它的現象，是常見的。”[1] 就西周文字的實際情況來看，主要包括異體字、古今字和同一個詞使用兩個不同的假借字三種情況。

A. 西周文字中的異體字。異體字的形成，可能是造字方法的不同，或者是選用的構字要素有差異，也有可能是由於歷史的累積。

【御】（4044）、（4207）、（近出 987）

商代文字中，“御”字就有三種異體，如（合 22074）、（合 6760）、（5380.1）。第一個是形聲字；第二個是在第一個的上面加形符累積而成，當然也是形聲字；第三個是會意字。西周文字分別承襲商代三種異體。

【匜】（10224）、（10183）、（10182）

西周文字中，我們見到三種異體的“匜”，前兩個雖然都是形聲字，但二者形符不同；後一個是象形字。

【壺】（9528.1）、（6456.1）、（2745）

商代金文“壺”字作（7031），甲骨文作（合 18560），都是一個象形字。西周或承襲商代字形，如上揭第一形；或加“殳”，如上揭第二形；或加“金”，如上揭第三形。也許是所加的“殳”或“金”比較累贅，這種字形後來沒有傳承下來。

【國】（6014）、（5420.1）

西周文字中表示“國家”之義有“或”與“國”兩種寫法，如“余其宅兹中或”（6014），“或”正表邦國之義；“淮尸敢伐内國”（5420.1），“國”也是邦國之義。《説文》：“或，邦也。……域，或又從土。”[2]“國，邦

① 裘錫圭：《文字學概要》，第 258 頁。
② 《説文解字》，第 266 頁。

也。從口從或。”[①]“或”與“國”二字後人大多以爲是古今字[②]，這不是沒有可能，也許“或”還有別的用法。根據西周文字的實際用法，參考《說文》的說解，我們暫時將“或、國”看作一字異體，分工也許是後來的事情。

【師】（2504）、（4313.2）、（2704）、（5194）

商代甲骨文“師”這個詞就有兩種異體，如（合5468）、（合21894）；西周文字或承襲商代的兩種異體，如上揭前二形；或將二者糅合起來形成異體字，如上揭後二形（參見前文“異體糅合”）。

B. 西周文字中的古今字。古今字是一種古今用字不同的現象。古今字的“古”和“今”是一個相對的概念。如果商代用甲字，而西周用乙字來記錄同樣的詞，則甲乙兩個字就可能形成古今字關係；如果西周早期用甲字，而中、晚期用乙字來記錄同樣的詞，則甲乙兩個字可能形成古今字關係；如果西周早、中期用甲字，而晚期用乙字記錄同樣的詞，則甲乙兩個字也可能形成古今字關係。說它們可能形成古今字關係，是因爲還存在異體字的可能。如果甲乙兩個字雖然出現時間有先後，但讀音和意義完全一樣，我們視爲異體字；如果甲字的用法較多，乙字是爲甲字的某種用法所造的專用分化字，且乙字不用來表示甲字的其他意義，我們將這樣的甲乙二字視爲古今字，也就是通常所講的狹義的“古今字”。由於出土古文字材料非常有限，現有的語料難以完全反映文字出現的先後，判定西周文字中的古今字，有時必須結合漢字發展的一般規律綜合考慮進行判斷。如：

【申】和【神】

《說文》：“申，神也。”[③]“神，天神，引出萬物者也。”[④] 姚孝遂說：“‘神’的原始形體作，象閃電之形，是‘電’的本字。由於古代的

① 《說文解字》，第129頁。

② 洪成玉：《古今字字典》，商務印書館2013年版，第176—177頁。

③ 《說文解字》，第311頁。

④ 《說文解字》，第8頁。

人們對於‘電’這種自然現象感到神秘，認爲這是由‘神’所主宰，或者是‘神’的化身。因此，[illegible]又用作‘神’，可以認爲是引申義。至於干支的‘申’，則純粹是‘依聲托事’，與本形、本義均無關，是假借義。隨著人類社會的發展，有必要對某些概念作進一步明確的區分，文字逐漸孳乳分化，‘申’久假不歸，專用作干支字，另加上‘示’作‘神’，加上‘雨’作‘電’，以作區分的標誌，這是附加偏旁的主導作用。”① 西周文字表示“神”這個詞，或仍作“申”這個字，如“天釐用考申（神）”（近二458）；或寫作“神”，如“其用各百神，用妥多福”（4021）。

【丂】和【考】

《說文》：“丂，气欲舒出，㇉上礙於一也。”②“考，老也。從老省，丂聲。”③ 許慎對“丂”字的說解“支離牽傅，不可據。金文以爲‘考妣’之‘考’。卜辭用爲地名。‘丂’當爲‘柯’之本形”④。西周文字表示“考妣”之“考”義，或借“丂”字爲之，如“嗣土嗣乍氒丂（考）寶障彝”（3696）；或作“考”，如“其用享于氒帝考”（4097）。

【才】和【在】

《說文》：“才，艸木之初也。從丨上貫一，將生枝葉。一，地也。”⑤“在，存也。從土才聲。”⑥ 許慎對“才”字的說解“迂曲難通”，“‘才’字無由‘象屮在地下初出地上之形’。卜辭皆假借爲‘在’字。‘才’與‘在’實本同源。‘在’乃後起之專用字”⑦。商代資料中沒有見到“在”這個字，表示存在之義都是用“才”字，如“才（在）十二月”（5417.1）。西周時期或仍借“才”字表示，如“隹三月王才（在）

① 見《甲骨文字詁林》所引，第1172頁。
② 《說文解字》，第101頁。
③ 《說文解字》，第173頁。
④ 《甲骨文字詁林》按語，第3457頁。
⑤ 《說文解字》，第126頁。
⑥ 《說文解字》，第287頁。
⑦ 《甲骨文字詁林》，第3397頁。

成周”（2661）；或在“才”上加“土”聲（《説文》所謂“土”當是“士”之訛）分化出“在”字，如“在武王嗣文乍邦”（2837B）。

【冂、冋】和【絅】

《説文》：“邑外謂之郊，郊外謂之野，野外謂之林，林外謂之冂。象遠界也。冋，古文冂，從囗，象國邑。”①“絅，急引也。從糸冋聲。”②“冂”西周早期作（6442），與《説文》小篆相合，有可能就是如許慎所言象界牌；中期加“口”，如（4281），《説文》古文當源於此，許慎解作從“囗”，恐非。古文字中加“口”的，有不少都是羨符，如“高”字可以作（合526），也可以作（合709反），所以，我們把這兩種寫法的“冋”看成一字之異體。西周文字中“冋”假借表示“冋黄”，如“易載市冋黄玄衣黹屯”（2813）；或又加“絲”分化出“絅”，如“易女赤市朱黄中絅攸勒”（4288.1）。

C. 同一個詞使用兩個不同的假借字。有時由於不同時代和區域用字習慣不同，同一個詞可以借用不同的書寫符號，這也會導致一詞多字現象發生。如：

【萬】和【邁】

西周文字表示千萬的“萬”這個詞時，有時作“萬”字，如“其萬年子子孫孫永寶”（35）；有時作“邁”，如“其邁年子子孫孫永寶用”（730）。《説文》：“萬，蟲也。”③“邁，遠行也。”④由此可見，用“萬”和“邁”表示數詞千萬之義都是假借。

【隹】和【唯】

西周文字用“隹”和“唯”表示同樣的語氣詞，如“隹三月，王才成周”（2661），“唯八月初吉”（2670）。《説文》：“隹，鳥之短尾總名

① 《説文解字》，第110頁。
② 《説文解字》，第272頁。
③ 《説文解字》，第308頁。
④ 《説文解字》，第39頁。

也。"[1]"唯，諾也。"[2] 如果許慎所說"唯"義不誤，則用"隹"和"唯"兩個字表示語氣詞都算是假借。由於"隹"和"唯"使用時間有先後之別，二者也可能存在分化關係，那樣兩字之間就是古今字關係了。

（三）西周文字的書寫問題

文字的使用情況也體現爲文本所保存的書寫狀況，對不同時期各種書寫現象的考察是觀察文字發展和運用的一個重要角度。西周文字的"合文、重文、誤書"和"行款"都屬於書寫現象。

1. 合文

漢字的書寫基本上都是一個字作爲一個獨立的空間單位，記錄語言中的一個詞。有些詞組，尤其是數詞、常用的專有名詞，常常會將兩個或兩個以上的字合寫在一起，使它們在形式上看起來好像是一個構形和書寫單位，實際上卻記錄了兩個或兩個以上的詞，這種特殊的書寫形態，一般稱之爲"合文"。[3]

殷商文字的合文方式，在西周金文得以沿襲，如：（3644）是"且辛"合文，（2837）是"六百"合文，商周無別。有時在將兩個字合書時還借用相鄰的筆畫，這是西周金文中的一種借筆合書現象。如：

（10173），"五百"合文，"五"與"百"共用一横筆。

（2776），"五月"合文，"五"與"月"共用筆畫。

（2556A），"五朋"合文，"五"與"朋"共用一横筆。

（2739），"百朋"合文，"百"與"朋"共用筆畫。

合書的兩個字如果具有相同的構字偏旁，則有可能將這兩個相

① 《說文解字》，第 76 頁。

② 《說文解字》，第 32 頁。

③ 裘錫圭：《甲骨文字考釋・甲骨文中重文和合文重複偏旁的省略》，《古文字研究》（第 4 輯）；楊五銘：《兩周金文數字合文初探》，《古文字研究》（第 5 輯）；吳振武：《古文字的借筆字》，《古文字研究》（第 20 輯）。

同的構字偏旁省去一個，從而兩個字共用這一個偏旁。如：

（10218），依照銘文“子孫”連用的通例，此“孫”當讀成“子孫”，即“子”與“孫”合文。因爲“子”與“孫”具有共同的構字偏旁“子”，合書時省去一“子”，“孫”下的“=”是合文符號。這類現象在春秋戰國時期得到進一步的運用。

兩個以上的字合書在一起時，還需要兼顧結構的均衡和書寫空間分布的合理，爲此，有時會省減合文中某個字的偏旁。如：

（10216）是“寶用”的合文，把“寶”所從之“缶”的或“口”省去，以便給“用”的安排讓出空間。“彤弓”合文作（107）、“彤矢”合文作（107），“彤”字省去“丹”，也是爲了結構布排的需要。

合文雖然是一種書寫現象，但其實質是提高書寫效率，也是一種簡省策略。合書不僅節約了書寫空間，借筆或借用偏旁更是直接達到省減的目的。從這個意義上說，將合書作爲省減的一個類別也是合適的。

2. 重文

重文也是一種書寫現象，以重文符號“=”來代替記錄某個詞的重複用字，從而達到省寫的目的。重文與合文有些異曲同工，二者都是用來提高書寫效率的因利乘便之法，都用符號“=”來標識。不同的是重文是對一個以上重複使用的相同字（或詞組）的省減，有時甚至跨越句際關係用重文符號來代替重複出現的詞或詞組。西周重文承襲了殷墟甲骨重文的基本用法，如：

（屯 673）

殷商甲骨文“王受”，在“又”字的左下方加兩個小短橫來表示“又”字重文，讀作“受又又”（即“受有祐”）。西周甲骨使用重文與殷商甲骨文一致，如：

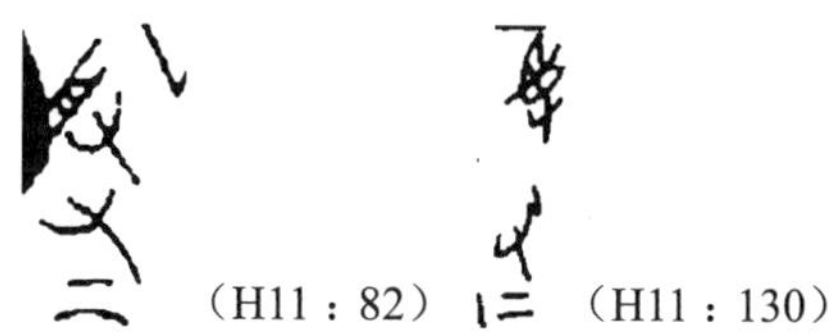

“受又＝”也讀作“受又又”（即受有祐）。

西周金文中常出現的“子子孫孫”一般寫作“子＝孫＝”。有時上下文連續出現相同詞語，也採取重文書寫方式。如：“用匄眉＝壽＝無疆”（04149.1），即“用匄眉壽，眉壽無疆”；“其敦大＝神＝妥多福”（04171.1），即“其敦大神，大神綏多福”。這類跨句際的重文書寫方式一直被延續使用，也見於戰國秦漢出土文獻中。

3. 誤書

“誤書”是指書寫過程中發生的偶然性、個別性書寫錯誤。與訛變不同，訛變是文字形體發展的一種途徑，訛變後的形體往往因訛成是得以在一定時空流行，甚至成爲漢字系統的定型形體；誤書則因錯誤而導致，是文字應用過程中出現的不具有文字學價值的現象，因此也不具有流行的可能。我們正是基於這樣的認識，將誤書作爲一種書寫現象來觀察。西周金文的誤書，主要包括形近而誤、誤加、誤漏、誤置等情況。

（1）形近而誤。“形近而誤”是指甲乙二字字形相近，在該寫甲字的地方誤寫成乙字。它跟我們前面談到的“訛變”不同：訛變衹是破壞了文字原來的構形，但是並沒有變得跟另外一個字完全一樣，而且往往發生訛變後，就以這種訛變了的字形傳下來，這個字的寫法就因“訛”而“變”了；“形近而誤”衹是一次或幾次偶然誤將甲字寫成字形相近的乙字，但是沒有影響及這個字正常的寫法，更沒有使這個字後來的寫法也發生變化。“形近誤書”又可分成“筆畫誤書”和“偏旁誤書”。

①筆畫誤書，主要是指獨體字的誤書。兩個形體相近的獨體字，本來衹是部分筆畫不同，如果將甲字跟乙字不同的筆畫寫得跟乙字的一樣了，就等於是把甲字誤寫作了乙字。因爲獨體字無法切分成偏旁，我們暫時把這種誤書視作“筆畫誤書”。如：

“用享孝于文”（2821），根據文例，“文”應該作“文申（神）”，“申”誤作“㫚”。

“士成殷立中廷”（近出 487），根據文例，當作“右”。

“王宰□易穆貝廿朋”（4191），根據文例，當作“乎”。

“王初□于周”（2659），“周”當作“成周”。

“丁，王鄉，大宜”（4261），根據文例，“丁”當作“丁丑”。

②偏旁誤書，主要是指合體字的誤書。兩個形體相近的合體字，有時部分偏旁相同，另外的偏旁不同。如果將甲字的不同於乙字的偏旁寫得跟乙字的一樣了，就等於是將甲字誤寫作乙字了。“偏旁誤書”有時發生在兩個形近的合體字之間，即甲誤寫成乙，乙本身也是成字的。一般是單向誤書，即甲字誤寫成乙字，而沒見到乙字誤寫成甲字的。如：

“唯王五年九月生霸”（4216.1），根據文例，（𣪘）當作“既”，所從的“旡”誤作了“殳”；同名的另一器（即 4216.2）上正作“既”。

“易女玄衣黹屯赤市朱黄䜌”（4310），根據文例，（旅）當作“旂”，所從之“斤”誤作了“从”。

“散白車父乍䢼隮鼎”（2700），根據文例，（姑）當作“姞”，而且同名的另外三器（即 2697、2698、2699）正作“姞”。如果不把字看作是“士”與“口”共用筆畫，就衹能看成“聲旁誤作古”①了。

“易女䰜鬯一卣、玄衣”（9728），根據文例，（裕）當作“衮”，所從之“公”誤作了“谷”。

① 董蓮池：《新金文編》，第 1635 頁。

既然因爲甲、乙二字形近，甲字可能誤寫成乙字，當然也會有乙字誤寫成甲字的，所以，也有甲乙二字互誤的。如：

“乍朕文宄白𩰬牛鼎”（2838A），根據文例，（孝）當作“考”，即“考”誤寫成“孝”。

“用追于皁皇考”（4073），根據文例，（考）當作“孝”，即“孝”誤寫成“考”。

“偏旁誤書”有時並不是發生在兩個合體字之間，换句話説，並不是將甲字誤寫作乙字，而衹是將某個合體字的甲偏旁寫作了形體相近的乙偏旁，結果就使得整個的合體字不成字了，或者説並沒有這樣的字。如：

“南白入右衛”（4256.2），當是“裘”字，所從之“又”誤作了“寸”，同名的另一器（即4256.1）正作從“又”。實際上也沒有“從衣從寸”的字（“衬”是後來爲“襯”造的簡化字）。

“易女幽黄勒”（2786），當是“鋚”字，所從之“攸”誤作了“北”。實際上也沒有“從金從北”的字。

“中父乍隮鼎”（2209），當是“義”字，所從之“我”誤作了“戌”。實際上也沒有“從羊從戌”的字。

“對中大師休”（133），“揚”字的聲符“昜”所從的“丂”誤作了“于”。

“敬夙用事”（2836），根據文例，“夙”後之字應是“夜”。“夜”本從“亦”聲，如（5410.1）（所從之“亦”因“夕”占了位置而省去一點）。“亦”寫作形近的“大”就不能充當聲符了。

類似的例子，還有：

【盨】西周早期或作（1768），從“皿”；或作（2340），所從之“皿”誤寫作形近之“舟”。

【樊】西周早期作（2351），從；西周晚期或作（2679），誤寫成形近之。

【彤】西周中期作（62）；或作（4257），所從之“丹”誤寫成形近之“井”。《說文》“丹”下有古文作[1]，也許就是源於此，而許慎誤以爲“丹”。

【休】商代甲骨文或作（合 8162），從人倚木，所從之“木”有時略有變形，如（合 8154）；西周晚期有時徑直將“木”誤寫成形近之“禾”，如（4117.2）。

【賓】西周早期或作（3745），從“貝”；晚期或作（22），所從之“貝”誤寫成形近之“鼎”。

【寶】商代金文作（3602.2），從“貝”；西周中期或作（3769.2），所從之“貝”誤寫成形近之“鼎”。

【慭】西周早期作（5254），從“心”；中期同於早期，作（5892）；到晚期作（2631），所從之“心”誤寫作形近之“臼”。《金文編》謂爲《說文》所無[2]，陳漢平指出字當釋“慭”[3]，陳說是。

西周文字中還有甲乙兩個偏旁雙向互誤的現象。如：

A.“止、又”互誤的：

【走】商代甲骨文作（合 27939）；西周早期金文或增“止”，如（2837A）（參見增加形符）；西周中期或作（10170）、（4023.2）（重複部分偏旁），所從之“止”誤寫成形近之“又”。

【還】西周金文作（4626）、（4280.1）；所從之“止”有時誤寫成形近之“又”，如（4279.1）、（10176）（參見共用筆畫）。

【農】西周早期或作（3366）、（3575.1），從“又”；西周中期或作（4252.1），所從之“又”誤寫成形近之“止”。

【壽】西周早期或作（2724），下作“又”；晚期或作（3873），下作“止”，“止”當是“又”之誤書。

B.“耳、臣”互誤的：

【聖】商代甲骨文作（合 14295），從“耳”；西周中期金文或作

---

① 《說文解字》，第 106 頁。
② 參見《金文編》，第 509 頁。
③ 參見《金文編訂補》，第 75 頁。

（10175），所從之“耳”誤寫作形近之“臣”。

【聖】商代金文作（5417.1）；西周早期金文或增形符“月”，如（2748）、（5421.2）；中期或作（2812），所從之“臣”誤寫成形近之“耳”。

C.“牛、屰”互誤的：

【牧】商代甲骨文或作（合8241正），從“牛”；西周中期或作（4626），所從之“牛”誤寫成形近之“屰”。

【逆】商代甲骨文作（合4919），從“屰”；偶爾誤寫成從“牛”，如（合32185）。西周文字承襲這兩種寫法，或從“屰”，如（260）；或承其誤書作從“牛”，如（3748）。

（2）誤加。所謂“誤加”，是指不該有偏旁或筆畫的卻有了。西周文字有誤加偏旁的情況，這跟我們前面講的“增繁”不一樣，它是由於甲乙兩字形體相近，甲字有某偏旁，乙字偶爾也被誤加了同樣的偏旁。如：

“年”字有作（110）、（4271），可能是因爲字形與“考”相近，便於“人”下誤加了“丂”。

西周金文還有誤多加重文符號的，如：

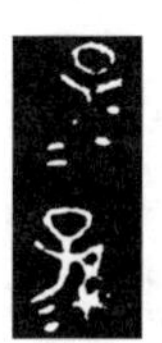（698）

很顯然“子”下多加了一個重文符號。

（3）誤漏。所謂“誤漏”，是指本該有的字、偏旁或筆畫被漏寫了。如果衹是漏了字，也可以採用一般校勘學術語“脫文”，本書統稱之爲“誤漏”。

A. 漏字的情況，如：

“皇考其嚴在[下]”（148）脫“下”字，同名的另外三器（即

145—147）皆有“下”字。

“隹［康］右屯魯”（148）脱“康”字，同名的另外三器（即145—147）皆有“康”字。

“白先［父］乍妖隮”（658）脱“父”字，同名的另外九器（即649—657）皆有“父”字。

“白夏父［乍］畢姬尊鬲”（727）脱“乍”字，同名的另外幾器（即719—726、728）均有“乍”字。

“白夏父乍畢姬［尊鬲］，其萬年子子孫孫永寶用享”（728）脱“尊鬲”二字，同名的另外幾器（即719—727）均有“尊鬲”二字。

B. 漏寫偏旁的情況，如：

“捧手手”（4327），這個應該作“䭫”字，如“捧手首”（181.2），所以我們認爲是誤漏了“旨”旁。

“南或𠬝孳敢臽我土”（260.1）。“處”字一般作（252）、（109.2），可以分析成“從几虎聲”（《説文》謂“處”是在“处”上加“虍”聲①，實際上“处”是省去了“處”上面的部分）。如果不將此處的看作假借，就衹能認爲是誤漏了所從的“几”。

“隹十又二月初”（2656），根據文例，當是“吉”字之誤，漏寫下面“口”了。

“不顯高且、亞且、文”（247），根據文例，當是“考”漏寫“丂”了。

“微中乍尊”（521），依文例當作“旅”，當是漏寫偏旁了。

（4）誤置。所謂“誤置”，主要是指西周金文中因鑄工不明而將合體字的偏旁安放得比較淩亂，讓人不易看出字形的結構，甚至導致誤解。如：

“揚”字原來有兩種寫法：一個是會意字，如（2255），從丮從玉；一個是形聲字，如（2629），從丮昜聲。這兩個異體有時又糅合在

① 《説文解字》，第301頁。

一起，如（2581c），此字的右半上面是“玉”，下面是“昜”；或作（9646.1），此字左半上面是“玉”，下面是“昜”；或作（4195.2），把“玉”字放在“丮”和“昜”中間了；也有作（2807），右半上面是“昜”，下面是“玉”。這些寫法，雖然比較複雜，但都一目瞭然，都不算誤置。可能是由於“玉”和“昜”加在一起偏旁太多，而且如果將“昜”字放在上面，將“玉”字放在“昜”所從的“丂”之下，文字的結體顯得中間太空了，如，鑄工便將“玉”跟“丂”的位置換了，作（238.2）、（2720）、（2721）；有時甚至將“昜”所從的“丂”省去，如（2803）、（2755）、（4240），這樣就破壞了文字的理據，導致後人對這個字構形的理解眾說紛紜[①]。

西周“寶”字“宀”下大多有“玉、缶、貝”三個偏旁，如（2153）、（2837）、（3653）。由於偏旁太多，且其中的“缶”字又是一個合體字，金文中出現了一些把“缶”的兩個偏旁拆開誤置的例子，如（3827）、（2729）、（3391）（此字“缶”的上半被倒置了）；甚至有將“缶”的下半省去的情況，如（4421.1）、（2461）。

西周文字中還見到有重文符號誤置的情況。如：

（112）

① 見《金文詁林》“揚”字下引，第6632頁。

“考”(當是“孝”字之誤)下有重文符號,“文”下反倒沒有重文符號。這一部分正常應讀作:“追考(孝)侃前文人,前文人其嚴才上。”本應該在“前文人”三字下加重文符號的,鑄工誤將該置於“文”下的重文符號放在“考(孝)”字之下了。

4. 行款

行款是在一定書寫載體上文字的整體布局,是書寫的章法結構問題。如果在竹簡上書寫,簡的形制也就決定了自上而下、縱向成列的書寫格局,談不上有何行款布局。殷商文字的行款,雖然在甲骨刻辭上有一定的表現,但甲骨是具有特殊功能的特殊材料,並不是觀察殷商文字書寫行款的典型樣本。衹有金文材料才真正涉及商周文字的行款問題。考察西周金文,不難發現,不僅西周金文單個字漸趨規整,就連通篇銘文的行款布局也呈現走向規整的趨勢。下面選擇字數相差不多的商周銅器爲例做一個比較,就可以看出商周金文行款布局的明顯變化。如:

(《商圖》02377,商代晚期)

這篇商代晚期的銘文行款基本上是豎成列,但是横不成行;每個字的體態大小差距也較大,這些特點一目瞭然。而西周早期,與商代情況基本一致，是對商代銅器銘文款式的因襲。如下圖：

（《商圖》02392，西周早期前段）

西周中期的銘文，不僅豎成列，横也基本成行；由於行款布局的漸趨整齊，每個字形態的大小也逐步接近。如：

（《商圖》02406，西周中期前段）

（《商周》02448，西周中期前段）

在西周中期的銘文中甚至還出現在銅器上畫方格，然後將每個字置於一個格子中的做法。如大克鼎、小克鼎、師趛鼎、古鼎等，這些銘文畫格顯然是爲了實現行款布局規整的目的。西周金文畫格衹是留下了對行款布局規整化追求的蹤跡，其實大量行款整齊的銘文都體現了銘文製作者謀篇布局的匠心。西周金文行款規整化與西周文字形體整體走向規整的大趨勢是相一致的。

五　本章小結

西周文字承襲商代文字，從形體、結構和使用來看，都有較大的發展變化。

跟商代文字相比，西周特別是西周中、晚期，文字的方向、筆畫數和偏旁都已經變得固定或漸趨固定，綫條化、平直化和類偏旁化大大改變了商代文字和西周早期文字的體態，使得西周中、晚期文字象形程度大大降低，綫條化、符號化程度明顯提高。

西周文字與商代文字相比，不同結構類型漢字的分布比例發生了重大變化：象形字下降了 7.9 個百分點，指事字下降了 0.5 個百分點，會意字下降了 6.1 個百分點，形聲字上升了 14.5 個百分點。

商周文字結構類型比較表

時代	類型／分布	象形	指事	會意	形聲	合計
商代	數量	339	65	356	550	1310
	比例	25.9	5.0	27.2	41.9	100（%）
西周	數量	275	68	321	859	1523
	比例	18.0	4.5	21.1	56.4	100（%）

從文字的結構類型來看，西周文字形聲結構已占據優勢，達到 56.4%，超過了半數；象形、指事、會意等表意結構則退居次要地位，三者累計也衹有 43.6%。通過對比，我們可以觀察到西周文字的一種變化趨勢：即象形、指事、會意等表意結構類型文字的比例下降，形聲結構類型文字所占比例上升。如果衹就西周時期的新增字和新增字形來看，以形表意類漢字（包括象形、指事、會意）總共不到 20%，形聲字超過 80%。這説明西周時期漢字構形方式發生了重大調整，形聲構形方式已經成爲主體。

西周文字雖然漸趨穩定，但字形演變依然十分活躍，實際上正是通過一系列字形演變的發生才使得西周文字形體逐漸固定下來的。西周文字形體演變的幾種現象都對漢字的形體和結構產生了重要而深遠的影響："增繁"或者調整了文字的結構，或者平衡了文字的形體；"省簡"使得文字更便書寫，滿足了社會的需求；"替換"往往適應了社會生活的變遷和語言本身的發展；"訛變"是在文字簡化、聲化和符號化趨勢下必然出現的現象，它雖然破壞了文字本來的理據，但卻優化了漢字體系的結構。這些演變的結果，大多都以其優越性而被後世繼承下來，成爲漢字體系的重要組成部分。

就西周文字使用情況來看，56.6% 的已識字傳承自商代，43.4% 的已識字是西周時期新出現的，新增字快要占到半數，這足以説明西周時期文字的發展是相當快的，文字的發展當然也就反映了語言的發展。通過對字詞和字際關係的考察，更容易看出語言文字的發展變化。西周時期衹有極少數字衹用本義，一般的字都既有本用又有借用，很多的字甚至都不再用本義了，這足以説明文字產生的久遠和語言發展變化的迅速。

跟商代相比，西周時期的“同形字”現象有所減少，“古今字”現象大量產生，這説明西周文字經過孳乳分化，字詞關係、字際關係逐步穩定。西周時期異體字現象雖然還很多，但一般都是加形、加聲造成的，這應該是文字結構調整過程中必然出現的異體共存現象。

西周文字書寫中的合文、重文、誤書、行款等現象，是觀察西周文字文本需要予以重視的。合文、重文本質上是一種因利乘便的省簡方式，誤書則是銘文書寫中的偶然錯誤，行款布局反映了這一歷史階段漢字體系發展的整體趨勢。客觀認識這些書寫現象，對出土文獻文本的研究和漢字發展的整體認識都是很有意義的。

第五章
春秋文字

在漢字發展演進序列中，春秋文字上承相對規整的西周文字，下啟異形現象突出的戰國文字，是一個重要的過渡性環節。以往的論著中，一般多將春秋文字附屬於西周或戰國文字來討論，我們認爲，從時長跨度以及漢字發展的實際來看，將春秋文字作爲一個相對獨立的時期來觀察是必要的。

目前所見出土的春秋文字材料類型主要見於銅器、石器，也有個别雜器。銅器文字著録於中國社會科學院考古所編《殷周金文集成》，劉雨等《近出殷周金文集録》《近出殷周金文集録二編》，鐘柏生等《新收殷周青銅器銘文暨器影彙編》，吴鎮烽《商周青铜器铭文暨圖像集成》，石器文字包括山西省文物工作委員會編《侯馬盟書》、石鼓文、秦公大墓石磬[①]，河南省文物研究所《河南溫縣東周盟誓遺址一號坎發掘簡報》中的溫縣盟書[②]，雜器有秦漆筒墨書等。

爲了盡可能不漏收春秋文字材料，我們對以上幾種資料彙編中凡屬“西周晚期或春秋早期”不定的，皆歸入春秋早期；屬“春秋晚期或戰國早期”不定的，皆歸入春秋晚期。春秋早、中、晚三期的

① 王輝、焦南鋒、馬振智:《秦公大墓石磬殘銘考釋》,《史語所集刊》(第67本)第2分册,1996年。
② 《文物》1983年第3期。

大致界限爲：前 770—前 670 年爲早期；前 670—前 560 年爲中期；前 560—前 453 年爲晚期。

本書所收春秋文字材料截止到 2012 年底，計有銅器 1700 多件，石器 695 件，雜器 1 件。這些材料地域分布廣闊，除個別屬東周王室製作及少數國屬不明外，其餘分屬秦、芮、虢、毛、晉、鄭、蘇、衛、燕、戴、陳、宋、曹、杞、魯、鑄、邾、小邾、滕、薛、郳、費、齊、莒、紀、尋、夆、許、鄧、黃、盅、江、邛、應、番、樊、鄀、彭、申、羅、唐、曾、蔡、楚、徐、舒、鐘離、吳、越等 50 多個大大小小的諸侯國。應該說，這些文字材料能大體反映出春秋時期漢字發展演變的基本面貌。

一　春秋文字形體的發展

（一）字體的發展變化

春秋時期字體的發展變化，延續了西周金文以來綫條化、平直化的主要趨勢①。隨著綫條化的普遍發生和進程加快，春秋文字的字體形態逐漸脱離了西周時期的規整，開啟了戰國文字自由草率風格的先河。因此，春秋字體的變化，可以從綫條變化的角度來進行細緻的觀察。

1. 肥筆綫條化

塊狀或肥粗綫條保持了漢字早期的繪形特點，西周中後期這類形狀的書寫樣式逐步消失，呈現出向勻稱綫條發展的趨勢，典型字例有“王、皇、工、天、古、正、旦、弔、十、土、午、屯、矢、生”等。如“王”西周晚期主要有、、三種類型，下部或爲兩端上彎的弧綫狀，或中部作粗肥三角塊狀，這些都呈現出向勻稱綫條形

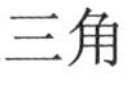

① 裘錫圭：《文字學概要》，第 46 頁。

態過渡的特點，最後一形下部綫條變得粗細均匀，遂成爲定型寫法。春秋時期，含塊狀的粗肥書寫樣式完全消失。“十、土、午”豎畫中短横形成，也經歷了類似的綫條化進程：從西周時期的肥筆演進成圓點，到春秋時期由圓點變爲粗畫，再進而演進成粗細均匀的綫條。

2. 綫條長短的變化

（1）綫條的收縮，如“史”西周早中期中豎貫穿與手形相接，作（史頌鼎 02787）形；晚期開始出現豎畫收縮不貫穿的寫法，如（吳王姬鼎 02600）。春秋時期中豎貫穿的寫法消失，作（鄭大內史叔上匜 10280）。再如“卩、丮、女、邑、旡、見、頁”等字或偏旁，西周晚期有腿形微彎折轉的寫法，春秋早期開始筆畫逐漸順直變短。

（2）綫條的延長，如“止”作爲單字或在“正、政、走、楚、從”等字中作偏旁，最後一筆原本作左上至右下斜畫，如（影彙·晉侯對盨 855）。春秋時期演進爲由左直下引再右折轉横寫，綫條延長，如（哀成叔鼎 02782）。此外，如“萬、禹、禽”等字，西周金文中其下部作諸形，如（禹鼎 02833）、（叔向父禹簋 04242）、（靜簋 04273）、（齊巫姜簋 03893）、（禽簋 04041）、（不䵼簋 04328）等。春秋金文中，下部逐漸演變爲形，如、（秦公簋 04315），（魯大司徒元盂 10316），（簷叔之仲子平鐘 00175）、（石鼓·鑾車）等。這種寫法爲戰國文字所沿襲，並爲小篆所本。

3. 綫條的分合

（1）綫條的合併，如“鼎”字，西周金文多附兩耳，且突出呈尖角狀，作（大盂鼎 02837）；西周晚期少數字形開始不帶耳，耳狀兩筆合併爲一筆而使鼎身似豎“目”形，如（虢文公子鈠鼎 02634）。春秋中期開始鼎身普遍作“目”形。“貝”作單字或偏旁，其演變軌跡與“鼎”大體相似。

（2）綫條的拆分，即原本相連的綫條被分成兩段來書寫。如“心”字，西周晚期、春秋早期金文下底爲一條圜形綫條，如(影彙·戎生鐘 1613)；春秋中期金文開始圜形曲綫變爲兩筆來書寫，且比較流行，

如（王孫遺者鐘 00261）。“皀、食”下部曲綫綫條的演進與“心”相似。又如“子”，西周晚期頭形作圓圈，兩臂貫通宛曲，如（影彙·追夷簋 53）。春秋早期開始頭形斷開作一橫折筆，與下斜筆成倒三角，如（秦公鎛 00267.1）；中晚期此類寫法普遍流行，如（商圖·子犯鬲 02727）、（邵鐘 00226）；侯馬盟書中頭部和兩臂綫條進一步斷開，如（3：17.4）。

4. 綫條的布局

（1）一些相近同向的綫條趨向於平行均匀布局，如“隹”，西周晚期大致有兩種形態，一種爲延續西周中期形態，表爪形兩筆較短且與羽翼形筆畫參差不平行，一斜畫從中貫穿羽翼形筆畫且不與表爪形筆畫相交接，如（商圖·伯狨父簋 05276）；另一種西周晚期開始出現，爪形筆畫與羽翼形筆畫趨向一致，平行且末端大致平齊，貫穿羽翼形斜畫與之相接，如（五年師旋簋 04216）。春秋時期前一種形態已完全消失，承續後一種形態且筆畫趨向於更整齊，如（戈叔朕鼎 02692）、（鄭大内史叔上匜 10281）。

（2）一些點畫的分布趨向於均衡。如“金”，西周早中期點普遍在一側，如（利簋 04131）；中期開始兩點逐漸向中間靠近，填插於空缺處，作（彔簋 04122）；晚期開始出現增加到三或四點分散均匀填插的寫法，爲春秋（叔朕簠 04621）、（鄀伯受簠 04599.2）等寫法所本，並逐漸成爲流行形式。

總體看來，春秋時期除“丁”等個別字外，實塊在文字中基本消失，一些塊狀演變來的圓點開始演進成粗短橫，並進而再演進成粗細均匀的一横，同時一些不相連的綫條合併，一些逆筆開始的綫條還被改造爲順筆。這些發展變化，大大減少了漢字綫條的基本種類，使書寫趨於簡捷，從而總體上提高了書寫效率。

（二）字形的發展演變

相對於西周文字來說，春秋時期的字形則呈現出更加紛紜複雜的演變現象，下面分別從省簡、增繁、替換和訛變四個方面來分析。

1. 省簡

（1）偏旁省減。偏旁省減可以分爲幾個小類來觀察，一是意符省減，如：

【爲】金文一般作（影彙・太師盤 1464），溫縣盟書作（T1 坎 1：1845），又作（T1 坎 1：3863）、（T1 坎 1：3780），省減象之身形，以一横畫或二横畫代之。戰國文字多承續此種寫法。

【龏】金文多從“廾”，“龍”聲作，如（魯伯悆盨 04458.2），個别或省減“廾”，如（魯伯悆盨 04458.1）、（王孫遺者鐘 00261.2）。

【寶】金文常態作（秦公鎛 00267.2），從“宀”從“玉”從“貝”，“缶”聲，春秋金文個别字形作（杞伯每亡壺 09688），省減“貝”與“玉”；或作（魯伯愈父鬲 00690），省減“貝”；或作（虢季氏子组鬲 00662），省減“玉”。

【教】春秋文字作（商圖・秦景公石磬 19799），與兵壺作（商圖・與兵壺 12445），或作（商圖・與兵壺 12445），省減“攴”。

【旟】春秋金文常作（陳公子甗 00947），從“㫃”從“斵”；個别作（魯伯悆盨 04458.1），所從“斵”省減爲“單”。

二是聲符省減，如：

【匿】春秋金文常作（鄀公簠蓋 04569），個别作（京叔姬簠 04504），省減聲符“古”，增意符“金”。

【醜】侯馬盟書作（3：2.4）；又作（3：19），省減聲符“酉”。

三是同形偏旁省減，如：

【旅】金文多作（商丘叔簠 04557），從“㫃”下兩“人”。春秋個别作（召叔山父簠 04601）、（影彙・中改衛旅簠 400），所從兩“人”省減爲一“人”。

【從】常作（影彙・衛夫人鬲 1700），從兩“人”。侯馬盟書作（152：2.1）、（1：4.1）；又作（198：17.1）、（200：54.3），省兩“人”爲一“人”。

【嬰】春秋金文兩見，一作（王子嬰次鐘 00052），從二“貝”從“女”。另一作（王子嬰次爐 10386），省減爲一“貝”。

【嚴】西周金文始作（癲鐘 00249），“喦”聲，春秋作（影彙·王孫誥鐘 434），“喦”省減爲“品”形；作（秦公簋 04315.1），更省減爲“吅”形。

【癰】作（侯馬 156：19.4）；又作（侯馬 156：20.3），省減一“口”形。

（2）筆畫省簡。一是點畫綫條省減，如：

【繺】金文常作（秦公鎛 00268.1）形，又作（宋公繺簠 04590）、（樂書缶 10008.2），“糸”省減爲“幺”。

【孫】金文常作（齊良壺 09659）形，春秋金文或作（雍鼎 02521）、（邾公釛鐘 00102）；侯馬盟書常作（1：4.2）形，“糸”省減爲“幺”。

【果】西周金文作（果簋 03474），果實形中點綴點畫。春秋金文作（蔡公子果戈 11147），果實形中點畫被省減。

【方】西周金文承襲甲骨文，作（番生簋蓋 04326），或作（南宮乎鐘 00181），上端及横畫兩端皆不加筆。春秋金文及戰國文字承續省減形，如（秦公鎛 00267.1）。

【是】金文從“早”從“止”作，如（秦公簋 04315.1）、（影彙·郜公典盤 1043），春秋或作（商圖·遷邟鐘 15520）、（者減鐘 00194），所從“早”中之點被省減；或作（余贎逐兒鐘 00184.1），所從“日”旁與其下一横進一步省減。

此外如“目、周、剌”諸字，西周早中期字形中皆有一點或幾點，晚期趨向於省減，春秋時期皆延續省減字形。

二是綫條共用，如：

【湯】一般作（影彙·戎生鐘 1616），春秋或作（影彙·𪘲鐘 484b）、（影彙·𪘲鎛 494a），所從“昜”之“日”與“勿”共用筆畫。

【名】金文常見作（少虡劍 11697），個别或作（鼄公華鐘 00245），“夕”下一畫與“口”上横畫共用。

【盂】春秋或作（子諆盂 10335），“皿”下一横與上部一横共用 。

【龢】一般作（秦公鎛 00268.1），或作（影彙·王孫誥鐘 434），“禾”旁之穗形一筆與“龠”中“亼”之右一筆共用。

【邁】春秋齊等國銘文作（齊侯盂 10318）、（夆叔匜 10282）形，所從“萬”之豎畫與“止”之長豎畫共用。

【廷】西周金文或作（师酉簋 04291），或作（三年師兑簋 04318）。春秋作（秦公簋 04315.2），“彡”與“壬”共用筆畫糅合。

【盟】異體字形從“示”作如（商圖·與兵壺 12445），或作（影彙·黝鎛 488b）、（影彙·黝鎛 495b）形，所從“示”之横畫與“囧”疊合共用。

上述字例中，最終爲文字構形系統接受的有“嚴”字的省減寫法。另“鑄”和“寶”二字省減意符的寫法在銘文中出現的頻率相對較高。這三個字的共同特點是，參構的偏旁部件較多，省減後字形的整體輪廓尚在，且“寶”還有聲符的制約，“嚴”省減的是同形偏旁，其省減結果對識讀不會造成大的影響。簡寫形式成爲定型而流傳的有“方、果、嚴”3 字。

2. 增繁

春秋時期字形增繁的基本類型與西周時期大體相同。

（1）增添意符的，主要有以下 11 種：

A. 彳、止、辵：先—侁、及—返、生—歨—徃、永—羕、从—從—䢠—跿、旅—遊、走—䞣—徒、尋—𨒭—得

B. 又、攴：令—敓、畏—敳

C. 廾：登—弃、畢—𢍰

D. 皿：也[匜]—盐、器—噐、鬲—䰛、鈚—鑑、般—盤—盘—盤、𣪕—盨、䢅—盨、䥷—䥝、醴—醴

E. 廾：盂—盂

F. 金：盉—鉌、缶—鈽、盂—釪、也[匜]—鉈、戈—鈛、彝—鏄、𣪘—鐾—鐈—鑑、盤—鑑、戉—鉞、𠤳—䤦

G. 臣：僕—僕

H. 心：皃—愬、疒—痞、疾—瘛

I. 土：陳—墜、陽—堨、阿—垔、冢—塚

J. 艸：雩—華

K. 玉：保—瑎

L. 貝：保—賲

依據構字功能，這些意符可分爲幾類：（1）表動作行爲的，“彳、止、辵”表示與道路行走相關；“又、攴、廾”表示與手參與的動作相關。（2）表器類、器用與器料的，“皿、升”爲用器，作爲意符增之表示類屬義或與器用有關；“金”乃造器材料，增繁“金”旁旨在標示器物的質料，這是金屬在社會生產生活中應用日益廣泛的反映。（3）表心理情感的，“心之官則思”，與心理情感方面相關的字多加“心”旁。（4）表身份的，臣在古代爲奴屬身份，“僕”字增加“臣”旨在突出其身份性質。（5）表某種物類的，增加意符“土”的字，有的是爲所從“𠂤”旁而增添，以示“𠂤”因土而成。

從所增意符的構字頻度來看，除“升”和“臣”外，其餘意符均是漢字構形系統中參與構字較多的偏旁。在甲骨文、西周金文中，“彳、止、辵、又、攴、廾”參構字數都比較多；“心、土”在西周金文中已是常見的增繁偏旁；“金”在西周金文中作意符參與構字 20 多個，在所見春秋文字中作意符參與構字 70 來個。可見，在漢字構形系統中，這些意符皆表示相對固定的意義類屬，具有較爲明確的表意功能，且大多參與構字頻度較高。古文字中這種增繁意符的現象說明，殷商至西周春秋時期，一批偏旁已逐漸用作專門的意符參與構字，逐步形成了漢字的意符系統。這種現象也是形聲構形方式高度發展的一個重要標誌。

在既有文字字形上增添的這些意符，皆攜帶著與字義相關而又同原字形表意角度不同的新信息，這往往有助於文字構形意圖的表達和彰顯，使字的形義關係得以強化和突出，有利於識讀，反映了漢字構形對表意明確的追求。

從結果來看，春秋時期開始發生形符增繁的字中，“般”與“盤”後來分化爲兩字，“往、華”被文字系統接受且沿用至小篆；“戈、畢、畏、僕、陳”等少數增繁字形沿用至戰國，其中“僕、陳”等增繁字形的行用局限於一定的地域範圍內；其餘大多數僅爲偶見，常見的還是未增繁的原形。這是漢字在發展過程中字形追求表達明確和書寫追求簡便兩方面矛盾運動的一種反映。

（2）增添聲符的，包括“追加聲符”和“迭加聲符”兩種類型。

追加聲符的現象在西周文字中數量較多，春秋文字中有“上—堂、兄—䇄、焉—嗎、[illegible]—[illegible]”等。此外，“麋”字甲骨文爲具有部分表音的獨體象形字[1]，兩周金文材料中暫未見此字，石鼓文作（石鼓·田車），上部類化爲從“鹿”[2]，增從“米”聲。“上、焉、麋”3 字增繁聲符的字例最早見於春秋，其餘 2 字增繁聲符現象西周時期已出現。

迭加聲符的，如“龏—[illegible]、宔—[illegible]、釐—[illegible]”等。這些疊加聲符的字例中，“龏”字增“兄”爲聲的現象西周已發生，“釐”字西周或從“子”作。

除“麋”字外，春秋時期添加聲符的其他字皆被文字系統所淘汰。“鑄”字加聲寫法西周已出現，經過春秋的傳承，其所增聲符或爲小篆字形所保留，或與小篆字形聲符有明顯聯繫。

（3）增添區别性綫條。爲加強字際區别，有些字採取增添綫條的辦法。如：

【上】西周多作上短下稍長兩横形，與數字“二”及“下”字形體相近。春秋時期延續此種寫法，又出現加豎畫的寫法，如：（蔡侯申尊 06010），將字形與“二”和“下”明顯區别開來。

【下】西周多作上長下稍短兩横形，與數字“二”及“上”字形體相近。春秋時期延續此種寫法，又出現加豎畫的寫法，如：（商圖·鄭莊公之孫鼎 02409），字形與“二”和“上”明顯區别開來。

（4）增添羡餘偏旁。春秋文字中，不少字增加偏旁並沒有實質意義，我們衹能以羡餘偏旁來看待。如：

---

① 于省吾：《甲骨文字釋林》，第 439 頁。

② 參見黄德寬：《古漢字形聲結構論考》，吉林大學 1996 年博士學位論文，第 51 頁。

A. 增"口"：復—𢕟、後—𢔏、逡—𨕧、巫—𢀞、覭—𧢄、虔—䖍、寇—、腹—、—[㝵]、虖—、萬—、𪈊—𪈊、鼓—𡔷、攻—敌、𧷤—𧷤、㺸—䂮

B. 增"又"：—[地]

C. 增"攴"：鬼—敫

D. 增"宀"：祜—䄰、僕—𠊊、盄—𡨧

E. 增"曰"：鐱—鐱、友—䆴、僉—𠎀、𧷤—𧷤

F. 增"工"：㺸—差

G. 增"土"：萬—𡎺、東—重

H. 增"夊"：畯—畯、䛉—𩰫—𡤈、執—𢐿、敬—

羡餘偏旁添加時，往往會根據所加字結構特點來確定位置，比如："口、土"一般加在字形或部件下部欹角空缺之處和字形或部件下部，"工"一般加在字形或部件下部欹角空缺之處，"宀"皆加在字形上部，"又"加在字形左或右下一側或下部，"攴"加在字形右側，"夊"加在人形腿腳之處。據此可見，這些羡餘偏旁雖然不具有構形功能，但在字形組合關係的安排上仍符合構形組字的一般習慣。

作爲一種羡餘符號，所增偏旁大概出於一種書寫習慣，不具有表意或標音的功能，因此有些增加羡餘偏旁的字在使用過一段時期後，依然爲原來通行的字形所替代，如贅加"口"的"後、寇、腹、復"等字；也有些羡餘偏旁成爲該字一個穩定的構形成分被保留下來，增加羡餘偏旁的字遂成爲該字的定形而被延續，如上述增添"工"的"差"、增添"夊"的"畯"；還有些羡餘偏旁的添加則是該字結構定型過程中的重要環節，如增添"土"的"重"。

（5）增添羡餘符號。增加羡餘符號，是春秋文字字形發展中的一種常見現象，這些符號種類繁多，一般根據字形結構的特點呈現出各種變化。

一是加横畫的，在一些上部爲横畫的字上常加一短横。如：

【亥】（彭子仲盆蓋 10340）、【天】（商圖·司馬楙鎛 15766）、【正】

（影彙·鄬中姬丹盤 471）、【不】（侯馬 156：15.2）、【平】（侯馬 3：6.2）、【可】（蔡大師鼎 02738）、【医】（影彙·丁兒鼎蓋 1712）、【酉】（鄘叔之仲子平鐘 00177）、【巿】（蔡大師鼎 02738）、【師】（庚壺 09733.2）、【麻】（侯馬 1：70.4），等等。

在一些字豎筆或下垂筆畫中有時加短横。如：

【皇】（鼄公華鐘 00245）、【至】（敬事天王鐘 00074）、【元】（魯大司徒厚氏元簠 04690.1）、【乎】（影彙·羅兒匜 1266）、【丂】（齊侯鎛 00271）、【平】（鄘叔之仲子平鐘 00180）、【不】（溫縣盟書 T1 坎 1：1845）、【旨】（國差罎 10361）、【巿】（庚壺 09733.1B）、【師】（庚壺 09733.2）、【闵】（侯馬 3：26.9）、【庶】（蔡侯紐鐘 00211.1）、【入】（侯馬 67：9.1）、【内】（侯馬 67：28.2），等等。

二是下垂斜畫側加撇筆的，如：

【余】作（欒書缶 10008）。

【俞】西周金文作（豆闭簋 04276），晚期开始作（不嬰簋盖 04329）；春秋作（魯伯厚父盤 10086）、（侯馬 179：20.1）。

【壁】作（洹子孟姜壺 09730），又作（洹子孟姜壺 09730）。

【安】春秋"安"字所從"女"旁側皆加撇筆，如（石鼓·田車）、（哀成叔鼎 02782）、（侯馬 1：67.1）。

【威】作（王孫遺者鐘 00261.2），"女"旁側皆加撇筆。

【保】春秋金文多作如（秦公簋 04315.1）形，晚期开始作（鄘侯少子簋 04152）、（商圖·司馬楙鎛 15769），戰國文字承襲春秋寫法。

三是加兩短横的，如：

【相】（庚壺 09733.2）、【兵】（庚壺 09733.2）、【令】（蔡侯紐鐘 00211.1），等等。

四是豎畫或下垂筆畫中加點的，如：

【乎】（邾公釓鐘 00102）、【得】（影彙·滕大宰得匜 1733）、【不】（鄘侯少子簋 04152）、【考】（蔡侯紳盘 10171），等等。

五是加"丷"形的，如：

【𠂤】春秋金文中作偏旁時，上部所引出短畫兩邊加“丷”。如：“歸”作（庚壺09733.2）、“追”作（余贎逐兒鐘00184.2）、“師”作（庚壺09733.2）等。

六是加“八”形的，如：

“盂”作（魯大司徒元盂10316）、“盂”常見作（影彙·曾孟嬴削簠1199）、“丙”作（鄦侯少子簋04152）等。“余”西周晚期中豎兩邊下部無筆畫，春秋早期多延續這種寫法，作（秦公鎛00268.1），春秋中期常於中豎下部左邊加左斜畫、右邊加右斜畫寫作（秦公簋04315.1），晚期除極個别藝術性字體外，均延續這種字形。

七是加短斜畫的，如：

【西】西周金文作（師酉簋04289）、（散盤10176），又作（散盤10176）形，上端引出一短畫。春秋作（影彙·子犯鐘1021）、（國差𦉜10361）、（石鼓·吳人），皆上部歧出短畫側加短斜畫。

【角】西周作（牆盤10175），角尖引出成一畫；又作（鄂侯馭方鼎02810），上出筆畫側加短斜筆。春秋晚期皆作（石鼓·吾車）、（侯馬200：20.1）。“觴”字從“角”作（侯馬194：11.8）。

【𣪘】春秋金文或作（魯司徒仲齊盨04440.2），或作（卓林父簋蓋04018）、（魯伯大父作季姬婧簋03974），所從“殳”旁上側增短畫。

八是封閉空間中加點或短横的，如：

“㐭、魯、曾”等字以封閉空間中加點或短横爲常見，作（鼄叔之伯鐘00087）、（番君召簠04582）、（魯伯愈父鬲00690）、（秦公鎛00267.2）、（曾孟嬭諫盆10332.2）、（吳王光鐘00224.24）等。

“公、壽、井、喜、國、或、祀”等字封閉空間中有時加點或短横，如（曹公盤10144）、（季子康鎛商圖15791）、（叔朕簠04621）、（影彙·何次簠403g）、（鄭井叔蒦父鬲00581）、（子璋鐘00116）、（齊侯鎛00271）、（國差𦉜10361）、（邾公釛鐘00102），等等。

總的來說，增添羡餘符號在春秋文字中是一種比較流行的現象，表現爲：（1）羡餘符號的種類繁多；（2）涉及的字數較多，尤其是一些常用字及偏旁，如“天、火、正、不、平、酉”等以增加羡餘符號爲常見；（3）一部分寫法存現的時間比較長，有些源自西周，延續到戰國，如“亥”字上加横畫的寫法，“安”字所從“女”旁側加斜畫的斜法，“亯、魯、曾、壽”的写法等；有些寫法，如上舉“天、火、正、不、酉”諸字上加短横的寫法，“皇”字上加贅筆等，春秋時期開始出現，而後流行到戰國。

從結果來看，春秋時期大多數增加飾筆的寫法流行過一段時期後，最終被淘汰；也有一些傳承下來，如上加横畫的“亥”、增豎畫的“上、下”兩字，下加“八”形的“余”字皆成爲定型，沿用至今；封閉空間中加短横的“亯、魯、曾、壽”的寫法，上加横畫的“庶、麻”的寫法，其所加筆畫或綫條皆被保留，後來進一步演進爲小篆寫法。西周開始出現的“西、角”兩字上出筆畫一側加短斜筆的寫法，春秋時期得以流行，亦成爲演進到後來定型寫法的重要中間環節。

上述幾種類型的增繁中，通過增添意符表意或增繁其他要素避免字形混淆，皆反映了文字字形求“區別”的規律；增添聲符有助於提示字音，反映了人們對文字表音的追求和漢字形聲化的趨向。這三類方式皆屬於有意增繁，便於文字的識讀，從某種意義上說是一種積極的現象。而增添同形、增加羡餘偏旁或符號，其所增符號既無助於字音字意的表達，也不爲字形區別所必需，則屬於無意增繁，應該說是一種消極的文字演變現象。

3. 替換

春秋文字在傳承西周文字形體的同時，在結構布局方面也有新的變化，替換偏旁、調整偏旁布局或變形改造某些偏旁時有發生，下面分方位變换、意符替换、聲符替换、音化改造四類來考察。

（1）方位變换。在文字字形尚未定型及確立規範之前，文字形體方向和偏旁位置或不固定，甲骨文和西周金文中一些字便存在這種情況。春秋文字中也有部分字存在方位變换寫法。如：

一是單字正反不拘的，如：【父】（影彙·國子碩父鬲 48）—（陳公孫𢔶父瓶 09979）。

二是偏旁正反不拘的，如：【侯】（薛侯盤 10133）—（薛侯匜 10263）、【匡】（吳王御士簠 04527）—（影彙·蔡侯簠 1896）、【𠤲】（魯伯俞父簠 04567）—（召叔山父簠 04601）、【卑】（商圖·與兵壺 12445）—（秦王鐘 00037）。

三是形聲字偏旁位置互換的，有的左右互換，如：【諆】（樂子簠 04618）—（徐王子旃鐘 00182.2）、【祜】（黃子壺 09664）—（黃子匜 10254）、【福】（秦公鎛 00268.1）—（侯母壺 09657.2）、【邦】（影彙·子犯鐘 1020）—（蔡侯鎛 00222）、【都】（侯馬 3：26.2）—（齊侯鎛 00271）、【𧡊】（子璋鐘 00113）—（影彙·王孫誥鐘 419）、【𧢨】（侯馬 156：3.3）—（侯馬 16：9.12）、【𪒠】（商圖·遷卲鐘 15520）—（王孫遺者鐘 00261.2）、【瀞】（秦景公石磬 t19794）—（國差𦉜 10361）、【姬】（秦公鐘 00262）—（影彙·蔡侯簠 1896q）、【婦】（宗婦簋 04077）—（晉公盆 10342）、【改】（穌冶妊鼎 02526）—（夆叔匜 10282）、【妊】（穌冶妊鼎 02526）—（鑄公簠蓋 04574）、【孄】（楚季咩盤 10125）—（影彙·楚屈子赤目簠 1230）、【鏐】（鼄公華鐘 0024）—（𥳑叔之仲子平鐘 00172）。

有的上下互換，如：【𣅀】（影彙·王孫誥鐘 427）—（王子申盞 04643）、【盂】（齊侯盂 10318）—（子諆盆 10335）、【嬴】（郳□白鼎 02641）—（鄦伯受簠 04599.2）。

有的左右或上下互換，如：【杞】（杞伯每亡簋 03901）—（杞伯每亡鼎 02494.1）、【煌】（影彙·𪏽鎛 490b）—（商圖·秦景公石磬 19785）、【改】（夆叔匜 10282）—（匽君壺 09680）、【𢼸】（影彙·戎生鐘 1617）—（影彙·王孫誥鐘 443）、【惕】（侯馬 16：3.2）—（趙孟庎壺 09679）、【佩】（頌鼎 02829）—（影彙·子犯鐘 1023）。

四是會意字偏旁位置互換的，如：【好】（影彙·文公之母弟鐘 1479）—（石鼓·吾車）、【孫】（商丘叔簠 04557）—（虢季子组鬲 00661）、（侯馬 1：4.2）—（侯馬 92：2.3）、【祭】（義楚觶 06462）—（鄘侯少子簋 04152）。

上述方位變換的字例中，形聲结構类型的字數量相對較多，且變換形式多樣，其原因一方面是由於形聲字總體基數較大，另一方面因爲形聲字形符聲符有明確的功能分工，其功能的實現一般不受位置關係的制約，相對靈活自由①。會意字偏旁位置移動則不如形聲字自由，因爲古文字會意字偏旁之間的相對位置關係往往表現某種事理，偏旁的配置方式受到所反映事理的制約。

偏旁方位變換現象的存在，從一個方面反映出春秋文字的某些不穩定性。但相對於整個春秋文字，這類字畢竟衹占少數，就大部分字而言，其方位位置是固定的，一般都有一種常見的較爲標準的寫法。有少數字的定型趨向在春秋時期尚不明朗，似乎難以確定哪一種爲標準寫法，如“姬”字，所見春秋字形 48 個，34 個女旁在右，14 個女旁在左，以後來定型的女旁在左的標準寫法來看，變異的程度是比較高的，但前一變體式出現於秦、中原、齊魯諸國，後一標準式則流行於南方楚、蔡、吳諸國。籠統地看，這個字的偏旁位置似乎是無定的，但在特定地域範圍內，它又是基本定型的。

總體看來，在文字偏旁位置布局上，春秋文字雖然存在變異的現象，個別字例還表現出地域性的差異，但就大多數字來看，在同一區域內字的形體偏旁的方位位置基本上是穩定的。

（2）意符替換。春秋文字中的意符替换可分爲“義近意符替換”和“相關意符替換”兩種類別。一是義近意符替換的，如：

A.“彳、止、辵、走”相互替換：這四個偏旁作意符時，在道路、行走、遠近之類意義方面具有相近的表達功能，常相替換。春秋時期有“征、得、德、往、後、復、追、逹、邁、徒、通、御、走、歸”等多字發生替換現象。

B.“攴、又、殳”相互替換：這三個偏旁在表示手的動作之類意

① 裘錫圭指出，依靠偏旁配置方式來區分同成分形聲字的辦法，在先秦古文字裏通常是看不到的。參阅裘錫圭《文字學概要》第 166 頁。

義方面具有相近的表達功能，常相通用。相互替换的有“攻、敔、殺、祭、得”等字。

C.“攴、殳、戈”相互替换：這三個意符在表擊打意義上具有相近的表達功能，可相互通用，如“鑿、寇、敔”等字。

D.“又、収”相互替换：“又”是單手形，“収”爲雙手形，在表手的動作方面具有相近的表達功能，可相互通用，如“羞、漁”等字。“収”還與“攵”替换，如“擇”字。

E.“攴、支”相互替换：兩者皆作以手持物構形，在表手的動作方面具有相近的表達功能，可相通用，如“鼓”字。

F.“言、音”相互替换：兩者本一字分化，故可相通用，如“諆”字。

G.“宀、广”相互替换：兩者作意符，在表屋舍居處之類意義上功能相近，可相通用，如“府、寇、宅”等字。

H.“宀、穴”相互替换：兩者都與處所有關，表意功能相近，可相通用，如“竈、寓”等字。

I.“米、禾”相互替换：兩者皆爲糧食作物，作意符可相通用，如“稻”字。

J.“日、月”相互替换：兩者作意符皆可表時間、季節，在這類意義上表意功能相近，可相通用，如“萅、期”等字。

K.“鼎、鬲”相互替换：兩者皆爲炊器，又皆作禮器，作意符可相通用，如“獻、鬳”等字。

L.“皀、食”相互替换：兩者皆與飲食有關，作意符可相通用，如“毀、飤”二字。

M.“辛、丵”相互替换：兩者本都由∇（鑿具）形變來[①]，表意功能相近，可相通用，如“宰”字。

① 參閱唐蘭《古文字學導論》第243頁。詹鄞鑫認爲“辛”的甲骨金文字形即是鑿具形，參阅詹鄞鑫《釋辛及與辛有關的幾個字》，《中國語文》1983年5期。

N.“刀、刃、戈”相互替換：“刃、刀”作意符功能相近，“戈”與“刀”皆兵器，作意符亦可相通用，如“初、型、卲、則”等字。

O.“戌、戊、戈、弋”相互替換：四字皆與兵器相關，作意符可相通用，如“威”字。

P.“卩、女”相互替换：古文字中“卩、女”皆爲跽跪之人形，“女”衹是附帶顯示性别，故作意符可相通用，如“御”字。

Q.“女、母”相互替換：兩者本一字分化，在概念上爲上下位關係，故作意符可相通用，如“每”字。

R.“酉、酋”相互替換：“酉、酋”本一字分化，故作意符可相通用，如“奠、障”等字。

上述義近替換的意符中，除字例較少的“宀穴、日月、刀刃戈、収攴、言音、辛丵、酉酋”7組外，其餘11組在西周金文的意符替換中已經出現。“宀穴、日月、刀刃戈、酉酋”4組在戰國文字的意符替換中也存在。“収攴、言音、辛丵”3組目前僅見於春秋文字材料中。據此可見，古文字構形中，義近意符替換是一種普遍現象，並且相替換的意符具有相對穩定的對應關係。

在義近替換的意符中，比較活躍的是表行走遠近意義類的“彳、止、辵”和動作意義類的“支、又、殳、収”等意符。這些意符在西周金文及戰國文字中，存在相互替換的字例也相對較多。與增繁意符現象一致，這些都是出現頻率比較高的意符。

二是相關意符替換的。相關意符替換主要是由於造字時取意的著眼點不同而選取了不同意符，或後來從新的著眼點取意而對原有意符進行了改換①。如：

“盟”又作“盟”，“示”替換“皿”。

“龢”又作“訸”，“音”替換“龠”。

① 參閲裘錫圭《文字學概要》，第168—169頁；張桂光《古文字義近形旁通用條件的探討》，《古文字研究》（第19輯），第580頁。

“德”又作“譓”，“言”替换“彳”。

“愆”侯馬盟書作“諐”，“言”替换“心”。

“城”西周金文作“𩫨”，春秋金文又增加“城、𡌪”兩種構形，“土”替换“𩫖”。

“鬳”又作“鬳”，“鼎”替换“鬲”。

“孝”春秋金文或作“𩚏”，“食”替换“子”。

“艁”又作“賠、戠、鋯、戠”等，“舟、貝、戈、金、酉”相替换。

“賸”又作“賸、嫈、䑞、賸、媵”，“貝、士、女、子”相替换。

“賜”一般作“易”，西周金文或作“錫、腸”。春秋或從“貝”作“賜”，或從“肉”作“腸”，“貝、肉、金”相替换。

此類涉及相關意符替换的字例中，“心言、土𩫖”替换在其他時期材料中亦有例证[①]，這兩组的替换在古文字中是常見的現象。其餘意符替换僅存在於特定字例中，不具類推性。

從結果來説，春秋時期新發生的意符替换字例中，“城、期、賜”三字後起的替换字形爲文字系統接受而沿用至今。

（3）聲符變换。聲符變换包括聲符替换和音化改造兩個類别。根據互换聲符的關係，春秋文字中的聲符替换現象又可分爲兩個小類。一是聲符甲與從甲得聲的聲符乙替换，如：

A. 東—重—童：鍾—鍊—鐘

B. 古—故：匿—𠥓

C. 勻—旬：均—均

D. 丁—正：[illegible]—[illegible]（定）

E. 五—吾：敔—敔（敔）

F. 令—命：鈴—錀

G. 小—少：肖—省

① 參閲高明《中國古文字學通論》第129—159頁。

H. 午—缶：卸—[illegible]（御）

I. 用—甬：趣—趙

J. 隹—唯：淮—濰

K. 氏—氐：䀑—䁆

L. 余—俞：[illegible]—[illegible]（論）；[illegible]—[illegible]（綸）

M. 直—悳：植—檍；徝—德

N. 复—復：腹—膢

O. 谷—俗：浴—㴮

P. 豆—登：陼—隥

Q. 呈—逞：鍉—[illegible]

R. 于—雩：鼾—鼆

S. 來—𠩺：釐—釐

T. 尹—君：羣—羣

二是音同或音近的不同聲符相替換，如：

A. 缶—畐：寶—寚

B. 其—己：朞—玘

C. 夫—五：匩—匿

D. 亟—己：禋—祀

從理論上講，一個聲符和從它得聲的形聲字，兩者應該是音同或音近的，作聲符時可以相互替換。但是應該看到，上述前一類替換例在春秋時期形聲字總字數中所占的比例還是很小的，並且這些字一般都有一種常見且可視爲正體的寫法，變異寫法出現的頻率相對較低。後一類聲符替換字例，同樣是正體寫法占主導地位，變異寫法相對少見。

上述聲符替換例中，"東重童、五吾、令命、午缶、隹唯、直悳"6組作聲符互換的現象在西周金文中已經出現，這說明在西周春秋時期這幾組聲符的替換具有一定的普遍性；另外各組目前衹見於春秋時期的材料。

春秋文字的音化改造也有兩種形式：一是形近音化，將表意偏旁改造成與之形近的表音偏旁，如：

【寶】金文多從“宀”從“玉”從“貝”，“缶”聲，如[古文字]（影彙·秦公簋 1344）；作[古文字]（魯少司寇盤 10154），將“宀”改爲“勹”，蓋以表音。

【尚】春秋金文多如[古文字]（陳公子甗 00947）形；或作如[古文字]（者減鐘 00198.2），下所從變爲“向”，蓋以“向”爲聲。

【皇】春秋早期皆作[古文字]（秦公鎛 00268.1）形，下從“士”。中晚期大多從“王”聲，作[古文字]（秦公簋 04315.2）形。

【良】春秋金文作[古文字]（𨚕子良人甗 00945）、[古文字]（影彙·仲滋鼎 632）、[古文字]（郤𪏚尹譖鼎 02766.1），下部改作“亡”，蓋以“亡”爲聲。

【守】侯馬盟書作[古文字]（16：26.5）、[古文字]（200：13.6）、又作[古文字]（92：2.2），即以“寸”（“肘”字初文）爲聲。

另一類則是置換音化，將表意偏旁置換爲另一個在字形上無關的表音偏旁，如：

【囿】甲骨文作[古文字]（合 09488）、[古文字]（合 09489）形，西周该字阙如，春秋作[古文字]（石鼓·吳人），又作[古文字]（秦公簋 04315.2），以“有”聲替換原來的草木形。

上述音化改造各例，有一個重要的特點，除“寶”本來是形聲字外，其餘各字都是非形聲字經過改造從而成爲有標音成分的形聲字。從傳承看，“尚、囿、良、皇”這些字的音化改造得到了人們認同，改造後的字形取代了原字形而傳承至小篆系統。也有少數字的音化改造衹能說是一種嘗試，如從“勹”聲的“寶”僅見於個別字例。其實“寶”本來就是形聲字，再爲它改造一個表意偏旁來標音，並無多大意義。可以說，春秋文字中的音化改造相當一部分是成功的，這從一個方面反映了漢字構形對標音的追求以及漢字構形形聲化的基本趨向。

通過上述考察分析，我们可以獲得如下幾點粗淺的認識：其一，聲符變換是古文字定型以前字形演變進程中的一種常見現象，它改變了漢字結構的部分偏旁，有的還改變了偏旁的功能，是造成漢字系統異體字衆多的原因之一。其二，一部分經由變换而定型的字形進入了漢字傳承系統，促進了漢字系統的不斷調整與優化。這種現象的存在，表明漢字構形是動態的、開放的。正是這種動態性和開放性，推動了漢字系統的不斷向前發展。其三，聲符變换，尤其是其中的音化改造，反映了漢字構形對標音的追求以及漢字構形形聲化的發展趨向。

春秋文字中的替换現象，有屬於字形偏旁間平面布局調换的方位互换，有關乎字義表達的意符替换，有關乎字音標識的聲符替换和音化改造。替换現象中，方位互换雖然産生了變體，但字的偏旁和功能都相同，構形意圖也没有改變；意符替换、聲符替换和音化改造都改變了原字的部分偏旁，有的還改變了偏旁的功能，構形意圖也相應有了變化。替换現象造成的這些變體字和異體字，有的存在於共時平面，有的則發生於歷時流程；有的替换變體曇花一現，有的則在一定時期或地域範圍内行用，後來又遭到淘汰；有的則取得正體地位，在文字系統中傳承下來。替换現象一方面導致了異體的增加，不利於文字的應用；另一方面，一部分經由替换的字形進入了漢字傳承系統，則促進了漢字字形結構的不斷調整和優化。

4. 訛變

字形的訛變，往往並非單一變化形式所造成。爲敍述方便，依各字在春秋時期所發生訛變的主要形式，我們分爲形體離析、粘合和形近混同三種類型進行討論。

（1）形體離析。形體離析現象隨著漢字符號化進程而逐步出現，對漢字構形的發展産生了重要的影響。有些字的形體變化，就是由於形體離析而造成的，從漢字構形的本意來説，這也是一種訛變現象。如：

【宜】甲骨文作（合 15893）、（合 06157），西周春秋金文作（貉子卣 05409.1）、（秦公簋 04315.2）。侯馬盟書作（200：30.1），原整體的俎案形離析爲上下兩部分，上部形體訛爲“宀”旁。

【烏】西周金文作（㦤鼎 02824）、（毛公鼎 02841），爲一整體象形字；又作（叔㚖父卣 05428）、（禹鼎 02833），烏嘴作分離之勢，所分離部分似“人”之形。春秋金文作（影彙·䖒鼎 1237q）、（留篙鐘 00038.2），嘴形分離部分與烏身徹底脫开，且完全訛爲“人”形。

【穆】甲骨文作（合 33373），禾杆與穗實連綴爲一體。西周金文作（史牆盤 10175）。春秋或沿襲西周寫法，如（商圖·秦景公石磬 19783）；或作（鼄公華鐘 00245）、（蔡侯申盤 10171）、（影彙·王孫誥鐘 435），杆與穗分離，爲戰國文字所承襲。

【伐】甲骨文一般作（合 00032），少數作（合 07084），戈形橫穿人之頭部[①]。西周金文承襲前一寫法。春秋作（庚壺 09733.1），依然“人、戈”相連；又作（影彙·子犯鐘 1021）、（侯馬 3：20.8），“人”與“戈”離析且平列，爲小篆所延續。

【是】西周早中期金文從“早”從“止”，兩相分離，如：（毛公旅鼎 02724）；晚期或作（毛公鼎 02841），共用中豎而粘合。春秋文字承續此兩種寫法，如（陳公子甗 00947）、（商圖·競孫旟也鬲 03036），其中以後者常見，並在此基礎上進一步發展，所共用豎畫上端收縮並與上部“日”脫離，作（哀成叔鼎 02782）、（侯馬 3：16.4），從“日”從“正”，爲小篆所本。

【龍】甲骨文作（合 6476）、（合 29990），爲整體象形字，西周作（作龍母尊 05809）。春秋早期作（䢅仲鬲 00714），張口之形訛似“肉”形，春秋中晚期原卷體與頭部分離且訛成“巳”，作（郘鐘 00235）、（郘鐘 00226），爲戰國楚簡文字所承續。

【㞷】乃“往”之初文，甲骨文作（合 05094），從“止”,“王”聲。春秋或增“彳”作（吴王光鑑 10298），“㞷”所從之“止”與“王”共用一横而粘合，而“王”中間一横較短，致使下部似“土”形；侯馬盟書既作（67：23.1）、（67：3.1）形，又作（67：30.1）、（67：21.1）

① 個別作（合 07230），可能是缺筆。

等形，溫縣盟書亦作（T1坎1：3863）、（T1坎1：137），分爲“止”和“土”兩部分。

【巫】甲骨文作（合5659），西周金文作（齊巫姜簋03893）。侯馬盟書作（96：8.5）、（179：18.5），橫置之“工”形斷開作兩“人”形。

【丘】甲骨文作（合5602）、（合30272）。春秋金文作（商丘叔簠04559.1）、（庚壺09733.1），上部兩側筆畫收縮而與底部離析作“北”形，爲小篆所承襲。

【章】西周中期金文作（競卣05425）、（裘衛盉09456），爲“璋”之初文。西周晚期金文作（頌簋蓋04338），春秋早中期金文作（章子鄭戈11295）。春秋晚期石鼓文作（石鼓·鑾車），上部分離析成“音”，下部分似“十”，爲小篆所本。

上揭形體離析訛變各例，從發生過程看，其中“宜、烏、穆、龍、巫、丘、章”7字先經由了圖形性形體的分離，然後分離部分混同爲某一類似的常見偏旁；“是、㞷”兩字偏旁原本相對獨立，但發展過程中曾一度粘合，春秋時再從它處離析而形成不同於原初的另類偏旁；“伐”字偏旁性質雖未變，但原本通過筆畫位置交錯關係而表意的偏旁分離開來，使構形理據喪失。從傳流看，“是、㞷、丘、章”4字經由春秋時期的離析而定型，傳承至小篆；“烏、宜、穆、伐、龍、巫”6字，春秋時期發生的形體離析成爲其後定型字形的中間環節。這些漢字訛變的完成，使其個體字形實現了構形的偏旁組合化及類偏旁化，進一步適應了漢字構形的系統性，從而促進了漢字構形系統的簡化。這也是春秋時期漢字字形形象性不斷減弱，符號性不斷增強的結果與反映。

（2）形體粘合。形體粘合與形體離析相反，是將本來相分離的綫條或偏旁粘合書寫，從而導致字形訛變的發生。如：

【丞】甲骨文作（合2279），從“収”從“卩”從“凵”。石鼓文作（石鼓·汧沔），“山”形當由表人腿腳之形與“凵”相接部分粘合訛成，後爲小篆所本。

【邁】西周金文或從"止","萬"聲作（鄭伯筍父鬲 00730）。春秋齊、夆諸國金文中，作（齊侯盂 10318）、（夆叔盤 10163）形，所從"萬"之豎畫與"止"之長豎畫普遍共用粘合。

【尹】西周金文一般作（頌簋蓋 04338）形，或手指形與杖形相接不穿透，如（宗仲匜 10182）形。春秋時期普遍作（天尹鐘 00005）、（王子午鼎 02811.2）、（曾都尹定簠影彙 1214）等，杖形與手形進一步粘合成左右對稱的整體形，衹有個別仍保留如（吳王御士簠 04527）形，戰國時期亦普遍作粘合形。

【君】字中偏旁"尹"的形態演變與"尹"作單字同步。

上揭經形體粘合而訛變的字例中，"丞"字定型字形進入小篆系統；"邁"的字形粘合寫法流行於特定地域範圍，"尹"及"君"的粘合寫法流行於春秋戰國時期。實際上，"丞"字經歷的是先粘合後分離的過程，且其後形成的部件"山"比原偏旁"凵"常見常用，故能傳流下來。另 3 字部件粘合後，出現了難於分析、更爲複雜的結構，與漢字構形部件的類化與系統化趨向相違，因而行用於一定時期或地域後消失。

（3）形近混同。形近混同現象是古文字字形訛變最常發生的，在春秋文字中形體相近偏旁的訛混有以下各類：

A. "火"訛成"土"，如：

【堇】甲骨文作（合 9815），從"火"，"英"聲。西周金文作（啟卣 05410）、（五年琱生簋 04292）、（頌簋蓋 04338），或作（裘衛盉 09456），所從"火"訛似"土"。春秋中晚期作（叔夷鐘 00283）、（洹子孟姜壺 09729），所從"火"則完全訛成"土"。戰國文字皆承襲從"土"的寫法。

B. "石"訛成"产"，如：

【庶】甲骨文作（合 4292），從"石"從"火"。西周金文作（毛公鼎 02841），晚期或作（伯庶父盨蓋 04410），所從"火"之中部訛成"土"。春秋時期或於字上部加短横，作（魯大司徒子仲白匜 10277）、（鼄公華鐘 00245）。戰國時期，所從"石"中之"口"形近而訛作"廿"形，作（郭店・緇衣 40），小篆上部則混同於"广"，原所從"石"

因而訛成“产”。

C.“鼎”訛成“貝”、“貝”訛成“目”，如：

【具】西周早期金文作（伯具簋 03615），從“鼎”從“収”；早中期又作（叔具鼎 02341）、（曶鼎 02838），從“貝”從“収”。西周晚期所從“鼎”多作形，上部近似“目”形，如（函皇父簋 04141）、（駒父盨蓋 04464）。春秋早期尚沿襲此構，如（曾子斿鼎 02757）；或作（曾伯霥簠 04631），上部“貝”與“収”粘合；作（秦公鐘 00262）、（石鼓・而師），上部則進而訛省作“目”，爲小篆所本。

【則】西周金文從“鼎”從“刀”作（史牆盤 10175）、（黄子盤 10122）。侯馬盟書或作（194：12.7），從“鼎”；或作（185：4.1），訛“鼎”爲“貝”。

【得】甲骨文作（合 508），從手持貝會意；或增從“彳”，作（合 439）、（合 8928），商金文作（得父乙觚 07086）。西周金文承襲殷商構形，作（𤔲馭簋 03976）；又作（虢叔旅鐘 00238），所從“貝”與小篆“貝”字近同。春秋金文所從“貝”往往省減而訛作“目”形，如（余贎逐兒鐘 00184.1）、（影彙・黝鎛 495a）。

D.“千”訛成“王”，如：

【年】殷商甲骨文作（合 10085），金文作（小臣缶鼎 02653）。西周金文延續此形，如（克鐘 00207）；西周晚期金文開始出現“人”形中加點和與“禾”豎畫共筆粘合的寫法，如（𠫑季鼎 02585）；或將“人”形中點進一步延長成横而作“千”，如（齊巫姜簋 03893）。春秋文字承續西周金文構形，從“禾”從“人”作者多見於早中期，如（商丘叔簠 04557）、（秦公鐘 00266）；“人”形中加點或從“千”作者，早中晚皆常見，如（戈叔朕鼎 02692）、（鄀公平侯鼎 02771）、（商圖・秦景公石磬 19788），從“千”之形爲小篆所本。春秋早期還出現訛“千”成“王”的寫法，如（魯伯俞父簠 04566）、（曾子伯𥎦盤 10156）等，中晚期齊魯諸國與南方楚曾諸國普遍延續這種寫法。

E.“卩”訛成“己”，如：

【配】甲骨文作（合 31841），西周金文作（㝬簋 04317），從“酉”從“卩”。春秋或作（拍敦 04644）、（配兒鉤鑃 00427.1），所從“卩”訛爲“己”，後爲小篆所本。

F. “木”訛成“大、火”，如：

【樂】甲骨文作（合 33153），西周金文作（影彙・晉侯對盨 852）；或作（邢叔采鐘 00356），增從“白”形。春秋文字承襲西周金文後一構形，如（影彙・王孫誥鐘 436）；也常訛“木”爲“大”形，如（影彙・王孫誥鐘 427）、（配兒鉤鑃 00427.2）；或再添飾筆進一步訛爲“火”形，如（子璋鐘 00116.2）。

G. “囧”訛作“四、目”，如：

【明】西周金文從“囧”從“月”作（麥尊 06015）。春秋文字或承襲西周金文，作（秦公簋 04315.1）；或所從“囧”訛成“四”形，如（秦公鎛 00269.2）、（沇兒鎛 00203.2）。侯馬盟書或作（1：36.4），從“日”，《說文》古文同此；又作（1：53.3），所從訛成“目”，爲早期隸書所本。

【盟】春秋金文從“朙”作（影彙・王孫誥鐘 432），或作（鼄公華鐘 00245）、（商圖・與兵壺 12455）、（影彙・王孫誥鐘 430），“囧”完全訛作“四”形。侯馬盟書一般從“明”作（156：25.5）。

H. “匕”訛作“止”，如：

【老】西周金文或作（毛公旅鼎 02724），下從；又作（事季良父壺蓋 09713），下訛從“匕”，爲西周至戰國皆有的寫法，亦爲小篆所本。春秋中晚期開始，常見作（齊侯鎛 00271）、（商圖・賈孫叔子屖盤 14512），皆訛“匕”爲“止”。這種寫法戰國楚簡中亦常見。

上舉因形近訛變各例，“堇、具、則、配”4 字訛變後的字形爲文字系統所接受，其偏旁的變化主要是趨於簡化；“庶”字春秋時期發生的訛變成爲其以後形成定型的關鍵環節，偏旁“石”之訛爲“厈”，使其上部類化爲更爲常見、簡便的“广”；其餘 6 字的訛變字形僅存現於特定的時期或地域，從“壬”之“年”、從“止”之“老”行而不遠，當與“壬”較“千”生僻且繁複、“止”較“匕”繁複有關，“得、樂、明、盟”的訛變寫法，衹是局部區域或一定時期內的一種習慣寫法，但反映出字形簡化的趨勢。

春秋文字字形訛變主要體現出以下特點：

其一，漸進性。字形發展的各種現象都是漸進式的演變，訛變也不例外，如“烏”的嘴形訛成“人”旁，是逐步分離完成的；“堇”所從之“火”訛成“土”，“具、則”之所從“鼎”分別訛成“目”與“貝”等也都是一步一步地趨近而同。少數難以找出混同演變的中間環節，如“配”所從“卩”訛成“己”等，可能就是由於經常性的訛錯而習非成是。

其二，趨簡性。形體離析將原本形象性較強的形體分解爲獨立的部件，是爲了提高書寫效率；形近混同的訛變則大多訛成相對簡單的偏旁，如“鼎”訛成“貝”、“貝”訛成“目”，“火”訛成“土”，“囟”訛成“四、日”等；也有的則變得稍微繁複，如“年”所從“人”變成“千”，“丞”所從“凵”訛成“山”，但增繁幅度相對較小。總體來看，訛變對形體組合關係作了調整，體現出趨簡的傾向。

其三，符號化。形體離析字中，原本形象性強的形體部件離析下來後皆轉變成了常見的偏旁，如“烏”的嘴形訛成“人”旁，“龍”的卷體訛成“巳”旁，這促進了文字構形部件的調整和類偏旁化；偏旁部件訛變成形近的其他偏旁，則割裂了字形原有的形義關係，使文字進一步符號化。

二　春秋文字的結構

（一）春秋文字結構的基本狀況

1. 獨體、合體的分布情況

據初步統計，所見出土春秋文字材料中，共出現單字1672個。

其中獨體字共有如下 158 字：

一、元、天、帝、且、王、气、士、玉、上、下、三、中、𠁁、牛、單、止、行、牙、足、小、余、八、干、十、鬲、臣、卜、用、爾、目、自、隹、羊、鳥、烏、舄、叀、么、𢀛、角、其、丌、工、巨、乃、丂、于、虎、皿、井、鬯、倉、入、矢、京、亯、畐、良、啚、來、夒、夔、木、才、市、南、甹、日、月、夕、鼎、禾、白、黹、人、丘、身、衣、毛、尸、舟、首、文、丏、禺、山、石、丱、而、豕、馬、廌、鹿、兔、犬、能、大、交、壺、幸、𠦪、心、水、州、雨、云、魚、龍、不、西、戹、門、耳、𦣝、女、乇、氏、也、弓、冉、求、它、亘、凡、土、田、矛、車、亖、五、六、七、九、萬、禹、甲、乙、丙、丁、戊、己、庚、辛、壬、子、丑、辰、巳、午、未、匹、吕、申、酉、戌、長、亥

由成字偏旁與區別性符號構成的有 19 字，即：

吏、每、少、千、世、音、事、今、乞、甬、卒、毋、甘、曰、駡、馬、亡、四、百

由標示性符號和某種形象表意偏旁構成的有 6 字：

旦、夫、立、之、引、屯

由成字偏旁添加區別性部件構成的有 9 字：

左、右、否、如、舍、台、弜、吉、喬

既有獨體字形，又有合體字形的 4 字：

戈—戔、也 [匜]—鉇盄、亯—亯、鬲—鬲鬲

其餘 1474 字則屬於合體結構。

據統計，獨體字約占總字數的 9.4% 左右，合體字占整個字數的 88% 左右，如果加上上述幾種其他複合結構形式，複合結構約占整個字數的 90% 左右。

2. 異體字數量情況

春秋文字材料 1672 個字種中，因構形差異而形成的異體有 210 個，如：

上二堂、下二、萅萅、歸歸𨘇、歲戯嵗嵗䏊、逵衜衜𨕥、邁萬𢕟、征征、逢夆、通𢓊、遊斿、遯𢓜𨗌𢡀、德𢛳徝𢜸、復復𢕌𢓭復、[往]㞷𡉅㞷徃、後遂遂、徥𢓊、𢿌𪏆𢿌、諻韹、𧩼𧩼、[敌]𢽷𢽷𢧵、攴𡕢𢼸、𤡔𤡔、期𣛱碁、𦞠䏩𦟷𦞛𦡈䐝、賜賜、鄭𨟙、䑯賠𡨄𡧾𤇢𢧐鋯𢧲艁散𤄘𨮯、稻𥞯、姓性、[城]𡒄𣄃、盟盟𥂝、[愆]𧥼𢙡𢜢、宅宅、[畏]𢼸㦹𢟳、𥞴𥞴、𨰜𨰜、𥜵祒、𧾭𧽤、𧾤𧼮、諆𧩯、肖省、無𥂕𨙍𥂕、定宁①、[歌]訶訶、淮滩、浴浴、陟陟、陞陧、鈴鈴、醜醜𩲲、腹腹𦞂𦞂𩽁復、𨚟𦎧𧢸、植㮙、𠥎匽𠥪𠥫𠥳𠥱、[戟]𢧌𢧢𢧩𢧙𢦦、獻獻、[視]䚕𧡆𧢦𥈤、鍾鍾、鐘鐘鐘、𡣝妳𡣝、均坸、助𠡭、𢙔𢙔、器𥁋、鬲𥁒𩰲、鈚𨥢、𨯐𨯐、[槃]般盤盤𥂴、僕𠍶、陳𨻰、[漁]𤂏𤂏、登𢍺、畢𢍰、雩華、國國𨛦、及𢓊、旅𢍮遊、永𢍒、从從从𨑥、先𢓊、冢塚、[匜]也𨥝𥁕、陽𨻰𨻰、阿𠭦、𨽍𨽍、祜𥛙、𥂕𡩜、𣪕𣪘𥃀、醴𥃀、壽𦒴𦒴𦒴𦒴𦒴、缶𨥲、盉𨦫、彝𨯁、戈𨧩、盂𥁃𥂖𨦃𨥆盂、痁瘖、𤵸𤵸、走𢓊𢓜、[得]𢔶𢔶𢓜𢔶𢔶、御𠨷𢓊、爲𢓜、豎𧰼、奂𠈤、𩞁𩟗、龏𨟙、兄𤲗、焉𢒊、陸陸、孝𦒴、[秦]𥞕𥞕、威威㛘𢧵、男𤰲、𣍝明、[沬]𩰲𩰲𩰲𩰲𩰲𩰲𩰲𩰲、鑿𨫼𨫼𢿌𢧐、乘𠅁、業𩿍、殺𢽫𣪩、隻𡕢、鳴𩿍、玆丝、利𥞥、[則]𠟭𠟭𠟭、宰宰、政政、行衍、𠀠𧯷、复𠂤、尚㚒、囿𡈚、百仝、顯𤃀𤃀𥁕、令敓、[鑄]𩰲𩰲𩰲𩰲𩰲𩰲𩰲𩰲𩰲𩰲𩰲𩰲𩰲𩰲𩰲𩰲𩰲𩰲𩰲𩰲𩰲𩰲𩰲、畺疆、喬𩫏𩫏、四三、尊𨽍𨽍𨽍𨽍𨽍、[保]𠈃𠈃𡪞𠈃𠈃𤤷、左右、[差]𢀩𢀩𢀩、巫𠱿、䙵䙵、虔𧆞、僉𠋨、其甘、仐余、鐱𨩮、友𦐇、攻攷、𥆁𥆁、䁼𡠗𡠗、福𥛚、具𢍸、[群]𡼳𡼳𡼳、難難、黄𡕢、[敢]𠭁𠭁、樂𣡚、鑾𨮯、𦬸𦬸、[哲]𢦞𢦞、嚴𡪞、喪𠷔𠷔、商𢉩𢉩、[導]衜衜、教𡥈、雔𩀳、莫𡗲、嘉𧯷𧯷、𥁕𥁕、𦘔𦘔、盤𨗨𤁗、[庸]𩫖𩫖、[質]䝪𨑣、旂𢍮𢍮、年𥝧𥝧、秋𥤚、寶𡧿𡧿𡪕𡧿𡪕𡪕𨥺、守𡩜、寓𡪝、竈

① 侯馬盟書中“定”有些寫作[古文字形]，從“宀”從“丁”，硬性隸定作“宁”。

寣、何啊痾、老耂、[弁]皃覍敓㝵、盜盜、豫𧰼、猷猷、[煙]䵎堙、燮燮、奔𨑓、慮慮、慶慶、[揚]䎸䎸䝿、賊𧵥戕、緐䋣、[地]墜墬、釐釐𨤝、𦘔𦘔𦘔、鎛鎛、辟𤕰、賓賓。

春秋時期異體數量最多的是"鑄"字，達20多種，據初步清理，其中無聲符的會意結構10種，加聲符的形聲結構15種。由於該字出現頻次相對較高，加之字形參構偏旁較多，異體形式則相對較多。另有一個"艁"，我們認爲是製造義的本字，與"造"屬於不同字種，該字異體也有11種之多。

上述異形異體之字，多爲增繁意符或裝飾性偏旁、符號而成，或爲替換意符或部件而成，因而以同聲符異體居多。少數因訛變而成，如"具"之作"𠬞"與作"具"等。"上、下"由兩横增豎筆而作"上、下"，蓋爲與"二"相區别而成。此外，"百"作"仝"，出現在晉國侯馬盟書中；"四"在"三"的基礎上，出現"四"的字形；"行"出現"衍"的會意結構①。這些異體皆爲春秋時期有特點的文字現象。

另外需要説明的是，"中、𠁩"兩字字形有别，在春秋時期記詞功能不同且不相混，分爲兩個字種；"䒠"與"華"，《説文》分爲兩個字，我們認爲，"華"是"䒠"基礎上增繁的異體，歸爲同一字種。

據統計，春秋文字中存在異體字形的占12.5%左右。

（二）春秋文字的結構類型

1. 結構類型的分布

按象形、指事、會意、形聲四種結構歸納，春秋文字各結構類型的字分布如下：

（1）象形：春秋時期象形字傳承自殷商西周的有156字，新增字種有"禺、丌、焉"3字。"左"另有一隸定爲"右"的異體，兩者性質相同，計爲一種結構。春秋文字中共有象形結構的字159個，新增3個。

① 此字形出現於石鼓文，在"唯舟以衍"中仍當釋爲"行"，與戰國文字"道"的異構同形。

（2）指事：春秋時期指事字傳承自殷商西周的有38字，其中“上、下”兩字出現由“二、二”增加豎筆的“上、下”字形，“三”出現“四”的寫法，新字形仍屬於指事結構，且新舊寫法暫並行使用，各字均計爲一種結構。新增字種有“末、馬、馬、馬”4字。總計指事結構42個，其中传承字指事結構38個，新增字指事結構4個。

（3）會意：春秋時期会意字傳承自殷商西周的有302字，新增字種有“料、好、䰜、采、聿、隶、覞、盍、羅、朔、龔、逸、嚚、魃、庫、盈、关、平、秀”等字。“行”屬象形結構，春秋時期新出現作“行”的會意結構。“百”新出現的“仝”異體，構意不明，當屬會意。總計會意結構324個，其中传承字會意結構304個，新增字會意結構20個。

（4）形聲：春秋時期形聲字種傳承自殷商西周的有551字，新增字種有598字。在結構發展方面，存在動態變化的現象，如有些原爲象形、指事、會意結構的字存在增加意符、聲符、羡餘偏旁甚至改換偏旁而出現形聲的異體，如：“鬲”屬象形結構，其異體“鬲、鬲”則爲形聲結構；“上”爲指事結構，其異體“堂”則爲形聲結構；“及、先”原爲會意結構，其異體“返、侁”則爲形聲結構；“圝”爲會意結構，其音化替換的異體“囿”則爲形聲結構。有些後出形聲取代原結構傳承下來，有些形聲字與原結構並見行用，但後來被淘汰，我們以原結構爲依據計算字種，因此形聲結構數量大於形聲字字種數。其中具備象形和形聲兩種結構的字有6個，具備會意和形聲兩種結構的有20個，具備指事與形聲兩種結構的有1個。經過統計，春秋時期形聲結構數爲1176個，其中传承字形聲結構577個，新增字形聲結構599個。

2. 結構類型的分布分析

春秋時期四種基本結構總數爲1701個，其分布情況見下列各表：

（1）春秋文字結構類型分布表

類型＼來源	傳承	新增	合計
象形	156	3	159
指事	38	4	42
會意	304	20	324
形聲	577	599	1176
合計	1075	626	1701

（2）春秋文字結構類型分布比例表

分布＼類型	象形	指事	會意	形聲	合計
數量	159	42	324	1176	1701
比例	9.3	2.5	19.0	69.2	100（%）

（3）春秋傳承字結構類型分布比例表

分布＼類型	象形	指事	會意	形聲	合計
數量	156	38	304	577	1075
比例	14.5	3.5	28.3	53.7	100（%）

（4）春秋新增字結構類型分布比例表

分布＼類型	象形	指事	會意	形聲	合計
數量	3	4	20	599	626
比例	0.5	0.6	3.2	95.7	100（%）

3. 構形方式的發展變化

通過與西周文字的比較，可以看出春秋時期漢字構形方式發展變化的基本狀態。如下表：

時代	類型／分布	象形	指事	會意	形聲	合計
西周	數量	269	65	327	854	1515
	比例	17.8	4.3	21.6	56.3	100（%）
春秋	數量	159	42	324	1176	1701
	比例	9.3	2.5	19.0	69.2	100（%）

據上表可見，從西周到春秋，象形類結構從 17.8% 下降到 9.3%，指事類結構從 4.3% 下降到 2.5%，會意類結構從 21.6% 下降到 19.0%，形聲類結構從 56.3% 上升到 69.2%。春秋時期與西周時期相比，形聲類結構上升了近 13 個百分點，表意類結構總體從 43.7% 下降到 30.9%，下降了近 13 個百分點。上述分析表明，春秋形聲類結構在西周時期占據優勢地位的基礎上，其優勢進一步增強；表意類性質結構則相應地衰退。

考察西周與春秋時期所見新增字結構類型的分布變化，則更能反映不同構形方式的消長變化情況。如下表：

時代	類型／分布	象形	指事	會意	形聲	合計
西周	數量	38	21	90	379	528
	比列	7.2	3.9	17	71.9	100（%）
春秋	數量	3	4	20	599	626
	比例	0.5	0.6	3.2	95.7	100（%）

上表顯示，從西周到春秋，新增字中象形類結構下降了 6.7 個

百分點，指事類結構下降 3.3 個百分點，會意類結構下降近 14 個百分點，三者相加總體下降了 24 個百分點；形聲類結構則增長了近 24 個百分點。顯然，象形、會意這些表意類構形方式構字功能均在進一步減弱，形聲構形方式構字功能則繼續增強。此消彼長，變化相當顯著。

從所占比例來看，西周時期新增字中形聲類占 71.9%，表意類占 28.1%，兩者相差近 43 個百分點。春秋時期，新增字中形聲類比例占 95.7%，表意類衹占 4.3%，兩者相差高達 91 個百分點。显然，形聲構形方式的主導地位得到更大提升。

上述統計分析結果表明，春秋文字延續並增強了西周金文構形方式發生重大轉變後所形成的發展趨勢，表意類構形方式構形功能不斷衰弱，所構新字量已非常有限，而形聲構形方式構形功能繼續增強，漢字構形方式系統得到進一步調整與優化。

三　春秋文字的字用

（一）春秋時期用字量的基本情況

出土春秋文字材料數量不算很多，同時春秋銅器銘文大多簡短，其他銘文及盟書內容比較單一，目前所見春秋時期總的用字量相對有限。據初步統計，春秋時期所見單字有 1672 個，其中自殷商、西周傳承而來的有 1047 個，春秋時期新見字 625 個。列表如下：

	傳承字	新增字	總字數
字數	1047	625	1672
比例	62.6	37.4	100（%）

由上表可見，春秋時期用字中，來自殷商西周的傳承字占主體，同時新字的創製也比較多。同時，我們對春秋文字的流傳情況也進

行了初步考察。上述 1672 字中，經過比對，見於《說文》小篆的有 1217 字，占總數的 72.8%。其中傳承字中傳入《說文》小篆的有 949 字，新增字中傳入《說文》小篆的有 268 字。

通過對春秋時期用字量的初步觀察可以發現，來自殷商西周的 1047 個傳承字，從記詞的角度看，所記錄的主要爲漢語中的常用詞，因而大多爲常用字。其中流傳入《說文》小篆的有 949 個，占整個沿用字的90.7%[①]。這表明從西周至春秋戰國時期漢字的發展演變進程中，漢字常用字總體比較穩定。

從新增字的流傳看，進入《說文》小篆的有 268 字，約占新增字的 43%。新增字中得以流傳進入小篆系統的，主要是基本詞彙用字和一些重要的專用字。那些被淘汰的字，或由於漢字系統內部調整，其記錄詞語的功能被合併於其他字形之中；或由於社會歷史的發展，其字也隨所記事物的消失而廢棄。

（二）春秋文字字詞關係的考察

春秋文字對於漢語的記錄，除一字對應一詞的情況外，還存在多字形記錄一詞與一字形記錄多詞的複雜現象。字與詞之間的關係，有所謂本用對應和借用對應的情況，而本用對應又包括本字記錄本詞和兼記其派生詞，借用對應還包括本無其字的假借和本有其字的通假[②]。

需要說明的是，我們在使用層面上討論的字，指的是具有形體區別意義的書寫單位，不考慮那些不影響形構的羨餘符號，如筆畫增減、偏旁移位以及筆畫形態變化與書寫風格等因素[③]。

---

① 考慮《說文》失收的情況，實際流傳使用到《說文》時期的應該大於這個比例。如“途、梟、朋”等字即爲《說文》所失收。

② 參閱李運富《漢字學新論》，北京師範大學出版社 2012 年版，第 193—210 頁；陳斯鵬《楚系簡帛中字形與音義關係研究》第 30—34 頁。

③ 參閱陳斯鵬《楚系簡帛中字形與音義關係研究》第 5 頁。

1. 字詞對應的基本情況

隨機選取春秋文字使用樣本來進行全面的測查，是觀察春秋文字字詞關係實際面貌的一條可能的途徑。下面我們選取春秋早中晚各兩篇字數較多的銘文進行測查分析。具體處理方式是：首先排除重複，同篇銘文中同一組字詞對應如重複出現，衹計一次；其次排除誤字；第三，人名用字的關係性質不便認定，亦被排除。同時，在對應關係的描述上，除使用“本用對應”與“借用對應”兩個概念外，爲描述字詞發展變化過程中對應關係的穩定程度，我們提出“定型對應”的概念。從詞的角度著眼，一個詞用某字形來記錄，如果這種匹配關係被一直延續至小篆甚或以後且成爲主流習慣，即稱這組字詞之間的對應關係爲定型對應。測查的具體操作，我們以春秋早期秦公鎛銘文爲例來進行說明。秦公鎛銘文共 135 字，隸定如下：

> 秦公曰：“我先且受天命，𧶠宅受或，剌剌卲文公、靜公、憲公，不家於上，卲合皇天，㠯虩事緣方。”公及王姬曰：“余小子，余夙夕虔敬朕祀，㠯受多福，克明又（氒）心，盭龢胤士，咸畜左右，𧰼𧰼允義，𦦗受明德，㠯康奠𤔲朕或，盜百緣具即其服，乍氒龢鐘，霝音鍺鍺雝雝，㠯匽皇公，㠯受大福，屯魯多釐，大壽萬年。”秦公𦣞畯𡉚才立，膺受大令，眉壽無彊，匍有三方，𦣞康寶。

此篇銘文中，29 字出現重複，“又”1 字爲誤寫①。排除重複與誤寫，共得不重複字詞對應 95 組。這 95 組對應中，“鍺、盭、𧰼”3 字字詞關係存疑，關係明確的字詞對應 92 組。這 92 組字詞對應的關係類型分布如下：

“本用對應”關係的有 63 組，即：曰先且受天命宅或文靜憲家上合皇以虩事及王姬小子夙夕虔敬祀多福克明心龢胤士畜左右允義德

① 銘文中“克明又（氒）心”之“又”爲“氒”之誤。西周中期𤼈鐘有“克明氒心”、晚期逨盤有“克明哲氒德”詞例。

奠龢盜百即服乍鐘霝音大魯耆年畯立雁彊有三寶。

“借用對應”關係的有29組，其中假借對應27組，即：秦公我不于余朕咸其萬無康釐方緣屯具氒釁剌卲龔雒棸黔匍才；通假對應2組，即：賸（通“賞”）①、匽（通“宴”）。

上述“本用對應”例中，“或”爲“國”初文，“國”西周已出現，春秋時期兩者並見行用；“且”爲“祖”初文，春秋中期開始出現，兩者並見行用；“亖”與“四”春秋時期並用；“乍”爲“作”之初文②；“彊”，西周春秋金文中皆記{疆}，我們採用学界以弓紀步之說，認爲“彊”爲“畺、疆”異體③，“彊”記錄{疆}亦爲本用。其他後世出現替代字形的，有“豙（墜）、霝（靈）、立（位）、雁（膺）、龢（協）”等。

“借用對應”例中，金文中借“才”記錄{在}，西周晚期開始分化出“在”字，春秋時期記錄{在}時，“才、在”並用，以“才”記{在}仍視爲假借。後世另出替代字的，“緣（蠻）、屯（純）、具（俱）”3字以分化字替代；“氒（厥）、釁（眉）、剌（烈）、卲（昭）、雒（雍）、棸（其）、黔（紟）、匍（敷）”8字換音同音近字替代。

“定型對應”關係的有65組，即：秦公曰我先受上天命文靜憲不于合皇𠇷虢事方及王姬余小子夙夕虔敬朕祀多福克明心龢胤士咸左右允義德康奠百即其服鐘音大魯厘萬年畯無耆有寶。其中本用對應有51組，借用對應有14組。

依上述方式對6篇銘文進行分析整理後，我們得出如下統計數據：

	秦公鎛	子犯鐘	甚六鎛
分期	早	中	晚
總字數	135	132	72

① “賞”初文作“賨”，西周金文中多見。

② 參見曾憲通《“作”字探源——兼談耒字的流變》，《古文字研究》（第19輯）。

③ 參見于省吾主編《甲骨文字詁林》第2134頁“畕”字條。

	秦公鎛		子犯鐘		甚六鎛	
不重複字詞對應組數	95	100%	88	100%	44	100%
字形音義存疑組數	3	3.2%	3	3.4%	2	4.5%
本用對應組數	63	66.3%	54	61.4%	29	65.9%
借用對應組數	29	30.5%	31	35.2%	13	29.5%
定型對應組數	65	68.4%	61	69.3%	31	70.5%

	曾伯霥簠蓋		秦公簋		鼄公華鐘	
分期	早		中		晚	
總字數	88		104		93	
不重複字詞對應組數	71	100%	89	100%	71	100%
字形音義存疑組數	1	1%	4	4.5%	0	0
本用對應組數	43	60.6%	57	64.0%	45	63.4%
借用對應組數	27	38.0%	28	31.5%	26	36.6%
定型對應組數	48	67.6%	65	73.0%	51	71.8%

上述統計資料顯示，出土春秋文字材料中，字詞本用對應大致占 60%，借用對應大致占 30%，70% 左右的字詞對應關係已經趨於定型。

2. 一詞被多字形記錄的現象

（1）一詞多字比較典型的用例有：

{造}：艁、賠、窖、造、戠、鋯、戩、艁、敀、籉、鍊、告、曹

{期}：期、其、曩、諆、諆、基、曩、記、椇、朞

{媵}：賸、賸、朕、媵、賸、塍

{匜}：也、盘、鉇、鑑、盎、弇

{賜}：賜、易、腸、惕、睗　　{萬}：萬、邁、蠆、㒖、厲

{祖}：祖、且、俎、取、戲　　{鍠}：皇、諻、煌、詤、煌

{盟}：盟、盟、盟、明　　{作}：乍、钕、酢、詐

{考}：考、孝、丂、攷　　{孝}：孝、考、耈
{疆}：疆、畺、彊　　{姓}：生、性
{夫}：夫、甫、父　　{君}：君、均、尹
{穌}：穌、禾、話　　{吾}：盧、歔、遊
{令}：令、命、𠓷　　{鐘}：鐘、鍾
{永}：永、羕　　{盛}：盛、成
{鎗}：鎗、倉　　{甗}：鬳、獻
{鑒}：鑑、監　　{盤}：盤、般
{膳}：膳、善　　{以}：㠯、台
{命}：命、令　　{唯}：唯、隹
{雖}：雖、唯　　{工}：工、攻
{攻}：攻、工　　{賞}：賫、商
{三}：三、參　　{四}：四、亖
{鼎}：鼎、貞　　{國}：國、或
{在}：在、才　　{世}：世、枼
{用}：用、甬　　{老}：老、考
{邾}：邾、鼄、朱、殺　　{鄭}：鄭、奠、䜒
{許（國名）}：鄦、無、醬　　{鄧}：登、鄧
{蔡（國名）}：𠂹、𨛜　　{繁（地名）}：緐、鄨
{越（國名）}：戉、邚　　{燕（國名）}：匽、郾
{莒（國名）}：篖、鄘　　{潘（國名）}：番、鄱
{尋（國名）}：鄩、尋　　{邿（國名）}：邿、寺
{呂（國名）}：呂、郘
{吳（國名）}：吳、工𠭯、攻盧、工盧、工𢽼、攻敔、攻吾、攻䓊、工吳、句敔

上述56組對應關係中，各詞所對應的字形數量多寡不一。3組有10個以上字形，其中{造}對應13個字形，{期}對應10個字形，{吳（國名）}共有10種對應關係，其中既有單個字形，也有兩個字

的組合；一詞對應6個字形的有2組，一詞對應5個字形的有4組，一詞對應4個字形的有4組，一詞對應3個字形的有10組，一詞對應2個字形的有33組。

記録同一詞的各個字形，行用頻率也存在或多或少的差異，如{期}這一組，“㫷”21次、“諆”15次、“其”4次、“期”3次、“𣅀”2次、“諅”1次、“基”1次、“記”1次、“棋”1次、“朞”1次，可見春秋時期記録{期}最常用的是“㫷”字。又如記録諸侯國名{邾}，西周時期用“邾、殳”記録，春秋時期用“鼄”48次、“邾”2次、“朱”1次、“殳”1次，可見春秋時期習慣用“鼄”字記録{邾}。據此可見，特定歷史時期記録一詞儘管可能有多個字形，但各字形使用頻率往往不同，其中有一個相對常見的字形。

從發展的角度看，後來記録{造}、{匜}、{鍠}、{作}、{姓}、{甗}、{吾}、{賞}、{蔡（國名）}、{越（國名）}、{莒（國名）}、{燕（國名）}、{繁（地名）}的定型字形，春秋時期或未形成對應，或尚未出現，其餘43組則皆以第一個作爲定型字形。

（2）記録同一詞的各字形之間的關係，包括如下幾種類型：

一是通假關係。這類通假以同聲符字間或聲符字與含此聲符的形聲字間相通居多，如（横綫前爲本用字，後爲通假字）：

{造}：艁、賠、寤、窹、敨、鋯、戠、艁、敨、簉、鍵—告

{期}：㫷、期—其、諆、諅、基、𣅀、棋、朞

{賜}：易、賜、腸—惕、睗[①] {鍠}：諻—皇、煌、詤、餭；

{萬}：萬—邁、蠆、𠈎、厲 {盟}：盟、盟、㽘—明

{祖}：且、祖—组、取、叡 {作}：乍、䟄—酢、詐

{考}：考—丂、攷 {雖}：唯—雖

{穌}：穌、蘇—禾 {君}：君—尹

① 本文採信王國維“易”爲“賜”初文之説，參見王國維《毛公鼎銘考釋》，收入《王國維遺書》（第4册），上海書店出版社1983年版，第100頁。

{盛}：盛—成　　{永}：永—羕
{鎗}：鎗—倉　　{甗}：𪊨—獻
{工}：工—攻　　{攻}：攻—工
{賞}：賫—商　　{三}：三—參
{用}：用—甬　　{鼎}：鼎—貞
{世}：世—枼　　{邾}：邾—鼄、朱、𣪊

非同聲符字間的通假則相對較少，常見的有：

{期}：期—記　　{夫}：夫—甫、父
{君}：君—均　　{吾}：䢄—𪉩—𢿥
{造}：艁—曹　　{孝}：孝—考
{匜}：也—𢍚

二是分化關係。由母字孳乳派生出新的專用字，母字與分化字春秋時期皆見行用。如（横綫前爲母字，後爲分化字）：

{命}：令—命　　{盤}：般—盤
{在}：才—在　　{唯}：隹—唯
{國}：或—國　　{作}：乍—𢼄
{祖}：且—祖　　{鑒}：監—鑑
{鋁}：吕—鋁　　{姓}：生—性
{賜}：易—賜䁥　　{媵}：𦨶—賸媵塍𡠒𦨣
{疆}：彊—疆　　{膳}：善—膳
{謂}：胃—謂　　{以}：㠯—台
{鄭}：奠—𨞸鄭　　{邿}：寺—邿
{鄧}：登—鄧　　{蔡（國名）}：𡗜—𨙸
{繁（地名）}：緐—𨟐　　{越（國名）}：戉—𨚕
{燕（國名）}：匽—郾　　{莒（國名）}：篖—鄺
{潘（國名）}：番—鄱　　{吕（國名）}：吕—郘
{尋（國名）}：尋—鄩　　{許（國名）}：無—䍢鄦

上述因有分化字而出現一詞被多字形記錄的情況中，部分分化

字西周時期即已出現，春秋時期並見行用。春秋時期的一個重要現象是，一批國族氏名、地名先用假借字記錄，該時期開始出現在原假借字基礎上加注“邑”旁造成的專用字，從而出現一個國族氏名、地名對應多字的情況。

三是異體關係。同一字由於構形差異，形成異體關係。如：

{滕}𦩱—賸—𡠗—𦨶—塍　　{萬}邁—𧁊—㒖

{盟}盟—𥂴—𥁰　　{鄭}鄭—𨟻

{賜}賜—腸　　{期}期—𣅀

{諆}諆—𧩯　　{龢}龢—訸

{鐘}鐘—鍾　　{令}令—𢻱

{匜}也—𥁰—鉈—𨥨—𥂕

{造}艁—䢵—𥨲—𡪞—𢦚—鋯—𢧐—艁—𢼸—𦿅—𨬮

上述各組異體字中，比較有特點的是“艁”這一組，異形多達11個，其中“艁”主要見於滕國、“䢵”主要見於宋、“𡪞”主要見於秦，地域性比較明顯；“𢦚”見於戈類兵器，工具類別特徵相對突出。在後來的發展中，前面11組皆以第一字形作爲定型傳承下來，其餘字形則被淘汰；記録{造}的“艁”這組異體字皆被淘汰，其記録功能由“造”字合併替代；記録{匜}的“也”被假借他用，其餘字形被淘汰，原詞則另新造“匜”記録。定型字形的选取或替代，展示了文字系統内部字符職能不斷調整的歷史過程。

上文主要是從宏觀角度進行的分類考察，其實就具體字詞對應來說，一詞所對應的多個字形之間往往是幾種類型關係的相互交織。如：祝頌生命久長之嘏詞，西周主要用“眉壽無疆、萬年無疆”之類，春秋時期除延續這些詞語外，中晚期楚與齊及其周邊地區銅器銘文中出現“萬年無期、眉壽無期”之類用語。可能由於其中的{期}係新詞，用字一時尚未統一，用以記録的字形多達10個。其中“𣅀”春秋中期出現，行用地域範圍最廣，頻率最高。“期”春秋晚期始見，蓋係“𣅀”的後出異體。其餘字形中，“𧩯”當是“諆”異體，8個字形即歸屬7個字種，皆具記錄其他語詞的功能，用以記錄{期}則屬於通假。戰國時期，秦作“期”、齊璽作“𣅠”(與《說文》古文同)、楚作“𠀠”。由於秦的統一，最終“期”取代“㫷”作爲專用字保留流傳。

春秋時期的字詞對應關係，實質上體現的是漢語漢字關係在這個歷史時期的階段性發展。如前述記錄國族氏名，開始往往以假借字形記錄，春秋時期則紛紛分化出專用字。從分化的專用字傳承看，“鄭、鄧”二字流傳至今，“邿”傳入小篆，“鄦”傳至小篆後文獻用字又合併入“許”;“鄱、郾、鄩”三字雖見於《說文》，但所記已非原國族氏名或地名，後世文獻分別併入“番、燕、尋”;“郘、𨟭、𨚕、𨞾、𨙸”不見於《說文》小篆，文獻用字中分別併入“呂、莒、越、繁、蔡”等字。這些詞的用字經歷了由假借字到專用字再到假借字的過程，除“郘”一字前後使用相同的假借字外，其餘4字與原先的假借用字皆不相同。

3. 一字形記錄多詞的現象

漢語詞的劃分問題比較複雜，一字所記錄的幾個詞間的認定有時難以明晰判斷。我們主要從字詞對應的角度，關注在發展過程中字詞對應格局的變化情況。

（1）一字對應多詞比較典型的用例有：

唯:{唯}、{雖}　　又:{又}、{有}
命:{命}、{令}、{鈴}　　令:{令}、{命}
孝:{孝}、{考}　　考:{考}、{孝}
生:{生}、{姓}、{甥}　　立:{立}、{位}、{蒞}
大:{大}、{太}　　酉:{酉}、{酒}、{酋}
𧻚:{沫}、{眉(壽)}　　乍:{作}、{祚}
易:{易}、{賜}　　差:{差}、{佐}
獻:{獻}、{甗}　　明:{明}、{盟}
不:{不}、{丕}　　母:{母}、{毋}

女:{女}、{女(第二稱代詞)}、{毋}　甫:{夫}、{鋪}、{父}
父:{父}、{夫}　者:{者}、{諸}
奠:{奠}、{鄭}　無:{無}、{鄦}
登:{登}、{鄧}　匽:{宴}、{郾}
呂:{吕}、{鋁}、{郘}　內:{内}、{芮}
人:{人}、{年}　或:{或}、{國}、{有}
朕:{朕}、{賸}　工:{工}、{攻}、{功}
䜌:{蠻}、{欒}　𠂤:{師(旅)}、{(京)師}
師:{師(旅)}、{(工)師、師(氏)}　帀:{師(旅)}、{(工)師、師(氏)}

上述對應中,“唯、又、命、令、孝、考、生、立、大、酉、易、差、獻、明、不、母、女、父、者、奠、無、登、呂、內、人、或、朕、工”爲所記第一詞的定型字形。“釁”後來被淘汰,所記詞換用它字記錄,“乍、䜌、匽”皆另記它詞,春秋時期所記詞則另造它字記錄。“甫”所記{夫}、{父}有本字記録,所記{鋪}後來造“鋪”字記録。“𠂤、帀、師”下文另論。

(2)一字多詞之間的詞際關係。上述一字所記詞之間,有些屬於同源派生詞關係。如:{令}—{命}、{生}—{姓}、{立}—{位}—{蒞}、{大}—{太}、{工}—{功}、{佐}—{差}等6组詞中,用以記録前一詞的字,皆爲本字記録本詞,記録後列詞即爲兼記録派生詞。其中“令”字所記{命},西周時期即已分化“命”字記録,“生”字所記{姓},春秋時期分化出“性”記録,後來換爲“姓”字記録。“立、大、工”所記派生詞分化字則在春秋以後才出現。“差”原初用以記録{佐},記録派生詞{差}後,所記{佐}後來另造“佐”字記録。

除上述6组外,其他各例都屬於一字記録音同音近的不同詞。其中“唯—{唯}、命—{命}、令—{令}、孝—{孝}、考—{考}、生—{生}、酉—{酒}、釁—{沬}、乍—{作}、易—

{賜}、獻—{獻}、明—{明}、母—{母}、女—{女}、父—{父}、奠—{奠}、無—{無}、登—{登}、内—{内}、人—{人}、或—{國}、朕—{媵}、工—{工}”皆用本字;“又—{有}、命—{令}、孝—{考}、考—{孝}、獻—{甗}、明—{盟}、甫—{夫}{鋪}{父}、父—{夫}、人—{年}、或—{有}”皆用借字；其餘則均屬本無其字的假借關係。

（3）字詞間的交叉對應關係。幾個字分别所記録的詞之間，幾個詞分别用以記録的字形之間，有些會出現複雜的交叉對應的關係。如“𠂤、師、帀”三字就是比較典型的例子。西周春秋時期記録{師旅}、{京師}主要用“𠂤”，記録{師氏}之類職官主要用“師”，西周有個别用“𠂤”記録職官的用例，春秋時期則未見。春秋時期這3字的交叉對應關係可圖示如下：

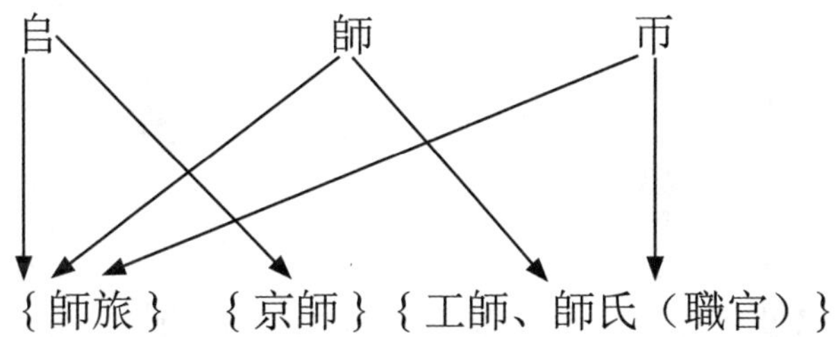

可能由於這3字的這種交叉使用關係，這些詞後世文獻皆合併用“師”字記録。

又如“令、命”兩字，西周時期即已由“令”字分化出“命”字，“令、命”兩字同時都記録{命}、{令}兩詞；春秋時期仍然保持這種狀態，而“命”還記録{鈴}。“孝、考”兩字西周時期同時都記録{孝}、{考}兩詞，春秋時期亦是如此。

通過上述對春秋時期字詞對應關係的考察分析，我們得出如下初步的認識：春秋時期一字記一詞以及一詞衹用一字記録的情況占多數，約60%的字詞對應爲本用對應，借用對應大約30%。借用對應中以本無其字的假借爲主，本有其字的通假比例很小。通假關係中，以同聲符字之間或聲符字與同聲符字之間的通假居多。春秋時期70%左右的詞已經有定型的對應字形，而字詞對應關係存在著歷時的動態調整與變化。一批國族氏名用字完成從假借到專用字的分化，以及{造}、{期}等詞對應10多個字形等現象，具有比較明顯的時代性特點。

（三）春秋文字中的書寫現象

1. 合文

春秋文字書寫中的合文現象，基本上沿襲了殷商、西周的傳統，在記錄數量詞和一些特別的名詞時採用合文書寫。按照書寫的特點，可分爲以下四個類別：

（1）兩字合占一字空間的，如：

【四千】：（叔夷鎛00285）　【弌日】：（商圖·競之定鬲03015）
【一人】：（叔夷鎛00285.4）　【一月】：（影彙·戎生鐘1613）[①]
【二月】：（鄭大內史叔上匜10281）　【二日】：（石鼓·作原）
【三（四）酉】：（晉公盆10342）　【三（四）方】：（盄和鐘00270.2）
【五日】：（石鼓·作原）　【五十】：（叔夷鎛00285.5）
【上帝】：（商圖·秦景公石磬19793）【上子】：（取膚上子商盤10126）
【上下】：（者減鐘00197）　【八月】：（秦景公石磬19788）
【小子】：（秦公鎛00268.1）　（晉公盆10342）
【小臣】：（魯內小臣𠂤生鼎02354）
【小魚】：（石鼓·汧沔）　【小大】：（石鼓·而師）
【少（小）心】：（叔夷鐘00272.1）【少（小）子】：（叔夷鎛00285.4）

上述合文均爲兩字合書，“四千、弌日”兩例係字形穿插而成，且唯有“弌日”1例有合文識別字號，蓋此兩字合書相對難於辨識，故加標注。其餘皆爲兩字壓縮間距而成。其字形特點是：除“弌”外，

① 銘文詞例爲“十又一月”，不是單純的“一月”成詞。

所合兩字均比較常見，辨認不難；字形上“一、二、上、五”等作爲上字筆畫較少且體型多扁平，下字上部一般較平直；“小、八、少”等字筆畫較少且下底稍空，這些字合書，整體筆畫不多，跟其他單字所占空間基本相稱。

（2）兩字筆畫共用而合書的，如：

【二百】：（齊侯鎛 00271）　（庚壺 09733.1B）

【二月】：（鑄叔皮父簋 04127）[①]　【三百】：（叔夷鎛 00285.3）

【之所】：（侯馬 156：20）

【至於】：（侯馬 185：9）　（姑發□反劍 11718）

上述皆爲常用詞合文，所合兩字的特點亦是筆畫相對較少，合書後形體比較緊湊。

（3）一字爲另一字所包含而合書的，如：

【子孫】：（商圖·競孫旟也鬲 03036）　（侯馬 3：1）

（吳王光鑒 10298）

【大夫】：（侯馬 16：3）　（蔡侯紐鐘 00211）

【造戈】：（商圖·龏王之卯戈 17058）

上述“子孫、大夫”皆爲常用詞，其合文形式在古文字中常見，“造戈”合文僅一見。此類合文的共同特點就是一字與另一字有包含關係，如“子、大、戈”分別是相應字的一部分，記錄的又是常用詞，較易辨識，故借助合文符號的標誌而省寫。這類合文標誌符號是關鍵要素，一般不省略。

（4）兩字共用部件而合書的。如：

【公子】：（曹公子沱戈 11120）【邯鄲（鄲）】：（侯馬盟書 156：23）

【孝孫】：（鄘侯少子簋 04152）　【者楚】：（影彙·子犯編鐘 1020）

“公子”共用“子”的頭部，“邯鄲”共用偏旁“邑”，“孝孫”共

① 銘文詞例爲“唯初吉”，金文慣例每年第一個月稱“正月”，不稱“一月”，此處應是“二月”借筆合文。

用“子”，“者楚”共用“口”。前2例一爲常用詞，一爲地名，且有合文符號標注；後2例無合文符號標注，根據上下文不難判斷。

春秋文字中的合文相對殷商甲骨文和西周金文來説已進一步減少[①]，春秋時期合文標注合文符號的比率則明顯提高[②]。在分布上，兩字合併書寫占一字空間的合文形式在秦文字中出現頻率相對較高，而其他三種形式秦文字中尚未見到，其他地區沒有明顯的區域特徵。

2. 重文

春秋重文基本沿襲商周重文的方式，主要有以下幾類：

（1）疊音重文。同字記錄疊音詞時，通過標注重文符號“₌”，以省去重複出現的字。如：

A. 子孫孫孫：（蘇冶妊鼎 02526）　（師麻孝叔鼎 02552）

B. 刺刺：（秦公鐘 00264）

C. 哀哀：（上曾太子般殷鼎 02750）

（2）跨句際重文。句際之間相連詞語或用字相同，通過標注重文符號而省減重複用字。如鄀公簠蓋（04569）銘文中：“鄀公乍（作）屖中（仲）、中（仲）嬭義男隮匿。”“中（仲）”屬於上下相連兩詞重複借字。

（3）成組字重文。上下句相關聯，出現部分重複使用的詞語或語言片段，通過加注重文符號來省用重複字。如哀成叔鼎（02782）銘文中有、、，且分別標注有借字符號，即“哀成弔（叔）”3字重複借字，銘文爲：“嘉是隹（唯）哀成弔（叔），哀成弔（叔）之鼎”。這種方法在戰國秦漢出土文獻中進而發展到成句或成段重文的現象。

3. 誤書

“誤書”雖然表面看來與訛變現象發生的機制相同，但不具有普遍性，衹是一種臨時性書寫錯誤在文本中被保存下來。以下各類字

① 參見劉釗《古文字中的合文、借筆、借字》，《古文字研究》（第21輯）。該文主要考察甲骨文、西周金文和戰國文字中合文現象，未專門論及春秋時期文字。

② 西周金文僅晚期有1例“子孫”合文標有合文符號，參見董蓮池《新金文編》下冊第21頁。

例，都應該屬於書寫訛錯現象。

（1）形體割裂，如：

【寶】：常態作（影彙·秦公簋 1343），或（魯伯愈父匜 10244），從“宀”從“玉”從“貝”從“缶”。（滕侯穌盨 04428），所從“缶”離析爲“午”和“口”兩部分且分開錯置。

【君】：常態作（影彙·陳樂君甗 1073）、（樊君匜 10256.1）。侯馬盟書多作如（1：5.3）形，少數作如（1：59.4）形；有 2 例作如（16：3.6）形，上所從“尹”割裂成左右對稱狀，與《説文》古文同。許慎不明字形變化軌跡，誤以爲象君坐形。

（2）形近訛錯，如：

A.“止”錯成“中”或“又”。如：

【武】：（庚壺 09733.1B）—（王孫誥鐘）

【羕（永）】：（杞伯每亡簋 03898.2）—（杞伯每亡簋 03898.1）

B.“彳”錯作“亻”。如：

【徒】：（溫縣盟書 T1 坎 1：3216）—（溫縣盟書 T1 坎 1：2182）

【德】：（秦公鎛 00268.2）—（王孫遺者鐘 00261.2）

C.“尊”錯作“奠”。如：

【障】：（鄀公平侯鼎 02771）—（江叔螽鬲 00677）

D.“田”錯作“四”。如：

【男】：（影彙·𪒠鎛 495b）—（影彙·𪒠鎛 490b）

（3）誤增筆畫，如：

【攻】：（影彙·王孫誥鐘 420）—（影彙·王孫誥鐘 419）

【祜】：（黃子壺 09663）—（黃子盤 10122）

【自】：（商圖·秦景公石磬 19799）—（番伯酓匜 10259）

（4）誤減筆畫，如：

【吉】：（商圖·秦景公石磬 19787）—（伯氏始氏鼎 02643）

【自】：（鄀公平侯鼎 02771）—（番口伯者君匜 10269）

其他因草率苟簡而造成的訛錯，如將“寶”寫成（廓季伯歸鼎

02645)，將“吉”寫成（黃章俞父盤 10146）等等。

相對來說，春秋時期誤書現象比西周時期多見，其中南方一些小諸侯國銘文，書寫往往草率苟簡，訛錯也就較多，而秦、齊等國訛錯現象則較少。

4. 美飾

漢字是通過書寫而造型的視覺符號，將文字的綫條筆畫進行藝術性的加工改造或對字形結體附加圖案，可達到增強美化裝飾的效果。據目前所見材料，美化裝飾性書體是從春秋中期開始出現的，其中具有標誌性意義的是楚國王子午鼎銘文，其字體綫條變化誇張奇異，可以説開風氣之先。下面試看王子午鼎的幾個字樣：

子— 　尹— 　其— 　永—

春秋晚期至戰國早期，美化裝飾文字形體的風氣大盛，鳥鳳龍蟲等新書體逐漸流行。

（1）鳥書。所謂鳥書，指的是以篆書爲基礎，仿照鳥的形狀而寫成的美術化的字體①。主要見於楚、吳、蔡、宋、徐、越、潘等國，其中以越國爲盛。《東周鳥篆文字編》收錄銘文 159 件，其中 60 多件屬春秋戰國時期越國。如：

【用】（楚：影彙・王子午鼎 444q）（蔡：蔡侯產劍 11604）
（吳：影彙・攻吳王光劍 1478）

【王】（吳：影彙・攻吳王光劍 1478）（越：戉王句戔之子劍 11595A1） 
（徐：影彙・之乘辰鐘 1409）

【戈】（宋：宋公得戈 11132）（番：番仲戈 11261）

（2）鳳書。以鳳形圖案裝飾字形，主要見於吳、越、楚諸國。如：

【用】（吳：王子玫戈 11207.1）（吳：影彙・玄翏戈 741） 
（越：玄翏夫產戈 11163）

① 馬國權：《鳥蟲書論稿》，《古文字研究》（第 10 輯），第 145 頁。

【戈】（楚：商圖·王孫名戟 16848）

（3）龍書。以龍形圖案裝飾字形，見於吴、蔡、宋、楚諸國。如：

【王】（吴：王子孜戈 11208）【子】（吴：王子孜戈 11207.1）

【用】（蔡：影彙·蔡公子從戈 1676）（蔡：影彙·蔡侯產戈 1677）

【宋】（宋：宋公得戈 11132）

【戈】（楚：影彙·邵之□夫戈 17057）（吴：自作用戈 11028）

（4）蟲書。蟲書是指綫條屈曲回繞狀如蟲形的變體篆書[①]。與鳥鳳龍書之類添加外飾不同，蟲書主要是通過變異文字本身綫條來造成裝飾性效果。春秋文字材料中似未發現以蟲形爲外飾者[②]。

蟲書流行的範圍相對較廣，除上述有鳥蟲書的地域流行蟲書外，齊、晉爲代表的黄河流域部分諸侯國也有簡略式蟲書。叢文俊指出，迄今爲止還沒有發現秦、魯、燕等諸侯國蟲書遺跡[③]。如：

【隹】（楚：影彙·鄦子受鐘 509）【民】：（楚：近出·王子午鼎 362）

【自】（吴：攻敔王光戈 11151）（越：越王者旨于睗鐘 00144）

（徐：影彙·之乘辰鐘 1409）

【之】（蔡：蔡侯產劍 11604）（宋：宋公䜌戈 11133）（晉：少虡劍 11697A2）

（楚：楚王孫漁戈 11152）

【金】（楚：近出·王子午鼎 362）（越：越王者旨于睗鐘 00144）

【戈】（宋：宋公䜌戈 11133）（許：影彙·許公戈 531）

（吴：吴王光戈 11255.2）

可以説，美化裝飾性書體的出現爲春秋文字的整體面貌增添了異彩，文字形體成爲一種藝術加工的物品，成了人們表現審美情趣的載體。這類美化裝飾是文字書寫形態在特殊場合應用中的變異，對文

① 馬國權：《鳥蟲書論稿》，《古文字研究》（第 10 輯），第 157 頁。

② 王子匜字有蟲形裝飾，《殷周金文集成》定爲戰國器（10190 號）。

③ 叢文俊：《鳥鳳龍蟲書合考》，《書法研究》1996 年 3 期。又載於《揭示古典的真實——叢文俊書學、學術研究論集》。

字系統的發展變化沒有直接的影響。

四　春秋文字的地域特徵

出土春秋文字材料主要爲各諸侯國金文，春秋晚期秦國則還有石鼓文，晉國有侯馬盟書、溫縣盟書。通過整理觀察，各區域諸侯國文字之間存在著一些差異性現象。

（一）區域性特徵字形

從形體結構方面著眼，如下一批字字形區域特徵比較典型。

【壴】作偏旁時，有3種形態。A型：[illegible]；B型：[illegible]；C型：[illegible]。A型流行於南方楚、徐等地，戰國楚文字或沿襲此型，或融合入B型。B型見於齊鼄諸國，且爲戰國時期該區域所沿襲。C型見於秦和中原地區，且爲戰國時期該區域特徵性寫法，爲小篆所本。

【竹】爲單字或作偏旁，有2種形態：A型：[illegible]；B型：[illegible]。A型始見於春秋晚期楚文字，爲戰國楚文字所普遍承襲，成爲具有區域特點的寫法。B型見於楚以外其他區域，爲小篆所本。

【丮】作偏旁時，有5種形態：A型：[illegible]；B型：[illegible]；C型：[illegible]；D型：[illegible]；E型：[illegible]。A型見於秦文字，且爲戰國秦文字所延續，爲小篆所本。B型爲春秋早期秦文字延續。C型見於春秋晉國文字。D型偶見於春秋楚國文字。E型爲春秋南方楚、蔡、吳等國普遍寫法，且流行於戰國楚系文字。

【及】有2種形態：A型：[illegible]；B型：[illegible]。A型見於秦及中原地區，爲小篆所本。B型見於秦與中原以外的其他地區。

【老】爲單字或作偏旁，上部有2種形態：A型：[illegible]、[illegible]；B型：[illegible]。A型爲春秋齊、魯、夆、莒、鑄、郜、杞、費諸山東地區文字特有寫法[1]，戰國時期仍延續這種特點。B型齊魯地區僅偶見，爲其他地區寫法，爲小篆所本。

【女】爲單字或作偏旁，如形，見於齊、邿等國金文。其他地區作如、形。“女”在“安”等字中作偏旁時，有些地區習慣添加飾筆，齊、薛等諸國文字加於“女”旁左側，如；其他地區文字則加於“女”旁右側，如。

【壺】[2] 有2種形態：A型：；B型：。A型爲齊魯諸國普遍形態，B型見於其他地區。

【者】爲單字或作偏旁，有兩種形態：A型：；B型：。A型爲晉、許等國文字寫法。B型見於春秋中晚期齊、鼄及楚、曾、徐、吳等地區。

【穆】有2種形態：A型：；B型：。A型係承續西周文字寫法，見於秦。B型爲秦以外其他地區寫法。

【皇】爲單字或作偏旁，有2種形態A型：；B型：。A型爲秦文字寫法，B型流行於春秋中晚期秦以外其他地區。

【無】有4種形態：A型：；B型：；C型：；D型：。A型春秋見於秦與鄭，且秦文字中兩臂形及“𣎵”形上兩畫皆不連成平直一筆，此型爲小篆所本。B型主要見於齊魯、陳、許、曹等地。C型始見於春秋陳、齊、邿等地。D型主要流行於南方楚、蔡、宋等地，爲戰國楚系文字所延續。

【是】主要有4種形態：A型：；B型：；C型：；D型：。A型春秋時期主要見於秦，其他地區偶見。B型見於中原鄭、晉及南方吳、舒諸國。戰國楚文字延續此構，爲小篆所本。C型見於陳、楚

① 楊樹達曾經述及，參閱楊樹達《積微居金文餘說》卷一“齊太宰歸父盤跋”篇；張振林亦曾提及，但指明邿不屬此列，當修訂。近出邿子姜首盤銘文有例證。參閱張振林《試論銅器銘文形式上的時代標記》，載《古文字研究》（第5輯），第49—88頁。

② 張振林已部分述及，參閱張振林《試論銅器銘文形式上的時代標記》，《古文字研究》（第5輯），第86頁。

等國。D 型見於齊、蔡諸國。

【尹】爲單字或在“君”字中作偏旁，作形，春秋戰國流行於秦以外諸國[①]。作形，左右不對稱，爲秦文字所延續，且爲小篆所本。

【歲】春秋時期有 3 種構形：A 型：；B 型：；C 型：。A 型見於秦與中原諸國，且爲小篆所本。B 型爲春秋齊文字寫法。C 型下從“月”作，始見於春秋中期楚蔡文字，爲戰國楚文字特有構形。

【萬、邁】“萬”增從“土”作形，爲春秋晚期鼄國金文寫法。“邁”，從“萬”從“止”作，共用豎筆粘連爲一體作形，爲齊、夆器銘文常見的一種寫法。其他地區兩偏旁不相粘合。

【年】有 3 種形態：A 型：、；B 型：；C 型：。A 型春秋各地皆有見。B 型春秋各地皆有見，戰國秦與中原及楚等延續此寫法，且爲小篆所本。C 型見於春秋早期魯國，春秋中晚期齊魯諸國與楚、曾等南方諸國普遍流行[②]。

【釁】主要有 4 種形態：A 型：；B 型：；C 型：；D 型：。A 型爲春秋秦與鄭、晉等中原諸國唯一寫法，其他地區亦有見。B 型見於秦與鄭、晉等中原諸國以外地區。C 型主要見於魯、邾、鑄及南方楚、蔡諸國，不見於秦與鄭、晉等中原諸國。D 型爲春秋齊、夆、毛諸國特有寫法。

【朕】爲單字或作偏旁，主要有 3 種形態：A 型：；B 型：；C 型：。A 型流行於齊魯諸國。B 型流行於春秋陳、曹諸國。C 型見於上述以外地區。

【盟】主要有 2 種形態：A 型：；B 型：。A 型春秋時期中原、齊魯及楚皆有見。B 型始見於春秋楚、徐諸國，戰國楚文字延續此種

① 祝敏申曾指出“君”字中這一現象，參閱祝敏申《說文解字與中國古文字學》，復旦大學出版社 1998 年版，第 128 頁。

② 張振林曾以爲僅限於齊魯邾等國，後出材料表明，南方楚曾諸國亦有作此構者。參閱張振林《試論銅器銘文形式上的時代標記》，《古文字研究》（第 5 輯），第 85 頁。

構形。

【鐘】主要有 4 種形態：A 型：；B 型：；C 型：；D 型：。A 型見於楚蔡吳南方諸國和許國金文，戰國楚文字承襲春秋這一構形。B 型見於春秋秦、晉金文。C 型見於齊魯諸國及舒等國。D 型春秋僅見於莒。

【姬】[①] 主要有 3 種形態：A 型：；B 型：；C 型：。A 型見於秦、戴、陳等國。B 型見於齊魯山東諸國。C 型爲楚、蔡等南方諸國特有寫法。

【邑（偏旁）】“邑”爲偏旁在右，係秦及中原鄭、晉諸國寫法，戰國時期亦如此。“邑”爲偏旁在左，南方諸國皆作此類寫法，戰國文字中亦如此，例外情況極其罕見[②]。齊魯地區“邑”爲偏旁一般在右，少數在左。

【保】[③] 作⿰亻⿱王呆，上增從“玉”，見於齊、夆、邿、毛等諸國金文。

【僕】作⿰亻⿱菐臣，增從“臣”，始見於春秋中期楚國𪒠鎛，爲楚國文字特有的寫法。

此外一個重要現象是，“天、不、正、可”等字及“畐”等作偏旁，春秋時期秦以外其他區域皆普遍流行在其上加一短横，但秦文字中皆不加[④]。這成爲秦文字不同於其他區域文字面貌的一個比較突出的特徵。

上述春秋時期有特徵性寫法的字形現象凡 25 種，其中有些爲偏

① 張振林在《試論銅器銘文形式上的時代標記》一文中，曾討論過“姬”形體的時代特徵，其中也涉及到地域問題。從後出的楚、蔡金文材料看，其關於江淮諸姬姓國“姬”字特徵爲聲符分成不相連的兩格之類的說法需要修正。參閲張振林《試論銅器銘文形式上的時代標記》，《古文字研究》（第 5 輯），第 79 頁。

② 春秋時期衹見上鄀公敄人簋中“鄀”字一個例外，戰國楚文字帛書中“邦”字及郭店簡中“郢”字有個別例外。

③ 張振林已部分述及，參閲張振林《試論銅器銘文形式上的時代標記》，《古文字研究》（第五輯），第 81 頁。

④ 祝敏申已指出“正、可、不”等字例。參閲《說文解字與中國古文字學》，復旦大學出版社 1998 年版，第 128 頁。

旁書寫不同而造成的形態差異，有些屬於構形組字的不同造成的，也有的屬於添加飾筆造成的。從歷時演進的角度看，以西周字形爲參照基準，有些特徵性寫法源自西周已經出現的異寫或異體，有些則爲春秋時期新出現。從分布看，上揭特徵性寫法呈現出比較明顯的區域指向性。如“壴”之上部作形、“竹”之作、“丮”之作、“無”之作等獨特寫法，“歲”之從“月”作、“鐘”之偏旁“童”從“辛”從“目”從“壬”作、“盟”之從“示”作、“僕”之增從“臣”作等獨特構形，“邑”爲偏旁在左，“姬”之意符“女”旁在左及聲符的特殊寫法，皆出現在以楚爲中心的南方諸國文字中，且除“丮”作爲承襲西周晚期個別寫法而來外，其餘皆爲春秋時期新出現。“壺”作蓋在壺口內、“壴”上部作形、“老”爲偏旁作、“姬”作、“濆”字水旁在一側之類特殊寫法，“保”字增添玉旁作“褓”、“歲”從“匚”作“戠”、“鐘”從“重”聲或“東”聲等，皆爲齊魯諸國具有明顯特徵的字形寫法，且係承續西周時期的異寫或異體而發展成爲地域性特徵；另如“萬”從“土”，“邁”作形、“朕”從之類獨特寫法，也皆爲春秋新出現，是齊魯地區特徵性寫法。再如“者”從“止”、“年”從“壬”、“是”加贅筆、“濆”從或不從“水”之類現象，爲齊魯地區和南方地區兩大區域共同擁有而不見於秦與中原地區，也顯示出明顯的區域性。總體而言，有特徵性的獨特寫法主要出現在南方諸國和齊魯諸國兩大區域，其中又以以楚爲中心的南方諸國相對突出。秦與中原諸國文字則變異較小，尤其是秦文字，儘管春秋時期材料相對較少，但通過與同期其他區域相同字例的比較，可以明顯看出它對西周文字特點的繼承。可以認爲，春秋文字大體上呈現出南方諸國、齊魯諸國、秦與中原諸國三大區域格局①。並且，春秋時期所形成的區域性特徵寫法大多延續至戰國，成爲戰國文字區域性特徵的重

① 胡小石曾認爲春秋戰國時期文字分周秦、齊魯與楚三派。參閱《胡小石論文集》第147－192頁。

要組成部分。

（二）區域性字體風格特徵

關於春秋文字字體風格方面的區域性特徵，裘錫圭曾有過概括性的論述。他指出，春秋時代各國的金文，在開始的時候大體上都沿襲西周晚期金文的寫法，後來各地區逐漸形成了自己的特色。各地區金文的特色主要表現在書寫風格上，字形構造大體上還是相似的。除鳥篆等特殊字體外，彼此的差别並不是很大①。

叢文俊進一步指出：春秋早中期，一些大國開始出現帶有地域性歷史文化色彩的獨立發展的新傾向②。其中以楚國蟲書最爲發達，式樣多，變化大，綿延最久。以此向外拓展，一方面影響到江淮流域各諸侯國的美化裝飾性書體，另一方面還衍生出體勢縱長、曲綫擺動幅度加大、字形華美精麗而取代大篆的新書體。以齊、晉爲代表的黄河流域各諸侯國的簡略式蟲書，祇作部分筆畫綫條的粗細變化。而秦國金文沒有美化裝飾性書體③。

爲具體呈現春秋文字區域性風格特徵，以幾個主要諸侯國“王”字爲例列表如下：

國别	秦	晉	齊	楚	蔡	徐	吴	越
普通字例	石鼓·而師	晉公盆 10342	庚壺 09733.2B	王孫遺者鐘 00261.1	蔡侯紐鐘 00210.1	沇兒鎛 00203.1	吴王光鑑 10298	

① 裘錫圭：《文字學概要》，第47頁。

② 叢文俊：《春秋戰國金文書法綜論》，載《中國書法全集·春秋戰國金文》，榮寶齋1997年版。又見《揭示古典的真實——叢文俊書學、學術研究論集》第45頁。

③ 叢文俊：《論中國書法發展之三個階段的性質與春秋戰國金文書法的史學意義》，《中國書法》1997年第6期—1998年第1期。又見《揭示古典的真實——叢文俊書學、學術研究論集》第98頁。

國別	秦	晋	齊	楚	蔡	徐	吴	越
美飾字例				王子午鼎 02811.2		 之乘辰鐘影彙 1409	 攻敔王光戈 11151.1	戉王矛 11451 A

就日常的普通字例看，秦、晋地區字樣形態显得方正疏朗，南方地區則相對細長。對於一些區域的美飾性字體現象，本章前一節有過一些初步的歸納描述與舉例，此不贅述。

（三）區域性用字現象

記錄同一語詞，不同地區在用字上有時存在差異。在春秋文字材料中，我们目前掌握的例證尚不多。

1. 記錄同一詞，對字的選用不同

吴國國名，春秋時期用“工𠭯、攻𠩺、工𠩺、吴、工敔、攻敔、攻吾、攻吾、工吴、句敔”等 10 來種不同字的組合來記錄，其中一個用單字，其餘皆爲兩字。

記“夫人”一詞之“夫”，黄國器用“甫”，其他地區皆用“夫”。

記三月之“三”，西周金文皆用“三”字，春秋中期楚鄬子受鎛諸器均用“參”字，表現出一定的特點，是否屬於楚地用字特點，由於暫無其他參照材料，尚難以斷定。

2. 記錄同一詞，對異體字形的選用不同

“製造”義春秋時期有“艁、貼、寤、造、𢍜、𢦏、锆、𢧐、艁、𢼸、𨗨、𨥁”等 10 多個字形記錄，其中“艁”主要見用於滕，“貼”主要見用於宋，“造”主要見用於秦。

“鐘”春秋時期主要有“鍾銶、鐘鐘鐘”兩組字形記錄，前一組主要見於齊魯諸國，其他地區多用後一組。

“媵”有“賸、𦛙、嬹、賸、媵、賸”等多個異體，其中陳曹诸国用“塍”，宋用“媵”，其餘多用“賸”。

通過上述考察分析，我们得出如下初步的認識：

其一，文字是一個動態發展的系統，發展必然引起變化，在缺乏統一的有約束力的文字規範的前提下，各區域文字的發展演變不可能是平衡的或完全同步同質的，這就勢必造成區域間文字的一些差別。上述春秋時期文字區域性特徵現象的産生，即是漢字在各自區域條件下發展演變的結果。

其二，文字是由一個個單字組成的集合體，文字的整體面貌即是由不同單字組合所共同呈現的，上舉字例或偏旁儘管不是很多，但已經在一定程度上展示了春秋文字的區域性面貌；有些具有區域性特徵的偏旁還涉及數量不少的一群字，且呈現出區域内的高度一致性與區域間的明顯差異性。這些區域性特徵字形在戰國時期有的得以延續，這表明戰國文字區域性格局在春秋時期就已經初露端倪。

其三，對春秋文字進行分區域的比較分析，有助於我們更準確地認識和揭示漢字發展中的一些現象。如一般認爲古漢字不僅偏旁形體不固定，各種偏旁在字體中的位置也不固定，上下左右可任意移動。這種說法其實並不嚴密。就春秋文字而言，在特定地域範圍内許多偏旁形體及其在字形中的位置是基本定型的，衹是從各區域間文字對比來看，有部分偏旁形體存在書寫或位置的差異。

五　本章小結

春秋時期字體發展延續了西周金文以來綫條化、平直化的主要趨勢。實塊在文字系統中基本消失，由塊狀演變來的圓點開始演進成粗短横，並進而再演進成粗細均匀的筆畫；一些單字或部件中原不相連的綫條合併爲一條書寫，一些逆筆開始被改造爲順筆。諸如此類的發展變化，大大削弱了字形的象形性，促進了文字的進一步符號化，既有助於書寫效率的提高，也減少了漢字系統書寫單位的基本種類，從而總體上實現了漢字的簡化，這在漢字發展演變史上具有更顯著的意義。

春秋字形發展演變基本上與西周時期相同，主要有省簡、增繁、替換和訛變四種。一些字形出現過省減偏旁或筆畫的現象，但經過省簡成爲定型而流傳的衹有極少數字。一些字出現過增繁意符、增添聲符、增添羨餘符號等現象，有些增繁後的結構成爲定型傳承入小篆系統，有些發生增繁的字形成爲演進到小篆字形的重要中間環節，少數增繁字形曾流傳沿用至戰國，大多數增繁字形被淘汰，這表明在漢字發展演變進程中，簡化一直起著主導和制約作用。一些字存在字形或偏旁的方位變換現象，但就大多數字來說，春秋時期同一區域內文字基本上是穩定的。一些字存在意符替換的現象，相替換的意符組類多與西周或戰國時期相同，這說明西周春秋時期漢字已經具備了一批相對穩定的意符，其中有些後起的意符替換字形爲文字系統接受而沿用至今。一些字存在聲符替換的現象，部分替換組類西周曾經出現過，但大多爲春秋所僅見，這應該是語音發展變化以及地域方音影響的結果，其中有些声符改造後的字形取代了原字形而傳承至小篆系統。一些字發生過形體離析、筆畫黏合、形近混同之類的訛變現象，其中有些字經由春秋時期的訛變而定型傳承至小篆；有些字春秋時期的訛變成爲其後形成定型字形的重要中間環節。通過訛變，部分漢字實現了字形的偏旁調整和偏旁類化，從而促進了漢字系統構形部件數量的簡省，進一步增強了漢字構形的系統性。總體來看，春秋時期大部分字的結構形態穩定，出現變異現象的字一般都存在一種常見的可視爲標準體的寫法，許多變體出現的頻率並不高。發生結構變異而爲文字系統所接受的衹是那些爲滿足字際區別需要與符合漢字構形和簡化趨向的字形。春秋時期字形發展變化現象表明，漢字構形是一個動態的、開放的系統，處於不斷調整與優化之中。

從西周到春秋，形聲類漢字比例從 56.3% 上升到 69.2%，表意類比例從 43.7% 下降到 30.8%，形聲類結構優勢進一步增強；表意類性質結構則進一步衰退。新增字更能準確反映漢字構形方式的這種變化，春秋時期新增字中形聲類比例占 95.7%，表意類衹占 4.3%。由此可見，春秋文字延續並增強了西周金文構形方式發生重大轉變後所形成的發展趨勢，表意構形方式功能不斷衰弱，形聲構形方式已經成爲唯一能產的構形方式。

春秋時期一字記一詞以及一詞衹用一字記錄的情況占多數，60% 多的字詞對應爲本用對應，借用對應大約在 30% 上下。借用對應中以本無其字的假借爲主，本有其字的通假比例較小。通假關係中，又以同聲符字間或聲符字與同聲符偏旁字之間的通假居多。春秋時期大約 70% 的詞已經有了定型對應的字形，但字詞對應關係依然处於動態調整與變化過程之中。一批國族氏名用字完成從假借到專用字的分化，具有比較明顯的時代特點。春秋文字書寫過程中，繼續使用合文、重文等方法並有新的發展，追求美飾是這個時代相當突出的現象，南方諸國流行的鳥蟲書更是這種追求的最典型的表現。

春秋時期文字在字體風格與少數字形結構方面開始呈現區域性特點。有特徵的字形主要出現在南方諸國和齊魯諸國兩大區域，其中又以以楚爲中心的南方諸國相對突出。秦與中原諸國文字則變異較小，尤其是秦文字，儘管春秋時期材料相對較少，但通過與同期其他區域相同字例的比較，可以明顯看出它對西周文字特點的繼承。大體說來，春秋文字開始呈現出南方諸國、齊魯諸國、秦與中原諸國三大區域格局。春秋時期所形成的區域性特徵寫法大多延續至戰國，成爲戰國文字區域性特徵的重要組成部分。字體風格方面，春秋中晚期南方楚、吳、越、蔡、宋等國流行鳥蟲文飾之類美化裝飾性書體，也表現出明顯的時代與地域特色。

總的來說，在構形相對規整的西周文字與異形現象突出的戰國文字之間，春秋文字表現出承上啟下的基本特徵。

第六章

戰國文字

從三家分晉到秦始皇統一六國，戰國時期近二百年，“分爲七國，田疇異畮，車涂異軌，律令異灋，衣冠異制，言語異聲，文字異形”①。在漢字發展演變序列中，戰國文字上承春秋文字，逐步形成不同的區域特色，在秦系文字基礎上發展而來的小篆，成爲古漢字的終結形態；秦文字隸變的發生，則孕育著漢字形體的古今之變。

戰國文字材料豐富，主要載體類型有：銅器、兵器、貨幣、璽印、陶文、石刻、簡帛，其中竹簡是大宗的材料。銅器和兵器文字著錄於中國社會科學院考古研究所編《殷周金文集成》，劉雨等《近出殷周金文集錄》《近出殷周金文集錄二編》，鍾柏生等《新收殷周青銅器銘文暨器影彙編》，吳鎮烽《商周青銅器銘文暨圖像集成》等；貨幣文字著錄於馬飛海等《中國歷代貨幣大系·先秦貨幣》；璽印文字著錄於羅福頤《古璽彙編》、施謝捷《古璽彙考》等；陶文著錄於王恩田《陶文圖錄》、高明《古陶文彙編》；石刻文字著錄於山西省文物考古研究所主編《侯馬盟書》《郭沫若全集（第九卷）·考古編》等；簡帛文字有楚帛書、信陽楚簡、仰天湖楚簡、望山楚簡、包山楚簡、曾侯乙墓竹簡、郭店楚簡、新蔡楚簡、上海博物館藏戰國楚簡、清華

① 許慎：《說文解字·叙》。

大學藏戰國竹簡、睡虎地秦簡、里耶秦簡、嶽麓秦簡等。本書所收戰國文字材料截止到 2013 年 1 月，材料地域分布廣闊，分屬齊、燕、晉、楚、秦五大區系。總體而言，這些材料能較爲全面地反映出戰國時期漢字發展演變的基本面貌①。

一　戰國文字的形體演變

戰國時期，"諸侯力政，不統於王"，"言語異聲，文字異形"。這一時期的文字上承殷周春秋文字，下啟秦漢文字，形體演變複雜多樣，草簡之風盛行，區域性特點非常明顯。從總體看，各地域的文字形體演變規律是相同或相似的，變化最大的還是在字形和地域特徵方面。因此，我們從省簡、增繁、替換、訛變、特殊的構形方式等方面對戰國文字字形演變進行重點考察，有關戰國文字的字體風格特徵及其變化，將在考察各區系地域特徵時兼及。

（一）省簡

通過偏旁和筆畫的省減而使形體日趨省簡，是古文字形體發展的主要趨勢，貫穿於商周文字形體發展全過程。到了戰國時期，形體趨簡現象更是普遍發生，呈現出豐富多樣的特點，總體上可分爲省減和借用兩種主要類型。

1. 省減

戰國文字的省減也分爲省減筆畫和省減偏旁兩類。與商周和春秋文字相比，戰國文字的省減現象更加突出，不僅偏旁或筆畫省減方式多樣，省減幅度較大，而且多數省減都忽視了對構形的理據性要求。如：

---

① 需要說明的是：因爲侯馬盟書文字兼有春秋文字和戰國文字的特徵，石鼓文的時代在學術界有春秋和戰國二說，所以我們將這兩種材料列入戰國文字考察範圍，這就與"春秋文字"一章部分材料相重。我們這樣處理衹是爲了穩妥，不會影響對戰國文字發展的總體判斷。

（1）省減筆畫

【皮】（石鼓文·作原），省去弧筆作（龍85）。

【咸】（清華一·保訓6），省去"戌"旁下部横畫作（清華一·尹至3）。

【甲】（郭店·老甲26），省去上部一横畫作（新蔡甲三134）。

【舍】（九店56.42），省去中間的一豎畫作（包山154）。

【中】（包山139），省去了表示旗旒的兩筆作（包山3）。

【魚】（璽彙3275），省去描摹魚形的細緻筆畫，衹保留大致輪廓作（考古1973：1齊明刀）。

【攸】（郭店·六德47），省去中間兩短撇，作（新蔡甲三352）。

【半】（秦律111），（嶽麓0942）。"牛"旁省去上部折畫。

【遛】（施32），"留"旁上部的"卯"簡省成"八"作（璽彙0805）。

有的字省減後形體輪廓猶存，一般而言不會增大識讀難度，如"中、魚、攸、舍"等；有的字省減時基本上置構形理據於不顧，形體發生了較大變化，如果脱離語境，就會發生誤識誤讀，如"甲、半、遛"等。

另外，"截除性簡化"在戰國時期也有所發展，出現了一些新的字例，如：

【馬】（三晉120），省減馬身體的部分筆畫作（貨系1711）、（聚珍282），減至最簡形體僅保留馬頭作（貨系1701）。

【爲】（陳逆簋4096），省去象的身體部分，作（清華一·楚居4）、（清華一·金縢1），或進一步簡省作（清華三·祝辭3）。

【後】（上博五·競7），省去"夊"作（清華一·金縢6）。

【裏】（包山261），或"衣"旁上部省簡，作（信陽2.13）。

【爾】（璽彙3036），或將下部筆畫全部省簡，作（璽彙4584）。

【虩】（郭店·尊德義28），或將上部虎頭部分筆畫全部省簡，作（上博四·柬14）。

【良】（陶錄4.141.5），或截除字形上部和下部，保留中間部件作

（陶録 3.526.5）。

【員】（上博一・緇 4），截除中部形體省作（上博一・緇 13）。

以上各例省減的部分，多是不可獨立使用的偏旁，也就是説截取保留的衹是構形的某一部分，所以不宜放在“省減偏旁”一類。“截除性簡化”使字形發生的變化較大，從留存的字形較難推測其原來的樣子，對文字構形理據性的破壞也較强。

（2）筆畫連寫

筆畫連寫，是指將筆順緊接、空間位置相近的兩筆連筆書寫，以達到省簡筆畫、提高書寫效率的目的。這與古文字形體的“綫條化”密不可分，在漢字發展的早期階段即已存在，是漢字省簡的重要途徑之一。在戰國文字中筆畫連寫曾普遍發生，如“天”作（郭店・語叢一 12），“大”形的兩個上肢連筆書寫作一横；“芒”作（信陽 2.23），“人”形兩筆連寫作一折筆。這類改變筆畫連接方式的省簡方式，有些筆勢與隸書極爲相似。由戰國秦文字向隸書的發展，筆畫連接方式的調整發揮了很重要的作用，我們將在下章詳細分析。

（3）省減偏旁

①省減意符。這類現象是將文字構形中表意的偏旁省減，簡省後，有的會大大破壞文字構形的理據，增加考釋的難度。

【春】或作（曾乙 1），或省去形旁“日”作（包山 203），或省去形旁“艸”作（郭店・六德 25）。

【奐】或作（侯馬 203：8），或作（侯馬 194：9），省去下部“廾”旁。

【叚】或作（上博三・周 54），或作（上博七・吴 7[①]），省去“又”旁。

【役】或作（郭店・五 45），或作（清華一・耆夜 10），省去“又”旁。

【相】或作（璽彙 3210），或作（璽彙 0788），省去會意偏旁“木”。

【璧】或作（新蔡甲三 181），或省簡兩個圓圈（“璧”之象形初文）

① 徐在國：《説楚簡“叚”兼及相關字》，《簡帛語言文字研究》（第 5 輯），巴蜀書社 2010 年，第 7—17 頁。

作（新蔡甲三99）。

【衡】或作（曾乙10），或作（上博七·凡甲4），省去“行”和“止”旁。

【斯】或作（清華一·皇門4），或作（郭店·性自34），省去形旁“斤”。

【秋】或作（郭店·六德25），或作（包山214），省去“火”旁。

【聞】或作（侯馬67：38），或作（璽彙1073），省去形旁“耳”。

【斗（料）】貨幣文字或作（貨系987），或作（先秦編355），省去下部“斗”形。

【埶】或作（郭店·語叢三51），本從“木”從“土”從“丮”，或省去“丮”旁，作（十五年守相杜波鈹11701）。

【棄】或作（上博六·用4），或省去“廾”作（清華二·繫年135），所從倒子形有訛變。

【敢】或作（侯馬156：1），或省去“又”旁作（温縣盟書T1坎1：1845）。

【則】或作（上博二·從乙3），或省去“勿”旁（“刀”的訛變）作（郭店·老甲35）。

②省減聲符。這是形聲字獨有的一種簡化類型。我們可以將之區分爲聲符的部分省減和完全省減兩種情況。聲符的部分省減，指將聲符的部件省去一部分，這種類型的省減無論如何都會或多或少地破壞文字的構形。如：

【璧】楚簡文字或作（新蔡甲三181），或作（清華一·金縢5），省去聲符“辟”旁所從的“尸”旁。

【盟】楚簡文字或作（信陽2.3），或作（上博二·子2），省去聲符“明”所從的“月”旁。

【裕】楚系文字或作（左塚漆梮），或作（郭店·六德10），省去聲符“谷”的下部分。

【嬰（瓔）】新蔡簡或作（乙一17）、或省作（甲三166），所從聲符“旻”寫作“女”，上部簡省。

【裕】或作（上博四·昭1），或作（上博四·昭1）。省去“各”旁中的“口”。

【讓】或作（璽彙2781），或作（璽彙1799）。聲旁“襄”省去“衣”。

【瘨】或作（侯馬156：20），或作（侯馬3：20），省去“興”所從的“廾”旁。

聲符的完全省減，就是將所有聲符全部省去。這類簡化可上溯至西周，金文“皇”省“王”作“自”，“旦”省“丁”作“日”，以及“旂”省“斤”作“㫃”[①]，均是其例。這種省減大大破壞了文字的構形理據性[②]，使文字的考釋變得困難。戰國文字這種簡省聲符字所占比率不大，且多出現在璽印文字和貨幣文字中。這大概與書寫載體的空間有限有很大的關係。如：《璽彙》3363中的“敬”省聲符“苟”；《貨系》875中的“陰”省聲符“侌”；廿八宿漆箱中的“軫”省聲符“㐱”等。

③省減同形。爲了書寫的簡便，將包含著兩個或兩個以上形體完全相同的偏旁部件進行省略的方式，在商周文字中就已經出現，戰國文字中又出現不少新的字例。如：

【歲】或作（陶錄2.646.1），或作（陶錄2.9.2），省去一“止”形。

【道】或作（望山1.9），或作（郭店·成之37），將重疊的ᴧ形省去一個。

【器】或作（陳侯因資敦4649），或作（陶錄4.18.1），省去重複的兩個“口”旁。

【羽】或作（包山269），或作（包山牘1），省去一個同形。

【胷（脖）】或作（包山135），或作（包山2.80）、（郭店·性自3），有的省去一個“或”，亦有的省去兩個“或”。

---

① 楊樹達：《師訇簋跋》，《積微居金文説》，第59—60頁。

② “形聲字的音符一般不能省”，因爲“‘省聲存形’就不能成爲形聲字”。參見何琳儀《戰國文字通論》（訂補本）第207頁。

【虡】或作（上博五·競1），或作（上博五·競13），省去一個同形。

【楚】或作（包山牘1），或作（楚王酓前鼎2479），省去一個“木”形。

【賽】或作（郭店·語叢四17），或作（郭店·老乙13），省去一個“工”。

【鄰】或作（雪齋二集·九年閔令戈），或作（右使車嗇夫鼎2707），將上部三個同形省去兩個。

【曐（早）】或作（中山王鼎2840），或作（溫縣WT1K14：867），省去一個“朿”。

【晉】或作（𠫑羌鐘158），或作（東南文化1991：2二十四年晉□戈），省去一個倒“矢”。

【毳】或作（清華一·楚居6），或作（郭店·老甲25），省去一個“毛”。

【𤦪（琴）】或作（上博一·孔14），或作（郭店·性自24），省去一個“亓”。

【藥】或作（印典），或作（璽彙1384），“艸”旁省去一半，變成“屮”。這種變化也可看作是形旁的義近换用。

2. 借用

戰國文字的借用大體包括借用筆畫、借用邊框、借用偏旁三類，這些借用現象不僅沿襲了西周、春秋的一些省減書寫的方法，而且也體現出戰國文字新的特點，因利乘便追求省簡的意圖也更加鮮明。

（1）借用筆畫

如：

【兵】（郭店·唐虞12），“斤”旁和右下方“手”旁共用一豎筆。

【茈】（包山258），下部“此”所從“止”旁是借“匕”旁弧筆成形的。

【名】（郭店·成之13），下部所從“口”旁借用“月”旁下端弧筆。

【和】（璽彙1043），“口”旁借用“禾”旁右斜筆。

【器】（上博五·鮑3），下側兩“口”旁借用“犬”頭叉筆。

【埶】（郭店·六德13），“木”下所從的“土”旁借用了“女（止）”

旁筆畫。

【侸（附）】（璽彙 2262），左下所從“𦣞”旁借用其上部“人”旁的下半部分。

【畣（奮）】（上博一·性 38），所從“田”旁借用“衣”旁彎筆中間的垂直部分。

【昃】（陶錄 5.40.6），“日”旁借用“大”旁右臂。

【知（文）】（上博一·孔 1），“口”旁借用“文”右上一斜畫。

【司】（施 61），上部“厶”旁借用“司”頂端橫筆。

【犢】（包山 237），“牛”和“膚”共用“肉”的兩短橫。爲了牽就“牛”的字形特點，刻意將兩短橫寫得帶有弧度，一長一短。

【遅】（上博四·曹 27），“匚”是共用“辵”的左邊垂筆和底部的有點弧度的橫筆。

（2）借用邊框

“古璽文字有借用印面邊框爲筆畫的現象，貨幣文字亦偶見借用幣綫爲筆畫者。”① 因器形借筆的根本特徵是充分利用古璽邊欄、貨幣脊綫或邊欄、竹簡邊棱來構成完整單字或單字的省形。它的出現取決於有關漢字所在的平面特性，與相關文字的內容和行用範圍密切相關，這是戰國璽印這類特殊載體對字形省減帶來的影響。如：

【逭】（璽彙 5484），“止”旁下一橫借璽印下邊框。

【逨（來）】出自（璽彙 0264），下部“止”旁借璽印下邊框。

① 何琳儀：《鋭角布幣考》，《古幣叢考》第 88 頁。

【平】出自（貨系 1109），中間豎畫借用貨幣脊綫。

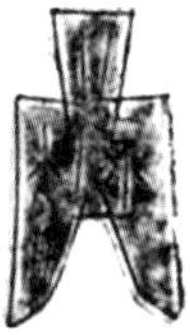

【郎】出自（璽彙 0049），右旁下部借用璽印下邊框，可參考標準字形（施 96）。

（3）借用偏旁

這種現象是在相關文字内部，兩個偏旁或偏旁的某一部分因形體相同或相似而出現的一種共用偏旁的現象。

【迆（過）】楚簡作（上博四·曹 52）、（新蔡零 64），新蔡簡字形"化"即借用"辵"旁類似於"人"形的部分。

【路】（璽彙 0148），"各"旁即借用"足"上部所從的形體。

【踦】（璽彙 1684），"奇"旁即借用"足"上部所從的形體。

趨簡求易是人們書寫文字的共同心理，戰國文字所呈現出的簡化現象非常普遍，順應文字趨簡的主流，同時也在一定程度上與書寫内容、書寫材料、書手等因素密切相關。

（二）增繁

與省簡相對的是增繁，商周、春秋文字這兩種現象就已經並存，上文我們在討論不同時期文字字形發展時涉及衆多例證，也分析了形成這種現象的某些原因。戰國文字的增繁手段更爲多樣，情況也更爲複雜，大體可分爲五類：增添意符、增添聲符、增繁同形、增繁飾筆和增繁無意偏旁。在這些增繁現象中，有些偏旁符號的增加，在文字構形層面發揮著重要作用，如表意或標音，這是增加"功能符號"，如前兩種類別；有些則是爲了美飾或書寫習慣，對字形構造的功能並無實質影響，是一種"羡餘符號"，如後三種類別。

1. 增添意符

增添意符就是在原有文字形體的基礎上，增加一個與該字意義相關的意符，用以突出該字的意義範疇。

（1）加“示”，如：

【敓】（陶錄 3.375.3）——（包山 203）

【行】（璽彙 0173 ）——（望山 1.119）

【喪】（上博三・周 44 背 ）——（上博四・曹 52）

【鬼】（上博三・亙 3 正）——（上博二・魯 2）

【作】（上博五・君 1）——（上博五・鮑 3）

【亟】（侯馬 156：21）——（侯馬 3：7）

（2）加“止”，如：

【及】（上博四・柬 15）——（上博二・容 19）

【去】（郭店・老子乙 4）——（上博四・曹 43）

【就】（郭店・五行 21）——（新蔡乙三 031）

【阩】（包山 85）——（包山 3）

【降】（上博六・用 11）——（上博五・三 2）

【衛】（新蔡甲三 11）——（新蔡甲一 7）

【長】（璽彙 0874）——（車大夫長畫戈 11061）

（3）加“辵”，如：

【下】（哀成叔鼎 2782）——（璽彙 0619）

【及】（郭店・成之 27）——（上博四・曹 52）

【來】（石鼓文・而師）——（上博三・周 9）

【先】（新蔡・甲三 134）——（上博三・周 18）

【跪】（九店 56.20）——（上博四・柬 18）

【棄】（陶錄 2.674.4）——（陶錄 2.406.4）

【前】（上博一・孔 6）——（包山 193）

【去】（中山王鼎 2840）——（璽彙 5586）

【得】（上博三・周 16）——（璽彙 1290）

【就】（郭店・五行 21）——（上博二・容 7）

（4）加“彳”，如：

【得】（中山王方壺 9735）——（秦駰玉牘甲正）

【延】（子延弄鳥尊 5761）——（魚顛匕 980）

（5）加“木”，如：

【巢】（望山 1.89）——（上博一・孔 10）

（6）加“玉”，如：

【圭】（上博二・魯 3）——（上博一・緇 18）

【門】（上博一・孔 4）——（上博二・容 38）

（7）加“死”，如：

【枼】（璽彙 1986）——（上博五・姑 7）

【世】（郭店・唐虞 21）——（上博五・季 14）

【亡】（上博四・昭 3）——（上博四・曹 9）

【喪】（上博三・周 44 背）——（上博二・民 14）

（8）加“歺”，如：

【世】（邵鐘 235）——（中山圓壺 9734）

【臺】（侯馬 156：1）——（侯馬 200：11）

（9）加“肉”，如：

【尹】（璽彙 1300）——（璽彙 2787）

【舌】（陶彙 4.65）——（上博三・周 27）

（10）加“土”，如：

【市】（陶錄 2.33.4）——（施 57）

【平】（璽彙 3636）——（璽彙 0013）

【豫】（上博三・中 10）——（上博五・姑 1）

【萬】（上博五・鬼 2 正）——（上博一・緇 8）

【丘】（子禾子釜 10374）——（施 53）

【州】（豫州戈 11074）——（燕王職戈 11304.2B）

【降】（上博六・用 11）——（不降矛 11470）

【陽】（宜陽右倉簋 3398）——（平陽高馬里戈 11156）
【阿】（貨系 2489）——（璽彙 0313）
【陵】（璽彙 2330）——（陳純釜 10371）
【陰】（陰平劍 11609）——（璽彙 0187）
【阪】（二十年鄭令戈 11372）——（上博四·曹 43）
【陸】（包山 184）——（郭店·老甲 16）
（11）加"𨸏"，如：
【城】（羼羌鐘 157）——（璽彙 2329）
【𡊱】（上博二·魯 3）——（貨系 2484）
（12）加"山"，如：
【陽】（宜陽右倉簋 3398）——（成陽辛城里戈 11155）
【阿】（貨系 2489）——（周金文存 6.31 平阿右戈）
【陵（隋）】（璽彙 2549）——（包山 163）
（13）加"日"，如：
【辰】（陶錄 6.163.4）——（新蔡甲三 343-1）
【秋】（侯馬 3:3）——（璽彙 4439）
（14）加"心"，如：
【樂】（璽彙 1367）——（珍戰 139）
【難】（上博二·從甲 17）——（上博五·弟 4）
【勞】（包山 16）——（郭店·六德 16）
【欲】（上博五·鮑 5）——（上博三·亙 5）
（15）加"人"，如：
【兄】（上博五·季 15）——（上博四·內 4）
【弟】（包山 95）——（上博二·民 1）
【矦】（郾侯載器 10583）——（陶錄 6.366.1）
（16）加"戈"，如：
【一】（上博五·鮑 1）——（郭店·六德 43）
【二】（上博五·競 6）——（上博三·彭 8）

（17）加“殳”，如：

【命】（上博一・孔 2）——（鄂君啟車節 12110）

（18）加“攴”，如：

【命】（上博一・孔 2）——（鄂君啟舟節 12113）

【就】（郭店・五行 21）——（上博三・周 47）

（19）加“力”，如：

【弱】（左塚漆梮）——（上博五・鮑 3）

（20）加“厂”，如：

【倉】（陶錄 5.46.1）——（陶錄 5.43.4）

（21）加“糸”，如：

【終】（貨系 474）——（郭店・語叢一 49）

（22）加“臼”，如：

【祈】（上博七・武 12）——（上博六・天甲 12）

【牙】（郭店・語叢三 11）——（上博五・競 10）

【本】（上博一・孔 16）——（上博三・中 23）

【巢】（望山 1.89）——（陶錄 3.462.6）

（23）加“金”，如：

【戈】（高密戈 10972）——（高平戈 11020）

【戟】（平阿左戟 11158）——（新收 1983 齊城左戟）

（24）加“皿”，如：

【器】（上博九・靈王 3）——（曹家崗 5.1）

（25）加“中”，如：

【秋】（包山 214）——（璽彙 3466）

（26）加“立”，如：

【世】（陶錄 3.520.4）——（十年陳侯午敦 04648）

【長】（上博五・鮑 3）——（璽彙 0301）

【喬】（郭店・唐虞 17）——（鴨雄 020）

【訇】（上博五・弟 11）——（陳侯因資敦 4649）

【痦】▨（陶録 3.22.4）——▨（陶録 2.615.2）
【單】▨（璽彙 0297）——▨（三年蒲子戈 11293）

這些增繁的意符，多數都傳承自西周、春秋文字，如：加“止、辵、彳”表示與行動有關，加“攴、殳”表示與手的動作有關，加“土、阜、山”表示與土地山川有關，加“心”表示與心理活動有關，加“金、皿”表示與器物有關，加“死、歺”表示與死亡有關。同時，有些綴加的意符之間存在一定關聯，即意義多相關：如“阜”旁常綴加“土”和“山”，“土”旁常綴加“阜”旁，加“止”旁的字常綴加“辵”。

值得注意的有兩點：第一，戰國時期大量新增形聲字許多是由本字或借字加形符而產生的，這表明增繁是導致文字分化而產生新的形聲字的途徑之一。不過這些字產生之初，增加的意符還是不穩定的，不一定就是後世所見到的與之形體相同的字。如：

①戰國文字的“谷”字寫作▨（日乙 189）、▨（日甲 23 反）、▨（郭店·成之 17）、▨（上博一·孔 3）；或加注意符“水”，寫作▨（上博一·孔 26）、▨（上博四·采 4）。增繁後的字體與後世的“浴”同形，但仍是“谷”字。

②燕系文字的“秋”字均增加“中”符，寫作▨（璽彙 0824）、▨（璽彙 3466）、▨（璽彙 3887）、▨（施 312）。從“中”與從“艸”相通，所以此字也可以隸定爲“萩”，與《説文》卷一的“萩”字未必是同字，應是“秋”字異體。

第二，戰國文字字際關係十分複雜，並非所增繁的意符都能一目瞭然地反映其與增繁後的字之間的形義關係，有的形義關係我們目前還難以確定。因此，在處理相關字例時我們沒有過多地考慮這些增繁的意符到底表示什麼意思，對增繁現象的判斷主要是根據增繁後該字所記錄的音義是否發生變化來決定的。

2. 增添聲符

增添聲符就是在原有的文字上加注一個與之音同或音近的偏旁，用以加強字符的表音功能。這種現象殷商文字中就已經出現，是形聲字產生的途徑之一。西周春秋文字中，這也是字形增繁的重要手段。戰國文字增添聲符較爲多見，這與形聲構形方式在這個時期的發展有密切關係，體現了對已有形體形聲化改造的傾向。如：

【上】(上博一·緇6)，加注“尚”聲，作(中山王方壺9735)。“上、尚”皆爲禪紐陽部字。

【正】(上博一·緇2)，加注“丁”聲，作(郭店·唐虞3)。“正”爲章紐耕部字，“丁”爲端紐耕部字。

【刀】(聚珍196)，加注“乇”聲，作(貨系2512)。“刀”爲端紐宵部字，“乇”爲透紐鐸部字。

【延】(上博六·天乙8)，加注“㐱”聲，作(施286)。“延”爲喻紐四等元部字，“㐱”爲定紐侵部字。“喻四歸定”，故二字雙聲可通。

【茲】(郭店·唐虞23)，加注“才”聲，作(上博五·鬼6)。“茲”爲精紐之部字，“才”爲從紐之部字。

【慈】(上博三·中7)，加注“才”聲，作(上博四·内5)。

【與】(新蔡乙一15)，加注“予”聲，作(上博三·中7)。“與”爲喻紐侯部字，“予”爲喻紐魚部字，韻部對轉。

【豑】(爲吏10)，加注“幾”聲，作(上博四·逸交1)。“豈”爲見紐脂部字，“幾”爲溪紐脂部字。

【畐】(璽彙4559)，加注“北”聲，作(八茉鳥柱盆10328)。“畐”爲滂紐職部字，“北”爲幫紐職部字。

【固】(行氣玉銘)，加注“丯”聲，作(璽彙3685)。“固”爲見紐魚部字，“丯”爲見紐月部字。

【兄】(上博五·季15)，加注“圭”聲，作(上博四·曹42)。“兄”爲曉紐陽部字，“圭”爲匣紐陽部字。

【闢】(陶錄3.134.3)，加注“璧”聲，作(兵闢太歲戈)。“闢”爲並紐錫部字，“璧”爲幫紐錫部字。

【墨】(施60)，加注“勹”聲，作(齊幣067)。“墨”爲明紐職部字，“勹”爲幫紐幽部字。

【野】（上博四・采4），加注“予”聲，作（陝西新出756）。“埜”爲喻紐魚部字，“予”爲喻紐魚部字。

【粦】（陶録2.286.2），加注“文”聲，作（上博三・周57）。“粦”爲來紐真部字，“文”爲明紐文部字。

【命】（上博一・孔2），加注“粦”聲，作（璽彙0481）。“命”爲明紐耕部字，“粦”爲來紐真部字。

【或】（新收1086國楚戈），加注“又”聲，作（陶録4.18.1）。“或”爲匣紐職部字，“又”爲匣紐之部字。

【丘】（上博二・魯3），加注“丌”聲，作（陶録3.113.1）。“丘”爲溪紐之部字，“丌”爲群紐之部字。

【門】（上博一・孔4），加注“文”聲，作（兆域圖版1047）。“門、文”均爲明紐文部字。

【參】（梁上官鼎2451），加注“三”聲，作（陶録2.10.4）。“參”爲生紐侵部字，“三”爲心紐侵部字。

【鹿】（包山179），加注“录”聲，作（上博一・孔23）。“鹿、录”皆爲來紐物部字。

【保】（十四年陳侯午敦4646），加注“缶”聲，作（十年陳侯午敦4648）。“保、缶”皆爲幫紐幽部字。

【胃】（少虡劍11696），加注“立（位）”聲，作（中山王方壺9735）。“胃”爲匣紐物部字，“立”爲來紐緝部字，“位”爲匣紐物部字。

以上各字與其所注加的聲符，或聲韻皆同，或雙聲，或叠韻，或聲韻俱近。在象形、會意字的基礎上加注聲符，使文字表音功能增强；在已有形聲字的基礎上加注聲符即形成特殊的“兩聲字”。由於文字的增繁和分化，戰國時期出現了一批“兩聲字”，我們將在後文“戰國文字的結構”中加以詳述。

3. 增繁同形

增繁同形指增添的某個偏旁或筆畫與被增字形的偏旁或筆畫相同，而該字所記録的音義並未因此産生任何變化，這種形體演變現象與省減同形正好背道而馳。如：

【各】（上博二・昔 4）——（信陽 1.01）
【易】（中山王鼎 2840）——（中山王方壺 9735）
【泪】（璽彙 2588）——（璽彙 2544）
【骨】（上博四・昭 4）——（新蔡甲三 189）
【語】（上博六・天乙 10）——（璽彙 1878）
【焦】（秦風 55）——（璽彙 3153）
【更】（四年昌國鼎 2842）——（璽彙 3347）
【郙】（璽彙 1928）——（陶錄 4.29.1）
【登】（望山 1.9）——（上博六・競 8）
【芻】（望山 1.7）——（包山 95）
【隓（隋）】（包山 167）——（包山 22）
【賢】（郭店・成之 1）——（郭店・五行 48）
【福】（上博三・彭 5）——（郭店・成之 17）
【婁】（郭店・語叢一 90）——（郭店・語叢二 44）

增繁同形現象的產生，與早期很多“疊床架屋”式構字模式是一脈相承的。戰國文字中的增添同形，有些明顯是受形體類化的影響，也有些可能與“繁飾”的審美心理有關。

4. 增繁飾筆

增繁飾筆，是指文字在發展演變過程中，在既有字形上增添一些無關乎表達字音字義功能的筆畫，其主要作用是用來裝飾字體，有時也用以區別其他字形。在西周、春秋文字形體演變中，我們已經揭示增繁筆畫是重要的形體發展現象。戰國文字所增繁的飾筆主要有點、撇、橫、彎筆以及尾飾等。

這些飾筆沒有嚴格的區分，飾點稍稍拉長，就是飾橫；反之，飾橫如果寫得較短，就成爲飾點。從古文字發展的軌跡來看，很多飾橫是由飾點拉長演變而來的。飾橫和飾撇也沒有嚴格的分界，飾橫寫得傾斜，就會變爲飾撇。橫筆可以寫得彎曲，而尾飾很多是固定位置上的飾點。或許在戰國時期這些飾筆的使用是無别的，這種飾筆使用無别的情況可以在下面所列舉的“平、火、倉”等字例中體現出來。

（1）加點。如“頁、鬼、長、弓”等偏旁的最後一筆在戰國文字中常常贅加飾點：“夏”作（璽彙 0015）、“魂”作（璽彙 3671）、“長”作（璽彙 0022）、“張”作（九年將軍戈 11326）、“弓”作（上博三·中 17）、“強”作（璽彙 2282）、“弨”作（二十年距末 11916C）、“躳”作（璽彙 0191），等等。

在豎畫上加一斜飾點，是燕系文字的特點。如燕系文字的“又、攴”等旁常贅加飾筆：“又”作（璽彙 4728）、“反”作（王后左相室鼎 02360.2）、“返”作（璽彙 2825）、“得”作（璽彙 1290）、“鞭”作（陶錄 4.35.2）、“敀”作（陶錄 4.4.1）、“曼”作（陶錄 4.31.3）、“剸”作（璽彙 5641）、“受”作（璽彙 2799）、“攻”作（陶錄 4.73.1）、“敢”作（陶錄 4.7.1）、“阪”作（璽彙 2513）、“脸”作（璽彙 5571）、“閔”作（璽彙 0188）、“鈹”作（璽彙 3863），等等。而“安”作（璽彙 1226）、（璽彙 1348）、（貨系 2310）、（陶錄 4.21.2），在“女”旁下側加對稱的兩個飾點，成爲燕系文字的獨特寫法。

齊系文字的“王、平”常在最上端加飾點，作（陶錄 2.46.3）、（平陽高馬里戈 11156）。

楚系文字的“竹”旁常在兩個豎筆上加飾點，與其他地域文字不同。如：“管”作（郭店·老甲 24）、“竺”作（上博二·容 9）。“玉”及“玉”旁多加有飾筆，如：“玉”作（上博七·君乙 1）、“璧”作（上博二·魯 2）、“璋”作（璽彙 1640）、“璜”作（望山 2.50）、“琥”作（包山 218）等，需要注意的是：“玉”的飾筆同時也具有區别性的功能，表示與“王”區别。

“也、卜、巳”等在戰國文字中常贅加飾點寫作：（上博四·昭 8）、（郭店·忠信 8）；（望山 1.132）、（郭店·緇衣 46）；（璽彙 334）、（璽彙 3767）、（中山王圓壺 9734）、（中山王方壺 9735）、（璽彙 3181）等形。

（2）加撇。如戰國文字的“弗”字形體上承甲骨、金文，而楚、晉兩系常加飾撇，作（上博五・鬼 6）、（郭店・唐虞 11）、（上博二・從甲 14）、（哀成叔鼎 2782）、（璽彙 2786）、（璽彙 3126）。

“屖、辟”等所從“辛”旁右下側加注撇形飾筆，如：（上博四・曹 22）、（郭店・五行 47）。

楚、晉兩系的“民”字或加注飾筆，與《說文》古文作字形相近。如：（上博五・季 1）、（上博六・孔 18）、（郭店・成之 4）、（上博二・從甲 8）、（中山王圓壺 9734）。

戰國文字的“安”字或加飾撇，寫作：（璽彙 0177）、（包山 105）、（信安君鼎 2773）、（貨系 2461）。

在戰國各系文字中，楚、晉、燕三系的“肉”旁常在其右上部加飾撇繁化，以示與“月”旁的區別。其中，楚文字加兩小撇作爲飾點，秦、齊系文字則一般不加飾點。如：

【肌】（璽彙 2471）　　【膚】（包山 84）
【胃】（少虡劍 11696）　　【胡】（陽安君鈹）
【骨】（程訓義 1-3）　　【膌】（璽彙 1336）
【脊】（璽彙 5622）　　【肥】（璽彙 1833）
【臘】（璽彙 2588）　　【肙】（璽彙 2753）
【腴】（程訓義 1-95）　　【胄】（元年埒令戈 11360）
【肕】（璽彙 1405）

（3）加横。晉、楚、齊等系文字的“火”旁常贅加横畫作爲飾筆，如：“火”作（上博七・凡甲 2）、“然”作（上博五・季 15）、“煙”作（哀成叔鼎 2782）、“閔”作（貨系 1467）、“赤”作（璽彙 3226）。

戰國楚系文字的“几”旁上面常加飾横，如：“几”作（包山 260）、“机”作（望山 2.45）、“尻”作（郭店・老甲 22）、“凥”作（包山 21）、“飢”作（上博二・從甲 19）。

還有其他加飾横的字，如：

【丙】（里 [9]981 正）　　【市】（曾乙 177）
【帝】（郭店・唐虞 8）　　【平】（阴平劍 11609）

【王】（璽彙 0631）　　【公】（陶錄 3.424.6）

【正】（禾簋 3939）　　【石】（璽彙 1160）

【安】（璽彙 5603）　　【身】（璽彙 0364）

【相】（上博二・昔 1）

這種加飾橫的現象在各系文字都有出現，可見這種簡單的裝飾在戰國文字中使用較爲普遍，有些寫法被後代文字所傳承，如“丙、帝”等。

還有一些文字加兩條短橫作爲飾筆，如:“命”作（上博七・吳 3 背）、“石”作（施 301）、“相”作（考古與文物 2008.5 六年相室趙㚤鼎）、“再”作（郭店・窮達 15）、“倉”作（郭店・太一 4）、“尚”作（廿年距末 11916）、“公”作（陶錄 3.209.1）、“向”作（璽彙 3059）、“容”作（璽彙 3060）、“闢”作（中山王鼎 2840）、“朕”作（中山王鼎 2840）、“吠”作（璽彙 1645）等。

（4）加彎筆。齊系文字的“火”旁的飾筆獨具特色，與上述楚、晉、燕文字加横筆的寫法不同，其特點是加彎筆，即其飾筆兩頭上彎，作形，如以下從“火”的各字:“滅”作（子禾子釜 10374）、“菸”作（陶錄 2.291.3）、“鎣”作（璽彙 3760）、“談”作（陶錄 2.228.2）、“焲”作（璽彙 3691）等。

齊、秦、楚系的“安”也常加彎筆加飾，如:（齊幣 093）、（陶錄 2.503.3）、（傅 1002）、（曾乙 165）。

楚系的“市”加彎筆作（上博四・曹 40）。

（5）加尾飾。齊系文字的“徙、匋、路”等字的寫法具有鮮明的齊系地域特點，其最顯著的特徵是具有“尾飾”。所謂“尾飾”，是指字形的斜畫或横畫的末端所贅加的裝飾性筆畫，即湯餘惠所說的“尾形飾筆”①。例如:

【徙】（施 55）　　【匋】（璽彙 0272）

① 湯餘惠:《略論戰國文字形體研究中的幾個問題》，《古文字研究》（第 15 輯），第 50 頁。

【路】（璽彙 0148）　　【何】（國差𦉜 10361）

【族】（陳喜壺 9700）　　【爲】（陳喜壺 9700）

此外，戰國文字中還有加豎筆、點撇組合、鳥蟲等特殊裝飾符號的情況。如：楚系文字的“凡”往往加有組合飾筆，寫作（郭店·成之 22）、（上博五·弟 4）。

總而言之，戰國文字的裝飾符號是紛繁多樣的，這些飾符仍有進一步討論的空間。以鳥蟲爲飾現象將在下文專門討論，這裏不作叙述。

5. 增繁無義偏旁

增繁無義偏旁是指在既有字形上增加與文字音義表達無關的偏旁部件。增繁無義偏旁與增添意符的不同在於：所增偏旁不起表意功能，主要在於裝飾。此外，增繁無義偏旁或許還有字形類化的作用。增繁無義偏旁現象西周、春秋文字中已經出現，戰國文字則顯得比較突出。

（1）加“爪”，如：

【家】（郭店·唐虞 26）　　（上博四·柬 12）

【保】（陳侯因資敦 4649） 　　（中山王鼎 2840）

（2）加“宀”，如：

【目】（上博五·鬼 5）　　（郭店·五行 45）

【舊】（上博五·姑 7）　　（新蔡甲三 398）

【集】（上博一·緇 19）　　（郭店·五行 42）

【邦】（哀成叔鼎 2782）　　（夾逰刻石）

【天】（齊幣 452）　　（陶錄 3.548.6）

【中】（郭店·老子乙 14）　　（九店 56.41）

【單】（新蔡甲三 261） 　　（新蔡甲三 304）

【聑】（上博四·柬 8）　　（上博二·民 3）

（3）加“口”，如：

【大】（齊幣 045）　　（齊幣 142）

【文】（璽彙 0282）　（上博一・孔 6）
【戰】（上博四・曹 13）　（酓忓鼎 2794）
【今】（上博六・競 9）　（上博五・季 14）
【朕】（上博三・彭 1）　（山東 104 司馬楙編鎛）
【己】（長信侯鼎 2304）　（陶錄 5.31.5）
【丙】（封診 16）　（包山 31）
【組】（信陽 2.07）　（曾乙 64）
【飤】（望山 1.38）　（上博七・君甲 9）
【瑰】（上博二・魯 2）　（陳肪簋蓋 4190）
【安】（上博一・緇 21）　（上博四・曹 60）
【倉】（宜陽右倉簋 3398）　（珍戰 222）
【余】（上博三・彭 6）　（上博三・彭 3）
（4）加“人”，如：
【祚】（包山 209）　（上博五・鮑 3）
【钗】（上博四・柬 17）　（上博五・君 1）
（5）加“又”，如：
【祖】（欒書缶 10008）　（中山王方壺 9735）
【組】（信陽 2.07）　（新蔡甲三 253）
【虘】（新蔡・乙三 60）　（上博五・季 14）
【戠】（陶錄 3.410.1）　（施 56）
【乍】（禾簋 3939）　（上博四・柬 17）
【相】（新蔡・乙四 134）　（上博四・柬 10）

需要說明的是，增加無義偏旁能導致文字的分化或與文字分化有關，如上舉“今—含、余—舍”等例。無義偏旁“口”開始祇是起到裝飾作用，後來在文字動態發展過程中漸漸被使用者賦予區別性功能。

6. 異體糅合

“異體糅合”可以說是將兩個字相加並進行改造後形成的新形體，

糅合之後字的功能並未因此而改變。在西周、春秋文字中已多有異體糅合之例，戰國文字中也有一些新的糅合形體，如侯馬盟書中屢見“獻”字，一般都寫作[glyph]，衹有67：65片上的“獻”字作[glyph]，這一形體可能是糅合了“獻、鮮”二字，大概與這二字經常通假有關。又上博楚簡中“害”字，一般寫作[glyph]，孔子詩論第7簡寫作[glyph]，這種“害”字實際上是糅合“𡨧（[glyph]）、害（[glyph]）”這兩個經常可以通假的字後形成的[①]。

除了上述例子外，戰國文字中這類異體雜糅的字還有：

【慧】[glyph]（上博一・性38），“慧、快”因同聲而糅合[②]。

【鴻】[glyph]（上博三・周50），“鳿[glyph]（上博三・周50）、紅”同聲而糅合[③]。

【豈】[glyph]（上博一・逸1），“幾、豈”同聲而糅合。

【騂】[glyph]（上博四・曹42），“馯（馭）、迎（御）”異體糅合[④]。

【許】[glyph]（清華一・金縢5），“許”與“迎”糅合[⑤]。

（三）替换

戰國文字在承繼前代文字形體的同時，在形體結構方面也發生了變換調整，方位變換、意符替换、聲符替换等現象在戰國文字中時有出現。

1. 方位變换

古文字中形體方向和偏旁位置不固定，戰國時期尤爲混亂。大致可分爲以下幾類：

---

① 吳振武：《戰國文字中一種值得注意的構形方式》，浙江大學漢語史研究中心、浙江大學古籍研究所編《姜亮夫、蔣禮鴻、郭在貽先生紀念文集》，上海教育出版社2003年版，第92—93頁。

② 張新俊：《上博楚簡文字研究》，吉林大學博士論文2005年，第20頁。

③ 張新俊：《上博楚簡文字研究》，吉林大學博士論文2005年，第21頁。

④ 金俊秀：《文字的糅合》，《第十八屆中國文字學國際學術研討會論文集》，輔仁大學中文系、中國文字學會，2007年，第298—305頁。

⑤ 見《清華簡〈金縢〉研讀札記》，http：//www.guwenzi.com/SrcShow.asp?Src_ID=1344後蘇建洲2011-1-20：21：38：02評價。

（1）正反互作

【長】（璽彙 0745）——（璽彙 0697）

【甲】（新蔡甲三 134）——（曾乙 128）

【成】（璽彙 5326）——（璽彙 4056）

【司】（璽彙 0033）——（璽彙 0027）

（2）正倒互作

【子】（璽彙 4734）——（璽彙 4732）

【冬】（陳璋方壺 9703.2B）——（璽彙 2207）

【畐】（璽彙 4559）——（璽彙 3291）

【買】（璽彙 3372）——（璽彙 3371）

（3）左右互作

【獸】（曾侯乙鐘 286）——（隨縣石磬）

【夏】（□夏官鼎 1802）——（璽彙 3988）

【禬】（清華一・金滕 8）——（清華二・繫年 084）

【魴】（璽彙 2729）——（璽彙 2728）

（4）上下互作

【旦】（璽彙 2275）——（璽彙 5583）

【春】（璽彙 0005）——（璽彙 2415）

【甚】（郭店・唐虞 24）——（郭店・老甲 3）

【磨】（清華二・繫年 071）——（郭店・緇衣 36）

（5）內外互作

【楢】（包山 89）——（清華一・楚居 14）

【昌】（上博八・成 15）——（上博八・王 1）

【祆】（璽彙 3865）——（璽彙 3126）

（6）四周互作

【春】（璽彙 0005）——（四年春成左庫戈）

【禱】（新蔡乙三 28）——（新蔡甲三 4）

【卑】（中山王鼎 2840）——（侯馬 85：2）

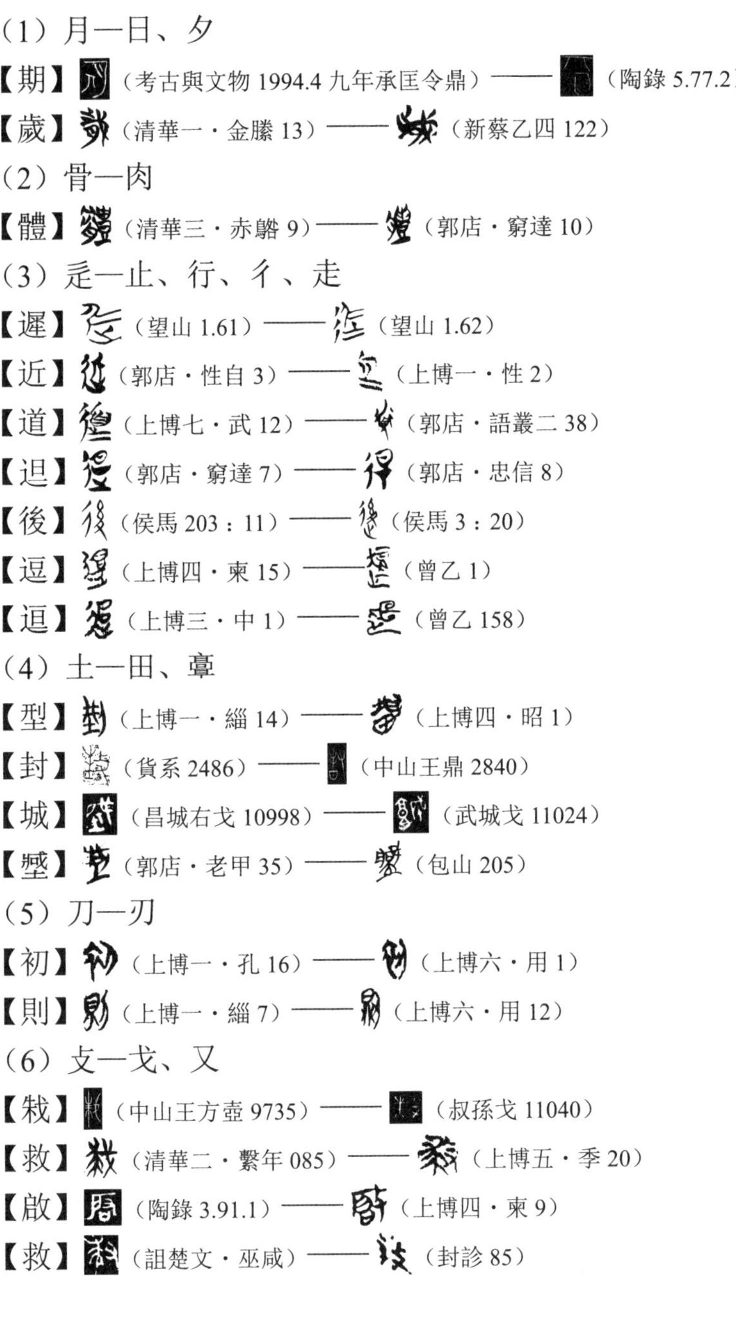

【攻】（後李・圖三8）——（璽彙0150）

2. 意符替換

(1) 月—日、夕

【期】（考古與文物1994.4九年承匡令鼎）——（陶錄5.77.2）

【歲】（清華一・金縢13）——（新蔡乙四122）

(2) 骨—肉

【體】（清華三・赤鵠9）——（郭店・窮達10）

(3) 辵—止、行、彳、走

【遲】（望山1.61）——（望山1.62）

【近】（郭店・性自3）——（上博一・性2）

【道】（上博七・武12）——（郭店・語叢二38）

【退】（郭店・窮達7）——（郭店・忠信8）

【後】（侯馬203：11）——（侯馬3：20）

【逗】（上博四・柬15）——（曾乙1）

【逭】（上博三・中1）——（曾乙158）

(4) 土—田、𩫖

【型】（上博一・緇14）——（上博四・昭1）

【封】（貨系2486）——（中山王鼎2840）

【城】（昌城右戈10998）——（武城戈11024）

【壁】（郭店・老甲35）——（包山205）

(5) 刀—刃

【初】（上博一・孔16）——（上博六・用1）

【則】（上博一・緇7）——（上博六・用12）

(6) 攴—戈、又

【𢽾】（中山王方壺9735）——（叔孫戈11040）

【救】（清華二・繫年085）——（上博五・季20）

【啟】（陶錄3.91.1）——（上博四・柬9）

【救】（詛楚文・巫咸）——（封診85）

【敗】（包山 22）——（清華二・繫年 071）

（7）言—口、心

【詩】（上博四・曹 21）——（上博六・慎 4）

【譽】（上博三・周 35）——（郭店・窮達 14）

【信】（璽彙 0235）——（璽彙 0238）

【愆】（侯馬 185：7）——（侯馬 3：26）

（8）目—見

【觀】（上博四・內 10）——（清華二・繫年 001）

【視】（溫縣 WT1 K1：3105）——（溫縣 T1K1：3797）

3. 聲符替換

【裕】（左塚漆梮）——（清華三・說命下 10）

“谷、欲”聲符替換。“欲”從“谷”聲。

【愋】（客豊鼎）——（包山 85）

“澗、侃”聲符替換。“澗”，見紐元部；“侃”，溪紐元部。二者聲近韻同。

【病】（秦駰玉版）——（上博四・柬 8）

“丙、方”聲符替換。“丙”，並紐陽部；“方”，幫紐陽部。二者聲近韻同。

【廟】（上博三・周 24）——（郭店・唐虞 5）

“苗、潮”聲符替換。“苗”，明紐宵部；“潮”，定紐宵部。二者聲近韻同。

【間】（陶錄 2.414.1）——（璽彙 4013）

“肩、疋”聲符替換。“肩”，幫紐文部；“門”，明紐文部。二者聲近韻同。

【關】（清華二・繫年 126）——（璽彙 0340）

“串、丱”聲符替換。“串、丱”均屬見紐元部。

【聞】（中山王鼎 2840）——（璽彙 3975）

“昏、門”聲符替換。“昏”，曉紐文部；“門”，明紐文部。二者聲近韻同。

【信】（璽彙 0248）——（璽彙 4662）

“千、身”聲符替換。“千”，清紐真部；“身”，書紐真部。二者聲近韻同。

【友】（上博一・緇 23）——（上博六・天乙 10）

“又、尤”聲符替换。“又、尤”皆屬匣紐之部。

【鍾】（左鍾尹銅器 10466）——（陶彙 3.717）①

“重、冢”聲符替換。“重”，定紐東部；“冢”，端紐東部。二者聲近韻同。

【陵】（曾姬無卹壺 09711）——（郭店・尊德義 14）

“來、冰”聲符替換。“來”，來紐之部；“冰”，幫紐蒸部。二者韻部陰陽對轉。

【陰】（珍戰 121）——（璽彙 0077）

“侌、金”聲符替換。“侌”，影紐侵部；“金”，見紐侵部。二者聲近韻同。

【旗】（璽彙 2377）——（陶錄 6.9.4）

“丌、其”聲符替換，二者均屬群紐之部。

（四）訛變

眾所周知，戰國文字與商代、西周、春秋文字相比較，最爲顯著的特點就是趨簡草率，文字形體的訛變現象更爲突出、更爲複雜。戰國文字的訛變現象可分爲三類：筆畫訛變、偏旁訛變和特殊的趨同訛變。

1. 筆畫訛變

筆畫訛變主要是通過改變原來的筆畫連接方式、筆畫形態或省減筆畫等方式導致字形發生訛變。與商周、春秋時期發生的離析筆畫

① 吳振武：《試說齊國陶文中的“鍾”和“溢”》，《考古與文物》1991 年第 1 期，第 67 － 75 頁。

等訛變情況相比，戰國時期的筆畫訛變更爲複雜，發生筆畫訛變的現象也更加普遍。

（1）將原來連接的筆劃分開書寫，如：

【智】（上博六·莊 6）　【士】（包山 80）

【大】（太后鼎）　【盍】（璽彙 2738）

（2）將相鄰的原本應分開的筆畫連筆書寫，如：

【臣】（上博一·緇 2）　【各】（璽彙 3355）

【桁】（璽彙 1398）　【梁】（璽彙 3229）

【坪】（幣文 115）

（3）將筆畫貫穿，交叉至其他筆畫，如：

【兄】（郭店·語叢一 70）　【鬼】（上博五·鬼 1）

【逊】（郭店·語叢四 2）　【敓】（上博五·三 15）

（4）將文字的圓點、豎筆、斜筆以及弧筆等有意識地延長和擴展，如：

【斧】（信陽 2.15）　【公】（陶錄 2.176.1）

【王】（璽彙 0643）

（5）對原有文字的橫筆、豎筆、曲筆予以收縮，如：

【邑】（貨系 1687）　【馬】（幣文 128）

【車】（中山 29）　【友】（施 207）

【靜】（郭店·語叢二 12）　【肩】（上博六·天乙 6）

【曼】（上博七·武 2）

（6）將文字中本來平直的筆畫予以彎曲，如：

【遇】（璽彙 2118）　【單】（璽彙 3632）

【前】（上博三·周 10）

（7）因書寫較爲隨意而改變筆畫使形體解散，如：

【穆】（寒香書屋金石拓本），本獨體象形字，後訛變成左右結構，左部訛成“昜”形。

【高】（貨系 333），本獨體象形字，後訛成從“羊”。

【若】（效律27），本是整體象形，西周金文加“口”裝飾，戰國文字訛成從“艸”從“右”。

【於】（郭店·唐虞8），右部所從的“人”形其實是從“烏”形中解散出來的類偏旁。

【龍】（璽彙0278），龍象一卷體張口、頭上戴辛形標誌的爬蟲類動物，爲獨體象形字。戰國文字中卷體與頭部解散脱離而訛成類偏旁“巳”。

（8）將筆畫簡省導致字形訛變，如：

【谷】（上博一·緇5），省去上面的兩畫產生訛變。

2. 偏旁訛變

殷商甲骨文、西周金文和春秋文字中就有不少偏旁訛變的例子，戰國時期又出現了更多的具有戰國文字特點的偏旁訛變現象。

（1）“弋—戈”相訛，如：

【弋】（郭店·緇衣5）——（帛書乙）

【貣】（包山150）——（包山115）

【代】（陶錄6.403.2）——（上博五·季14）

【邙】（六年邙相鈹）——（璽彙0002）

（2）“疒—爿”相訛，如：

【瘳】（包山10）——（包山188）

【痕】（新蔡甲三291.1）——（新蔡甲三2192）

【痼】（望山1.88）——（上博四·柬18）

【疠】（上博四·柬8）——（上博四·柬5）

（3）“口—甘（曰）”相訛，如：

【魯】（璽彙2392）——（梁十九年亡智鼎2746）

【者】（十苿燈座10402）——（兆域圖版10478）

【曾】（曾子仲宣鼎）——（曾侯乙鼎）

【周】（貨系639）——（璽彙3027）

（4）“井—丹”相訛，如：

【靜】（静卣 5408）——（上博一・緇 2）
【旃】（郭店・語叢三 2）——（曾乙 79）
【型】（上博一・緇 14）——（郭店・性自 52）
（5）“勻—勹”相訛，如：
【軍】（中山王鼎 2840）——（璽彙 5708）
【旬】（上博五・競 13）——（日乙 151）
（6）“人—厂”相訛，如：
【釐】（秦公簋 4315）——（陶錄 6.48.3）
【斄】（合 26909）——（師寰簋 4313）
【嚴】（秦公簋 4315）——（中山王方壺 9735）
（7）“人—弓”相訛，如：
【僑】（璽彙 0308）——（璽彙 2626）
【傻】（郭店・老甲 17）——（九店 56.33）
【信】（郭店・成之 2）——（璽彙 0323）
【佢】（上博六・用 13）——（上博五・三 17）
（8）“弓—人”相訛，如：
【弩】（璽彙 0114）——（璽彙 0115）
【彊】（中山王方壺 9735）——（璽彙 0079）
（9）“尸—弓”相訛，如：
【溺】（郭店・太一 9）——（左塚漆梮）
（10）“口—山”相訛，如：
【閭】（山大 6）——（陶錄 2.13.1）
【譽】（璽彙 3424）——（璽彙 3515）
【善】（璽彙 5581）——（璽彙 5383）
【喬】（璽彙 1226）——（璽彙 1237）
（11）“亘—目”相訛，如：
【垣】（垣上官鼎）——（八年首垣令戈）
【逗】（上博三・中 1）——（郭店・窮達 6）

【軭】（集粹 41）——（璽彙 2498）

（12）“目—田”相訛，如：

【瞃】（上博二・從甲 8）——（上博六・天乙 7）

【貞】（郭店・老乙 11）——（郭店・老乙 16）

【褪】（上博七・吳 5）——（上博五・姑 3）

【曾】（曾侯乙鼎）——（隨縣鐘架）

【畫】（璽彙 1343）——（港・戰 3）

（13）“日—目”相訛，如：

【貞】（包山 265）——（上博七・君甲 3）

【夏】（璽彙 3988）——（璽彙 2724）

【莫】（中山王方壺 9735）——（璽彙 3025）

【聞】（長沙銅量）——（郭店・成 1）

【奠】（包山 2）——（包山 160）

【則】（上博六・用 4）——（上博六・用 7）

（14）“貝—目”相訛，如：

【具】（郭店・緇衣 16）——（上博一・緇 9）

【饋】（璽彙 0537）——（璽彙 1038）

【賞】（上博五・鬼 2 正）——（中山王方壺 9735）

【買】（璽彙 2405）——（璽彙 1864）

【贔】（璽彙 3796）——（包山 150）

（15）“日—田”相訛，如：

【莫】（郭店・語叢三 47）——（上博五・姑 4）

【秋】（璽彙 4439）——（璽彙 4445）

【步】（包山 105）——（包山 167）

【得】（清華一・尹誥 3）——（清華一・皇門 2）

【良】（清華一・耆夜 13）——（清華一・耆夜 4）

【昔】（上博七・吳 3 正）——（上博三・中 18）

【昷】（上博二・子 2）——（上博六・壽 4）

【昏】（上博五・競 12）——（上博六・莊 1）
【貟（鑾）】（包山 224）——（包山 221）
【畜】（上博三・內 20）——（郭店・六德 15）
【福】（上博三・周 45）——（璽彙 4685）
【奮】（上博五・三 1）——（郭店・性自 34）
【罶】（新蔡乙一 11）——（上博七・吴 4）
【畊（耕）】（郭店・窮達 2）——（上博六・用 4）
【嗇】（上博二・子 2）——（上博六・用 12）
（16）“囟—目”相訛，如：
【鬼】（郭店・老乙 5）——（新蔡甲二 40）
【畏】（上博二・容 50）——（郭店・成之 5）
【胃】（上博二・民 3）——（上博二・孔 7）
（17）“日—口”相訛，如：
【昌】（璽彙 1214）——（璽彙 0178）
【昜】（璽彙 2464）——（璽彙 0062）
【耶】（郭店・唐虞 6）——（璽彙 3833）
（18）“士—土”相訛，如：
【在】（中山王方壺 9735）——（璽彙 1856）
（19）“止—屮”相訛，如：
【夏】（包山 209）——（璽彙 3988）
【戢】（上博三・周 52）——（璽彙 0205）
（20）“卩—口”相訛，如：
【巽】（上博六・慎 1）——（考古 1991.1）
（21）“土—壬”相訛，如：
【呈】（郭店・老甲 10）——（璽彙 4523）
【浧】（貨系 1218）——（璽彙 0815）
【狂】（璽彙 1012）——（璽彙 0827）
（22）“鼎—貝”相訛，如：

【則】（上博六・用 4）——（上博七・武 12）
【惻】（左塚漆梮）——（上博七・凡甲 26）
（23）“鼎—目”相訛，如：
【貞】（上博六・用 5）——（郭店・老乙 11）
【齋】（二十七年大梁司寇鼎 2610）——（半齋鼎 1507）
（24）“土—立”相訛，如：
【堂】（集粹）——（璽彙 5422）
【均】（香續 101）——（璽彙 0782）
（25）“舟—月”相訛，如：
【愉】（郭店・老乙 11）——（郭店・窮達 13）
【前】（郭店・窮達 9）——（郭店・尊德義 2）
（26）“畐—酉”相訛，如：
【福】（上博三・周 45）——（上博三・彭 5）
【富】（上博四・曹 3）——（郭店・老甲 31）
（27）“匕—止”相訛，如：
【老】（雜抄 33）——（包山 217）
（28）“工—玉”相訛，如：
【賽】（郭店・語叢四 17）——（郭店・老甲 27）
（29）“矢—夫”相訛，如：
【侯】（包山 243）——（曾侯乙匕）
（30）“人—力”相訛，如：
【桀】（璽彙 3501）——（璽彙 2256）
【菀（蕘）】（上博五・鮑 5）——（上博四・曹 9）
（31）“刀—力”相訛，如：
【解】（包山 144）——（左塚漆梮）
（32）“大—而”相訛，如：
【需】（孟簋 4162）——（貨系 0291）
【耑】（郭店・語叢一 98）——（上博三・亙 9）

（33）“刃—刅”相訛，如：

【梁】（上博五·競 1）——（上博五·鮑 1）

（34）“水—米”相訛，如：

【涕】（郭店·五行 17）——（中山圓壺 09374）

【浰】（璽彙 2136）——（貨系 2288）

（35）“巠—田”相訛，如：

【逕】（陶錄 3.384.2）——（陶錄 3.384.1）

【悭】（陶錄 2.83.1）——（陶錄 2.665.3）

【郅】（璽彙 5645）——（璽彙 4014）

（36）“尚—尙”相訛，如：

【尙】（先秦編 216）——（先秦編 217）

縱觀戰國文字的訛變，我們不難發現其訛變種類和數量遠遠超過之前的任何時代。其中像“鼎”訛作“貝”、“貝”訛作“目”、“日”訛作“田”、“畐”訛作“酉”、“口”訛作“甘”、“人”訛作“弓”、“尸”訛作“弓”、“目”訛作“田”、“匕”訛作“止”等具有很強的承襲性，西周、春秋文字中亦不乏其例。但像“矢”訛作“夫”、“水”訛作“米”、“巠”訛作“田”、“疒”訛作“爿”等僅出現於戰國，具有鮮明的時代特色。有些訛變具有一定的穩固性，一直被後代文字所繼承，如上列“大”訛作“而”、“畐”訛作“酉”的字例，很多被隸變後的秦漢文字所繼承。

另外，戰國文字的訛變常常伴有聲化的趨勢，如：“良”下部訛作“亡”聲，“呈”下部訛作“壬”聲等。“‘訛聲’是古漢字演變過程中的特殊現象，它們既是漢字形體演進的自然結果，又是古漢字趨向符號化和表音化的表現。”“‘訛聲’雖然衹能取得近似的表音效果，但是，由於部分部件變爲聲符，整個結構就變成表音爲主的結構方式了。”①

① 黄德寬《形聲結構的動態分析》，《開啟中華文明的管鑰——漢字的釋讀與探索》，第 123 頁。

3. 趨同訛變

古文字形體演變中存在著趨同現象，戰國文字中尤爲明顯。比如魏宜輝曾經指出：楚簡文字中有一些字下部作三豎筆，如“虩、穆、殺”，或在中間一筆上添加一斜筆，而訛作“火”形[①]：

【虩】（郭店·五行 25）——（上博六·用 5）

【穆】（包山 49）——（包山牘 1）

【殺】（上博四·柬 7）——（郭店·性自 30）

類似的例子還有：

【深】（上博四·柬 8）——（上博一·孔 2）

【盡】（侯馬 3.1）——（侯馬 3.2）

戰國文字中有一些字下部作一豎筆，也常常訛作“火”形或“大”形，如：

【量】（上博六·競 1）——（上博五·競 4）

【備】（郭店·成之 3）——（上博四·曹 52）

反之，有些字下部的“大”形也常常作一豎筆，如：

【央】（新鄭圖 403“英”）——（上博二·子 11）

【紻】（包山 67）——（璽彙 5478）

戰國文字“備”字下部常作形，與“彔”字下部同。比如：

【彔】（上博一·孔 11）　　【備】（上博一·緇 9）

戰國文字中下部從“羊”的字，常常訛爲“羊”。比如：

【南】（上博七·武 13）　　【兩】（鄲孝子鼎 2574）

【高】（上博五·鬼 2 背）　　【獻】（清華一·皇門 3）

戰國文字中上舉的兩手，常常趨同爲“臼”，比如：

【虡】（邵鐘 226）　　【異】（上博六·用 6）

【單】（包山 140）　　【繟】（清華一·耆夜 6）

【若】（璽彙 1294）　　【暴】（上博五·鬼 1）

① 魏宜輝：《楚系簡帛文字形體訛變分析》，南京大學 2003 年博士學位論文，第 51—53 頁。

戰國文字中，從丰形的部分，常常趨同訛爲“用”，比如：

【帝】（中山王方壺 9735）　　【南】（施 96）

【青】（郭店・語叢三 44）　　【腤】（璽彙 5622）

【沈】（清華一・皇門 1）　　【巫】（清華一・程寤 2）

趨同訛變的發生，究其原因不外乎書寫者的書寫習慣和連類而及的心理發生了作用，也可以說是在一定時期和範圍内存在的類化現象。但是，戰國文字的趨同現象大多違背或改變了原字的構形理據，給文字的釋讀帶來了相當的困難，多數沒有被漢字系統吸收保留下來。

二　戰國文字構形的發展

戰國文字的結構承襲商代、西周、春秋文字，可以分爲象形、指事、會意、形聲四種基本類型。值得注意的是，戰國文字中還出現了一些利用特殊構形方式產生的字，如將兩種可相互通假的字形糅合到一起。

（一）象形

戰國文字中的象形字共有 298 例，這些象形字大多承襲商代、西周和春秋文字，如：元、牛、示、王、玉、帝、口、止、舌、牙、行、足、干、鬲、爪、又、臣、卜、目、盾、羽、隹、羊、竹、刀、角、虎、皿、木、果、鼎、人、舟、山、象、馬、心、水、女，等等。

有個別象形字的形體首見於戰國文字，如：“針”作（郭店・緇衣 17）象針之形，但並不能說明它們是戰國時新造的，很有可能前代已有，祇是未被發現而已。戰國時期，象形構形方式基本不再具有構成新字的功能。

隨著西周、春秋形聲字發展並成爲主要構形方式，戰國時期文字的形聲化傾向更加突出，有些象形字還同時存在形聲異構，如：

“气”又作“氣、熂、餼、䊠”，“舌”又作“䏦”，“刀”又作“𠛀”，“世”又作“殜、碟”，“美”又作“媺”，“烏”又作“𪀄”，“肩”又作“𢼄”，“瓜”又作“苽”，“戶”又作“床”，“燕”又作“𩨊”，等等。這些字原本都是象形字，戰國文字中通過在象形字的基礎上增繁意符或聲符而成爲形聲結構，衹有“熂、餼、䊠”是完全打破原先的象形結構另造的異體。

（二）指事

戰國文字中的指事字共有48例，如：一、上、下、三、少、小、中、卡、乏、言、百、千、音、刃、办、甘、曰、今、丹、本、朱、面、犮、亦、厷、叉、寸、二、至、孔、夫、亡、氐、卒、生、四、五、六、七、气、十、之、末、朵、凶、彡、彭、升，等等。這些指事字也都是傳承有自的。戰國時期指事構形方式基本不具備構成新字的功能，有些指事字也同樣經歷過向形聲或會意的改造，如：“一”又作“弌，翼、鼠”，“一”作“翼”可能是楚文字中的同音換用，另兩個異體應是增繁聲符所作的改造；“上”又作“走、让”，“下”又作“还”，加注意符“止、辵”表示動作。

（三）會意

戰國文字中會意字共有402例，其中會意兼形聲者放入形聲字統計。隨著出土戰國文字材料的增多，我們發現這一時期出現了一些新的會意字和新的會意字形。因此，戰國時期會意構形方式依然是僅次於形聲的漢字構形方式。

1. 戰國時期新見的會意字

【匊】[古文字形]（上博一·緇7），象兩手盛物之形，黑圓點表示一抽象之物。《說文·勹部》：“匊，在手曰匊。”①

① 張富海：《郭店楚簡〈緇衣〉篇研究》，北京大學2002年碩士學位論文。

【葛】[glyph]（上博三·周43）、[glyph]（上博四·采1）、[glyph]（上博五·季8），是用“索、艸”兩字會意（“索”或變作“素”），從“可爲繩索之草”的角度來表示“葛”，或者説由此來“提示”人們想到“葛”①。

【吅】[glyph]（上博一·緇13），上從“口”，下從“立”，站立的人張著口，會驚呼之意，乃“吅”字或體。《説文》：“吅，驚呼也。從二口。讀若讙。”

【危】[glyph]（上博六·孔14）、[glyph]（璽彙0117），從“人”從“山”，會危高之意，即“𠂎”。或作[glyph]（上博一·緇16），從“人”從“石”會意，“𠂎”從石是意符的改變②。

【跪】[glyph]（上博五·季20），從“卩”從“厂”，會跪於崖巖之意，“止”亦爲形旁。陳偉認爲此字在楚簡中可釋爲“危”，爲“跪”之本字③。或作[glyph]（上博七·武9）從“卩”從“土”，會跪坐之意。

【襲】[glyph]（上博三·亙3），其字象重衣之形④，季旭昇將其釋作“褺”，即文獻中的訓作“重衣”的“襲”。此“襲”字與《説文》釋爲“左衽袍”的“襲”之省體“襲”應該是不同的字⑤。

【鑿】[glyph]（九店56.27），從“斤”從“臼”，會鑿取之義。戰國文字中有從“丵”從“臼”的形體，結構相同，二者當是異體⑥。

【澗】[glyph]（包山10），從兩“𨸏”從“水”，會兩𨸏夾水，亦“澗”字。《説文》：“澗，山夾水也。”⑦

2. 戰國時期新見的會意字形

【禝】[glyph]（上博五·姑3），從“示”從“田”（所從“目”乃“田”

---

① 陳劍：《上博竹書“葛”字小考》，武漢大學簡帛網2006年3月10日；《中國文字研究》（第8輯），大象出版社2007年版，第68—70頁。

② 大西克也：《試論上博楚簡〈緇衣〉中的[glyph]字及相關諸字》，《第四屆國際古文字研討會論文集》，香港中文大學，2003年。

③ 陳偉：《讀〈上博六〉條記》，武漢大學簡帛網2007年7月9日。

④ 董珊：《楚簡〈恒先〉初探》，簡帛研究網2004年5月12日。

⑤ 季旭昇：《〈恒先〉分章語譯》，《華學》（第8輯），第142—146頁。

⑥ 湖北省文物考古研究所、北京大學中文系：《九店楚簡》，第82頁。

⑦ 湯餘惠：《包山楚簡讀後記》，《考古與文物》1993年第2期。

之訛），會“田主”或“穀主”之意。“禝（稷）”乃古人祭祀的對象，所以多從“示”。“禝（稷）”又是“田主”或“穀主”，與“禾”息息相關，所以又從“禾”[①]。

【搴（擥）】（郭店·唐虞6），會用手持取、引取一物之意，與用手持“耳”的“取”字造字意圖相似，應是“搴”與“擥”共同的表意初文[②]。

【羹】（上博四·曹11）、（上博六·平3）。從“鬻”從“采”，從以火烹煮鼎鬲類容器中的“菜”的角度來會“羹”意，第二字形體有所簡省[③]。

【冠】（上博二·容52），從“冃”從“元”，會頭冠之意。

【娩】（上博五·鮑2），從甲骨文（娩）發展演變而來，從“子”會分娩之意[④]。

【射】（郭店·窮達8），從“弓”從“矢”（箭之初文），會射箭之意。又作（清華二·繫年064），從“弓”從“夬”，“夬”是射箭用的扳指，會射箭之意。又作（清華三·祝辭5）、（清華三·赤鵠1），從“弓”從“夬”從“矢”或“矢”（箭之初文），用手上的扳指拉弓射箭，會射箭之意更爲明顯。

【易】（中山王方壺9735），此字隸作“𥏻”，一正“易”、一倒“易”，會變易之意。

【監】（清華三·芮良夫18），從“見”從“心”從“臼”，爲“監”之新增會意形體。

這些新出現的會意字形，大都是對已有會意字的改造，折射出戰國時期的用字習慣和思維方式。

---

① 徐在國：《上博五“禝（稷）”字補說》，《清華簡研究》）（第1輯），中西書局2012年版，第360—363頁。

② 陳劍：《柞伯簋銘補釋》，《傳統文化與現代化》1999年第1期。

③ 陳劍：《釋上博竹書和春秋金文的“羹”字異體》，中國簡帛學國際論壇論文2007年。

④ 趙平安：《從楚簡“娩”的釋讀談到甲骨文的“娩”——附釋古文字中的“冥”》，《簡帛研究二〇〇一》，廣西教育出版社2001年版，第55—59頁。

（四）形聲

戰國時期，形聲構形方式的優勢進一步凸顯，幾乎成爲唯一的構形方式。據《戰國文字字形表》統計，戰國文字中形聲字約有3270例，所占比例最大。形聲字的發展，不斷強化著戰國文字構形的表音性。除繼續沿襲商周、春秋以來形聲構形的原則和方式外，戰國時期還出現了一批在原有字形的基礎上加注聲符形成的雙聲字。如：

【上】（中山王方壺 9735），“上、尚”皆聲。“上、尚”皆屬禪紐陽部。

【裳】（璽彙 2054），“尚、長”皆聲。“尚”，禪紐陽部；“長”，定紐陽部。聲母相近，韻部相同。

【㚸】（上博五·弟 11）。“㚸”是雙聲字符，“台”透紐之部，“司”心紐之部，二者皆聲。以“㚸”爲聲，還出現了（新蔡乙四 53）、（上博四·柬 12）、（郭店·語叢一 52）、（新蔡甲三 310）、（郭店·窮達 3）、（上博五·鮑 2）、（上博三·中 26）、（上博七·凡乙 3）、（上博七·武 14）、（上博五·弟 10）、（上博二·子 1）等一批新字形。

【膰】（珍秦展 57），“半、番”皆聲。“半”，幫紐元部；“番”，滂紐元部。聲母都是唇音，韻部相同。

【器】（璽彙 0481），“吅（“鄰”之初文）、命”皆聲。“鄰”，來紐真部；“命”，明紐耕部。聲韻皆近。

【正】（郭店·唐虞 3），“丁、正”皆聲。“丁”，端紐耕部；“正”，章紐耕部。聲母都是舌音，韻部相同。

【審】（郭店·成之 24），“宷、𡈼”皆聲。“𡈼”，喻紐侵部；“宷”，書紐侵部。韻部相同①。

【己】（上博二·從乙 1）、忌（郭店·尊德義 1），“己、丌”皆聲。“己”，

① 徐在國：《郭店簡文字補釋一則》，《新出楚簡文字考》，第 79 － 84 頁。

見紐之部；“亓”，群紐之部。聲母相近，韻部相同。

【𨤲】（郭店·太一8），“來、里”皆聲。“來、里”皆屬來紐之部。

【龔】（璽彙3391），“龍、共”皆聲。“龍”，來紐東部；“共”，見紐東部。韻部相同。

【龏】（上博七·鄭甲2），“龍、廾”皆聲。“龍”，來紐東部；“廾”，見紐東部。韻部相同。

【怒】（上博五·三13），“虎、女”皆聲。“虎”，曉紐魚部；“女”，泥紐魚部。韻部相同。

【[illegible]】（上博三·周33），“辛、害”皆聲。“辛、害”皆屬溪紐元部。

【告】（上博五·競10），“爻、告”皆聲。“爻”，匣紐宵部；“告”，見紐覺部。聲韻皆近。

【[illegible]】（上博四·曹6），從“吅”從“文”，二者皆聲。“吅”，“鄰”的初文，來紐真部；“文”，明紐文部。聲韻皆近。以“[illegible]”爲聲符的形聲字有：（上博四·內6）、（上博一·性29）、（上博一·孔20）、（上博一·孔1）等。

【保】（十四年陳侯午敦4648），“保、缶”皆聲。“保、缶”皆屬幫紐幽部。

【倗】（上博五·三17），“勹、朋”皆聲。“勹”，並紐職部；“朋”，並紐蒸部。聲紐相同，韻部職、蒸對轉。

【兄】（上博六·天乙2），“㞷、兄”皆聲。“㞷”，匣紐陽部；“兄”，曉紐陽部。聲母均屬喉音，韻部相同。

【[illegible]】（上博二·從甲12），“齒、戠”皆聲。“齒”，昌紐之部；“戠”，章紐職部。聲紐均屬舌音，韻部之、職對轉①。

【丘】（陶錄3.113.1），“丘、亓”皆聲。“丘”，溪紐之部；“亓”，群紐之部。

【鹿】（上博一·孔23），“鹿、彔”皆聲。“鹿、彔”皆屬來紐屋部。

① 徐在國：《上博竹書（二）文字雜考》，簡帛研究網2003年1月14日；《學術界》2003年第1期。

【慎】（包山 122），“慎、㐱”皆聲。“慎”，禪紐真部；“㐱”，章紐真部。

【凌】（珍秦 288），“仌、夌”皆聲。“仌”，幫紐蒸部；“夌”，來紐蒸部。韻部相同。

【柔】（郭店·老甲 33），“矛、求”皆聲。“矛”，明紐幽部；“求”，群紐幽部。韻部相同。

【軍】（郭店·語叢三 2），“兄、匀”皆聲。“兄”，曉紐陽部；“匀”，喻紐三等真部。聲母都是喉音。

【或】（陶錄 4.4.1），“或、亓”皆聲。“或”，匣紐職部；“亓”，群紐之部。聲韻皆近。

【䡔】（上博七·君甲 9），“旱、夗”皆聲。“旱”，匣紐元部；“夗”，影紐元部。聲近韻同[1]。

【䲣】（上博一·緇 4），“虎、魚”皆聲。“虎”，曉紐魚部；“魚”，疑紐魚部。以“䲣”爲聲符的形聲字有（鄺左庫戈 11022）。

【曐】（璽彙 2745），“晶、生”皆聲。“晶”，精紐耕部；“生”，生紐耕部。韻部相同。

【翻】（郭店·緇衣 29），“番、月”皆聲。“番”，滂紐元部；“月”，疑紐月部。韻部月、元對轉。

【定】（璽彙 3061），“定、丁”皆聲。“定”，定紐耕部；“丁”，端紐耕部。聲母都是舌音，韻部相同。

【屖】（上博三·中 14），“尸、它”皆聲。“尸”，書紐脂部；“它”，透紐歌部。聲母都是舌音，歌脂旁轉[2]。

【樊】（上博四·昭 7）、（珍秦 118），上部所從，象樊籬形，乃“樊”之初文，下部所從乃。“樊”，並紐元部；，幫紐元部。聲紐都是舌音，韻部相同[3]。

---

① 何家興：《説“𣎴”及其相關諸字》，2009 年中國簡帛學國際論壇論文。

② 史傑鵬：《上博竹簡（三）注釋補正》，簡帛研究網 2005 年 7 月 16 日。

③ 程燕：《説樊》，武漢大學簡帛網 2011 年 1 月 6 日。

【䜭】（上博三·周54），“睿、爰”皆聲。“睿”，喻紐月部；“爰”，匣紐元部。聲紐都是喉音，韻部月元對轉①。

【遏】（上博三·周32），“丙、呂”皆聲，“丙”，定紐月部；“呂”，來紐魚部。韻部相近②。

【喪】（郭店·語叢一98），“桑、亡”皆聲。“桑”，心紐陽部；“亡”，明紐陽部。韻部相同。

【相】（璽彙0164）、（新蔡甲三357），“桑、相”皆聲。“桑、相”皆屬心紐陽部，聲韻相同③。

【䨼】（包山2·125），“畀、㝵”皆聲。“畀”，幫紐質部；“㝵”，幫紐元部。聲母相同④。

【悤】（左塚棋梮），“心”和（或作、）組成“悤”字，加注“凶”聲。“悤”，清紐東部；“凶”，曉紐東部。韻部相同⑤。

【延】（魚顛匕980），“㢟、丁”皆聲。“㢟”，喻紐四等元部；“丁”，端紐耕部。聲母都是舌音。

【延】（新蔡乙三63），“㢟、丙”皆聲。“㢟”，喻紐四等元部；“丙”，定紐侵部。聲母都是舌音。

【馭】（上博五·弟20），“馭、午”皆聲。“馭、午”皆屬疑紐魚部。

【䍐】（陶錄2.211.1），“䀠、于”皆聲。“䀠”，群紐魚部；“于”，匣紐魚部。聲母較近，韻部相同。

【䋭】（鄵陵君豆），“兹、才”皆聲。“兹”，心紐之部；“才”，從

① 孟蓬生：《上博竹書〈周易〉的兩個雙聲符字》，簡帛研究網2005年3月31日；《上博竹書〈周易〉字詞考釋》，《華學》（第8輯），第125—126頁。

② 徐在國：《上博竹書（三）〈周易〉釋文補正》，簡帛研究網2004年4月24日；《康樂集》，中山大學出版社2006年版，第131頁。

③ 徐在國：《楚國璽印中的兩個地名》，《古文字研究》（第24輯），第318頁。

④ 何琳儀：《包山竹簡釋》，《江漢考古》1993年第4期。

⑤ 裘錫圭：《釋古文字中的有些“悤”字和從“悤”、從“兇”之字》，《出土文獻與古文字研究》（第2輯），復旦大學出版社2008年版，第7—9頁。

紐之部。聲母相近，韻部相同[①]。以“絴”爲聲符的形聲字有（上博四·內4）。

【鼻】（璽彙2555），“自、畀”皆聲。“自”，從紐質部；“畀”，幫紐質部。韻部相同。

【舒】（上博三·周49），“余、予”皆聲。“余、予”皆屬喻紐魚部。

【與】（上博三·中7），“與、予”皆聲。“與、予”皆屬喻紐魚部。

【黔】（郭店·成之7），“㔾、匀”皆聲。“㔾”，心紐文部；“匀”，喻紐真部。韻部相近[②]。

【畐】（八茉鳥柱盆10328），“北、畐”皆聲。“北”，幫紐職部；“畐”，滂紐職部。聲母相近，韻部相同。

【雩】（曾乙6），“羽、于”皆聲。“羽、于”皆屬匣紐魚部。

【豈】（上博四·逸交1），“豈、幾”皆聲。“豈”，溪紐微部；“幾”，見紐微部。聲母相近，韻部相同[③]。

【静】（上博一·緇2），“青、爭”皆聲。“青”，清紐耕部；“爭”，莊紐耕部。韻部相同。

【固】（璽彙3685），“古、丯”皆聲。“古”，見紐魚部；“丯”，匣紐月部[④]。

【网】（上博六·用11），“网、亡”皆聲。“网、亡”皆屬明紐陽部。

【墨】（齊幣067），“墨、勹”皆聲。“墨”，明紐職部；“勹”，幫紐職部。聲母都是唇音，韻部相同[⑤]。

【弍】（上博五·競10），“弋、亥”皆聲。“弋”，喻紐職部；“亥”，匣紐職部。韻部相同。

【𢦏】（新蔡乙四57），“害、夫”皆聲。“害”，匣紐月部；“夫”，

① 季旭昇：《〈上海博物館藏戰國楚竹書（四）〉讀本》，臺灣萬卷樓圖書有限公司2007年版，第110頁。

② 白於藍：《讀郭店簡瑣記（三篇）》，《古文字研究》（第26輯）。

③ 魏宜輝：《讀上博楚簡（四）劄記》，簡帛研究網2005年3月10日。

④ 吳振武：《古璽文編校訂》，第320頁。

⑤ 何琳儀：《漫談戰國文字與齊系貨幣銘文釋讀》，《古幣叢考》第5頁。

並紐魚部。韻部相近。

【䣝】（包山125），“巫、余”皆聲。“巫”，明紐魚部；“余”，喻紐魚部。韻部相同。（清華二·繫年128），在“巫、余”的聲符上又加注“予”聲。

【㞒】（鷹節12106），“尸、矢”皆聲。“尸、矢”皆屬書紐脂部。

【灼】（清華二·繫年112），“少、勺”皆聲。“少、勺”皆舌音宵部字。

【扈】（清華三·良臣2）、（璽彙2867），“戶、瓜”皆聲。“戶、瓜”皆喉音魚部字。

戰國文字中出現的以上各例，絕大多數都是加聲符而形成的。這表明形聲構形方式對漢字體系的發展所產生的深刻而廣泛的影響，形聲化已成爲戰國時期漢字構形的一種基本趨勢。

據我們統計分析，戰國文字已識字共計4018個，其中象形字298個、指事字48個、會意字402個、形聲字3270個。其結構類型分布如下表：

類型／分布	象形	指事	會意	形聲	合計
數量	298	48	402	3270	4018
比例	7.42	1.20	10	81.38	100（%）

通過與殷商、西周和春秋文字的比較，可以看出戰國時期漢字構形方式發展變化的基本情況：

時代	類型／分布	象形	指事	會意	形聲	合計
殷商	數量	339	65	356	550	1310
	比例	25.9	5.0	27.2	41.9	100（%）

時代	類型 分布	象形	指事	會意	形聲	合計
西周	數量	275	68	321	859	1523
	比例	18.0	4.5	21.1	56.4	100（%）
春秋	數量	159	42	324	1176	1701
	比例	9.3	2.5	19.0	69.2	100（%）
戰國	數量	298	48	402	3270	4018
	比例	7.42	1.20	10	81.38	100（%）

從統計資料可以看出四種結構類型漢字分布比例的巨大變化，這反映出漢字構形方式系統的發展演變。從春秋到戰國時期，象形類從 9.3% 下降到 7.42%，指事類從 2.5% 下降到 1.20%，會意類從 19.0% 下降到 10%，形聲類則從 69.2% 上升到 81.38%。這種變化與漢字歷史發展的總趨向是一致的。其中形聲類比例從春秋時期到戰國時期上升了 12.18%，可見形聲類結構在戰國時期占據絕對優勢地位。

如果就新增字而言，99% 左右的新增字是形聲結構類型，這表明形聲構形方式春秋之後又有所發展，基本成爲唯一的構形方式。

戰國新增字結構類型分布比例如下表：

類型 分布	象形	指事	會意	形聲	合計
數量	1	2	8	1121	1132
比例	0.08	0.18	0.74	99	100（%）

三　戰國文字的字用

（一）字量

戰國文字字量是指目前考古發現的材料中所見戰國文字的數量。湯餘惠主編的《戰國文字編》凡例六説："正編所收字目5618條，字形18288字，合文所收字目388條，字形635字，附錄所收字目959條，字形1113字。"[①] 據我們初步統計，戰國文字有6619個，已識字達4018個。

1. 傳承字和新增字

以漢字動態發展的眼光來看，戰國文字的總字量包括傳承字和新增字。饒宗頤曾説："戰國與秦文字即取自殷契，正一脈相承也。"[②] 董琨也認爲："在文字方面，從總體上説，楚系文字也是直接承繼中原地區的殷商甲骨文和西周金文的。"[③] 因爲古文字使用具有很強的傳承性，戰國時期沿用了大量的前代文字，那些記錄常用詞語的字基本都是傳承字。從結構類型分布看，戰國文字中的象形、指事、會意字等也基本是傳承字。即便是楚文字中的"豙"字，這種獨具楚地特色的"家"字，也早在《楚公豙鐘》中就已經出現，是典型的對前代字形的承繼。

因時代的變遷、社會發展的需要，漢字總是處於不斷發展變化的狀態。"一般都認爲漢字是不斷增多的，而且增加的數量相當可觀。"[④] 戰國時期出現了大量的新增字，由於近些年來戰國文字的新材

① 湯餘惠主編:《戰國文字編》，第3頁。

② 饒宗頤:《釋紀時之奇字》,《第二屆國際中國古文字學研討會論文集》，香港中文大學1993年版，第71頁。

③ 董琨:《楚文字若干問題的思考》,《古文字研究》（第26輯），第434頁。

④ 裘錫圭:《談談漢字整理工作中可以參考的某些歷史經驗》,《裘錫圭學術文化隨筆》，中國青年出版社1999年版，第303頁。

料層出不窮，新增字字量更是成批地增長。

我們將《戰國文字字形表》和《商代文字字形表》《西周文字字形表》《春秋文字字形表》比對，發現戰國文字的新增字有如下特點：

（1）在特定的地域、特定的領域內產生新增字。“甲骨文和兩周金文中，從‘糸’的形聲字較少，而戰國文字中出現許多以‘糸’爲形符的新的形聲字……從‘糸’形聲字的大量出現，顯然與戰國時期絲麻等紡織品的大量發展有關。包山楚墓竹簡中從‘糸’的字將近70個（不計使用頻率），出現許多新字。這與春秋到戰國時期楚地蠶桑業與絲織業的高度發展有著密切關係。戰國文字中新出現的從‘糸’的形聲字，是當時社會生活在語言文字中的反映。”① 就“示”部字而言，戰國新增字頭有64個，楚文字占有54個。因楚人崇尚祭祀，卜筮祭禱簡大量出土，故祭祀類的新增字較多。新增字中很多都是專用字，具有時代特色，生成快，被後代淘汰也快。

（2）新增異體衆多。如“禍”字，有（郭店·尊德義 2）、（上博五·競 8）、（清華一·尹至 3）、（清華二·繫年 084）等 4 種異體。“御”字，有（清華二·繫年 015）、（上博五·姑 4）、（曾乙 65）、（包山 33）、（珍秦展 22）、（璽彙 1818）、（趙卿墓 93 頁趙眚月戈）、（上博四·昭 6）、（清華三·芮良夫 01）等 9 種異體。“隋”字，有（清華二·繫年 051）、（包山 167）、（包山 22）、（包山 30）、（包山 163）、（郭店·老甲 16）、（包山 184）、（上博三·周 16）、（郭店·唐虞 26）、（璽彙 2549）、（璽彙 0831）、（侯馬 98：19）等 12 種異體。

通過以上分析以及對大量戰國文字的考察，我們可以看出，在新增字中，形聲合成而造的新字占絕對優勢，而戰國前出現的象形、指事、會意字，有些也由於某種情況而改爲形聲結構的新字了。

2. 常用字和罕用字

常用字主要是戰國時期記錄基本詞彙的那些字。有些字記錄的

① 黃德寬：《古漢字形聲結構論考》，吉林大學 1996 年博士學位論文，第 15 頁。

雖然不是基本詞彙，但是由於某類別材料多見，這類字出現的頻率很高，自然也屬於常用字一類。我們根據收録到的戰國文字資料，發現戰國文字中常用字有如下基本特點：

（1）自前代傳承下來的基本詞彙的用字非常多，如“人、馬、女、子、一、二、三”等。這也正如高明所論述的那樣：“如從古今漢語用字考察，彼此差異不是很大，在古今漢語各自使用的 6000 至 7000 漢字中，約有百分之七十以上是古今共同使用的字。”①

（2）記録古漢語虚詞的字出現較多，如“之、不、其、而、於、于、與、乎、也、已”等。

（3）因戰國時楚國巫風盛行，楚卜筮簡大量出土，因此與占卜相關的字如“占、吉”等大量出現。這些常用字的使用不僅與當時的社會風俗、習慣、文化等密切相關，而且也與出土材料的性質相關。如果我們將傳世戰國文獻用字納入考察視野，結果就會有所不同。

罕用字指在戰國時期使用頻度較低的漢字。戰國文字中存在一定數量的罕用字，這與戰國時期字量多，字的功能分得較細有關。像一些祭祀名、玉器名、馬名、羊名、水名、地名等專有名詞用字出現較少，有些衹出現過一兩次。如：祭祀類用字有“⿰礻喬、⿰礻青、⿰礻曼、⿰礻差”等，戰國人重祭祀，對祭祀方式、祭品等劃分細緻入微，但實際上這類字使用範圍並不廣。地名用字有“⿰勺阝、祁、⿰龍阝、⿰金阝”等，皆爲包山楚簡法律文書中所記地名，較小的行政區域地名用字也是不太容易被廣泛傳播的。人名用字如“⿸疒臧、⿸疒怱、⿸疒區、癧、⿸疒胥、⿸疒爲、⿸疒兆”等，似乎多與疾病有關，大概戰國人喜用生僻的病名命名以達到驅邪的目的，所以造出了大量從“疒”的字。

（二）戰國文字中的字詞關係

戰國文字中的字詞關係，可以一言蔽之：各種各樣、錯綜複雜。

---

① 高明：《中國古文字學通論》，第 43 頁。

不僅有一字多形、專字專用，還有一字多詞、同源分化、一詞多字等，而且在使用中常常是“你中有我，我中有你”。戰國文字中由字詞關係所折射出來的信息，對揭示當時文字的字用特點和規律具有極爲重要的價值。

1. 一字多形

（1）意符不同形成的異體並用，這主要是改變會意字的表意偏旁和形聲字的意符而形成的一字多形。

“逐”，齊陳曼簠作□，從“犬”從“辵”，會意[①]，“犬、豕”義近換用形成的異體字。

“道”，楚簡中或作□（上博七・武12）、或作“逿”□（上博七・武1）、或作“𨑒”□（清華二・繫年069）、或作“衜”□（郭店・語叢二38）、或作“衍”□（郭店・六德26），其會意偏旁“首”和“辵”或換作“頁、人”和“止、行”。

新蔡簡“背”在乙四：8及零：210-2中作“骿”□；在甲三：100＋零：135作“肧”□，根據文例，這兩個字是一個字的異體，都從“不”聲，衹是形旁不同而已[②]。

“勇”，楚簡或作“恿”□（清華三・芮11），從“心”，或作“戜”□（上博四・曹55），從“戈”。

“體”，楚文字“體”字有從“骨”、從“肉”、從“人”等多種寫法：□（郭店・緇衣8）、□（郭店・窮達10）、□（上博一・緇5）、□（新蔡甲三189）。三晉文字“體”字或從“身”作□（中山王方壺9735）。

“速”，楚簡中或作□（上博三・周9）、或作□（郭店・語叢一99），從“辵”與從“止”互作。

另外，戰國文字中的某些字有很多不同的形體，在使用過程中

① 吴振武：《陳曼瑚“逐”字新證》，《吉林大學古籍所建所十五周年紀念文集》，吉林大學出版社1998年版，第46—47頁。

② 張光裕、陳偉武：《戰國楚簡所見病名輯證》，《中國文字學報》（第1輯），商務印書館2006年，第84頁。

體現出地域性特色。如“造”字，楚國或作（璽彙 0131）；晉國或作（三十三年鄭令鈹 11693），從“貝”，“散”聲；或作（二十三年襄城令矛 11565），從“攴”，“曹”聲；齊國或作（羊角戈 11210），從“舟”，“告”聲；或作（高密造戈 11023），從“戈”，“告”聲；或作（陳卯造戈 11034），從“金”，“告”聲。均爲“造”字異體。

（2）聲符不同形成的異體並用，這是指改變形聲字的聲符而形成異體並用的情況。

“過”，郭店簡中有一異體作（郭店・緇衣 20），聲符換作“化”。

“病”，或作（上博四・柬 8），應該是“病”之異體，屬於“丙、方”聲旁通用之例①。

“仁”，楚簡中有（上博一・緇 7）、（郭店・唐虞 2），形旁都是“心”，聲旁則分别爲“千、身”。

“耕”，楚簡中有異體作“𠛈”（清華一・保訓 4）、“畊”（郭店・窮達 2），或從“井”聲，或從“爭”聲。

“關”，楚簡中有異體作（上博一・孔 11），從“門”，“串”聲。

“聰”，楚簡中有異體作（郭店・五行 15），從“耳”，“兇”聲。

（3）構形方式不同而形成的異體並用，這是指用不同的構形方式而形成的一字多形。

“舄”，齊璽和信陽楚簡寫作象形字“舄”（璽彙 0260），上博簡或作“䧿”（上博一・孔 10），從“鳥”，“昔”聲。

“拔”，楚簡或作“臬”（郭店・老乙 15），會人用雙手將樹木向上拔取之意。

“野”，戰國文字或作“埜”（郭店・尊德義 14），從“林”從“土”會意；或作“壄”（雲夢・日甲 32），從“土，“予”聲。

“深”，戰國文字或作（郭店・尊德義 19），從“水”，“罙”聲；或

① 周鳳五：《包山楚簡考釋》，中國古文字研究會第九屆年會論文，1992 年。“‘病’正是指病情加重。楚簡作‘疠’……楚簡或加上表示症候詞語而作疾病專名。”張光裕、陳偉武：《戰國楚簡所見病名輯證》，《中國文字學報》（第 1 輯），商務印書館 2006 年版，第 83 頁。

作“泶”（郭店・五行46），從“宀”從“水”，會意。

（4）偏旁位置互換形成的異體並用，這是指通過變換偏旁位置形成的一字多形。以這種方式造成的異體字很多，下面僅舉幾例。

“和”多作“和”（璽彙1875），上博簡或作“咊”（郭店・五行29）。

“祝”多作（清華一・程寤2），其所從“示、兄”也可左右互換寫作“䄙”（上博六・競7）。

“多”可寫作上下結構的（清華一・保訓1），也可以寫成左右結構的（上博四・曹62）。

“攻”可以寫成左右結構的（上博四・曹36），也可以寫成上下結構的（上博一・孔13）。

從字形分析的角度來看，異體並用現象實際上就是偏旁替換，通過替換形成一字多形，在實際使用中表現出來就是異體並用的關係。

2. 專字專用

專字專用指戰國時文字用一個專門的字來表示一項特殊意義的現象。“漢字在其發展過程中，由於其通假愈來愈多，概念容易產生混淆，於是孳生出新的文字，以使其用各有當。”[1] 專字專用現象的產生，其實質就是分化字，因爲“分化字都是在一字記多詞的基礎上爲達到專字專用的目的而分裂出來的字”[2]。專字專用的起源可上溯到甲骨文，甲骨文殷王諸婦名字，都在假借之上加注表示性別的“女”作形符，從而構成專用的形聲字[3]。又“例如甲骨文中‘柳、杞……’等從‘木’的形聲字，多爲專名，卜辭多指某地；‘河塗……’等從‘水’的形聲字也都用作專名。由於用同一形符和不同聲符構成的專

① 姚孝遂：《古漢字的形體結構及其發展階段》，《古文字研究》（第4輯），第26頁。

② 王鳳陽：《漢字學》，吉林文史出版社1989年版，第534頁。

③ 黃德寬：《古漢字形聲結構論考》，吉林大學1996年博士學位論文，第12頁。他例還如“‘妗’，應是兮族女子或叫作‘兮’的女子的專字”。參見劉釗《古文字考釋叢稿》，岳麓書社2005年版，第6頁。

名如此普遍，而這些專名又都是與殷人活動有密切關係的，所以這些字完全有可能是利用形符和聲符的一次性組合而構成的……由此看來，形聲同取這一形聲結構的類型，最早有可能主要用於構成那些人們十分熟悉的專名字”[①]。至西周，像大盂鼎“珷”因辭例後有“王”，可以斷定“珷”是“武王”之“武”的專用寫法[②]。戰國時期的專字專用現象相當普遍，試列舉如下：

曾侯乙墓鐘銘“辪”，作爲“變音”的專字；“龣”，作爲“角”的低音異名專字；“龢”，作爲專用音階，與形容樂音龢協之“龢”有別[③]。

“行”指道路，“𧗿”（包山210），當是路神的專字，見於包山楚簡、望山楚簡和九店楚簡。

戰國文字“市”或作（上博六·競8），加“貝”，是爲了表示這個字是市買之“市”（即動詞“市”）的專字[④]。

“駜”，（曾姬無卹壺9710），從“馬”，“匹”聲，即馬匹之“匹”的專字[⑤]。

“孛”，（上博四·内10），從“子”，“少”聲，用作“少子”之“少”的專字。

“轍”，（曾乙144），從“車”，“旆”聲，是“車旆”之“旆”的專字。

“遊”，（清華二·繫年134），從“辵”，“旅”聲，用作“旅行”之“旅”的專字。

從上舉例證來看，專用字多是在既有字形的基礎上，加注形符而構成的區別字。

---

① 黃德寬：《古漢字形聲結構論考》，吉林大學1996年博士學位論文，第15頁。
② 李學勤：《新出應公鼎釋讀》，《古文字學論稿》，安徽大學出版社2008年版，第2頁。
③ 陳雙新：《𩐉鐘銘文補議》，《古文字研究》（第24輯），第258—259頁。
④ 裘錫圭：《戰國文字中的“市”》，《古文字論集》，第458頁。
⑤ 裘錫圭、李家浩：《曾侯乙墓鐘磬銘文釋文及考釋》，見《曾侯乙墓》，第523頁。

3. 一字多詞

從戰國文字字用情況來看，一字多詞可從兩個角度來考察。

（1）從語音的角度來看，以音記詞是戰國時期字用的顯明特點，一個相同的字可以記錄多個不同的同音詞，也就是後代所說的“通假”。這一現象在楚簡文字中俯仰皆拾，在此略舉幾例，以窺一斑。

A.“虐”，這個字在楚簡中常見，可表示四個詞[①]：

{乎}垦（禹）於是虐（乎）褱（讓）益。（上博二・容34）

{虐}疾虐（虐）衍（始）生。（上博二・容36）

{號}祝虐（號）。（新蔡甲三298＋295）

{呼}於（嗚）虐（呼）哀哉。（新蔡零9，新蔡甲三23、57）

B.“時”的用法特別靈活，在戰國文字中隨著語境的不同代表了不同的詞：

{志}士又（有）志於君子道胃（謂）之時（志）士。（郭店・五行7）

{時}命亡時（時）。（上博二・從甲15）

{持}時（持）善不猒（厭）。（上博二・從甲12）

{詩}牆（將）可季（教）時（詩）矣。（上博二・民8）

{侍}畜（顏）囦（淵）時（侍）於夫子。（上博五・君1）

{恃}時（恃）悳而方義。（上博六・慎4）

{待}以時（待）四鄰之賓客。（上博六・莊2）

C. 楚簡中的“或”有四種讀法，可表示四個詞：

{或}或生於內，或生於外。（郭店・語叢一23）

{又}出則或（又）入，終則或（又）始，至則或（又）反。（上博七・凡甲25）

{國}四或（國）順之。（上博一・緇7）

{惑}則君不疑其臣，臣不或（惑）於君。（上博一・緇2）

---

① 宋華強：《新蔡楚簡的初步研究》，北京大學2007年博士學位論文，第168—169頁。劉樂賢：《額濟納漢簡的“唬”字與楚簡的“虐”字》，《古文字研究》（第26輯），第89—490頁。

D. 楚簡“埶”有三種讀法：

{藝}精瀍以巽埶（藝）。（上博六・慎1）

{邇}埶（邇）君埶（邇）戾。（上博六・用2）

{設}埶（設）網得，大吉。（九店56.31）

E.“矛”在楚簡中有三種讀法：

{務}唯邦之大矛（務）是敬。（上博二・昔4）

{侮}其即（次）矛（侮）之。（郭店・老丙1）

{柔}先又（有）矛（柔）。（上博三・亘8）

F.“翟”在郭店簡中有兩種讀法：

{一}其儀翟（一）也。（郭店・性自16）

{能}貴而翟（能）纕（讓）。（郭店・成之18）

（2）從形體的角度來看，用一個字形記錄幾個不同的詞，且意義和語音都沒有直接關係，即所謂的“同形字”。如：

楚簡“吝”即可表示“悔吝”之“吝”，從“口”，“文”聲；又可表示“文”，“口”是裝飾性部件：

A. 六四：困蒙，吝。 六五：童蒙，吉。（上博三・周易1）

B. 祟見於昭王、吝（文）君、吝（文）夫人、子西君。（新蔡乙一6）

又如“鳴”，表示“鳴叫”之“鳴”，從“口”從“鳥”會意；在上博簡中又表示“鳥”，“口”是裝飾性部件：

A. 鳴鄘邑人某戆。（包山95）

B.《黃鳴（鳥）》則困。（上博一・孔9）

這些“同形字”的產生多是文字使用時偶然巧合所致，其相同的構成偏旁在字形結構中起著不同的作用，或表意或裝飾。因此，我們對同形字的釋讀一定要放到特定的語言環境去考察。

4. 同源分化

從漢字動態發展的眼光來看，戰國文字中一個字形常常要擔負記載一組有共同音義來源的詞的功能，也就是所謂的“同源關係”。下面試舉幾例作一說明：

（1）內——內、入、納

這三個字之間存在著同源孳乳關係。“內、入”二字在甲骨文就已經出現，在西周金文中可以記錄“內、入、納”等詞，三者關係緊密。楚簡除了曾侯乙簡外一般是用“內”來表示“內、入、納”三個形音義相關的詞。

{內}a. 昔三弋（代）之明王又（有）四海之內。　（上博三·中18）

b. ☐下內外褁（鬼）神。　（新蔡甲二40）

{入}a. 反內（入）於豊。　（上博一·孔12）

b. 太子 內（入）见。　（上博二·昔2）

{納}a. 戁（難）以內（納）諫。　（上博三·中20）

b. 競建內（納）之。　（上博五·競1背）

在傳世文獻中，仍可見“入、內、納”三詞記錄字形分化未徹底的遺留。如《莊子·庚桑楚》：“若是而萬惡至者，皆天也，而非人也，不足以滑成，不可內於靈臺。”成疏：“內，入也。”這是以“內”爲{入}。《左傳·襄公二十七年》：“納我者死。”釋文：“本又作內。”可見較早的本子是以“內”爲{納}。這些都可與簡文合證。後來，分工漸漸明確，“入”表進入的{入}，“內”表內裏的{內}，而容納的{納}，則假借一個原本爲記錄“絲溼納納”之{納}而造的“納”字來表示①。

（2）聖——聽、聖、聲

{聽} a. 系（奚）耳而聖（聽）之。　（上博二·民6）

b. 而聖（聽）丌（其）訟獄。　（上博二·容29）

{聲} a. 耳之樂聖（聲）。　（上博一·性36）

b. 亡（無）耳而䎽（聞）聖（聲）。　（上博七·凡甲13）

{聖} a. 皮（彼）聖人之子孫。　（上博四·柬10）

---

① 陳斯鵬：《楚簡中的一字形表多詞現象》，《出土文獻與古文字研究》（第2輯），復旦大學出版社2008年版。

b. 聖人比丌（其）頪（類）而侖（論）會之。（上博一·性 9）

甚至在同一句話用同一個“聖”字表示“聽”和“聲”兩個詞，如：“不聖（聽）筃（鼓）鐘之聖（聲）”（上博七·君乙 3）。“聽”之初文“耶”，從“耳”從“口”，會口言耳聽之意。到西周又分化出“聖”字，“聖”是“聽”的派生詞，本義應近於“聰”①。“聲”也應是“耶”的同源分化字，蓋聽覺聰敏謂之聖，而耳之所聽則爲聲②。類似現象還有“立—位—蒞、取—娶、餌—昏—問”，等等。對這種一字記多個同源分化詞現象的考察將有助於瞭解戰國時期用字的複雜性，同時也對認識漢語詞彙的傳承脈絡很有意義。

5. 一詞多字

一個詞用很多個字來記載，這些字之間的關係要麼是形體上的關聯，即異體並用，上文已論及；要麼是語音上的關聯，與上文因語音而產生的“一字多詞”正好方向相反。

如“詩”字在戰國楚文字中由下列諸字充當：詒（上博二·民 1）、時（上博二·民 8）、呰（上博一·緇 1）、訾（上博一·性 8）、陠（郭店·唐虞 27）、時（郭店·性自 15）、持（郭店·語叢一 95）。其中“陠、時、持”都是以“寺”爲聲，用不同的同音字來記同一個詞。“時、呰”都應該看作是“詩”字的異體字。關於“詩”字饒宗頤有論③，可以參考。

楚簡中用以表達“治”的字尤多：台（郭店·緇 21）、紿（上博五·君 15）、綯（郭店·老甲 26）、絧（郭店·性自 58）、紿（上博二·子 1）、絧（上博二·從甲 16）、綗（上博二·從乙 3）、訇（上博二·容 32）、𦅻（上博三·恒 8）、訂（上博一·性 13）、詞（上博四·柬 14）、訶（郭店·成之 32）、司（上博四·相 1）、怠（上博四·曹 33）、怠（郭店·語叢一 59）、訇（上博六·孔 3）、訇（上博六·孔 9）、𤔲（郭店·語叢三 28），等等。以上數字中，從“糸”應是“治絲”之“治”的專用字，用爲“治”；從“言”的當是“言詞”之“詞”，借爲“治”；從“心”

① 裘錫圭：《文字學概要》，第 132 頁。

② 陳斯鵬：《楚系簡帛中字形與音義關係研究》，第 73 頁。

③ 饒宗頤：《詩言志再辨》，《饒宗頤新出土文獻論證》，上海古籍出版社 2005 年版。

的可能是"怡"或"怠"，借爲"治"。

此外，戰國文字中的"尉"在秦文字中作"尉"，在燕、晉文字中作"危"，象人站在山上，會危高之意，通作"尉"。"苑"字在秦文字作"苑"、在楚文字作"㕙"、在晉文字中作"梋"。

（三）戰國文字的書寫現象

戰國文字在書寫層面上常出現類同、合文、重文、誤書、美飾的傾向，下面就這四種現象來考察戰國文字的書寫特點。

1. 類同

在文字書寫過程中出現的類同也可以作爲文字形體發展中的類化現象，這是由於書寫者的書寫習慣和求同心理而導致的書寫現象。大致有兩種類型：一種是因受字形内部某個筆畫或偏旁的影響而將其他部分寫得類同，這可以稱作字形内部的類同；另一種是受上下文影響，因此將相近的兩個或兩個以上的字寫成具有相同的偏旁或部分類同，這可以稱作字際類同。

（1）字形内部的類同，如：

"春"，越王者旨於睗鐘作，"屯"字頭因上部的"艸"而類化作"中"形。

"敬"，郭店·五行 31 作，"茍"上部的形體因下方的"口"類化作"口"形。

"殹"，包山 116 作，"医"頂端一橫筆，受裹面"大"類化作"大"形。

"變"，郭店·成之 32 作，因中間的"幺"將四個"口"訛變類化作兩個"幺"。

"登"，十年陳侯午錞作，其下部的"廾"旁因上部類化作"癶"形。

"禼"，上博二·子羔 10 作，人體上肢由於受到下部腳趾形的類化影響，也加上了雙趾形。

“所”，上博六·孔25作[glyph]，“斤”旁因“戶”寫法類化，訛作“勿”形。

“難”，郭店·老甲16作[glyph]，“隹”下部所從“土”因左邊“堇”旁寫法類化，使得文字左右勻稱美觀。

“盟”，上博七·凡乙4作[glyph]，“明”旁作“眀”，“月”旁類化作“日”。

（2）字際類同，如：

曾侯乙墓8號簡“貍貘”，當指貍皮，“莫”作“鏌”者假其音，且“鏌”當是受“鼲、鼾、鼦（貂）”之影響類化從“鼠”①。

新蔡簡乙二5“膚疾”作[glyph]，“膚”受到上下文字影響而類化爲“臚”。

齊國有一枚陶文前三個字都從“阜”旁，作：

（陶錄2.34.2）

這屬於典型的字際間的類同現象。

2. 合文

殷商、西周和春秋時期，合文都是一種重要的書寫現象。戰國文字的合文，多見於地名、複姓、官職、習語等固定詞語之中，由兩個字“前後連写、具有相同或相似的部件”的共用②和筆畫之間的借用等，是戰國文字的典型合文現象。

戰國文字合文出現時，一般都有合文符號“=”或“-”③，如下文的“上下、君子”，但也有沒有的，如“東山、二百”。戰國合文

① 裘錫圭、李家浩《曾侯乙墓竹簡釋文考釋與補正》，見《曾侯乙墓》。

② 吳振武:《古文字中的借筆字》，《古文字研究》（第20輯）。湯餘惠:《略論戰國文字形體研究中的幾個問題》，《古文字研究》（第15輯）。

③ 何琳儀:《戰國文字通論》（訂補本），第211頁。

可分成合文借用筆畫、合文借用偏旁以及合文借用形體（單字）三種類型：

（1）合文借用筆畫。合文借用筆畫指發生在兩個字之間的筆畫共用現象，“在戰國文字中出現頻率甚高”，其中的“某些固定詞彙是否合書，還是判定國别的依據。如‘工師’合書是鑒定三晉銘文的可靠標尺”①。

【上下】（帛書）　【上帝】（清華一・程寤 4）
【北宫】（璽彙 3274）　【北坪】（陶彙 3.752）
【東山】（施 326）　【右角】（陶彙 5.266）
【馬適】（璽彙 4080）　【馬帀】（璽彙 4089）
【馬是】（璽彙 4075）　【馬正】（璽彙 3297）
【之首】（包山牘 1）　【之所】（清華一・金 13）
【豆里】（陶録 2.499.2）　【二万】（文编 227）
【四分】（上㝩廚鼎 2104）　【少半（料）】（上博集刊:9 湏廚鼎）

（2）合文借用偏旁。戰國文字合文多借用偏旁或部件，這是因爲“合文”多是固定詞彙，或地名、或複姓、或習語，因此，借用不會造成誤解。不過也有涉及上下文作合書，而非固定詞彙者。此類合文未必都加“=”號②。

【君子】（郭店・成之 16）　【左旦】（陶彙 5.300）
【汭涇】（吴越 386 者汈鐘）　【淺澤】（郭店・性自 22）
【營室】（九店 56.39）　【邶邧】（三晉 128）
【邯鄲】（璽彙 4034）　【氏祁】③（先秦編 302）

（3）合文借字。一個合體字如果包含著另一個字符，於是在這個合體字上標以合文符號，表示這個字是合文，一個字要讀成兩個字。

① 何琳儀：《戰國文字通論》（訂補本），第 211 頁。
② 何琳儀：《戰國文字通論》（訂補本），第 211 頁。
③ 李家浩：《戰國貨幣考（七篇）》，見《李家浩自選集》，安徽教育出版社 2002 年版，第 176—179 頁。

釋讀時，多半是先讀整字，再讀其中一個字符，亦有順序相反者[①]。

【先人】（新蔡零 217）
【聖人】（郭店・尊德義 6）
【季子】（上博五・弟 1）
【怠心】（上博四・曹 45）
【志心】（郭店・語叢一 52）
【悹（歡）心】（上博一・緇 13）
【玉琥】（中山 138 中山玉器）
【珪玉】（上博七・君乙 3）
【金銃】（包山 272）
【贕鼎】（望山 2.46）
【之市】（包山 63）
【㞷止】（上博四・昭 1）
【之時】（上博二・容 51）
【竹篓】（包山 260）
【金銅】（少府盉 9452）
【暴虎】（璽彙 3994[②]）
【豭豕】（包山 243[③]）
【少（小）𩀗】（信陽 2.11）
【壘它】（清華一・程寤 1）
【梪（樹）木】（九店 56.39）
【青清】（郭店・老乙 15）
【土地】（郭店・六德 4）
【駟馬】（曾乙 146）

【罝子】（璽彙 5681）
【寡人】（中山王鼎 2840）
【公子孟】（施 313）
【惓心】（上博一・緇 13）
【봌（疑）矣】（上博一・孔 8）
【㤅爲】（上博一・性 39）
【玉環】（中山 135 中山玉器）
【備（佩）玉】（天星）
【鋘金】（長陵盉 9452）
【先之】（郭店・尊德義 16）
【之歲】（包山 236）
【寺之】（港・戰 8.1）
【艸茅】（郭店・唐虞 16）
【革鞻】（包山 273）
【褫衣】（上博四・昭 6）
【犆牛】（天卜）
【豬豕】（天卜）
【蠆蟲】（郭店・老甲 33）
【桐木】（珍戰 36）
【危山】（璽彙 5116）
【潰水】（清華一・保訓 1）
【社稷】（郭店・六德 22）
【騋（乘）馬】（曾乙 124）

① 何琳儀:《戰國文字通論》（訂補本），第 212 頁。按：個別含文還有包含兩個字以上的，如“公子孟”。

② 徐在國:《古璽文釋讀九則》，《考古與文物》2002 年第 5 期。

③ 李家浩:《戰國時代的“豕”字》，見《李家浩自選集》，安徽教育出版社 2002 年版，第 4 頁。

【軖車】（曾乙 204）　【輷（田）車】（天策）
【筆車】（天策）　【轊車】（包山 273）
【轉車】（曾乙 206）　【中昜（陽）】（璽彙 5562）
【剌（列）人】（中國錢幣 1993：2 聳肩尖足空首布①）
【盧氏】（貨系 586）
【宔胡】（璽彙 2736）　【涂（塗）水】（貨系 1213）
【五鹿】（璽彙 2762）　【高安】（貨系 1433）
【晶（盟）日】（上博四・曹 31）　【旬日】（清華一・尹至 1）
【不倍】（上博一・緇 13）　【昊天】（上博一・孔 6）
【顏首】（九店 56.4）　【稽首】（清華一・祭公 3）
【闇門】（上博二・昔 2）　【箸（書）者】（上博五・季 6）
【歙（飲）酉（酒）】（上博四・昭 5）　【骨肉】（上博七・凡甲 5）
【敝夋（鞭）】（璽彙 4057）　【尚螳】（施 299）
【窮身】（郭店・唐虞 2）　【並立】（郭店・太一 12）
【顏色】（郭店・五行 32）　【教學】（郭店・語叢一 61）
【亡喪】（上博三・周 32）　【余子】（璽彙 1627）
【拜手】（新蔡乙四 70）　【俞（榆）即（次）】（貨系 952②）
【膚虎】（聚珍 213）　【郂（左）邑】（璽彙 0046）
【青（精）中（忠）】（璽彙 5385）　【子孫】（清華一・保訓 9）
【公孫】（包山 145）　【司寇】（璽彙 0220）
【司工】（璽彙 2227）　【司馬】（璽彙 3782）
【冢子】（梁上官鼎 2451）　【孔子】（上博一・孔 1）
【婁女】（廿八星宿漆書）

3. 重文

重文現象在戰國文字中繼續沿襲使用，其使用方式與西周、春

① 何琳儀：《剌人布幣考》，《古幣叢考》，第 107—110 頁。
② 裘錫圭：《戰國貨幣考・榆次布考》，見《古文字論集》，第 430—432 頁。

秋並無大的差別，衹是使用得更加頻繁。以上海博物館藏戰國竹簡爲例，據統計僅第一册就使用了22個重文，可見其使用的普遍性。戰國文字的重文可分爲單字、雙字和多字三種形式。

（1）單字重文，如：

A.“裳裳者華”，“裳裳”重文作（上博一・孔9）；

B.“燕燕之情”，“燕燕”重文作（上博一・孔10）；

C.“則民言不危行，行不危言”，“行”跨句際重文作（上博一・緇16）；

D.“則君子不疑其臣，臣不惑其君”，“臣”跨句際重文作（上博一・緇2）；

E.“赫赫師尹”，“赫”重文作（上博一・緇9）。

（2）雙字重文，如：

A.“顏淵侍於夫子，夫子曰”，“夫子”跨句際重文作（上博五・君3）；

B.“君子不可以不強，不強則不立”，“不強”跨句際重文作（上博五・季8）。

（3）多字重文，如新蔡簡“☐伓（背）＝膺＝念（悶）＝心＝之＝疾＝速瘳速瘥”（新蔡甲三22、59），其中“背膺悶心之疾”跨句際重文。

重文的根本目的是省簡，所重複的一般爲記録專有名詞的字，也有重複短語或短句的，其出現的語境明晰，同時重文符號不可或缺，不然就會造成理解的錯誤。

4. 誤書

戰國時期文字書寫草率，隨意改動筆畫和偏旁，導致文字訛錯誤書的現象相當嚴重。

（1）筆畫訛錯

【音】（郭店・老甲16），“口”裏的横筆作豎筆貫穿。

【智】（郭店・語叢一63），右旁的“于”中間豎筆貫穿上出。

【未】（上博一・緇10），豎筆收縮中斷，使獨體變成了上下結構。

【啬】（右使車啬夫鼎 2707），上部的豎筆收縮沒有貫穿橫畫。

（2）偏旁訛錯

【咎】（郭店・老甲 38），將右旁“人”訛作“刃”形。

【邦】（上博二・民 14），右旁“丰”訛作“毛”形。

【在】（集粹 157），左旁“才”訛作“中”形。

【專】（郭店・五行 37），上部“父”訛作“屮”形。

【游】（清華一・耆夜 5），左旁“水”訛作“手”形。

【監】（清華一・皇門 4），“皿”旁下部訛作“心”形。

【親】（上博一・緇 11），“亲”旁下部訛作“不”形。

【鼓】（上博二・容 22），右旁“攴”訛作“千”形。

【迪】（郭店・緇衣 19），右旁“申”訛作“玄”形。

【戎】（陶錄 2.159.4），將“甲”訛作“午”形。

【習】（郭店・語叢三 10），“甘”旁訛作“自”形。

【輪】（郭店・語叢四 20），“侖”旁訛作“雚”形。

這種訛錯字是因書手一時疏忽寫就，不具有普遍性和規律性，因此常常令人感到匪夷所思。如果沒有上下文義的鎖定，釋讀這些字是有一定難度的。

（3）錯別字

還有一種訛錯應該就和我們今天的“錯別字”性質相似，如：郭店・六德 35“忠”被誤寫作“宜”；上博二・容成氏 35“世”被誤書成“年”；上博二・民之父母 11“服”誤寫作“體”。

關於誤寫錯用這個方面，裘錫圭《談談上博簡和郭店簡中的錯別字》一文有論，指出文中不少誤寫錯用字例①。當然有些字是否爲書寫錯誤，我們確定時務必要慎之又慎，不能對某字在不好考釋的情況下，就懷疑爲寫錯。

---

① 裘錫圭：《談談上博簡和郭店簡中的錯別字》，《新出楚簡與儒家思想國際學術研討會論文集》，2002 年；《華學》（第 6 輯）；《新出土文獻與古代文明研究》，上海大學出版社 2004 年版。

5. 美飾

戰國文字有時在書寫時追求美化裝飾，這些裝飾性銘文字體修長，筆畫回環，雋美異常。試列幾例如下：

中山："尔"作（中山王鼎 2840）；"余"作（中山王方壺 9735）；"參"作（中山 57）；"虘"作（中山 53）。

楚國："君"作（□君戈）；"王"作（酓□盤）；"璋"作（酓璋戈）。

曾國："郕"作（曾侯越戟）；"戟"作（曾侯乙鐘）。

三晉："用"作（玐子劍）。

美飾文字之風興起於春秋時期，戰國時期依然使用。上舉這些文字，其形體明顯進行了變形處理，美化和裝飾性特點十分鮮明。從春秋時期就在南方流行的"鳥蟲書"，主要是通過將文字綫條進行藝術性變形處理或直接裝飾鳥鬥之形來增強文字的美感，是追求美飾之風的極端表現。戰國鳥蟲書銘文，較有代表性的有：楚國楚王孫魡之用戈（集成 11152）、新造戟（集成 11161）、番中戈（集成 11261）、攷戟（集成 11092）、子睸戈（集成 11100）、邶戈（集成 11042）等，還有曾國的曾侯昃戈①、三晉的鳥書箴言帶鈎②，以及國別不明的齊□造戈(集成10989)、□爲鐏③，等等。

戰國文字除了用這種藝術化的方法對文字進行美飾，還用較樸素的飾筆或飾符對文字的形體構造進行美化，使字形看上去緊湊又富於變化，不單調呆板。在前文的繁化中提到的增繁飾筆和無義偏旁等增添羨餘符號的現象，如果從書寫的角度去觀照，其實質就是一種美飾。有些綴加的飾筆和偏旁還具有區別字義的功能，如在"月"上加飾筆來區別"肉"和"月"，在"王"上加飾筆來區別"玉"和"王"，在"酉"的兩旁加兩小撇來區別"酒"和"酉"等。

① 曹錦炎：《鳥蟲書通考》，第 185 頁。
② 曹錦炎：《鳥蟲書通考》，第 216 頁。
③ 曹錦炎：《鳥蟲書通考》，第 195 頁。

但是從整個漢字發展的歷史來看，戰國文字綴加筆畫和偏旁衹是在特定時段和特定地域發生，而到後代隨著書寫習慣和書寫心理的改變，絕大多數都沒有得到承繼。就加飾筆而言，秦、楚兩系文字的“丙”字比西周金文字形多一飾筆，與《說文》小篆形體近同，是極少數被繼承的字形之一。

特別值得注意的是：戰國文字在書寫層面上存在一種塗黑別義現象。黃德寬曾指出：戰國楚文字中的“塗黑當是一種別義手段，或是一種因利乘便的構字方法”，“如果塗黑確實具有上述作用，那麼這則是楚文字中的一種值得注意的新現象”[①]。通過考查大量的戰國文字，尤其是楚系簡帛文字用例，我們認爲：戰國文字中的確存在著利用塗黑某個字（或其部分）來對一些形似文字進行區別的做法，如：

【卵—卯】

“（卵）”或從“卵”之字，《楚系簡帛文字編》中所收四個，全部在空闊處塗黑，上博簡中出現的“卵”字亦如此[②]；而同書“（卯）”字，包括從“卯”之字共錄有28個，都不塗黑，其中加有飾筆的僅6個[③]。

【巳—云】

“巳”或從“巳”之字作、、、（上博簡（二）《容》簡23、28），“云”或從“云”之字作，如包山131的、上博二·容29的、上博三·亙9的等，“巳、云”形近，區別在於“云”都是塗黑的。已發現的楚文字所有“巳”字，其空闊處無一塗黑；而從“云”諸字都是塗黑“云”的上部空闊之處。據此，可以考定《楚帛書》從“邑、云”聲的字即“邧”字[④]，該字在《包山楚簡》中五見

① 黃德寬：《楚簡〈周易〉“”字說》，見《新出楚簡文字考》，第188頁。

② 如《楚系簡帛文字編》第951頁之《曾》18、126的字，上博二·子2的“卵”字作等。

③ 見《楚系簡帛文字編》第1078—1079頁。又郭店·緇衣41的、上博四·曹1的均從“留”，所從的“卯”皆未塗黑。

④ 朱德熙：《鄂君啟節考釋（八篇）》，《朱德熙古文字論集》，第194—195頁。

全部塗黑作（22、24、30、151、191），在《鄂君啟舟節》中也是塗黑的，這些已經成爲定論①。

【丁—厶】

“丁”字作，《楚系簡帛文字編》第1060頁中19個有14個塗黑，《楚文字編》第839頁共收23個“丁”字，全部塗黑（其中包括16個楚系簡帛文字，7個其他載體的文字）；“厶”字與“丁”之別就在於塗黑，劉釗指出：“簡128有字作，又見於簡141、196等。字表釋爲‘丁’。按簡文‘丁’字皆作實心形，而非丁字，乃‘厶’，即‘私’字。古璽作形，與簡文形同。”②這個看法得到出土楚系文獻的印證。

以上各例證明，書寫時塗黑是一種別形的手段，其功能不完全是美飾。

四　戰國文字的地域特徵

戰國文字地域特徵非常明顯，各區系文字形成了獨具特色的地域風格。王國維③、李學勤④、湯餘惠⑤、何琳儀⑥等都曾注意到戰國文字的地域特點，對其作過比較研究。隨著戰國文字新材料的不斷增多，我們對戰國文字的地域性特徵可以進行更加系統準確的描寫。

戰國文字各區系的地域特徵既有整體文字所共同具有的字體特徵，又有單系文字所獨有的字形特徵；既有書法風格方面的特徵，又有字形書寫層面上的特徵。各區系字體的風格特徵主要表現在綫條

---

① 劉釗認爲“”：“應隸作‘邛’。‘邛’字見於《集韻》，乃‘郥’字異構。”見《出土簡帛文字叢考》，第6頁。

② 劉釗：《出土簡帛文字叢考》，第21頁。

③ 王國維：《戰國時秦用籀文六國用古文說》，載《觀堂集林》。

④ 李學勤：《戰國題銘概述》（上、中、下），《文物》1959年第7期—第9期。

⑤ 湯餘惠：《略論戰國文字形體研究中的幾個問題》，《古文字研究》（第15輯）。

⑥ 何琳儀：《戰國文字通論》（訂補本）。

與字形形態上的差異。字體風格特徵一般可以直觀把握，主要爲書風所及，我們不作重點討論。下面著重考察各區系文字的字形特徵，這些特徵既有區系文字的共有特徵，也有區系文字的單字（單個部首）特徵。

需要説明的是，地域特徵的形成是一個漫長的過程，早在春秋時期一些地域的文字就已經開始出現自身的風格特徵，對此上章我們已作了分析。戰國文字承襲春秋文字，也受到春秋文字的各方面的影響。同時，各區系文字並不是絕對封閉的，彼此之間的通用性和相互交流的影響，使得各區系文字有著一些共同的特徵，而本章所説的地域性特徵，主要是指那些不同於别系文字的獨特構形特徵，我們衹分析有地域特點的各種典型字形，没有地域特點的字形不再討論。

（一）齊系文字

"春秋中葉以還，以齊國爲中心的魯、邾、倪、任、滕、薛、莒、杞、紀、祝等國銅器銘文，逐漸形成一種頗具特色的東方文字體系。"[①] 這種字體在戰國時期一直使用，使得齊系文字與其他地域的文字相比有著較爲明顯的區别。

值得注意的是，從目前的出土材料來看，齊系文字主要有齊國文字和邾國文字，特别是在戰國時期，其他國家的文字很少被發現。如果認爲《説文》古文是魯國文字，對比這些字形可知，魯邾文字有著相近的地域性特點，與齊國文字寫法明顯不同，因此，可以將齊系文字分爲齊莒文字和魯邾文字兩大類。

下面我們將對齊系文字的特殊寫法和典型字體作出分析和描述，同時也順便指出齊國文字與邾國文字的地域性差别。

1. 共有特徵

齊系文字具有一些共有特徵，具體有：竪畫出頭、手持柄形、尾

① 何琳儀：《戰國文字通論》（訂補本），第 86 頁。

形飾筆等。

（1）豎畫出頭。齊文字中有的字體的豎畫向上穿透最上面的横畫，極具特色。這種寫法字體有“王、里、馬、市、于、己”等字[①]，如：

【王】（陶録 2.4.3）　（璽彙 5587）

【里】（璽彙 3122）　（陶録 2.50.4）

【馬】（璽彙 0026）　（施 37）

【市】（施 57） 　（璽彙 0152）

（2）手持柄形。曹錦炎曾經考釋過一批從“畢”之字，稱“畢”下所從的爲“手持柄形”[②]，這種特殊構形的齊系文字有：

【卑】（璽彙 5683） 　（璽彙 0234）

【戰】（璽彙 0195）　（璽彙 5706）

【縪】（璽彙 3081）　（璽彙 2654）　（璽彙 3692）

（3）尾形飾筆。上文“增繁”一節我們對此已有討論，可以參看。

2. 單字（偏旁）特徵

齊系文字有許多單字或偏旁寫法有著自己的特徵。下面略舉數例：

齊系文字的左中右之“中”寫法主要有 3 種，A 形上承前一時代的文字形體，也見於春秋晚期齊器文字；B 形在 A 形基礎上或有省減；C 形上下兩端訛變出兩個封閉的圓圈。字形分別寫作：

A.（叔尸鐘 273）　（叔尸鎛 285）

（子禾子釜 10374） 　（陶録 2.660.4）

B.（璽彙 0047） 　（施 33）

（陶録 2.152.3）　（陶録 2.154.2）

C.（陶録 2.171.4）　（陶録 2.167.1）

---

① 鄧小娟稱之爲“貫穿現象”，並舉“王、里”爲典型字例。參看鄧小娟《戰國齊、燕、邾、滕四國三地陶文異形調查與研究》，《中國文字研究》（第 3 輯），廣西教育出版社 2002 年版，第 97—102 頁。

② 曹錦炎：《戰國古璽考釋（三篇）》，載《第二屆國際中國古文字學研討會論文集》，香港中文大學中國語言及文學系 1993 年版。

（陶録 2.164.1）　（山大 7）

齊莒文字的"公"有的字体寫法頗具特色，既不同於其他四系文字，也不同於魯邾文字，其特點是在"公"字的下邊拖出一條長長的"尾巴"，字形如：

（2004 中國重要考古發現 75 銀盤）　（山東 103 莒公孫潮子鎛）

（璽彙 0266）　（璽彙 3554）

（璽彙 5643）　（陶録 2.6.3）

（後李 8.1）　（後李 8.2）

魯、邾、滕、曹諸國以及燕等國的"公"字，常常在其下面所從的口內加點或短横作飾筆，如（璽彙 3885）、（陶録 3.424.6），這種形體在春秋時期就已經出現；或在其字形下綴加兩横作爲飾筆，如（陶録 3.209.1）。

齊系文字的"毀"字下部左從"土"，右從"攴"。"土"旁是由"襄"字原有筆畫改造訛變而來的，並非另加的意符。齊國"毀"字中間的偏旁上部兩側寫作兩個環形，與魯邾文字寫法不同；魯邾文字形體見於春秋薛侯盤匜等器。春秋晚期齊國字形上部的"田"形爲圓圈訛體，戰國文字則省略。如：

（叔尸鐘 00276）　（叔尸鎛 285）

（陶録 2.439.3） 　（陶録 2.674.4）

魯邾春秋時期的字形寫作：

（璽彙 5294）　（薛侯盤 10133）

秦、燕、齊、楚等國"達"字的寫法都不同，主要區別在於聲符"羍"的寫法上。齊國文字的"羍"寫法類似於"言"，或較"言"更爲繁瑣。如：

（陶録 2.5.3） 　（璽彙 3087）　（陶録 3.352.4） 　（陶録 2.207.1）

齊系文字"茲"字的特點是其上下兩部分拉得很長，或將上下兩部分進一步離析，字形如：

（陳肪簋蓋 4190）　（陳純釜 10371）

（陶録 2.408.1）　　（陶録 2.408.2）

郳國陶文的“攴、殳”旁下部所從的“又”旁寫得較爲簡略，第一筆的下部並不向左彎折。如：

“敓”作（陶録 3.375.1）、“敿”作（陶録 3.77.2）、“毀”作（陶録 3.263.3）等。

齊、郳兩國“目”旁寫法不同。齊國文字的“目”旁較爲象形，字形如：

【目】（陶録 2.463.4）　　（陶録 2.465.1）

【罘】（叔尸鐘 274）　　（叔尸鎛 285）

【睿】（陶録 2.74.1）　　（陶録 2.662.2）

【眾】（陶録 2.720.1）　　（陶録 2.722.5）

【擇】（陳逆簠 04630）　　（陳昉簋蓋 04190）

郳滕陶文的“目”旁多寫作：

【矚】（陶録 3.595.1）　　（陶録 3.595.4）

【擇】（陶録 3.165.2）

“者”字是古漢語中最常用的詞之一，其字形寫法較爲繁多，有的字形頗具特色。具有齊系文字地域特點的“者”都較爲省簡，字形寫作：

（子禾子釜 10374）　（采者節 12093）　（陶録 2.561.1）

（璽彙 0153）　（陶録 2.15.2）　（陶録 2.434.4）

郳滕陶文“者”字的寫法與齊國文字不同，字形寫作：

（陶録 3.482.1）　　（陶録 3.482.2）

齊系文字的“肉”旁不是通過綴加飾筆，而是用特有的形體寫法作爲同“月”字的區别。典型的齊系文字的“肉”旁有兩種寫法，一種下端封閉，另一種下端出頭，字形如：

“祭”作（陶録 3.72.4）、“腜”作（陶録 3.498.4）、“肯”作（陶録 3.216.3）、“鼻”作（璽彙 3689）、“胎”作（陳胎戈 11127）。

“市”字是戰國文字中頗具地域特色的字形之一，裘錫圭有專文論述①。齊系文字的“市”字一般綴加形符“土”，所從的“之”下多有飾點。字形如：

（施 57）　（施 59）　（陶録 2.27.1）

齊系文字的“豆”字形體大體有兩種寫法：

（陶録 2.291.1）　（陶録 2.497.1）

（施 41）　（陶録 2.11.4）

戰國時期的“亩（廩）”字，吴振武作過詳盡的考察，他指出：“戰國文字的形體往往因國因時因書寫材料而異，所以同一個字，給人的印象却是寫法甚多，變幻無常。”②齊國文字的“廩”字下從“米”，上部多類似“尔”形，中部寫作“田”或“日”形，有的字形或加注意符“攴”，字形寫作：

（陳純釜 10371）　（陶録 2.23.1）

（璽彙 0313）　（璽彙 0227） 　（施 42）

郳國文字的“稟”字上部類似郳陶文的“自”形，中部一“人”形或彎筆，下部從“禾”。字形寫作：

（陶録 3.6.3）　（璽彙 0319） 　（璽彙 0319）

齊國文字的“火”旁的特點是加彎筆，即其飾筆兩頭上彎，“火”字寫作形。齊國陶文、璽印的“矢”字有些形體中間的飾筆兩端上翹，作形，獨具特色，或筆畫兩端與上面表示箭頭的筆畫相連，作形，字形如：

【疾】（璽彙 1481）　（陶録 2.463.4） 　（陶録 2.439.1）

【發】（璽彙 3483）

齊系文字的“食、皀”所從的“匕”形也訛變作“口”形、“白”形或圓圈形。朱德熙認爲：“皀”的“這種寫法的特點是把原來的獨體字拆成了上下兩半。下邊一半訛變爲口字，上半頂端的横畫向右延

① 裘錫圭：《戰國文字中的“市”》，《古文字論集》，第 454—468 頁。

② 吴振武：《戰國‘亩（廩）’字考察》，《考古與文物》1984 年第 4 期。

伸出去”[①]。字形寫作：

【籐】（禾簋 3939）  （齊陳曼簠 4596）

【飯】（公孫竈壺 9709）

【節】（陳純釜 10371）（𨜓節 12089） （齊幣 287）

（齊幣 072） （施 60）

齊國文字的“邑”字一般來說，所從的口旁與“卩”旁距離較近，或連在一起，而“卩”旁則開口向下，作形。字形如：

【鄂】（璽彙 2184） 【鄗】（施 57）

【郘】（璽彙 2202） 【鄰】（璽彙 2205）

郲國文字的“邑”字，一般是上面作倒三角狀，下面由一次折筆加一捺形斜綫構成，字形如：

【邑】（陶錄 3.600.5） 【郲】（山東 809 郲太師戈）

【郲】（陶錄 3.287.5） 【謍】（陶錄 3.624.2）

齊、燕文字的“日”有一種形體寫法很特別，不同於其他地域文字，其特點是“日”字橫置，字形如：

【冬】（璽彙 2207） 【晐】（璽彙 0248）【期】（璽彙 1952）

就貨幣文字來說，齊、燕刀幣的“明”字是有差別的。齊幣“明”特點是所從的“‘月’字方折”[②]，字形寫作：

（齊幣 388） （齊幣 387） （齊幣 419）

齊系文字“㫃”旁寫作末筆下垂的“止”形，或作“止”形，字形作：

【旃】（山東 104 司馬楙編鎛）

【𣄰】（新泰圖 14）  （山大 12）

【旗】（陶錄 3.456.1） （陶錄 3.456.2） （陶錄 3.638.1）

齊系文字“𣄰”的“旦”旁聲符“丁”的形體接近西周字體。字

① 朱德熙：《戰國文字中所見有關廐的資料》，《朱德熙古文字論集》，第 158—159 頁。

② 齊“明”刀的界定從吳良寶說。見吳良寶：《中國東周時期金屬貨幣研究》，第 118 頁。

形寫作：

【翰】（陶錄 2.396.4） 　（新泰圖 13）

（新泰圖 16） 　（山大 12）

齊系文字的“期”字一般寫作從“日”，“亓”聲，“亓”上“日”下，合於《說文》古文。字形寫作：

（璽彙 0655） 　（璽彙 1952） 　（璽彙 3662） 　（陶錄 3.202.1）

“安”字從春秋時期就開始顯現出地域特點，戰國時期的“安”字地域特點更加明顯，齊國文字的“安”字所從的“宀”旁變作“厂”旁，如：

（陳純釜 10371） 　（齊幣 093） 　（璽彙 0237）　（陶錄 2.503.3）

邾滕陶文中的“安”字與齊陶文的形體不同，其形體較西周、春秋文字形體變化不大，如：

（陶錄 3.253.5）　（陶錄 3.253.6）

齊國文字的“宀”旁與邾滕地區以及秦、楚、晉、燕等系文字的寫法有别，具有明顯的地域特點。一般來説，其上部比較平直，左右兩拐角方折，兩側竪筆較長，作形，字形如：

【向】（陶錄 2.1.1）　【客】（陳喜壺 9700）【序】（陶錄 2.645.1）

齊系文字“穴”旁的寫法與“宀”旁的地域特點相似，也是寫作平頭方肩形，字形寫作：

【窴】（璽彙 0235）　【窹】（陶錄 2.199.2）【室】（璽彙 3937）

齊國文字的“疒”旁寫法與楚系文字相似，特點是左側較爲繁瑣。字形如：

【疾】（陶錄 2.463.4）【瘢】（陶錄 2.258.1）【瘦】（璽彙 0236）

邾國文字的“疒”旁左側較爲省簡，與秦、晉、燕三系文字形體相似。一般寫作：

【疢】（陶錄 3.373.4）【痹】（陶錄 3.361.5）【瘢】（陶錄 3.185.1）

戰國文字的“网”字主要有四種寫法，晉、楚兩國文字相近，齊、秦兩系文字相近，燕、邾兩國文字各自獨具特點。齊國文字寫作

類似缺少底邊且有對角綫的長方形，字形如：

【罷】（陶録 2.48.1）　　【罗】（璽彙 0336）

郳國文字的“网”則寫作半圓形，字形如：

【羉】（新收 1550 滕攻帀戈）　　【羅】（陶録 3.328.3）

“身”作爲偏旁，在齊系文字中常省寫作、形，字形如：

【信】（陶録 2.107.1）　　【躳】（施 43）

在戰國文字中，齊國地域的“次”字寫法較爲常規，字形如：

【咨】（陳侯因咨戈 11260）　　【資】（陳侯因資敦 4649）

郳滕陶文的“次”字有明顯的地域特點，字形所從的兩點寫在另一側，而“欠”形寫作“人”形加點。這種寫法可上溯到西周、春秋金文。字形如：

【咨】（陶録 3.397.1） 　　（陶録 3.397.5）

“頁”，齊文字上面是一平横加一飾點，右上角完全封閉。字形寫作：

【頡】（璽彙 1948）　【顖】（璽彙 3824）

齊、燕、中山三地域文字的“敬”字形體相近，其“苟”旁訛變爲下“口”上“羌”，字形寫作：

（叔尸鐘 273）　（叔尸鎛 285）　（璽彙 3535）

（燕侯載簋 10583）　（中山侯鉞 11758）

郳國文字自成一體，“苟”旁中部左右各添加一豎畫，類似“用”字，字形如：

（郳公鈺鐘 102）　　（璽彙 0342）

齊文字的“石”旁一般是“厂”加兩横和“口”，但是其下邊的兩横要寫得很短，並且單獨置於右下側，形體和位置都使得它看上去更像是合文符號，如：

（施 301） 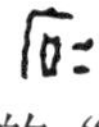　（陶録 2.50.4） 　（陶録 3.534.4）

具有齊文字地域特點的“馬”字，馬頭和馬鬃與其他系文字寫法不同，形體主要有兩種，一種見於陶文，一種見於璽印，裘錫圭認爲

“馬”的璽印字形是由陶文字形過渡而來的[①]。字形如：

（陶錄 2.85.1） 　（陶錄 2.351.1） 　（陶錄 2.682.3）

（璽彙 3813）　（璽彙 0047）　（璽彙 0026）

齊系文字“犬”的有些字形具有明顯的地域特點，與其他地域文字寫法不同，字形如：

【猶】（陳純釜 10371）　【猒】（陶錄 3.405.1）

【㹜】（陶錄 3.425.4）　【狟】（陶錄 3.186.4）

“大”字像人形兩臂的部分拉直，這是齊系文字的特點[②]。齊系文字從“大”的“立”同样有這一特點。此外，齊系文字的“大”常加注“口”符繁化。字形如：

【大】（齊幣 186）　（陶錄 2.29.3）　【夸】（陶錄 3.381.6）

【立】（陶錄 2.3.4）　【䢅】（齊幣 286）　【竘】（璽彙 5540）

戰國文字的“關”字外從“門”，內部偏旁寫法各具特色，齊系文字特點是其兩個飾點寫在兩豎筆上，字形如：

（陳純釜 10371） 　（璽彙 0174） 　（陶錄 2.344.3）

齊國文字“歲、或”字所從“戉”旁的左側很誇大，形成半框結構，字形寫作：

【歲】（陶錄 2.646.1）　【或】（陶錄 2.26.1）

邾國文字的“戉”旁作形，其左側部分形體也類似“匸”旁，但是其兩横的長度要比齊、燕字形短得多，其字形如：

【惑】（陶錄 3.343.1） 　（陶錄 3.343.5）

“它”具有獨特地域寫法，齊系文字的“它”在字體的中部多一斜畫，這一畫是蛇脊椎骨的象形筆畫的遺存，形體源於春秋字形（魯伯愈父匜 10244）。如：

【它】（齊幣 418）　【朊】（新泰 2003.3.11 圖 18）

---

① 裘錫圭：《“司馬聞”“聞司馬”考》，見《古文字論集》，第 484 頁。
② 吳振武：《古璽姓氏考（複姓十五篇）》，載《出土文獻研究》（第 3 輯），中華書局 1998 年版。

【咤】（璽彙 1148） 【郘】（璽彙 0355）

具有齊系文字特點的楚簡抄本文字[①]，也有這種形體特點，字形寫作（郭店・忠信 7）。

齊系文字"陳"字的特點是與其所從的"土"旁分離，字形寫作：

（陳逆簋 4096） （陳御寇戈 11083） （璽彙 029）

（陶錄 2.14.3） （璽彙 1469） （陶錄 2.5.2）

齊、燕文字的"丙"字內部的"入"字訛變作"火"形，如齊系文字寫作：

（莒侯簋） （子禾子釜 10374） （陶錄 2.757.1）

齊系文字的"戊"字在左邊內側有形飾筆，字形寫作：

（陳純釜 10371） （陶錄 2.235.3） （陶錄 2.663.2）

齊系文字的"己"字或具有明顯的地域特徵，其豎畫與橫畫的連結點通常不在橫筆的兩端，而是橫筆的內部，形體合於《說文》古文，字形如：

【己】（璽彙 1475） （璽彙 2191）

【记】（陶錄 3.485.5） 【紀】（璽彙 2611）

齊系文字的"寅"字具有明顯的地域特點，目前見到的"寅"字，一般寫作：

（新收 1781 陳逆簠） （陳逆簠 4630） （陳純釜 10371）

齊系文字的"辰"字一般在其字形下綴加"口"符，字形寫作"唇"，也可以認爲是借"唇"爲"辰"；而燕、郳等國的"辰"字一般要贅加"日"符，與齊國文字不同。齊系文字的"辰"字字形如：

（叔尸鐘 272） （叔尸鎛 285）

（璽彙 3499） （璽彙 3727）

（璽彙 3718） （陶錄 2.18.4）

① 目前學術界一般認爲某些楚簡爲具有齊系文字特點的抄本，參看馮勝君：《論郭店簡〈唐虞之道〉、〈忠信之道〉、〈語叢〉一～三以及上博簡〈緇衣〉爲具有齊系文字特點的抄本》，北京大學博士後研究工作報告，2004 年 8 月。

郳國文字中有單字陶文“晨”，或許即爲“辰”字繁化。字形寫作：

（陶録 3.182.2） 　　（陶録 3.182.3）

（二）燕系文字

燕系文字指戰國時期的燕國文字，目前所見到的燕國古文字材料多爲戰國時期。就出土文字資料的數量來説，燕系文字在戰國文字中也是字量較小的一系。

雖然燕系文字數量較少，但字形却是戰國文字中較有特色的一系，這與其偏安北隅的地理位置是分不開的。燕國在地理上緊鄰齊、趙，在文字特點上與齊系文字淵源頗深。

1. 共有特徵

燕系文字的共有特徵較爲豐富，具體有：字形省半、右側開口、豎筆平拖、横筆下彎、偏旁反置、倒三角形等。

（1）字形省半。燕系文字中的偏旁或整個字體常省略一半，這是在戰國其他系文字中不常見的。如“艸”省減爲“屮”、“竹”作半枝、“器”寫作“哭”、“無”存半邊等。字例形體如下：

【莫】（璽彙 1279）　（璽彙 5498）

【笑（芖）】（璽彙 3537）　（考古 1989.4.378）

【竫（竱）】（璽彙 3497）

【秋（槀）】（璽彙 0824）　（施 312）

【篝（毒）】（璽彙 0760）

【器（哭）】（陶録 4.13.1）　（古研 15.97 武平鐘）

【無】①（陶録 4.21.1）　（郾王喜劍 11614）

（2）右側開口。燕系文字也有類似於齊系文字“手持柄形”的

① 楊澤生：《燕國文字中的“無”字》，《中國文字》（新廿二期），藝文印書館 1996 年版，第 185 頁。董珊：《釋燕系文字中的“無”字》，《于省吾教授百年誕辰紀念文集》，第 208 頁。

字體，主要有“襄、御”及其相關字體。此外，燕系文字中的這種形體來源更加廣泛，共同特點是在右上側開口，這種寫法的字體還有從“女、虍”等偏旁的文字。字形如：

【纕】（璽彙2240） （璽彙3053）
【妐】（施88） 【嬰】（璽彙5664）
【安】（貨系2310） （璽彙1226）
【海】（璽彙0362）
【御】（作御司馬戈11059） （郾王職戈11236B）
【虡】（雁節12104C） 【虘】（璽彙3057）

（3）豎筆平拖。燕文字字形下部一側的豎筆、斜筆等筆畫，常常向另一側平拖出一條長畫，具體來説，就是左側的豎筆、斜筆向右平拖，右側的豎畫、斜畫向左平拖，在字體的底部形成一條長長的横畫，這是燕文字字形一個獨特的構形特點。如：

【纕】（璽彙2240） 【彝】（璽彙4123）
【範】（璽彙2283） 【吳】（璽彙4123）
【女】（璽彙3663） 【佳】（璽彙2793）
【敀】（璽彙3864） 【刑】（璽彙1279）
【邦】（璽彙3295） 【都】（璽彙0293）
【邾】（璽彙2242） 【郯】（璽彙3425）

（4）横筆下彎。“豎筆平拖”可能是由於書寫時的筆勢連帶造成的，與書寫習慣有關。除此以外，燕文字中還有一些字體的横筆常常向下彎轉。字形如：

【單】（璽彙3632） 【章】（璽彙2521）
【天】（璽彙3347） 【缶】（陶録4.16.1）

（5）偏旁反置。在戰國各系的文字中書寫是有一定習慣的，結構位置已經較爲固定，燕國文字中偏旁位置往往與其他地域文字的放置

習慣不同，如偏旁反置現象[①]。

①戰國文字左右結構的字體，燕系文字常寫作上下結構。其字形有：

【嘽】（璽彙 4099）　　【敢】（施 345）

【祀】（新收 1483 燕王職壺）　　【脰】（璽彙 5691）

【肸】（璽彙 5635）　　【攻】（左攻尹弩牙 11924）

【臍】（璽彙 2829）　　【脽】（璽彙 4128）

【齏】（璽彙 1598）　　【璺】（璽彙 3247）

【秋】（璽彙 3466）　　【職】（郾王職劍 11643）

【滅】（新收 1483 燕王職壺）　　【張】（二十年距末 11916C）

②戰國文字上下結構的字體，燕系文字常寫作左右結構。其字形有：

【更】（璽彙 3347）　　【聖】（璽彙 2603）

③字體偏旁位置上下換位。其字形有：

【旦】（璽彙 5583）　　【邷】（璽彙 0086）

④左右結構偏旁換位。如戰國文字的“攴、刀、邑”等部首往往在字體的右側，而燕系文字常常寫在左側；“人、木”旁往往在字體的左側，而燕系文字常寫在右側。字形如：

【斂】（璽彙 3862）　　【攻】（陶錄 4.15.4）

【畋】（璽彙 5644）　　【敀】（郾王詈矛 11540）

【鈹】（璽彙 3863）　　【皾】（璽彙 2814）

【敢】（陶錄 4.7.1）　　【刑】（璽彙 1279）

【剔】（璽彙 3956）　　【利】（郾王喜矛 11529）

【邦】（璽彙 0329）　　【都】（庚都司馬鐓 11909）

---

① 燕文字的這一構形特點，丘寶怡已有論述，其以“耳、刀、邑”等旁爲例，將這一特點稱爲“偏旁位置特殊”。見丘寶怡《燕國璽印文字研究》，《問學二集》，香港中文大學中文系 1997 年版，第 37 頁；彭吉思對燕文字的偏旁反置的現象也作過較爲系統的描述，見彭吉思《戰國燕系文字地域特徵研究》，華南師範大學 2007 年碩士畢業論文，第 27—30 頁。

【孫】（璽彙 1554）　【壯】（璽彙 0308）

【即】（璽彙 3453）　【休】（匽侯載器 10583）

在燕文字的字體構形中，這類偏旁左右反置的文字數量是很多的，結構也是較爲固定的。連同上面所說的左右結構變作上下結構的字例，足以說明偏旁反置的現象在燕文字中是較爲普遍的。

（6）倒三角形。古文字中很多圓圈形、方框形、“口”形、“日”形等偏旁或部件，在燕文字中往往會寫作倒三角狀，綫條平直，彎折之處棱角分明。字形如：

【厶】（璽彙 4130）　【中】（璽彙 5351）

【君】（施 91）　【邑】（聚珍 173.6）

【宫】（右宫矛 11455）　【四】（聚珍 138.5）

【莫】（古研 7.137 圖 4 莫戈）　【昌】（貨系 2337）

2. 單字（偏旁）特徵

燕系文字的“中”獨具地域特色，裘錫圭有專文考釋[①]。其字形特點是上部中間的豎筆與兩横筆結合成兩個彎筆，中間的豎筆不再存在，不向下穿透中間的口，中間的口或變爲倒三角形，下部的筆畫省略。字形寫作：

（貨系 3200）　（璽彙 5351）　（施 297）

【审】（璽彙 3496）

燕系文字的“毀”字上部的圈形符號仍然保留，下部“土”旁或省，有的贅加“女”形飾符（即腳形飾符的訛體）。字形作：

（纕安君鈚 9606）　（璽彙 2237）　（先秦編 290）

燕系文字“口”旁常訛變作“山”形[②]，或進一步省略作形，即省去其上部的横筆。字形如：

【音】（璽彙 5455）　【台】（璽彙 5437）　【喬】（璽彙 1237）

---

① 裘錫圭：《戰國貨幣考（十二篇）》，《北京大學學報》1978 年第 2 期。又見《古文字論集》。

② 李家浩：《燕國“洀谷山金鼎瑞”補釋》，《著名中年語言學家自選集·李家浩卷》，第 148—159 頁。

【誨】（璽彙 3515）　【各】（璽彙 5308）　【缶】（陶録 4.125.2）

燕系文字的有的偏旁常訛變，如“走”字上部的“夭”旁可以訛變爲，字形如：

【趙】（璽彙 5361）　【起】（璽彙 3320）　【達】（璽彙 3530）

燕系文字的“爲”是古文字構形中借筆省簡的一個特殊例子，可以稱作爲“爪形合併”。“爪”旁與其相連的筆畫、部首省簡合併而形成組合形體，這是一種由書寫習慣所導致的形體改造。如燕系文字中的“爲”就是“爪”與象頭的結合體，字形作：

（匽侯載器 10583）　（郾王職矛 11525B）

（璽彙 3176）　（陶録 4.31.1）

燕國文字的“目”寫法獨具一格，“目”及從“目”之字作：

【目】（陶録 4.172.6）　【旜】（陶録 4.2.2）

【睘】（□氏睘小器 10420）　【䁃】（璽彙 3413）

晉系中山文字“眂”，寫作（兆域圖版 10478），類似燕國文字，顯然是受燕系文字的影響。

燕重金罍“受”字作（重金扁壺 09617），朱德熙認爲其字形特點是“把爪和舟連在一起寫”①。李家浩補充説，“這種寫法的‘受’蓋是把‘爪’與‘舟’並列在一起，並把‘又’寫作”，並進一步指出這是燕系文字的特點②。字形如：

【受】（永用析涅壺 09607）　【受】（璽彙 2799）

【顠】（璽彙 2516）　【慫】（璽彙 3403）

【爯】（璽彙 5500）　【㮛】（璽彙 2407）。

燕系文字的“者”字形體較爲單一，獨具特色。其上部類似“㫃”旁，下部與“衣”旁下部相近，整個字形與傳抄古文“旅”字相似，

① 朱德熙：《古文字考釋四篇》，《古文字研究》（第 8 輯），第 18—19 頁。

② 李家浩：《盱眙銅壺芻議》，《古文字研究》（第 12 輯），第 355—361 頁。

如“旅”字傳抄古文寫作：[ancient glyph]、[ancient glyph]、[ancient glyph]、[ancient glyph][1]，或以爲“旅”字[2]。字形如：

【者】[ancient glyph]（郾王職劍 11634）　　【者】[ancient glyph]（璽彙 3248）

【都】[ancient glyph]（庚都司馬鐓 11909）　　【都】[ancient glyph]（璽彙 0010）

燕系文字“肖”字的聲符爲“少”，字形如：

[ancient glyph]（璽彙 4130）　[ancient glyph]（璽彙 4131）　[ancient glyph]（璽彙 4132）

與齊、楚、晉三系文字相比，燕系文字的“市”字不從“土”，上部“之”形的基本形體還在，下部兩側的豎畫較爲對稱。字形如：

[ancient glyph]（璽彙 0292）　[ancient glyph]（璽彙 5570）　[ancient glyph]（施 91）　[ancient glyph]（陶錄 4.21.3）

燕系文字的“豆”旁最具地域特點，一般寫作[ancient glyph]，字形如：

【登】[ancient glyph]（璽彙 5327）　【㞷】[ancient glyph]（璽彙 2728）　【喜】[ancient glyph]（郾王喜矛 11523）

【壴】[ancient glyph]（璽彙 0368）　【匼】[ancient glyph]（璽彙 0602）　【鋀】[ancient glyph]（璽彙 0292）

燕系文字的“章”字下部訛變爲“寸（又）”形，字形寫作：

[ancient glyph]（璽彙 5672）　　[ancient glyph]（考古與文物 1994.4.6）

燕文字的“亩”字最有特色，其字形下部的兩條橫綫要兩側出頭，寫作：

[ancient glyph]（右廩鐵斧範 11784）　　[ancient glyph]（右廩鐵鑊範 11833）

[ancient glyph]（右廩鐵鐮範 11827C）　　[ancient glyph]（施 90）

燕系文字的“食、皀”等字形，其下部常訛變爲“止”形，字形如：

【即】[ancient glyph]（璽彙 5611）　　【飤】[ancient glyph]（璽彙 5317）

【瘠】[ancient glyph]（璽彙 1291）　　【瘠】[ancient glyph]（璽彙 3249）

燕系文字的“邑”部很有特點，其形體類似兩個開口向左的“口”形作[ancient glyph]，或兩個“口”形連在一起，公用筆畫作[ancient glyph]；下部拖出一條捺形斜綫，字形如：

---

① 徐在國：《傳抄古文字編》，第 657 頁。

② 何琳儀：《戰國文字通論》（訂補本），第 105 頁。

【邦】（璽彙 0329） 【都】（璽彙 0051）
【鄙】（璽彙 0120） 【郘】（璽彙 0120）
【郾】（郾侯脮戈 11272） 【郻】（璽彙 0159）
【齋】（璽彙 1598） 【疊】（璽彙 3247）

就貨幣文字來說，齊、燕刀幣的“明”字是有差別的。燕刀幣“明”字的“月”旁爲弧形，字形如：

（貨系 3276） （聚珍 069.1）
（貨系 2950） （聚珍 142.5）

燕系文字“倝”字所從“㫃”旁兩側都有下垂的豎畫，形體對稱。“㫃”與“旦”之間有兩條短綫連接，這些都是獨具特色的。“倝”字作：

（璽彙 2807） （璽彙 2817） （璽彙 2820）

秦、晉、燕等系的“疒”旁的形體，不同於上述齊、楚兩國文字的寫法，其特點是左側簡省，一般寫作。燕系文字一般作：

【疾】（陶彙 4.5） 【瘟】（璽彙 2402）
【瘢】（璽彙 0798） 【瘖】（璽彙 1227）

燕系文字的“网”旁則類似楷書的“父”形。字形寫作：

【罰】（璽彙 5686） 【罷】（璽彙 4126）
【罝】（璽彙 1666） 【繁】（新收 1087 武鏃戈）

燕國文字的“身”旁很有特色，其形體特點是上下兩部分筆畫斷開，作“丩”形相連①，字形寫作：

【身】（璽彙 0364） （璽彙 3463）
【䠶】（璽彙 5427） （璽彙 5685）

戰國文字的“屋”字寫法各具特色，主要區別在其上部。燕文字“屋”字的上部偏旁自成一體，字形写作：

（璽彙 0015） （璽彙 5541）  （璽彙 5546）

① “身”字由吳振武先生釋，見吳振武：《燕國璽印中的“身”字》，《胡厚宣先生紀念文集》，科學出版社 1998 年版，第 196—199 頁。

燕文字的“石”旁形體一般也是三横的“厂”加“口”，但是其竪筆要向上出頭，使得這個三横的“厂”旁更像戰國文字的“阜”旁，字形如：

【硂】（璽彙 2319）　　【斫】（璽彙 2606）

【硯】（璽彙 4105）　　【砠】（璽彙 5406）

“馬”字的簡寫主要見於楚、晉、燕三系文字，燕文字的馬頭也作“目”狀，與其他地域文字不同的是，其“目”是上尖下圓，字形作：

【馬】（庚都司馬鐓 11909）　　【馬】（璽彙 0050）

【騎】（璽彙 2512）　　【騶】（璽彙 1504）

另外，齊陶文的“馬”字作（璽彙 0024）、（施 37），是受燕系文字寫法影響的字體。

燕系文字的“犬”字贅有犬爪的符飾，獨具特色，字形寫作：

【狗】（璽彙 3496）　　【犷】（璽彙 2521）

【猲】（璽彙 2510）　　【哭】（新出 631）

戰國文字的“喬”多從“九”聲，例多不贅舉。燕系文字獨具特色，上部寫作“中”形，與春秋晚期的晉文字形體相同，侯馬盟書寫作（156：21），可證。其字形如：

（璽彙 1226）　　（璽彙 1231）　　（璽彙 1244）

楚、燕、齊三系文字的“手”旁形體接近，衹是上端稍有差異，燕系文字的“手”旁中間竪畫向上並不通到頂部，這是與其他各系文字不同的。其字形寫作：

【拜】（不降矛 11541）　　（不降戈 11286B）

燕系文字的“几”一般寫作，其下邊兩筆類似“八”字，此類字形亦見於楚文字。字形作：

【乘】（廿年距末 11916）　　（璽彙 5672）

燕系文字的“四”字一般寫作倒三角形，中下部贅有八字形綫條，或認爲是“厶”的分化字①。字形寫作：

（卄四年銅梃 11902） 　（陶録 4.103.1） 　（貨系 3079）

齊、燕文字的“丙”字内部的“入”字訛變作“火”形，如燕系文字寫作：

（西清古鑑 19.3）　（璽彙 0747）

燕系文字的“辰”字也綴加“日”符，字形寫作：

（璽彙 3188）　（璽彙 3453）

燕系文字的“戊”字的“戈”旁向左穿透豎畫，字形類似“伐”字，其字形寫作：

（鷹節 12106）　（璽彙 3821）

燕系文字的“申”字形體獨具地域特色，其外形類似英文字母 S 或反 S 形，内部上下各有一點，字形寫作：

（璽彙 0876）　（璽彙 3646）　（陶録 4.195.1） 　（陶録 4.195.2）

（三）晉系文字

晉系文字不但包含韓、趙、魏三國的文字，而且還有中山、東周、西周、鄭、衛等小國的文字。三晉處於西秦、東齊、南楚、北燕的包圍之中，其文字雖不像秦文字那樣直承西周，但較之六國其他文字則寫法更爲規整，三晉璽印文字尤其如此。下面對晉系文字的地域性特點舉例説明。

1. 共有特徵

晉系文字形體或偏旁所共同具有的特徵，包括字形對稱、口旁加横等。

（1）字形對稱。晉系文字的綫條多平直，筆畫方折。整個字體顯得較爲工整、勻稱。

①作爲一個重要的偏旁，三晉文字的“止”形體很有特點，一般

① 何琳儀：《釋“四”》，《文物春秋》1993 年第 4 期。

中間部分寫作“×”形，下面的直橫通常寫作彎筆，字形如：

【正】（璽彙 1397）　（璽彙 4766）

【是】（三晉 97）　【迹】（璽彙 4080）

【徒】（璽彙 2617）　【過】（璽彙 2004）

【遛】（璽彙 1490）　【踦】（璽彙 1684）

②晉系文字“目”字多横作，外面的橢圓形是眼睛的輪廓，裏面有三條平行的豎直綫條，形體較爲規整美觀。字形如：

【目】（璽彙 0377）　【眂】（璽彙 2946）　【盲】（璽彙 1647）

③晉系文字的“隹”字一般寫得綫條規整、美觀匀稱，“隹”頭或寫成三角形，或省簡作一彎畫，或完全省略。字形如：

【隼】（璽彙 0929）　（璽彙 1483）

【進】（璽彙 0510）　【䧹】（璽彙 3781）

【鵑】（陶録 5.7.3）　【雚】（璽彙 2272）

④晉系文字的“君”字也是寫得綫條規整，筆畫對稱，字形如：

【君】（中山王鼎 2840）　（璽彙 0104）

【晜】（璽彙 0074）　（璽彙 0672）

⑤晉系文字的“衣”旁有自己的構形特點，其下部不是寫作交叉的兩筆，而是連成一條平滑的凹狀曲綫，上部也不作“人”形，而是類似“宀”形，體現了晉系文字規整美觀、字形對稱的特點。字形如：

【褢】（璽彙 1295）　【褱】（璽彙 1528）

【襄】（相邦鈹 11635）　【被】（璽彙 1350）

【袄】（璽彙 3126）　【裷】（璽彙 2344）

（2）口内加點。三晉文字從“口”之字多在“口”旁内加點或短横，獨具地域性特點。

①晉系文字的“言”字在其所從的“口”形内加點，遂與“音”字混同，字形如：

【言】（璽彙 4284）　（貨系 3995）

【語】（璽彙 3083）　　【謁】（中山守丘刻石）

【許】（二年戟 11364）　　【謹】（璽彙 0983）

②三晉文字的其他“口”形加點。字形如：

【吉】（梁十九年亡智鼎 2746）　　【缶】（中山王鼎 2840）

【古】（中山王方壺 9735）　　【居】（璽彙 1832）

【舍】（中山王鼎 2840）　　【告】（中山王方壺 9735）

2. 單字（偏旁）特徵

晉系文字也有一些單字具有地域特徵，舉例如下：

晉系文字具有地域特點的“中”字上部多省減爲一横，下部的兩横多省略，或以豎筆右彎體現這一筆意，這種寫法也見於齊、楚系文字。其字形寫作：

（王子中府鼎 2530）　　（先秦編 239）

晉系文字的“毀”字變化較多，典型字形簡化、訛變作從“羊”聲，字體上部圓圈常寫作倒三角形，下部也有“土、又”等飾符。字形作：

【毀】（珍戰 47）　　（璽彙 5375）

（貨系 4053）　　（先秦編 238）

【襄】（相邦鈹 11635）　　（璽彙 1358）

（貨系 1094）　　（璽彙 3134）

晉系文字的“者”字上部一般不寫作“之”形，下部可寫作“口”或“曰”形，字形作：

（守丘刻石）　　（兆域圖版 10478）　　（兆域圖版 10478）

（左織箕 10396）　　（中山王方壺 9735）　　（十一苿盉 9448）

晉系文字和楚系文字“歲”的特點是將其所從“戉”旁的左側省略掉，訛變成爲“戈”旁，字形如：

（璽彙 4425）　　（璽彙 4427）　　（集粹 11）

戰國文字的“倉”大體有兩類寫法，晉系和楚系文字都寫作上邊從倒“口”，下邊一或二條横畫，中間是“爪”、豎畫、横畫的組合，與秦、齊類寫法不同。字形如：

晉：（宜陽右倉簋 3398）　（貨系 261）

（陶録 5.43.4）　（陶録 5.75.2）

楚：（包山 181）　（新蔡甲三 331）

（郭店・太一 4）　（璽彙 3907）

晉、楚兩系文字的“市”字也綴加“土”旁，相比齊系文字，其所從的“之”下飾點較少。字形如：

（貨系 44）　（璽彙 2970）

晉系文字“食”旁可省減去其下部的“匕”形，字形寫作：

【餡】（璽彙 0811）　【饍】（七年宅陽令矛 11546）

【餶】（璽彙 0502）　【飥】（璽彙 0812）

晉系文字的“亩”也具有獨特的地域特點，其上部也是寫作“尔”形，但是下部卻寫作“日、目、首”，或等形，形體寫法較爲複雜。字作：

（土匀錍 9977）　（璽彙 0324）

（陶録 5.15.4）　（璽彙 3327）

晉系文字的“嗇”字上從“來”，下從“目”，字作：

（陶録 5.70.2）　（十一年庫嗇夫鼎 2608）

（右使車嗇夫鼎 2707）　（璽彙 0109）

晉系文字的“倝”的“旦”旁所從的“丁”寫作“十”字形。字作：

（侯馬 1：45）　（韓氏私官鼎）

（璽彙 2357）　【榦】（中山王圓壺 9734）

晉系文字的“期”一般寫作從“月”，“亓”聲。字作：

（三十五年鼎 2611）　（考古與文物 1994.4 九年承匡令鼎）

晉系文字的“㫃”旁上部寫作“中”形，其中部的橫筆多在左或右端彎下，字形寫作：

【旗】（璽彙 0953）　【旂】（令狐君壺）

【旟】（璽彙 3430）　【倝】（韓氏私官鼎）

晉系文字的“舟”旁寫法類似“爻”字左邊再加一條弧形彎筆，多寫作，獨具特色。字形如：

【俞】（璽彙 3316）　【諭】（璽彙 2007）　【榆】（璽彙 2406）

晉系文字的“欠”旁較爲省簡，不與“次”字混用。多寫作側“口”形和“人”形的結合體，源自春秋晚期字形，侯馬盟書字形即如此作。如：

【歡】（璽彙 2467）　【欲】（璽彙 3098）

【歐】（璽彙 1132）　【飲】（中山王方壺 9735）

晉系文字的“茍”字上部形體好像頭下尾上的魚形，獨具特色：

【茍】（璽彙 4254）　（璽彙 4227）

【敬】（中山王鼎 2840）　（璽彙 4229）

晉、齊、燕三系文字“𦣞”旁字形相近似，外部類似“匸”旁，內部有兩個類似西周金文“𠂤”字所從的鋸齒形部件，晉系文字或有省減。字形寫作：

晉：【配】（璽彙 3183）　（璽彙 3181）　（璽彙 3185）

齊：【姬】（禾簋 3939）

燕：【配】（郾生戈 11383）

晉系文字具有獨特寫法的“馬”字較少，其形體寫作馬頭下邊一短豎，豎下一橫筆，字形寫作：

【馬】（璽彙 0044）　（璽彙 0045）

【馮】（五年邦司寇鈹 11686）　（璽彙 2842）

晉系文字的“犬”一般用綫條勾勒且較爲象形，犬的頭、下巴、前肢、後肢、尾巴一應俱全。字形寫作：

【猗】（璽彙 0826）　【猒】（中山王鼎 2840）

【狾】（璽彙 2518）　【器】（璽彙 1069）

晉系文字的“曲”形體最爲簡單，由兩條綫條勾勒而成，字作：

（中原文物 1988.3 合陽矛）　（璽彙 2317）　（貨系 979）

晉系文字的“象”字下部形體類似“肉”旁，但是沒有內部的兩條短畫。字形寫作：

【象】（璽彙 1455） （璽彙 3273） 【豫】（璽彙 1492）

晉系璽印文字的“力”旁多寫作。字形如：

【勁】（璽彙 0843） 【勑】（璽彙 3312） 【男】（璽彙 0969）

晉、楚、燕三系文字的“金”旁或寫作形，是“金”旁所從的四個點黏連訛變後所得到的形體。如晉、楚、燕三系文字分別作：

晉：【鈒】（璽彙 3875） 【錢】（璽彙 3237）

楚：【鈃】（包山 252） 【鎊】（包山 254）

燕：【金】（璽彙 3346）

三晉文字的“几”字一般寫作形，字形下端有兩個短横，兩條“几”腿一高一低。字形如：

【處】（中山王圓壺 9734） （魚顛匕 980） （璽彙 0414）

【釠】（璽彙 1346） （璽彙 2133）

【肌】（璽彙 2471） （施 288）

（四）楚系文字

“自春秋中葉以來，以楚國爲中心的文化圈，除包括吴、越、徐、蔡、宋這些較大的國家之外，還包括漢、淮二水之間的星羅棋布的小國。這一地區的銅器銘文普遍使用一種通體頎長、頗有裝飾性的字體。”[①] 需要説明的是，“通體頎長、頗有裝飾性”的字體主要是指銅器文字而言的，楚簡、璽印文字並不明顯具備這些特徵。

近年來楚簡的發現，使我們看到真正意義上的古書，其字體風格和特點並非像銅器文字那樣簡單，有許多學者指出，由於傳抄和抄手的原因，楚簡文字還雜糅著其他區系的文字。

1. 共有特徵

楚系文字也有一些不同於其他系文字的地域性特徵，如結體分

① 何琳儀：《戰國文字通論》（訂補本），第 148 頁。

散、上部加撇等。

（1）結體分散。楚簡文字由於爲毛筆書寫的原因，因此會有一些不同於其他文字的特徵，結體分散或與此有關，下舉例説明。

【糸】楚簡文字的“糸”旁寫得綫條平行而分散，這可能是因爲毛筆書寫較快而造成的筆畫離析，字形寫作：

【緹】（包山267）　【絹】（包山267）　【組】（包山267）

【隹】楚系文字的“隹”字有的形體離析，成爲、兩個部分[①]，前一部分或直接省減爲“尸”形，字形如：

【隹】（上博一·孔3）【售】（郭店·老乙3）【雀】（郭店·太一9）

【集】（上博一·緇19）　【唯】（上博三·彭1）

【大】楚文字“大”字形體有的寫得分散，象兩個上下重疊的“人”字，字形作：

【大】（璽彙0127）　【天】（上博二·魯5）

（2）上部加撇。楚文字上部偏旁的豎筆有明顯的彎曲或有一撇作爲飾筆，這是其常見的字形特徵。字形寫作：

【告】（郭店·窮達11）　【速】（郭店·尊德義28）

【道】（郭店·窮達7）　【事】（包山18）

【省】（上博四·曹27）　【陳】（上博四·昭3）

2. 單字（偏旁）特徵

楚系文字的單個文字或偏旁也有許多典型的地域性特徵。如：

楚文字“中”有多種寫法，具有典型地域特點的字形，中間的豎畫向下穿過口形後右彎，上端一般還保存原來的兩條横畫，字形寫作：

（包山18）　（上博一·孔8）　（郭店·老乙14）

（上博二·容40） 　（上博四·曹45）　（貨系4276）

（包山269） 　（上博七·君乙1）

① 朱德熙：《壽縣出土楚器銘文研究》，《朱德熙古文字論集》，第4—5頁。

楚系文字的“皇”字的上部訛變爲類似古文字的“卅”，類似字形也見於春秋晚期的齊國文字；字形或進一步省略上部中間的豎畫。有關字形寫作：

（欒書缶 10008）（望山 2.45）（包山 266）
（郭店·緇衣 46）（上博六·競 12）（上博六·莊 4）

楚系文字“告”字的“牛”旁的豎畫一般不會向下穿透横畫，有的字形豎畫上面有明顯的彎曲或有一撇，有的字形“牛”旁寫作豎畫下加“×”，或寫作“中”下加一横。字作：

（包山 15）（包山 137）（上博一·緇 24）
（上博五·弟 15）（郭店·窮達 11）（上博二·昔 2）
（郭店·緇衣 47）（上博四·柬 7）

楚系文字的“㲋”字或類似秦系文字，字形上部寫作兩個圓圈形；下部左“土”，右“攴”，中間類似“彔”字下部。字形寫作：

（璽彙 0309）（包山 103）
（信陽 2.012）（璽彙 0141）

楚系文字的“歲”字從“日”或“月”，下“止”省略，上“止”與“戈”旁共用横畫，字作：

（上博五·鮑 8）（畬忎鼎 2795）（鄂君啟節）
（包山 4）（璽彙 0205）（郭店·太一生水 4）

楚文字“奎”的形體上部類似“午”，下有兩横畫，或又贅加“口”符、“肉”符，字形如：

（包山 111）（上博六·用 19）（郭店·語叢一 60）
（上博一·孔 19）（郭店·性自 54）（上博二·民 2）

楚系文字的“卜”字右側的點往往向下彎曲，字形寫作：

（上博四·柬 1）（上博六·天乙 10）

楚系文字的“飤”字有三種地域性寫法：加注“口”符繁化；將其所從的“匕”形訛變作“口”形；將其“食”的上部省減，寫作“皀”形。其字形寫作：

A. （上博七・君甲 2）　（上博七・君甲 9）

B. （郭店・語三 56）　（上博三・周 22）

C. （包山 247）　（郭店・成之 13）

楚系文字的“者”字有多種形體，現將有地域特點的羅列如下（每行一種）：

（上博五・姑 3） 　（上博一・性 2）

（上博二・容 2）　（郭店・老甲 33）

（上博三・中 10）　（上博三・中 21）

（上博一・孔 1）　（上博一・孔 3）

（上博一・性 38）　（上博一・緇 22）

（上博一・緇 1）　（郭店・五行 19）

楚系文字的“工”字中間的豎畫常訛變作兩筆，字形寫作：

【工】（上博三・彭 5）　（上博三・周 16）

【攻】（上博四・相 3）　（新蔡甲三 309）

楚系文字的“巫”字獨具地域特點，字形較爲繁瑣。其字形省去中間的豎畫，加豎畫於兩旁，下面飾以“口”符，字形寫作：

（包山 219）　（新蔡甲三 15）

【睬】（包山 125）　【筮】（郭店・緇衣 46）

楚系文字的“平”都綴加“土”符，也可以認爲是假“坪”爲“平”，即“楚之平皆作坪”[①]，字形多變；除此以外，曾侯乙文字又有獨特寫法，其所從“土”符一般在左下側，“平”字寫成類似上“丌”下“丂”的形體，與《説文》小篆相似。寫作：

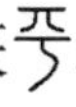

（坪夜君鼎） 　（曾侯乙鐘）

（上博四・昭 5）　（新蔡乙二 37）

楚、晉系文字的“市”字也綴加“土”旁，相比齊系文字，其所從的“之”下飾點較少。字形如：

---

① 李守奎：《楚文字編》，第 299 頁。

楚：（鄂君啟車節） 　（包山 91）

晉：（璽彙 2970）　（七年盧氏令戈）

楚、晉兩系文字的“央”字形相近，上部類化爲“用”字，字形如：

楚：（新蔡甲二 22） 　（上博五・三 4）　（上博二・子 1）

晉：（陶録 5.71.3）　【英】（陶録 5.15.3）　【紻】（璽彙 3786）

楚系文字“就”字從“亯”從“京”，或加“辵、攴”等繁化，朱德熙有文專述[①]。字形如：

（郭店・五行 21）　（上博七・鄭乙 1）

（上博二・容 7）　（上博三・周 47）

楚系文字的“嗇”字上從“來”，下從“田”，字形如：

（郭店・老乙 1）　（上博二・子 2）

楚系文字的“因”字忠實地繼承了西周文字形體，中間爲一“大”字，外面綫條圍繞“大”字，隨體詰詘；“大”或訛變爲“矢”形。字形寫作：

（郭店・語叢一 31）　（上博二・容 18）

（包山 222）　（郭店・六德 14）

楚系文字的“巷”字從“行”或“辵”，剩餘的偏旁寫作，類似於秦文字，字形寫作：

（包山 144） 　（郭店・緇衣 1） 　（包山 142）

楚、齊、晉三系文字的“早”多從日，“棗”聲，或“棗”省聲，如：

楚：（上博三・中 14） 　（郭店・語叢三 19） 　（郭店・語叢四 12）

晉：（中山王鼎 2840）　（溫縣 WT1K14：867）　（十四年武城令戟 11377）

齊：（陶録 3.598.1）　（陶録 3.598.3）

楚系文字的“曑”字寫作“晶”或三個圈形，也可以在下部加上

① 朱德熙：《釋𩫏》，見《朱德熙古文字論集》，第 1—2 頁。

類似“光”字下部的偏旁，相關字形寫作：

（上博三・周易 18）　（上博三・周易 22）
（上博八・命 10）　（郭店・性自 15）
（上博六・用 1）　（清華三・說命下 9）

楚系文字的“㫃”旁與齊系文字類似，上部寫作“止”形，與晉系文字不同，其“止”形的最後一筆一般在右端彎下，字形寫作：

【旌】（曾乙 65）　【𣃀】（包山 75）
【斡】（上博三・周 18）　【旃】（曾乙 68）

楚文字的“安”字形體多樣，或在“女”旁下加飾畫，或將飾畫交於“女”旁的斜畫上，或加折筆於“女”旁之下，字形如：

（璽彙 0177）　（新蔡甲三 132）
（郭店・緇衣 8）　（上博二・民 4）

楚系文字的“疒”旁，與齊國文字寫法相似，特點是左側筆畫繁瑣，字形如：

【疾】（上博四・內 8）　【瘧】（上博六・競 1）
【瘳】（包山 10）　【瘏】（上博六・競 1）

楚文字“身”地域性特點鮮明，類似“廷”形，字作：

（上博五・競 9）　（上博一・緇 19）
（上博五・三 17）　（上博三・彭 1）
（九店 56・37）　（上博四・昭 9）

楚文字的“屋”字上部與“民”字上部相似，或簡化作“𡿨”形，字作：

（清華三・赤鵠 1）　（清華三・赤鵠 13）
（望山 2.2）　（望山 2.15）

楚系文字“舟”，字形傾斜，頗具特色，作：

【舟】（郭店・成之 35）（新蔡甲三 321）　【航】（上博六・莊 3）
【𦨶】（包山 122）　（上博三・周 10）　（上博七・吳 5）

楚系文字“欠”旁多寫作“次”形，而不用“欠”形，字形如：

【欽】（郭店·尊德義 2） 【欲】（上博五·鮑 5）

楚文字的“石”旁也是寫作“厂”加“口”狀，衹不過其“厂”形一般有三條横筆（少數作兩條或四條），與燕系文字相似。字形如：

（郭店·窮達 13）（郭店·緇衣 35）（郭店·性自 5）（上博一·性 3）

【磨】（郭店·緇衣 36） 【礪】（上博三·周 30）

【厚】（上博一·孔 15）

楚系文字的“鬼”字加注意符“示”旁繁化，合於《説文》古文，或訛變與“視”形混同，字作：

（信陽 2.013）  （上博五·鬼 4）  （左塚漆梮）

（上博二·魯 2）  （上博五·季 18）  （新蔡甲二 40）

楚文字“昜”是截體象形的典型字例，其上部的“日”旁是由器皿的把手訛變而來的，楚系文字沒有訛變爲“日”形，而是變爲“爪”形。字作：

（郭店·語叢一 36）  （郭店·老甲 25） （上博三·彭 2）

楚系文字“象”下從“肉”，具有典型的地域特點，字作：

（鄂君啟車節） （郭店·老乙 12） 【豫】（上博五·姑 1）

楚系文字的“犬”字上部寫作“×”形，下部寫作“人”形，字形如：

【犬】（包山 6） 【尨】（上博三·周 1） 【猒】（上博三·中 12）

【狐】（曾乙 36） 【狗】（上博三·彭 3） 【獻】（包山 105）

楚系文字“間”字寫作從“門”，“夗（外）”聲，字形如：

（上博四·曹 26）  （璽彙 5559）  （上博六·用 9）

楚系文字“關”字寫作“閈”，從“門”，“串”聲，字形如：

（璽彙 0295）  （包山 91）

（上博一·孔 10）  （上博六·競 8）

戰國文字的“弦”訛變作從“匚”從“糸”，如楚、燕系文字寫作：

楚：（曾乙 33）  （清華二·繫年 046）

燕：（璽彙 1287）　（璽彙 3372）

楚系文字的“矢”字多爲倒置，中間的横畫拉長，箭頭的竪畫向下穿透，且穿透後的竪畫部分常加一飾點或者短横，有的字形類似隸書的“羊”字。字形如：

【矢】（上博一・孔 22）　【矰】（上博五・三 20）

【鉃】（包山 277）　【射】（郭店・窮達 8）

【矰】（包山 165）　【矵】（包山 36）

楚系文字的“凡”往往加有撇形飾筆，飾筆上面還有飾點，或加注“口”符繁化。字作：

（郭店・成之 22）　（郭店・語叢一 48）　（上博六・天乙 1）

（上博七・凡甲 3 背）　（上博七・凡乙 1）　（上博二・從甲 9）

楚系文字的“好”字或寫作從“子”從“丑”，字形如：

（上博一・緇 1）　（郭店・語叢二 21）　（郭店・語叢一 89）

楚系文字“叵”旁寫法較爲複雜，字形外部象英文 E 形的框架，裏面有上下各兩個小撇。字形寫作：

【頤】（上博三・周 24）　【姬】（包山 176）

【配】（九店 56.43） 　（璽彙 3224）

楚簡文字的“力”旁有兩種形體，字形分别寫作：

A.【力】（郭店・緇衣 19）　【㔶】（郭店・老甲 22）

B.【力】（上博五・三 1）　【㘰】（上博三・彭 8）

楚系文字的“金”字形體也很具特色，一般可以將其所從的四點連寫作兩竪畫。字形如：

（包山 105）　【銅】（酓悍鼎）　【鑃】（璽彙 3618）

楚系文字的“几”上部有一短横作飾筆，下邊的兩條短横等高，或者兩條短横連成一條。字形作：

【几】（包山 146）　【㞕】（包山 23）

【絿】（天策）　【凥】（郭店・老甲 22）

【乘】（郭店・語叢二 26）　【机】（望山 2.47）

楚系文字的“阜”旁一般較爲簡化，典型的字體寫是左側的豎畫不變，右側的鋸齒形部分變爲三條橫綫加一斜畫。字形如：

【陵】（上博五·弟 2）　　【陼】（磚 M370·4）

【隓】（包山 2）　　【陽】（施 180）

【陸】（上博三·周 50）　　【隋】（清華三·琴舞 16）

與齊系文字相同，楚文字的“陳”字也從“土”，其所從的“土”旁或與“東”旁連接在一起，“東”旁的最後兩筆或與“東”旁的“田”字中間橫筆相連，“土”旁或又省去下部橫筆。字作：

（璽彙 0281）　　（上博四·昭 3）

（清華二·繫年 076）　　（上博九·陳公 9）

楚系文字的“甲”在原來的形體“十”的基礎上加一半框，作爲同“七、十”等字的區别，與秦系文字加圓圈不同。字形寫作：

（曾乙 128）　　（九店 56.38）

（郭店·老甲 26）　　（新蔡甲三 134）

晉、楚系文字的“丙”字皆可從“口”，字形寫作：

楚：（包山 31）　　（九店 56.40）　　（望山 1.09）

晉：（貨系 102）　　（文物 1990.6 象牙干支籌）

楚系文字的“戊”字在左上側内部有實心飾點，飾點或不涂實，字作：

（郭店·六德 28） 　　（新蔡零 535）

楚系文字的“癸”字字形下邊的兩筆向下寫得很長，變得不再上下對稱，這種形體也見於晉系文字，字形寫作：

楚：（望山 1.08）　　（璽彙 1929）

（包山 57） 　　（新蔡甲三 22）

晉：（侯馬 303：1） 　　（璽彙 1533）

楚系文字的“辰”字一般加注飾符“口”，字形寫作“唇”，與齊系文字構形相同，也可以認爲是借“唇”爲“辰”，字形寫作：

（包山 46） 　　（包山 185）

楚系文字的“申”字兩側筆畫多訛變爲“口”，字形如：

（璽彙 1258） 　（包山 162）　【神】（上博三・亙 4）

楚系文字的“丑”字自成一體，字形下邊的豎筆上加注短橫作飾筆，字形或將其下部類化成爲“主”形。字作：

（望山 1.90）　（包山 131）　（九店 56.13）

（五）秦系文字

本章所謂秦系文字主要指戰國時代的秦國文字，一般所説的秦系文字則包括了從西周晚期直到秦統一時期秦人所使用的文字。秦系文字在漢字發展史上具有承先啟後的重要地位，一方面傳承西周文字並沿著自身的軌跡平穩發展，最終形成與西周文字一脈相承的篆書；另一方面適應社會和文字體系自身發展的需要，孕育出具有劃時代意義的簡便快捷的隸書，對漢字發展史產生了深遠的影響。我們將在下一章對秦系文字進行全面考察，這裏遵循戰國文字區系劃分的慣例而單列一節，簡略介紹戰國時代秦文字部分有特徵的形體和寫法，詳細內容可參考下章。戰國秦文字不像六國文字那樣變化劇烈，其形體總體上比較穩定，儘管如此，也出現了一些具有地域性特徵的字形，下面略舉數例。

戰國文字的“嫛”字形體複雜，秦系文字爲《説文》小篆所本，字形的突出特點是左從“土”，右作“友”(上下雙“又”)形。字形作：

（秦風 111） 　（陶錄 6.403.4） 　（秦律 35）

秦系文字中的“歲”字與西周文字不同，其所從的“戉”旁訛變爲“戊”旁，字形寫作：

（璽彙 4493）　（效律 21）

秦與燕文字“達”所從的“羍”形近，上從“午”，下從“羊”，字形作：

秦：（秦風 209） 　（秦風 229）　（日乙 9）

燕：（璽彙 0511）　（璽彙 3948）　（璽彙 3530） 　（璽彙 1340）

秦系文字的“角”獨具特點，與其他各系文字的區別在於其下部是開口的而不是封閉的。字形如：

（珍秦 48）　（周 187）　（陶録 6.66.4）

【觸】（丞相觸戈）　【觭】（秦風 193）　【解】（周 241）

需要注意的是，早在春秋晚期，晉國文字就有下部開口的“角”字形體，如侯馬盟書的“觿”寫作：

（侯馬 156：23）　（侯馬 156：24）　（侯馬 91：5）

秦系文字的“者”字較爲接近西周字形，寫作：

（詛楚文・湫淵）　（陶録 6.472.4）

【翥】（秦風 164）　（秦風 210）

秦系文字“医”字獨具地域特點，字形綴加“人”旁繁化，寫作：

（詛楚文・湫淵）　（陶録 6.366.1）　【緱】（秦風 158）

戰國文字的“倉”大體有兩類寫法，秦、齊兩系文字寫作上從倒“口”，下從“口”，中間的偏旁類似“户”旁，與晉、楚系寫法不同。如：

秦：（秦印）　（陶録 6.50.3）　（傅 425）

齊：（璽彙 5561） 　（璽彙 5555）　（陶録 2.680.1）

秦系文字的“市”字不從“土”，其上部爲“中”形，與其他系文字相比，整體字形較爲對稱，如：

（璽彙 5708）　（陶彙 5.332）　（陶録 6.403.2）　（秦律 65）

目前在出土文獻中祇見到秦、楚的“就”字。秦文字從“京”，“尤”聲，爲《説文》所本，字形寫作：

（陶録 6.11.3）　（效律 49）

秦系文字的“巷”字也常從“行”作，其與齊、楚兩系文字的不同之處是剩餘的偏旁從“廾”作，字形寫作：

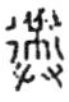

（集證 134.21） 　（封診 82）

秦系文字“早”字形體與《説文》同，寫作：

（秦抄 30）　（秦律 5）

【草】（青川木牘）　（日甲 70）

秦系文字的“㫃”旁字形發生離析，分化出了一個“方”旁和一個“人”旁。字形作：

【旗】（秦風 94）　【游】（故宫 410）

【旌】（秦印）　【施】（爲吏 49）

秦系文字的“穴”旁也是寫作方肩形，其上部也有一短豎，字形寫作：

【突】（陶錄 6.53.3）　（珍秦 215）

【窮】（秦風 175）　【空】（官印 0021）

秦、齊兩系的“网”字寫作類似缺少底邊且有對角綫的長方形，字形寫作：

【罟】（石鼓文・作原）　【罕】（集證 138.91）

【羅】（任家嘴 . 圖 183）　【署】（珍秦 350）

秦文字的“舟”旁右側豎畫上端彎曲，這是其不同於春秋文字和戰國其他地域文字的獨特之處，字形寫作：

【舫】（石鼓文・霝雨）　【般】（傅 1416）　【般】（傅 1417）

秦文字的“欠”旁一般寫作，其下部的“人”旁並不向上穿透上部的“口”旁，字形如：

【欣】（陝西新出 698）　【歆】（珍秦 325）

【歜】（陶錄 6.56）　【歁】（陶錄 6.343.1）

【欬】（秦風 167）　【欺】（秦風 220）

戰國文字的“石”旁各有特點，秦文字上承西周、春秋文字特點，其形體一般寫作像“厂”加“口”，字形如：

（效律 3）　【礜】（官印 0061）　【破】（秦風 53）

秦系文字的“馬”旁上承西周、春秋文字形體，與六國文字不同，沒有簡寫的字體，字形如：

（傅 300）　【駟】（秦駰玉牘乙背）　【駱】（秦風 97）

晚期秦系文字“水”已經發生隸變，“水”旁簡化爲三點，字形寫作：

【滑】（秦風 87）　【沙】（陶錄 6.3.1）

【汾】（廿二年臨汾守曋戈）

秦系文字的"曲"形體較繁，有西周金文綫條重複疊累的特點，字形作：

（官印 0037） 　（日甲 121）

戰國各系文字的"關"字寫法不同，秦系文字形體爲《說文》小篆所本，字形如：

（秦律 97）　（爲吏 29）

晚期的秦系文字"手"旁較爲簡略，有隸書的特點。多寫作：

【拳】（秦風 56）　【掄】（陝西新出 746）

【搯】（秦風 87）　【把】（陝西新出 741）

秦系文字的"奴"字寫作從"女"從"丑"，字作：

（高奴權）　（傅 1145） 　（秦律 134）

秦、楚、晉三系的"民"字或將表示目中眼球的兩筆省減，並且秦系文字還有隸變傾向。字作：

（秦風 239）　（陶錄 6.293.2）

（日乙 57）　（語書 1）

秦系文字的"璽"字一般從"土"，"爾"聲，寫作"壐"；而六國文字多將聲符簡寫作"尔"。秦系文字寫作：

（爲 33）　（日甲 25 背）

秦系文字的"金"字有變形音化的趨向，形體訛變作從"今"聲，爲《說文》小篆所本。字形如：

（珍秦展 187）　【鍇】（秦風 155）　【鐘】（傅 111）

秦系文字"癸"字上下分離，上部訛變出"癶"旁，字形寫作：

（秦風 135）　（陶錄 6.307.2）　（里 [9]2 正）

比較各區系出土的文字材料，可以清晰地顯示戰國"文字異形"的實際面貌。各區系文字特徵的形成，都有其自身的歷史、地理、政治、經濟和文化等方面的原因。自春秋中晚期始，齊系文字的地域性特點開始形成，除叔夷鐘鎛外，禮器銘文多爲壺銘，這些銘文文字多方正規整，代表了齊國正統文字的嚴整性。齊國經濟發達，思想開放，兵、幣、量、陶等器銘多物勒工名，内容實用，所以文字字體不拘一格，苟簡草率。在戰國七雄中，燕國最爲弱小，出土材料數量稀少，其文字訛變方式自成一格，其字體與其他區系不同，構形詭異，地域性特徵明顯。燕國璽印文字工整規範，兵器文字拙陋殘泐。韓、趙、魏處華夏之中，其文字（特別是璽印文字）字形匀稱美觀，綫條平直方折，字體風格嚴謹規整，其字體的發展演進對六國文字，特別是郳滕文字的形體寫法有著重要的影響。楚系文字獨具特色，“南文尚華藻，字多秀麗”。早期精美繁縟，晚期粗率疏放，其璽印文字字體散逸，簡牘文字形體豐富，風格飄逸俊美。秦國地處西周故地，固守傳統，文字形體與春秋時代沒有大的變化，較爲忠實地繼承了西周文字的形體風格。秦國文字早期字體多保留疊床架屋的繁瑣構形，晚期篆書綫條宛曲圓轉，形態秀美，隸變傾向明顯，解散篆法，字體簡率便捷。與春秋文字相比，戰國文字總體上異形分歧明顯，區系風格多樣，字形變動劇烈，漢字體系呈現出紛紜複雜而又豐富多彩的發展狀態。

五　本章小結

戰國時期字形發展演變的規律基本上與前代相似，主要有省簡、增繁、替換和訛變。趨簡求易是人們書寫文字的共同心理，提高文字的書寫速度是社會發展的需要，所以戰國文字所呈現出的簡化現象非常普遍，反映了文字發展的主要趨勢。

戰國文字的省簡形式豐富多樣，一是通過省減筆畫和省減形旁、聲旁、同形等方法達到字形的簡化。一般來說，省減筆畫對文字構形理據不會產生大的破壞，而省減形旁或聲旁都會在一定程度上破壞文字構形的理據，所以這種省減不是簡化的主流，而通過這種省減得到的字形往往也不會成爲文字的最終形體。二是通過借用筆畫、邊框、偏旁，使字形更爲簡潔，而這種方式常常會受到條件的限制，如借用邊框衹能是在璽印、貨幣等特定的書寫載體上。

戰國文字的增繁十分普遍，可分爲增添意符、增添聲符、增繁同形、增繁飾筆和增繁無意偏旁等類别，不同的類别其功用也不盡相同:（1）增添意符的主要目的是突出該字的義類範疇，增强文字的表意性;（2）增添聲符的目的在於加强表音功能;（3）增繁飾筆或部件有時可起到字形的區别或功能的分化作用;（4）有些增繁可形成某個區系文字的地域性特徵或使字體趨於美觀; 此外，還有些飾筆或部件的增繁並無實質性功能，衹是一種羡餘符號。

字形替換主要表現在意符、聲符和方位調整等偏旁運用和結體布局方面。意符的替換調整反映出思維方面的差異，是戰國時期人們對漢字構形形意關係的再體認，往往透露出社會發展、語言變化、認知不同對文字構形的影響。聲符的替换，主要反映了實際語音的發展和漢字構形形聲化的加强對字形發展的影響，區域方音和書手習慣同樣也發揮了不可低估的作用。方位調整更多是書寫習慣和形式追求使然。

字形訛變是戰國文字較爲顯著的特點，有筆畫的訛變、偏旁的訛變及特殊的趨同訛變三種類型。據前文整理分析，戰國文字訛變組類異常豐富，或是傳承前代文字，或爲戰國時期所新見，是戰國文字劇烈演變發展的真實體現。

戰國文字中的象形字有 298 例，大多數承襲商代、西周和春秋文字，極個别的首見於戰國，這些字有可能出現於前代，衹因材料所限尚未被發現而已。指事字有 48 例，都是承繼前代文字。會意字共有 402 例，值得注意的是戰國時期出現了一些新的會意字和會意字形。戰國時期形聲字大量增加，約有 3270 多個，其中雙聲字較前代增加很多。戰國時期形聲字所占總字數的比率達到 81.38%，可見形聲構形方式在這一時期的強大構形能力。如果從新增字結構類型分布來看，99% 的新增字是使用形聲構形方式構成的，這表明形聲有了新的發展，已成爲唯一能產的構形方式。另外，戰國文字中還出現了糅合兩個語音相同或相近字而構成的一些新字，這種糅合構形方法從西周以來一直是漢字系統內部一種自我優化調節的手段。

據我們的初步統計，戰國文字共有單字總量 6619 個，其中已識字 4018 個。戰國時期沿用了大量的前代文字，因時代變遷、社會發展的需要，也出現了大量的新增字。新增字中專用字較多、異體眾多、形聲字占絕對優勢。

戰國文字中的字詞關係錯綜複雜。一字多形現象廣泛存在，這既與戰國文字各區系用字差異有一定的關係，又與字形書寫的穩固性較弱相關。一字記多詞，一詞用多字在戰國文字中呈現出非常複雜的現象。戰國文字專用字的產生多源於文字的分化，分化派生使文字的記詞功能趨向細化。從漢字動態發展的過程來看，文字的分化產生一批新的同源字。

戰國文字的書寫有類同、趨簡、訛錯、美飾等現象。類同、趨簡、訛錯都是因爲書寫習慣而使字形產生的臨時性改變。有些文字追求美化裝飾，字體秀美雋永，“鳥蟲書”更是在神秘中透露著一種非凡的美感。增添羨餘符號則是戰國時期“以繁爲美”的審美心理的具體體現。塗黑別義的現象是通過書寫產生的一種因利乘便的別形方法。

戰國文字可分爲齊、燕、晉、楚、秦五個區系，各區系文字在具有共同特點的同時，也形成了鮮明的地域性特點，出現了許多代表各區系獨特風格特徵的字形。總的看來，這類具有鮮明特點的字形在各區系文字材料中衹占少數，各區系大多數文字還是相同或相近的。

總體來說，戰國文字上承春秋文字，呈現出豐富多彩的發展面貌，並進一步形成了鮮明的區域性特點；下啟秦漢文字，其中一些形體發展要素爲秦文字所繼承並發揚，最終實現了漢字體系古今轉變的重大歷史變更。

附錄：戰國文字區域性差異字形對照表

	齊	燕	晉	楚	秦
王	陶錄 2.42.2 璽彙 0608 璽彙 0603 陶錄 2.5.3	璽彙 0565 璽彙 0519			
（左中右之"中"）	陶錄 2.171.4	璽彙 0368	春成侯鍾 9616	上博四·曹 45	傅 226
公	山東 103 莒公孫潮子鎛 陶錄 2.176.3 璽彙 0266	陶錄 4.193.4 璽彙 3885		新蔡甲二 5 上博七·武 13	
瓔	陶錄 2.439.3	纕 纕安君鈚 9606	襄 璽彙 3134	璽彙 1459	襄 秦律 35
歲	國差罎 10361	臧 璽彙 0798	璽彙 4425	鄂君啟節	秦律 171
達	陶錄 2.207.1	璽彙 1340		上博六·用 10	秦風 229
徙	陳侯因資敦 4649 施 55			包山 250 包山 259	
路	璽彙 2610			新蔡·乙三 21	珍秦 103
信	璽彙 3726	璽彙 5685	梁上官鼎 2451	郭店·忠信之道 1	嶽 0928

	齊	燕	晉	楚	秦
爲	陶录 2.39.1	郾王職矛 11525B	東周左官壺	包山 5	
目	陶錄 2.465.1	陶錄 4.172.6	璽彙 0377	上博五・鬼 5	周 368
百	𪎭鎛 271	重金扁壺 9617	中山王鼎 2840	郭店・老甲 1	詛楚文・亞駝 效律 13
隹	䭈 陶錄 2.178.1		隼 璽彙 3064	上博一・孔 3 進 璽彙 0263	
者	采者節 12093 璽彙 0153	璽彙 3248	坪安君鼎 2793 兆域圖 10478	上博二・民 3 博二・容 2 上博一・孔 3 上博一・緇 9	陶錄 6.472.4
肉	祭 陶錄 3.72.4	臍 璽彙 1336	肌 施 288	胃 郭店・五行 2	
肖		璽彙 4130	陶錄 5.22.2		
匋	璽彙 0272 陶錄 2.212.1	璽彙 3453		郭店・窮達 2	秦風 185
平	陶錄 2.5.2	璽彙 0013		坪夜君鼎	
市	施 57	陶錄 4.21.3	璽彙 2970	鄂君啟車節	陶錄 6.403.2
豆	陶錄 2.11.4	登 璽彙 5327	陶錄 5.32.1	郭店・老甲 2	

	齊	燕	晉	楚	秦
亩	稟璽彙 0227	右廩鐵斧範 11784	陶錄 5.51.3	鄗鄂君啟舟節	寺工師初壺
啚			十一年庫嗇夫鼎 2608	郭店・老乙 1	效律 59
倉	璽彙 5561		䅵陶錄 5.43.4	郭店・太一 4	陶錄 6.50.3
食	飤璽彙 0286	𤶼璽彙 3249	餡璽彙 0811	飤郭店・語叢三 56	
𩫖	陶錄 2.363.2 陶錄 2.392.1	考古與文物 94.4 璽彙 5672			
邑	郾施 57	璽彙 0010	先秦編 250 邙璽彙 2114	邦上博一・孔 4	邯陶錄 6.401.1
巷	陶錄 2.50.1			包山 144	封診 82 集證 134.21
早	陶錄 3.598.1		中山王鼎 2840	郭店・語叢三 19	秦律 5
厽	陶錄 2.10.4 陶錄 3.224.2		魚顛匕 980 璽彙 0681	上博三・周易 18 上博八・命 10 清華三・說命下 9 上博五・三 1	陶錄 6.278.4
㫃	旂山東 104 司馬楙編鎛		旂璽彙 2386	旂曾乙 6	施爲吏 49
倝	𠦝新泰圖 16	璽彙 2807	璽彙 2357	榦帛甲四	榦傳 932

	齊	燕	晉	楚	秦
期	陶錄 3.202.1		璽彙 2879	上博七・吳 9	周 223
宀	向 陶錄 2.1.1	室 璽彙 0003	室 貨系 219	室 璽彙 0228	家 法問 106
穴	室 璽彙 3937		室 貨系 223	穿 上博三・中 10	室 秦風 72
安	璽彙 0237	璽彙 1226	貨系 1014	上博二・民 4	傳 1002
疒	疾 陶錄 2.463.4	瘇 璽彙 2402	癰 璽彙 0478	疾 上博四・內 8	疾 日甲 142
网	罘 陶錄 3.385.6	罝 璽彙 3882	公厨右官鼎 2361	清華二・繫年 100	罟 石鼓文・作原
身	施 43	璽彙 0364	中山王方壺 9735	上博五・君 2	爲吏 41
欠	陶錄 3.594.3 陶錄 3.397.1		歡 施 294	欲 上博五・鮑 5	欽 效律 11
曲			璽彙 2317	上博五・弟 13	編年 42
屋		璽彙 0015	璽彙 3143	清華三・赤鵠 13	日乙 111
頁	頡 璽彙 1948	夏 璽彙 0015	顧 中山王方壺 9735	上博六・競 2	須 秦律 87
鬼			侯馬 3：19	上博五・鬼 4	日乙 158
矢	發 璽彙 3483			上博七・凡甲 12	封診 25
易	陶錄 2.286.2	鄇 施 76	中山王鼎 2840	上博三・彭 2	效律 44

	齊	燕	晉	楚	秦
敬	璽彙 0342	燕侯載簋 10583	璽彙 4229	上博一・緇 12	陶錄 6.144.3
象	豫 陳豫車戈 11037 陶錄 3.455.6		璽彙 3273	鄂君啟車節 上博六・天乙 2	爲吏 17
石	施 301	斫 璽彙 2606	璽彙 1160	郭店・性自 5	秦風 100
馬	璽彙 0047 陶錄 2.85.1	璽彙 0050	璽彙 2943	上博七・吳 1	傅 300
犬	緀 陶錄 3.425.4	狗 璽彙 3496	猗 璽彙 0826	包山 6	秦律 7
大	齊幣 186			郭店老乙 12	
立	紆 璽彙 5540				端 法問 93
吳			璽彙 1167	上博七・吳 3 背	傅 1427
舟	艁 險平劍 11609		諭 璽彙 2007	郭店・成之 35	般 傅 1417
𦣝	禾簋 3939	匽生戈 11383	璽彙 3184	配 璽彙 3224	
關	陳純釜 10371		錢典 333	包山 91	秦律 97
閒	璽彙 0650		兆域圖版 10478	上博二・容 6	秦律 126
				郭店・語一 34	秦律 201
手	抆 璽彙 3120	拜 不降戈 11286B		郭店・五行 45	指 法問 83

	齊	燕	晉	楚	秦
或	陶錄 2.26.1	陶錄 4.18.1	侯馬 98：8	包山 45	
戠	璽彙 0314	職 燕王職戈 11227		新蔡・甲三 200	職 效律 43
民	陳喜壺 9700	燕侯載簋 10583	魚顛匕 980	上博二・民 1	語書 1
彝	禾簋 3939		中山王方壺 9735	曾姬無卹壺	
䜌		璽彙 2507	左䜌箕 10396	郭店・尊德 1	
虫	蝨 陶錄 2.79.3		蚘 魚顛匕 00980	蚘 上博五・競 10	日乙 116
力			勁 璽彙 0843	上博五・三 1	
几		乘 璽彙 5672	釓 璽彙 1346	阢 鄂君啟舟節	
陳	山大 9		璽彙 1454	璽彙 0281	
四	陶錄 3.604.5	陶錄 4.103.1	郾孝子鼎 2574	上博二・容 7	陶錄 6.181.2
甲		陶錄 4.119.4	文物 1959.8 濟源玉簡	新蔡・甲三 134	新郪虎符
丙	陶錄 2.757.1	璽彙 0747	文物 1990.6 象牙干支籌	包山 31	陶錄 6.444.4
戊	陳純釜 10371	璽彙 3821	璽彙 0703	包山 42	里 [9]3 正

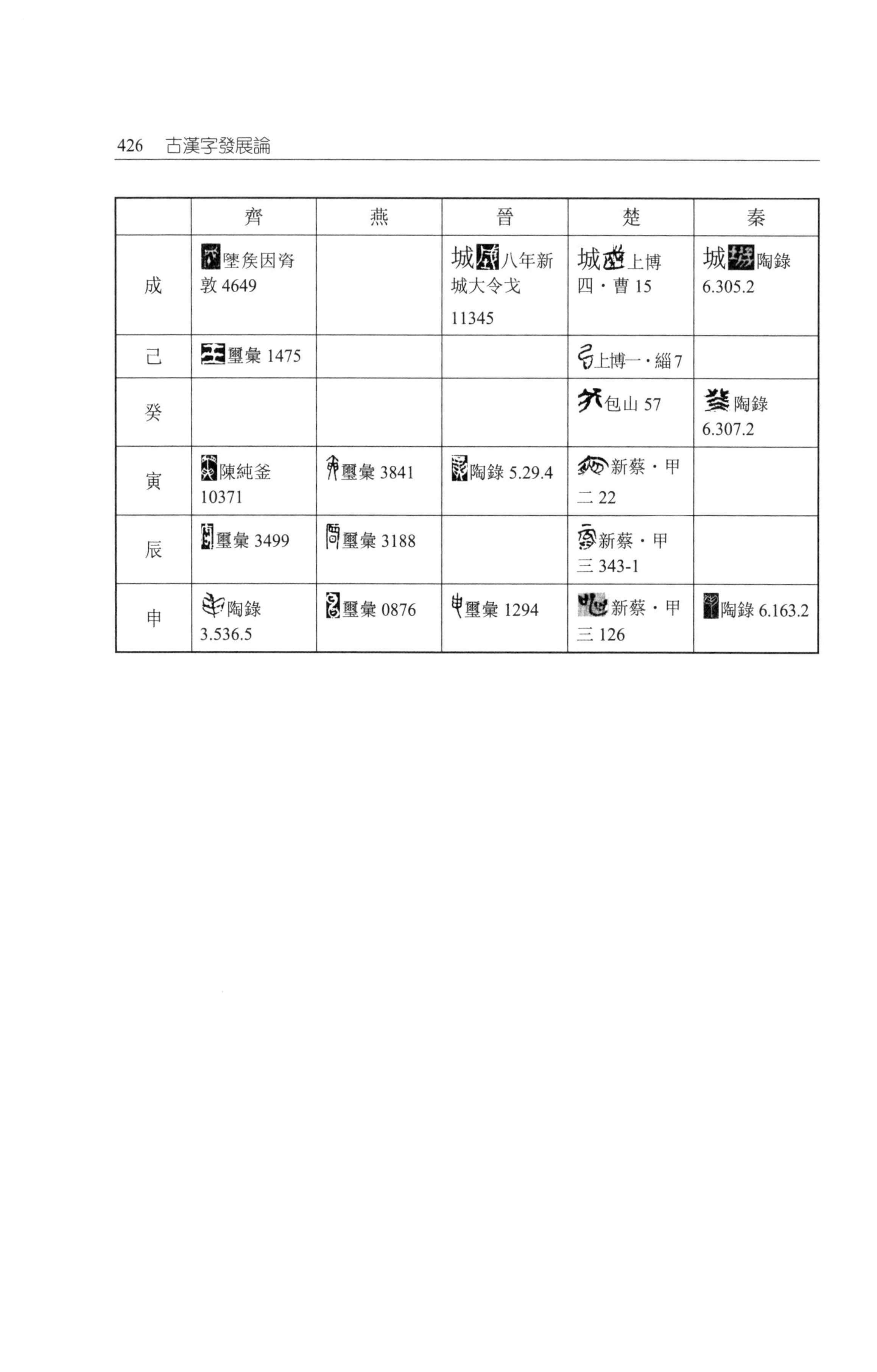

	齊	燕	晉	楚	秦
成	墜矦因資敦 4649		城 八年新城大令戈 11345	城 上博四・曹 15	城 陶錄 6.305.2
己	璽彙 1475			上博一・緇 7	
癸				包山 57	陶錄 6.307.2
寅	陳純釜 10371	璽彙 3841	陶錄 5.29.4	新蔡・甲二 22	
辰	璽彙 3499	璽彙 3188		新蔡・甲三 343-1	
申	陶錄 3.536.5	璽彙 0876	璽彙 1294	新蔡・甲三 126	陶錄 6.163.2

第七章

秦系文字

本章所考察的秦系文字，指西周晚期至秦代地處西陲的嬴秦所使用的文字。秦系文字在漢字發展史上具有承上啟下的重要地位，一方面它上承西周文字歷經春秋戰國時代的發展，到秦代形成代表古文字終結形態的小篆；另一方面經過戰國到秦的形體隸變過程逐漸孕育出漢代通行的隸書。基於對秦系文字這種獨特歷史地位的認識，我們將西周晚期以來的秦系文字整體納入考察視野，以期更好地揭示秦系文字的發展軌跡及其對漢字發展的深遠影響。

秦系文字資料主要包括：金文、簡牘、璽印封泥、陶文、玉石文字和貨幣文字等。20 世紀 70 年代後秦系文字資料大量出土，給秦系文字的研究提供了難得的契機，推動秦系文字研究取得了重大進展。

最早對秦系文字作專題研究的是王國維，他創造性地提出“東西二土文字說、戰國秦用籀文六國用古文說”等重要觀點①。其後唐蘭將古文字分爲四系，正式提出了“秦系文字”的概念②。上世紀 50 年代，李學勤《戰國題銘概述》提出戰國文字分爲齊、燕、三晉、楚、秦五系之說，爲以後戰國文字的分域研究奠定了良好基礎③；何琳儀

① 王國維：《史籀篇疏證序》《戰國秦用籀文六國用古文說》，收入《觀堂集林》卷五、卷七。
② 唐蘭：《古文字學導論》，第 33、315 頁。
③ 載於《文物》1959 年第 7 期、第 8 期、第 9 期。

對秦系文字及其他區系文字作了更系統的探討[1]；王輝全面整理出土的各類秦系文字材料，對秦文字有關問題進行了專題研討[2]；陳昭容對秦系文字演變歷史進行了縱向考察，從宏觀角度論證了秦系文字發展演變的許多問題[3]。經過近幾十年的發展，秦系文字研究已成爲古文字的重要分支領域之一。

秦系文字在時代上跨越了西周、戰國和秦代，上文有關章節已經涉及並討論了戰國及以前的秦系文字的有關問題，本章考察的重點則是秦代文字及其傳承發展、隸變的發生與發展等問題。

一　秦系文字的形體演變

秦系文字雖然承襲西周金文，保持了形體規整、結構穩定、綫條勻稱的總體風格，但是，自西周晚期到秦代，經歷600多年的發展，也發生了不小的變化。秦系文字形體的變化，從春秋戰國時期開始日趨明顯，與整個漢字體系的發展大趨勢保持一致。下面我們分別觀察秦文字發展過程中出現的省簡、增繁、訛變、類同等現象。

（一）省簡

1. 偏旁部件減省

【咸】秦璽印文字作（秦泥考1180）、（咸陵園相），秦陶文作（陶錄6.58.1）、（陶錄6.58.2），内部的“口”簡省爲三横或三竪筆。

【笵】秦陶文作（陶錄6.442.1）、（陶錄6.442.2），從“艸”從“氾”，秦璽印文字作（范賀），又作（笵柏），、寫法上有別，→，筆畫連接方式發生改變。可以隸定爲“笆”，應該是“范”字省“水”旁的一種變體。

① 何琳儀：《戰國文字通論》（訂補本）。
② 王輝：《秦銅器銘文編年集釋》；《秦文字集證》；《秦出土文獻編年》，新文豐出版公司2000年版。
③ 陳昭容：《秦系文字研究——從漢字史的角度考察》。

【灋】西周金文作（大盂鼎），從“水”從“廌”從“去”。詛楚文作（巫咸），“去”下訛爲止；秦詔版文字作（二世詔版4），與西周金文構形一致；秦璽印文字作（灋丘左尉），又作（嶽·貳·數1正），省成“法”字。

【璽】春秋晚期的秦景公石磬作、，從“霝”從“玉”從“龍”，加“玉”旁當爲意符，“龍”當爲追加的聲符，“璽、龍”同屬來鈕。到戰國中晚期作（詛楚文·湫淵）、（詛楚文·巫咸），從“霝”從“玉”，綴加的“龍”旁已經不存在，而上部“雨”字中間豎筆上穿與横筆相連，此後形體基本穩定。《說文》小篆作璽，與詛楚文一致。

【龔】春秋早期作（秦公簋），從“龍”從“廾”從“兄”，“兄”爲綴加聲符；春秋晚期作（秦景公石磬12）、（秦景公石磬11），省去“龍”背上的飾筆；秦璽印文字作（孔龔），綴加的聲符“兄”省去，而“龍”背上綴加飾筆。

【草】石鼓文作（作原），從“茻”從“早”，用筆圓匀一律，不拘長短，趨於圓轉；戰國晚期的青川木牘作、，秦簡作（法問210）、（周312）、（龍153），與青川木牘寫法一致。古文字中從“茻”、從“艸”無別。

【秦】甲骨文作，從“廾”從“午”從“秝”，手持杵舂禾形；西周中期師酉簋作，加臼形，“秝”作“禾”，增“又”。春秋早期秦公簋作（甲），從“臼”，構形已經比較穩定，寫法規整；同爲春秋早期的秦公鼎、秦公壺分别作、（甲），“臼”旁已不存；春秋早期作（秦子戈二）、（秦子戈）；春秋晚期作（秦景公石磬5），綫條纖細。詛楚文作（亞駝）；同時期秦駰玉牘作（甲·正）、（乙·正），“秝”省寫爲一“禾”；戰國秦兵器作（卅七年上郡守慶戈）、（卌年上郡守起戈1），秦璽印文字作（秦泥考1241）、（秦欣），從“禾、秝”並存，秦簡文字作（法問203）、（法問204），綫條拉直，隸變爲，與上部“午”字結合，從而有隸書“秦”的寫法。《說文》小篆與秦璽印文字一致，籀文則與詛楚文字形一致。

【宜】秦文字春秋早期作（秦公簋）、（秦子戈一），"肉"作，又作（秦子戈），與甲骨文構形一致；春秋晚期作（盄和鐘），中間一筆變短；戰國晚期作（吾宜戈），省爲一個"肉"；秦璽印文字作（宜陽津印），與秦公簋構形一致，又作（宜千金），"且"字訛變爲"宀"，中間一横不存；陶文作（陶録 6.305.3），省爲一"肉"，又作（陶録 6.464.4），傾斜的"肉"直立起來；秦簡文字作（秦律 185），上部訛爲"宀"，下部從"肉"一横，爲《説文》小篆所本。

2. 綫條簡化

綫條簡化包括：綫條化、平直化、筆畫連寫、綫條收縮、連寫中斷等現象。如以下各字：

【皇】西周晚期不其簋蓋作，春秋早期的秦公鐘作、，已經形成秦文字自身的特色，上部左右兩筆開始與下面綫條結合。春秋晚期作（秦公簋）、（秦景公石磬 21），最明顯的特點就是"王"字割裂出來。戰國時期"皇"字作（詛楚文·湫淵）、（詛楚文·巫咸），上面三豎筆變得不明顯，中間一筆和下面綫條結合，微微突起，如。到秦代左右兩邊收縮作（始皇詔權），爲以後隸書所繼承。

【菑】秦陶文作（陶録 6.411.1）、（陶録 6.411.2），秦璽印文字作（秦泥考 1581）、（秦泥考 1614），陶文"甾"上部所從相連，璽印文字與之相同，祇不過璽印文字"甾"上下共用綫條。《説文》小篆作，綫條分離。

【虎】甲骨文作、，獨體象形字，西周金文作（師酉簋），形體開始簡化，綫條化明顯；春秋晚期秦文字作（秦景公石磬 3）、（石鼓文·鑾車），象形意味進一步減少，虎頭已經凸顯出來，後世虎頭皆仿此，身、尾及爪的部分已訛近"人"形；秦璽印文字作（臣虎）、（楊虎），秦簡文字作（秦抄 26）、（秦抄 26）。《説文》小篆把獨體字割裂爲"虍"和"人"兩部分，不確。

【責】甲骨文作，從"貝"，"朿"聲，西周金文作，上部綫條區别明顯，春秋早期秦公簋作，上部"朿"綫條向下垂；秦簡文字作（效律41），上部“束”平直化而簡省爲，後世寫法皆仿於此。

【禮】戰國中期作（詛楚文·湫淵）、（詛楚文·巫咸）、（詛楚文·亞駝），“豆”字多一飾筆。秦代作（李禮）。構形變化主要是→，一是外部由橢圓變爲直綫條，中間綫條向上突出；二是中間的竪筆由原來的三筆減少爲兩筆。《說文》小篆作禮，與秦代璽印文字一致。

【帝】秦文字作（秦公簋）、（詛楚文·亞駝）、（始皇詔橢量4）、（龍15），從春秋到秦代構形無變化，（秦公簋）還保留著西周文字的特點，而到秦景公時期的石磬文字，其演變主要集中在以下兩個方面：（1）→→→，由直綫變爲曲綫再變爲直綫，經歷了從簡單到複雜再到簡單的演變過程；（2）→→→→，從一横左右兩筆，逐漸演變到隸書。《說文》小篆與詛楚文字形（詛楚文·巫咸）一致。

【姬】西周晚期不其簋作，從“女”，“𦣞”聲，與西周寫法一致；春秋早期作（秦公鎛乙）、（秦公鎛丙），“𦣞”字中間訛省爲一竪筆。

【酉】戰國文字作（商鞅方升）、（封宗邑瓦書），與甲骨文形體一致；秦青川木牘作，上部兩竪筆收縮不與裏面的綫條相交，而下部形體也與“目”相混；秦簡文字作（日乙32），與秦陶文一致；秦璽印文字作（王酉），構形同陶文。

（二）增繁

根據秦文字具體情況，我們把秦文字的增繁現象大致分爲六類：增添形旁、增添聲符、同形增繁、增添贅旁、增添贅筆。

1. *增添形旁*

【斿】石鼓文作（作原），秦宗邑瓦書作（封宗邑瓦書），追加“水”旁；秦金文作（四年相邦樛斿戈）、（高陵君鼎），“水”旁與“㫃”結合緊密；秦陶文作（陶錄6.446.2），與秦兵器銘文一致，又作（陶錄6.295.1），“㫃”部分離；秦璽印文字作（秦泥考1372）、（張遊）、（趙游），“㫃”旁與陶文一致，“方”還未成爲固定寫法，“水”旁也有省寫現象；秦簡文字作（秦抄 4）、（里 [9]10 正），其寫法與陶文一致，“方”皆省寫。《說文》小篆與秦璽印文字一致。

【作】春秋早期秦公簋作（秦公簋），與西周金文寫法一致，不加“人”旁；秦簡文字作（秦律 84）、（龍 59），從“人”從“乍”，“乍”亦聲，加意符“人”旁，表示人勞作，寫法草率急就。《說文》小篆與秦文字一致。

2. 增添聲符

【曲】春秋金文作（曾子斿鼎），其彎曲明顯，秦璽印文字作（曲陽左尉），從“曲”從“玉”，“玉”當是追加的聲符，“曲”，溪紐屋部，“玉”，疑紐屋部，音近。

【晦畞畝】西周金文作（𢎥鬲簋），從“田”，“每”聲。秦文字作（青川木櫝）、（秦律 38），從“田”，“又”聲，又疊加“久”爲聲。《說文》小篆與西周金文一致，《說文》或體作“畝”，與秦文字構形一致，《說文》：“晦，六尺爲步，步百爲晦。從‘田’，‘每’聲。畝，晦或從‘田、十、久’。”

3. 增繁同形

【奔】西周早期作（大盂鼎），上從“走”字初文，下從三“止”。西周中期作（大克鼎），三“止”訛變爲三“中”。石鼓文作（霝雨），其構形與西周中期構形一致，又作（田車），從三“走”，乃“奔”之異體。

【閱】秦簡文字作（法問 164），從“門”，“兑”聲，又作（龍 181），“兑”字上部多兩飾筆。

【薦】石鼓文作（馬薦），“薦”之異體，增繁“艹”形從“茻”。

4. 增添飾筆

【余】西周晚期作（不其簋），春秋早期作（秦公鐘）、（秦公鎛甲）、（秦公簋），秦公鐘、秦公鎛字形皆與西周晚期構形一致，祇是在筆勢上融入了秦文字的特點；秦公簋左右對稱的飾筆作，《說文》說“從八”。

【氐】春秋金文作𠂤（虢金氏孫盤），從“氏、一”，象以氏抵地之形。石鼓文作▣（汧沔），在“一”與上面一横筆之間的左邊加一小横筆作爲飾筆；秦簡文字作▣（日乙98），其形與石鼓文一致，綴加的飾筆依然存在。《説文》小篆與秦文字相比少了飾筆，《説文》：“氐，至也。從氏下箸一。一，地也。”

【井】西周金文中間加一飾筆作▣，水井的象形字，本意爲水井。春秋晚期秦盄和鐘作▣，於井字下部加兩飾筆，無意，衹是起到美化的作用，秦簡文字作▣（日甲38正）、▣（周2），與西周金文一致。

【免】西周晚期作▣（史免簠），戰國楚文字作▣（包山53），與金文一致。秦簡作▣（效19）、▣（龍・牘正）、▣（周341），上部綴加飾筆▣以求文字的平衡和美觀。

【吏】▣（南鄉喪吏），此種寫法的“吏”字僅一見，▣下面的兩筆當是爲了平衡字體而綴加的飾筆。

（三）訛變

【昏—昬】甲骨文“昏”字作▣、▣，從“日”從“氏”。秦簡文字作▣（天・日甲55）、▣（日乙156）、▣（周170）。秦文字“民”作▣（翟民）、▣（日乙60）；“氏”作▣（陶録6.319.2）、▣（周142）、▣（張氏）；“氐”作▣（石鼓文・汧沔）、▣（日乙98）。秦文字中“昏”構形很不穩定，從“氏、氐、民”三者皆有，“氐、氏”聲韻俱近，二者關係密切。到隸變階段，“氐”與“民”發生訛混，也就出現了從“民”的“昬”字，這當是隸變造成的訛誤，同時“民”與“昏”音近。《説文》小篆“昏”從“日”從“氐”，又説“一曰民聲”，當是就秦文字而言①。

【隸】戰國晚期作▣（高奴禾石權），從“又”持“米”，從“柰”聲；秦兵器銘文作▣（廿年相邦冉戈）、▣（卅八年上郡守慶戈）、▣（卌年上郡守起戈1），由於是兵器刻劃，下部“米”形已不清；秦簡文字作▣（秦律

---

① 段玉裁：“凡全書内昏聲之字皆不從民，有從民者訛也。”段説是。見《説文解字注》第305頁。

51)、(龍 40)、(里 [9]984 背),“柔”與“聿”混同,“聿”亦聲。

【治】戰國文字作,從“刀”從“火”從“口”從,秦兵器銘文作(十五年上郡守壽戈),“火”省,“刀”形也發生訛變,至秦簡文字作(周 354),“刀”訛爲“厶”形,與“口”結合而訛成“台”。

【萅】秦璽印文字作(秦泥考 1008)、(秦泥考 1010),從“艸”從“屯”從“日”,承襲商周文字。說文小篆與秦璽印文字一致,秦簡文字作(秦律 1)、(日乙 252)、(日乙 202),訛從“奉”,則省“廾”。“春”應是秦國隸書系統的文字,與“萅”並用。

【申】西周晚期不其簋作,春秋晚期作(秦景公石磬 7);秦駰玉牘作,“申”中間綫條拉直,左右訛成“臼”形,秦戰國兵器作(廿五年上郡守厝戈),秦璽印文字作(申晐),秦簡作(日乙 31),與秦駰玉牘“神”字所從寫法一致。《說文》小篆與秦文字一致。

【色】春秋楚國𪒠鐘作,從“爪”從“卩”,“會以手示顔氣意”①,與“印”字同形。楚郭店簡作,在“卩”下加一横筆,以與“印”字區别。秦簡文字作(日乙 174)、(里 [8]158 正),訛“爪”爲“人”。《說文》小篆與秦文字一致。

【旁】西周晚期“方”與“凡”融合,“方”穿過“凡”寫作(妣㜌母簋),秦系文字在春秋早期出現這種“旁”字寫法,如(秦政伯喪戈),春秋中期作(者減鐘),“旁”字上部從“辛”,到戰國時期作(梁十九年鼎),中部訛混從“用”。戰國晚期和秦代基本都作(秦律 196)、(秦律 120)、(里 [8]158 背),也作(周 354)。而這種“旁”字的寫法一直延續到漢隸,如(馬·老乙 231),(居延簡)。

【若】甲骨文作,西周中期揚簋加“口”作。戰國詛楚文作(湫淵)、(巫咸),與西周毛公鼎構形接近,中間的人形已經開始變形。而戰國其他文字(如楚文字)中,“若”則變得面目全非。秦駰玉牘作(甲正)、(乙正),通過離析形體,人的主體分散,人頭

① 董蓮池:《說文解字考正》,作家出版社 2005 年版,第 360 頁。

部獨立出來與“中”字相混。雙手之形分開作、形，而也有向“中”字發展的跡象，戰國晚期演變爲“中”，與原來的“中”一起構成“艸”字頭，左邊手形則訛變爲“又”，完成了訛變定型過程後，出現了“從艸從右”的“若”，如（陶録 6.51.1）、（秦律 140）、（周 312）、（龍 59）等。

【西】西周晚期作（不其簋），承甲骨文之形，又作（多友鼎）。春秋早期作（秦公簋），石鼓文作（吳人），戰國作（秦駰玉牘甲正），與秦公簋構形接近；戰國兵器銘文作（十五年上郡守壽戈），字體旋轉，兩斜筆與上一横筆相連，左右綫條割裂訛變，以方便書寫，“西”的形體由此而基本確定；秦簡文字作（日乙 197）、（周 363）、（天·日甲 59），與兵器銘文寫法一致。

【敫】詛楚文“憝”作（湫淵），所從“敫”作，從“攴”從“皃”，秦簡文字作（日乙 31）、（日乙 101），從“白”從“放”，“皃”字中間加一横筆隔開而與“放”字相混。《説文》小篆與秦簡文字構形一致，分析爲“從‘白’從‘放’。讀若龠”。即據訛形附會。

【冬】西周不其簋作，與甲骨文形體一致，其後形體訛變，戰國商鞅方升作，秦駰玉牘文字作（甲正），秦簡文字作（秦律 90）、（天·日乙 363），上部綫條發生轉變而與“倒止”相似。

【農】甲骨文作，西周金文加“田”爲意符作（農簋）、（農父簋）、（令鼎），西周晚期上部加意符“臼”作（散氏盤）。秦簡文字作（周 350）、（周 248），又有從“囟”作，“囟”當是“田”字訛變的結果。可能是由於隸書寫法比較隨意，“田”字寫法常側斜不正，如（龍 133）、（秦律 8），因而導致與“囟”發生混訛。

【受】春秋早期秦系文字作（秦公鐘一）、（秦公鎛甲），與甲骨文、西周金文字形保持一致；春秋晚期作（盄和鐘）、（秦景公石磬 22）、（石鼓文·吳人），與春秋早期一致；詛楚文作，下部“又”訛爲“寸”；秦兵器銘文十三年少府矛作，上部所從“手”與“舟”發生黏合，而作（少府矛 2），其綫條重新組合的跡象明顯，上部訛變與“日”相混。寺工矛訛作，秦簡文字作（日乙 206）、（里 [9]8 背），與寺工矛構形一致。里耶秦簡作，上部從“爪”形，中間“舟”字訛與“臼”相同。

【爭】西周金文“靜”字所從“爭”作（靜卣），春秋早期秦公簋“靜”字所從作，其上部“手”形與中間一物分離而下部“手”形與中間一物相結合並上移。秦簡文字作（語書 10）、（龍 203），上部“手”與長筆連寫訛與“日”同，下部“手”位置上移，中部長曲綫綫條拉直。

【甚】金文甚鼎作，從“甚”的“湛”字作（儹匜）、（毛公鼎），從“口”或從“甘”，其構形之意不明。詛楚文作（湫淵），與西周儹匜所從“甚”寫法接近。秦簡文字“甚”字作（語書 7）、（周 325），下部隸變後與“匹”字相混。《說文》小篆與秦文字構形接近，許慎據訛變之形分析“甚”字“從‘甘’從‘匹’”，不確。

【周】戰國時期作（封宗邑瓦書）、（秦駰玉牘乙正），從“口”從，與“用”作、、、有別；戰國晚期秦兵器銘文作（卌年上郡守起戈 3）、（七年相邦呂不韋戟 1），由於是兵器上刻款，綫條相對草率，已經出現與“用”字相混的現象。秦陶文作（陶錄 6.87.1）、（陶錄 6.87.3），訛從“用”，秦璽印作（杜般周印）、（周商），秦簡文字作（周 133）、（封診 65）、（封診 66），亦如此。

（四）類同

類同現象在秦文字比較常見，主要是由於隸變的影響，導致一些偏旁爲了書寫方便而出現趨同的現象。如：

【樂】春秋晚期石磬文字作（秦景公石磬 1）、石鼓文作（田車），戰國兵器銘文作（十四年相邦冉戈），虎符文字作（櫟陽虎符），中間發生類同而作，與左右一致。

【州】金文作（鬲比盨），秦璽印文字作（州越）、（州潘），中間綫條分離作“丩”，而左右兩筆也類同作“丩”形；秦簡文字作

（法問 100）。《説文》小篆與秦璽印文字寫法一致。

【壹】戰國秦文字作（封宗邑瓦書）、（秦駰玉牘乙背）；秦詔版文字作（始皇詔橢量 4）、（平陽銅權），從“壺”，“吉”聲，受“壺”字的影響而發生類同，出現從“壺”的典型形體，小篆之形來源於此；秦簡文字作（秦律 47），與（秦駰玉牘乙背）相近同，下部綫條割裂而從“豆”形。《説文》小篆與秦詔版文字一致。

通過對秦系文字形體變化有關現象的簡單分析，可以看出，秦系文字傳承西周晚期金文而又有緩慢發展，形體總體上較爲穩定，與戰國文字其他區系比較這一點就顯得更加明顯，上文分析各區系文字特徵時我們已進行了比較觀察。

二　秦代文字的結構

戰國秦系文字資料主要集中在戰國晚期，並與秦代文字關聯，因此我們把一部分戰國資料也放到秦代文字中進行討論。

經初步清理統計，已識秦代文字共計 3092 字。按照結構類型分布情况分析，其中象形、指事、會意三種結構類型的漢字主要以繼承爲主，整體數量呈下降趨勢，未見有新增字，其數量分别爲象形 183 個，指事 34 個，會意 322 個。秦代形聲字增加比較明顯，總數達到 2553 個，如以下新增的形聲字：逹、逫、迸、逷、逌、試、誦、諆、謞、詠、詍、訊、誣、誁、瞶、睌、背、瞕、腓、肝、鄔、郘、邠、酈、鄭、邵、郾、儯、僗、倅、廓、庢、庰、廔、麌、玃、猗、猣、狋、狿，等等。各結構類型漢字分布情况如下表：

分期	類型／分布	象形	指事	會意	形聲	合計
秦代文字	數量	183	34	322	2553	3092
	比例	5.91	1.09	10.41	82.56	100（%）

把秦代文字放在整個古文字發展系統中，就能清晰揭示漢字構形方式的動態發展演變。我們首先考察以形表意性質的構形方式：象形類，在殷商文字中的比例爲 25.90%，而到西周金文象形類驟然減少，僅占到 18.0%，相比殷商文字下降了 7.90 個百分點，春秋文字象形占比 9.30%，與西周金文相比依然有很大下降，戰國文字象形占 7.42%，處在下降趨勢中，秦文字象形占 5.91%，總體上看象形字在文字構形中比例下降趨勢明顯；指事類，殷商文字中所占比重 5.0%，西周金文下降到 4.50%，春秋文字 2.50%，戰國文字和秦代文字分別爲 1.20% 和 1.09%，從總體趨勢來講，指事類字量變化不大，以傳承爲主；會意類，殷商文字結構類型中占比爲 27.20%，至西周金 21.10%，春秋文字 19.00%，戰國文字 10%，秦文字 10.41%，比例不斷降低，但從字量看基本保持穩定。以上分析表明，以形表意性質的構形方式所構成的漢字比例呈不斷下降趨勢，從殷商文字 58.10% 下降到秦代文字的 17.41%。其次，我們考察形聲類結構类型的演變，殷商文字形聲類結構比例爲 41.9%，在殷商文字四類結構類型中已占主流，西周金文占 56.40%，春秋文字占 69.20%，比例增加明顯，戰國文字和秦代文字占比分别爲 81.38%、82.56%，二者比例接近，説明這時文字的構形方式基本穩定下來。

古文字階段不同結構類型漢字分布情況的變化顯示，以形表意類構形方式，構成的字所占的比例在漢字體系中逐步下降，形聲字比重卻不斷增加並成爲主體，這充分體現了漢字構形方式的動態演變。如果以新增字來觀察，由於表意類構形方式構成的新字在秦代文字中尚未發現，秦代新增字則全部是用形聲構形方式構成的，形聲構形方式已經成爲唯一能產的構形方式。

秦代文字結構類型分布與構形方式發展情況，也得到《説文》小篆結構類型統計分析的驗證。《説文》各結構類型漢字的分布情況如下表：

分布＼類型	象形	指事	會意	形聲	合計
數量	347	117	819	8070	9353
比例	3.71	1.25	8.76	86.28	100（%）

表中數據顯示，從字數上來看，《說文》各結構類型漢字所占比例都有一些變化，表意類結構的漢字所占比例繼續小幅下降，而形聲結構的漢字所占比例則緩慢增長，比秦代文字增長約 4%。《說文》收字雖然受到漢代文字的影響，但這個比較接近的數據表明，到了秦代漢字構形方式系統的發展確實格局已定。

對秦代文字結構類型的統計和構形方式動態演變的考察，顯示古文字各種構形方式經歷了長期發展已處於相對穩定的狀態，這與秦代文字在古文字發展歷史中所處的發展階段相一致。

三　秦系文字的字用

秦系文字上承西周金文，儘管一直處於相對穩定的發展狀態，在字用方面也呈現出自身的一些特點。秦系文字的字用情況我們主要從三個方面考察：字量變化、用字情況、合文與重文現象。

（一）秦系文字字量的考察

根據現有出土材料統計，春秋時期秦系文字共有單字 492 個，其中暫不見於戰國秦文字的有 120 個，如：

丕、丁、趚、邁、遼、遅、彶、駿、龢、嚚、鬲、弇、勒、殷、敕、睽、眚、隹、隻、叡、膺、胤、臠、虢、盄、榕、椶、樸、极、函、橐、鼏、舂、寍、宕、帥、朕、舫、匍、磬、殸、驐、驂、麃、逸、煌、憐、沔、淖、滋、楙、涉、羕、霝、霎、鮎、鯉、鰟、鱮、鰑、鮊、鮞、姬、肇、彝、轡、協、鋈、鎛、鑾、鈇、戲、禽、嗣、隫、㪃、昷、黔、鈌、遺、鉣、鄰、澤、鎗、鉈、銑、趪、趄、黏、灞、旛、騠、臭、浧、趙、趱、鱳、遺、趯、牸、趚、邋、滂、濟、洎、軼、趛、昱、驕、稽、芁、滔、祇、嫛、廒、㚣、㘇、詧、饙、嫛。

從戰國到秦代，秦系文字用字總量有較大增加，共3292個，扣除從春秋沿用的372字，增加了2920字，當然這些統計僅限於目前所見的出土材料。從字量增加看，相對於戰國文字總字量明顯偏少，這主要有以下幾個原因：（1）戰國文字統計七國的文字，包括秦系文字，因此字量上明顯多於秦代文字；（2）秦系文字一直處於穩定的發展狀態，正體字占據主流，異體、訛形情況相對較少，而六國文字變化劇烈，異體、訛形現象增加明顯；（3）我們統計的秦代文字基本反映了秦"書同文"後的文字發展情況，六國文字異體、訛形等大量被廢除，導致字量的相應減少；同時，"書同文"對秦代文字內部也有一定的影響，處於戰國晚期和秦代過渡時期的睡虎地秦簡中也存在一定的異體和訛形，而到秦代後期里耶、嶽麓書院館藏秦簡中，異體和訛形則不多見。

（二）秦文字用字現象

秦系文字的用字總體上不像戰國其他區系文字那麼複雜，與古文字一般用字特徵相一致，也存在"一字多形、一字多用、一詞多字"等現象。

1. 一字多形

（1）"一"和"弌、壹"

秦系文字"一"多作"一"，戰國秦文字作（封宗邑瓦書）、（秦駰玉牘乙背），秦詔版文字作（始皇詔橢量4）、（平陽銅權），從"壺"，"吉"聲，小篆之形來源於此；秦璽印文字作（乐弌），從"一"從"戈"，又作（中壹）。秦簡文字作（秦律47），又作（周367）。秦系文字中"一"，一個字有三個形體。

（2）"萅"和"春"

秦璽印文字作（秦泥考1008）、（秦泥考1010），從"艸"從"屯"從"日"，承襲商周文字。《説文》小篆與秦璽印文字一致，《説文》分析爲"從'艸'從'日'"，"'屯'聲。"秦簡文字又作（秦律1）、（日乙252），與秦璽印文字構形不同。何琳儀認爲："從日從奉，會興作出動之意，六國文字承襲商周文字，以萅、旾爲春。秦國文字則另別造會意字春。"①"萅、春"一字兩形，在秦代都使用的，"春"應當是隸書系統中出現的新字形。

（3）"䙴"和"遷"

"遷"秦簡文字作（秦律1）、（龍54），又作（里[6]2）、（里[9]1背），從"辵"，"䙴"聲，二字同用。

（4）"乍"和"作"

"作"本不從"人"，秦簡文字作（日甲42正）、（日甲81背）等，承商周文字，又作（里[9]10正）、（秦律84）、（龍59），從"人"從"乍"，當是由"乍"分化而來，分化之初尚未定型，形成一字兩形。

2. 一字多用

（1）"辟"用作"臂、避"

A. 睡虎地秦簡《日甲》七〇背："丑，牛也。盜者大鼻，長頸，大辟（臂）臑而僂，疵在目，臧（藏）牛廄中草木下。●多〈名〉徐、善、趪、以未。"

B. 周家臺秦簡《周·病》三六八："今日庚午利浴朁（蠶），女毋辟（避）督暮₌（瞙瞙）者，目毋辟（避）胡者，腹毋辟（避）男女牝牡者。"

（2）"彼"用作"貱、被"

A. 睡虎地秦簡《秦律十八種》一七四、一七五："禾、芻稾積廥，

① 何琳儀：《戰國古文字典》，第1329頁。

有贏、不備而匿弗謁，及者（諸）移贏以賞（償）不備，群它物當負賞（償）而僞出之以彼（貱）賞（償），皆與盜同法。”“彼”整理者讀爲“貱”[①]。貱償，補墊。

B. 周家臺秦簡《病方》三一九：“彼（被）其上以□枲絮。”“彼”借用爲“被”。

（3）“生”用作“眚、青、牲”

A. 睡虎地秦簡《日甲》一四三正壹：“丁丑生子，好言語，或生（眚）於目。”“生”讀爲“眚”。

B. 睡虎地秦簡《日甲》五二背叁：“一室人皆養（癢）膿（體），癘鬼居之，燔生（青）桐其室中，則已矣。”“生”讀爲“青”。

C. 睡虎地秦簡《日乙》一二〇、一二一：“正月、五月、九月之丑，二月、六月、十月之戌，三月、七月、〔十一月〕之未，四月、八月、十二月之辰，勿以作事、大祠，以大生（牲）大兇（凶），小生（牲）小兇（凶），以昔肉，吉。”“生”讀爲“牲”。

（4）“五”用作“伍、語”

A. 睡虎地秦簡《法律問答》七一：“士五（伍）甲毋（無）子，其弟子以爲後，與同居，而擅殺之，當棄市。”“五”讀爲“伍”。

B. 睡虎地秦簡《日乙》二四〇：“丁丑生，好言五（語），有生（眚）目。戊寅生，遠去，女子於南。己卯生，去其邦。庚辰，好〔女〕子。”“五”讀爲“語”。

（5）“久”用作“記、灸”

A. 睡虎地秦簡《效律》四〇：“公器不久（記）刻者，官嗇夫貲一盾。”“久”讀爲“記”。

B. 睡虎地秦簡《封診式》六〇：“其腹有久（灸）故瘢二所。”“久”讀爲“灸”。

（6）“兑”用作“說、鋭”

---

① 睡虎地秦墓竹簡整理小組：《睡虎地秦墓竹簡》，第 59 頁。

A. 睡虎地秦簡《日甲》一一正貳："利以兑（說）明（盟）組（詛）、百不羊（祥）。""兑"用爲"說"。

B. 睡虎地秦簡《日甲》六九背："盜者兑（鋭）口，希（稀）須（須），善弄，手黑色，面有黑子焉，疵在耳，臧（藏）於垣內中糞蔡下。●多〈名〉鼠䑕孔午郢。""兑"用爲"鋭"。

（7）"壐"用作"薾、爾"

A. 睡虎地秦簡《日乙》一九五壹："賜某大畐（富），不錢則布，不壐（薾）則絜。""壐"用爲"做薾"的"薾"。

B. 睡虎地秦簡《日甲》一三背反："人有惡瞢（夢），𥌳（覺），乃繹（釋）髮西北面坐，鋻（禱）之曰：'皋！敢告壐（爾）豹䚂。'""壐"借用爲第二人稱代詞"爾"。

（8）"臧"用作"藏、贓"

A. 睡虎地秦簡《日乙》四五壹："虛日，不可以臧（藏）蓋，臧（藏）蓋，它人必發之。毋可有爲也。用得，必復出。""臧"讀爲"隱藏"的"藏"。

B. 睡虎地秦簡《法律問答》一七："削（宵）盜，臧（贓）值百一十，其妻、子智（知），與食肉，當同罪。""臧"用爲贓物的"贓"。

（9）"單"用作"戰、憚"

A. 睡虎地秦簡《日乙》六二："徹，大徹。利單伐。""單"用爲征戰的"戰"。

B. 周家臺秦簡《病方》三一三："温，歓（飲）之，令人不單病。""單"用爲表示畏懼的"憚"。

（10）"票"用作"剽、飄"

A. 睡虎地秦簡《日甲》八〇背："盜者大鼻而票（剽）行，馬脊，其面不全。""票"用爲"剽掠"的"剽"。

B. 睡虎地秦簡《日甲》六四背貳："凡有大票（飄）風害人，擇（釋）屨以投之，則止矣。""票"用爲表疾風的"飄"。

（11）"翏"用作"瘳、戮"

A. 睡虎地秦簡《日乙》一五七："㫳〈辰〉少翏（瘳），午大翏（瘳）。""翏"用爲表病癒的"瘳"。

B. 睡虎地秦簡《法律問答》五一："譽適（敵）以恐眾心者，翏（戮）。""翏"用爲"殺戮"的"戮"。

（12）"材"用作"財、裁"

A. 睡虎地秦簡《日甲》一一四背："入十月十日乙酉、十一月丁酉材（裁）衣。""材"用爲"裁衣"的"裁"。

B. 睡虎地秦簡《爲》五〇壹："臨材（財）見利，不取句（苟）富。""材"用爲"錢財"的"財"。

（13）"昔"用作"腊、藉"

A. 睡虎地秦簡《日乙》一二〇、一二一："正月、五月、九月之丑，二月、六月、十月之戌，三月、七月、〔十一月〕之未，四月、八月、十二月之辰，勿以作事、大祠，以大生（牲）大凶（凶），小生（牲）小凶（凶），以昔肉，吉。""昔"用作"腊肉"的"腊"。

B. 睡虎地秦簡《日甲》二九背壹："人毋（無）故鬼昔（藉）其宮，是是丘鬼。""昔"用爲表踐踏之"藉"。

（14）"毄"用作"繫、擊"

A. 睡虎地秦簡《日甲》三八背叁："鬼恆從人女與居，曰：'上帝子下游。'欲去，自浴以犬矢，毄（繫）以葦，則死矣。""毄"用爲"繫"。

B. 睡虎地秦簡《日甲》五二背壹、五三背壹："野獸若六畜逢人而言，是票（飄）風之氣，毄（擊）以桃丈（杖），繹（釋）屨（屨）而投之，則已矣。""毄"用爲"打擊"的"擊"。

3. 一詞多字

（1）{殃}—央、英

A. 睡虎地秦簡《日甲》二四背叁、二五背叁、二六背叁："一室中臥者眯也，不可以居，是□鬼居之，取桃枱〈棓〉椯（段）四隅中央，以牡棘刀刊其宮蘠（牆），謼（呼）之曰：'復，疾趣（趨）出。今日不出，以牡刀皮而衣。'則毋（無）央（殃）矣。"{殃}用"央"字。

B. 睡虎地秦簡《日甲》六四正壹:“刑夷，八月、獻馬，歲在東方，以北大祥，東旦亡，南遇英（殃），西數反其鄉。”{殃}用“英”字。

（2）{遲}—菌、棲

A. 睡虎地秦簡《封診式》三六:“以書讂首曰:‘有失伍及菌（遲）不來者，遣來識戲次。’”{遲}用“菌”字。

B. 睡虎地秦簡《秦律雜抄》三五、三六:“軍新論攻城，城陷，尚有棲（遲）未到戰所，告曰戰圍以折亡，叚（假）者，耐;敦（屯）長、什伍智（知）弗告，貲一甲。”{遲}用“棲”字。

（3）{招}—召、柖

A. 睡虎地秦簡《日甲》一三七背:“正月乙卯，四月丙午，七月辛酉，十月壬子，是胃（謂）召（招）䍃（搖）合日，不可垣，凶。”{招}用“召”字。

B. 睡虎地秦簡《日甲》四七正壹:“十月心，危、營室大凶，心、尾致死，畢、此（觜）巂大吉，張、翼少吉，柖（招）榣（搖）毄（繫）未，玄戈毄（繫）尾。”{招}用“柖”字。

（4）{釋}—睪、擇、繹

A. 睡虎地秦簡《日乙》一〇四壹:“不睪（釋）。以入牛，老一。生子，爲大夫。”{釋}用“睪”字。

B. 睡虎地秦簡《日甲》六四背貳:“凡有大票（飄）風害人，擇（釋）屨以投之，則止矣。”{釋}用“擇”字。

C. 睡虎地秦簡《日甲》一三背反:“人有惡瞢（夢），譽（覺），乃繹（釋）髮西北面坐，鑐（禱）之曰:‘皋！敢告壐（爾）豻猗。’”{釋}用“繹”字。

（5）{苟}—句、笱

A. 睡虎地秦簡《爲吏之道》五〇壹:“臨材（財）見利，不取句（苟）富。”{苟}用“句”字。

B. 周家臺秦簡《病方》三二六:“笱（苟）令某齲已。”{苟}用“笱”

字。

（6）{世}—葉、枼

A. 睡虎地秦簡《日乙》一五八："肉從北方來，把者黑色，外鬼父葉（世）爲姓（眚），高王父譴適（謫），豕〼。"{世}用"葉"字。

B. 睡虎地秦簡《爲吏之道》二〇伍、二一伍："三枼（世）之後，欲士（仕）士（仕）之，乃（仍）署其籍曰：'故某慮贅壻某叟之乃（仍）孫。'"{世}用"枼"字。

（7）{盟}—盂、明

A. 睡虎地秦簡《爲吏之道》四七叁、四八叁："處如資（齋），言如盟。""盟"字爲春秋戰國用法沿襲。

B. 睡虎地秦簡《日乙》二三壹："蓋絕紀之日，利以裚（製）衣常（裳），說盂（盟）詐（詛）。"{盟}用"盂"字。

C. 睡虎地秦簡《日甲》一一正貳："兑（說）明（盟）組（詛）、百不羊（祥）。"{盟}用"明"字。

（8）{搖}—䍃、榣

A. 睡虎地秦簡《日甲》一三七背："正月乙卯，四月丙午，七月辛酉，十月壬子，是胃（謂）召（招）䍃（搖）合日，不可垣，凶。"{搖}用"䍃"字。

B. 睡虎地秦簡《日甲》五五正壹："六月柳，東井、輿鬼大凶，奎、婁致死，角、犺（亢）大吉，斗、牽牛少吉，柖（招）榣（搖）毄（繫）亥，玄戈毄（繫）茅（昴）。"{搖}用"榣"字，也有可能因上字類化從"木"作"榣"。

（9）{杯}—桮、棓

A. 睡虎地秦簡《封診式》九二、九三："丙家節（即）有祠，召甲等，甲等不肯來，亦未嘗召丙飲。里節（即）有祠，丙與里人及甲等會飲食，皆莫肯與丙共棓（杯）器。"{杯}用"棓"字，"棓"乃"杯"的分化字。

B. 周家臺秦簡《病方》三六八、三六九："以脩（滫）清一桮（杯），礬赤叔(菽)各二七，並之，用水多少，次(恣)殹(也)。”{杯}用“桮”字，“桮”也是“杯”的分化字。

(10) {早}—棗、蚤

A. 睡虎地秦簡《日甲》一四正貳：“可以爲嗇夫，可以祠，利棗(早)不利莫(暮)。”{早}用“棗”字。

B. 睡虎地秦簡《封診式》八二：“不智(知)盜者可(何)人及蚤(早)莫(暮)，毋(無)意殹(也)。”{早}用“蚤”字。

以上秦文字使用過程中出現的“一字多形、一字多用、一詞多字”等現象，一方面表明秦文字總體上用字比戰國文字規範，漢字系統内部關係逐步趨於定型；另一方面上述用例也顯示一些分化字尚處於定型過程中，專字專用的關係還沒有最後確定，一些用字習慣還繼續沿襲和保存。

(三) 合文和重文

秦文字的合文、重文現象常見，總體上延續商周傳統。

1. 合文

春秋秦系文字合文一般比較簡單，基本上是結構較簡單的上字與下字合寫，而且兩字形體基本保留，多不見合文符號，如：“小子”作(秦公鐘一)、“上帝”作(秦景公石磬16)、“小魚”作(石鼓文·汧沔)、“二日”作(石鼓文·作原)、“五日”作(石鼓文·作原)、“小大”作(石鼓文·而師)。

戰國時期秦系文字合文，如上面是數字表示月份，一般不加合文符號，如：“十月”作(秦駰玉牘乙正)，而其他一些情況則加上合文符號，如：“大夫”作(商鞅方升)、“小子”作(秦駰玉牘乙正)等。

戰國晚期至秦代，合文大量增加，如數字、月份多合書，且大多不加合文符號，也有例外，如：

(四月：里[9]2背)　(二月：秦律51)　(七十：里[9]7正)

其他合文多爲專有名詞，皆有合文符號，相對容易辨認，如：

（旅衣：效 41）（貨貝：日甲 103 正）

（婺女：周 205）（驀馬：秦抄 9）（牽牛：周 139）

有的合文不曾包含兩字共同部件，與一般的合文規則有别，衹有熟悉或約定俗成的專門名詞方可辨識，如（營室：周 143），“營”下標示合文符號“₌”，當讀“營室”無疑，但是“營”字並不包含“室”，二者唯一有共同之處的是“宀”這個部分，完全是依據專有名詞習得習慣加上標誌符號來實現合文的表達功能。

2. 重文

春秋秦系文字重文主要集中在形容詞上，且都有重文符號，如：“剌₌”作（秦公鐘三）、“鎗₌”作（秦景公石磬 24）、“播₌”作（石鼓文·田車）、“㚖₌”作（石鼓文·汧沔）、“遺₌”作（石鼓文·避車）、“逮₌”作（石鼓文·避車）、“滂₌”作（石鼓文·霝雨）、“趍₌”作（石鼓文·鑾車）、“洎₌”作（石鼓文·霝雨）。名詞重文主要是“子子孫孫”，其餘很少見到，這與西周和春秋金文基本保持一致。

戰國晚期重文基本和春秋保持一致，主要是形容詞，如：“咎₌”作（秦駰玉牘乙·背）。秦簡文字資料發現較多重文用例，較全面地反映了秦代重文的使用情況，有單個字的重文，也有詞甚至整句的重文，皆有重文符號。跨句際重文相對較爲複雜，呈現出多樣化特徵，如：

A.《秦律十八種》六八：“賈市居列者及官府之吏，毋敢擇₌行₌錢₌布₌（擇行錢、布；擇行錢、布）者，列伍長弗告，吏循之不謹，皆有罪。金布。”

B.《秦律十八種》一〇六、一〇七：“毋擅₌叚₌公₌器₌者₌［擅叚（假）公器，者（諸）擅叚（假）公器者］有罪，毁傷公器及☐者令賞（償）。”

C.《法律問答》一三：“工盜以出，臧（贓）不盈一錢，其曹人當治（笞）不₌當₌（不當？不當）治（笞）。”

四　秦系文字對西周文字的傳承與發展

現今發現最早的秦國有銘銅器不其簋，其風格與西周其他金文無别，春秋時期的秦系文字逐步自成一系，對西周文字既有繼承，又有發展。

（一）秦人早期使用文字情況

不其簋時代大約在西周晚期周宣王六年（前 822 年）前數年内，所記爲周宣王時秦莊公破西戎有功受賞，作器以歌功頌德。其文字使用情況也代表了秦先人在西周時期文字使用的狀況。

不其簋共有 98 個單字，與西周金文相同的有 96 個，衹有一個地名“畧”、一個人名“䢼”在西周金文中未見。而單字中不其簋與西周晚期金文完全相同者 61 個，占到 62.24%，偏旁相同者 81 個，占到 82.65%，而綫條省簡、偏旁增加或訛變不同者 17.35%，衹占很少一部分，且這些寫法在西周晚期宣王前的金文中都出現過，可以看作西周金文内部的一種正常演變，與秦文字風格無關。李學勤説：“我們看這件簋蓋，形制紋飾與師嫠簋等器相似，字體也和其他西周晚期器相同，説明秦國青銅器後來表現出來的種種特徵這時還沒有形成。”[①] 李學勤的觀點顯然是符合實際的。從上面分析中可以看出，不其簋與西周金文差別極小，在文字風格上雖然不其簋有由繁趨簡的趨勢，但這也是西周晚期金文中存在的現象，因此，我們認爲不其簋的銘文實際上屬於西周金文範疇，秦先人面對先進的西周文化採用了全盤吸收的政策。

① 李學勤:《新出青銅器研究》，第 274 頁。

（二）春秋早中期的秦文字

春秋秦系文字可分爲早中期和晚期。根據出土材料統計，早中期秦系文字的單字約有 100 個左右，其中與西周金文相近者有以下 66 個字：

元、鼎、嚣、壺、公、先、其、或、天、年、緣、立、餘、令、即、田、丄、秦、又、心、造、敬、合、黄、旁、宅、右、孔、龢、大、亯、鑄、福、寶、事、西、夕、以、東、四、祀、人、百、孚、外、宜、市、萬、王、服、雝、戈、多、障、族、子士、方、受、義、有、羞、初、乍、屯、允。

值得注意的是春秋早期秦系文字中與西周金文不完全相同的字已經出現，如下列各字：

【咸】（咸簋）—（秦公鐘一）【言】（𤔲比盨）—（秦公鐘二）
【鐘】（中義鐘）—（秦公鐘五）【具】（九年衛鼎）—（秦公鎛乙）
【設】（師穎簋）—（秦公簋乙）【靜】（毛公鼎）—（秦公鐘一）
【明】（叔向父禹簋）—（秦公鎛甲）【車】（多友鼎）—（有司伯喪矛）
【秦】（師酉簋）—（秦公鼎）【矛】（彧簋）—（有司伯喪矛）

此外，春秋秦文字中出現了以下新字：

盄、翼、逸、畤、淦、鈇、盜、戮、喬、畜、鮏。

春秋早期秦文字，在西周金文的基礎上開始醞釀著細微的變化，如出現細瘦綫條，具有一定程度的篆意，逐漸顯示出自己的風格。陳昭容曾分析到："早期太公廟器的秦公器群銘文字體尚未出現明顯的秦篆意味，而秦公器群雖然銘文字數不多，但其字體風格與秦公及王姬鐘、鎛趨近，而與不其簋遠，則相當明顯。太公廟出土的青銅器與禮縣出土的秦公器群文字具有某種程度的篆意，可以做爲春秋早期秦正式書體的代表。"① 總之，春秋早中期秦文字自身特徵主要體現在綫

① 陳昭容：《秦系文字研究——從漢字史的角度考察》，第 8 頁。

條和筆勢的改變，出現具有篆意的初期書體，而在構形上相對變化較少，因此這一時期我們可以看作是秦文字風格的初步形成與發展的時期。

（三）春秋晚期的秦文字

春秋晚期秦系文字單字約300個左右，與西周金文相同或相近者，如：

天、寍、自、盩、夕、事、豖、國、子、古、壽、帝、夜、百、立、命、殹、馬、䜌、以、孝、福、多、隹、心、邍、忮、大、員、申、又、舟、神、宅、隻、水、勒、政、吳、月、配、右、方、祝、寶、舊、魚、簡、敌、執、亯、黃、秉、允、屯、宜、受、孔、霝、走、帥、可、武、來、金、公、鬲、初、西、棫、趞、帛、嘉、乍、無、四、名、害、則、好、柞、止、人、彤、引、之、亞、父、宗、角、𢍰、敬、是、保、矢、黔、華、六、各、宮、其、氏、君、德、北、高、里、刺、嚴、同、曰、或、高、穌、求。

春秋晚期秦系文字與西周金文稍有不同者，如：

丄、橐、章、匍、射、十、次、胤、毋、禹、祀、賢、業、庶、夏、卅、邵、奠、我、甲、迄、賜、䜌、而、楊、言、辟、卣、彝、丙、士、邦、丞、駐、樂、靜、田、虔、䜌、癸、若、昊、具、薦、師、井、鋚、虎、蜀、曾、朙、龏、麋、此、即、處、虢、亟、介、夙、異、懷、生、既、車、盄、鼇、餘、鼏、燮、濕、敕、遄、安、魯、中、咸、年、及、淵、四、復、寓、雝、鮮、唬、秦、尃、涉、禽、微、壽、疐、聖、邁、宣、省、羕、萬、廷、朕、茲、聞。

此外，以下各字據目前所見到的材料，是春秋晚期新出的：

㝵、鄰、潓、叡、貆、阹、趙、舫、鮞、煌、趍、𧽊、旛、渫、𣉻、驖、隮、𧾷、後、鱮、奏、牸、䉛、旃、𣟆、肝、駕、欨、㰳、鄜、𩦲、𨘋、䢃、𨑇、朐、涇、尌、驂、𩋻、嚚、樸、如、憐、䞁、𧺆、𢽷、滔、盈、麀、趕、雉、㲉、虹、沔、𦽏、遺、鼒、霝、𣪠、邋、寫、霧、楷、極、囿、瀞、避、遨、竈、鯉、𨷻、迪、㲋、鰀、極、趞、代、鮊、罟、鰟。

據比較分析，目前所見春秋晚期秦文字與西周金文相同者 109 個，如果算上偏旁相同但位置不同者共有 117 個，占比爲 39%，這反映出西周金文對秦文字影響程度已經降低；春秋晚期秦文字與西周金文不同者 103 個，占比 33.44%，如果加上晚期自身演變情況不同者 6 個，其比例更是達到 36.33%，這與相同部分的差距已經很小；春秋晚期新出現秦文字 80 個，占比達到 26.67%，開始出現一批體現自己風格的新字，這種情況在石鼓文中反映的尤其明顯。

從春秋晚期秦文字形體特徵來看，書寫趨向嚴謹，字體規整，綫條圓轉，篆書意味濃厚，行款布局也向規整化方向發展，與早期自由隨意相比明顯不同，可見，春秋晚期秦文字已經形成了自身的風格特色。

（四）秦文字與春秋區域文字的比較

儘管春秋時期秦文字材料相對較少，但通過與同期其他區域相同字例的比較，不僅可以明顯看出它對西周文字的繼承，而且也呈現出有異於其他區域文字的風貌。下面我們選取若干字進行比較：

字例	西周金文	秦文字	區域文字						
王	頌鼎	石鼓·而師	晉公盆 晉	庚壺	王孫遺者鐘	蔡侯紐鐘	之乘辰鐘	攻敔王光戈	
皇	頌鼎	秦景公石磬	晉公盆 晉	鼄公華鐘 邾	司馬楙鎛 滕	鄘侯少子簋 莒	王孫遺者鐘 楚	吳王光鐘 吳	
百	兮甲盤	秦景公石磬	侯馬盟書 303:1.1	齊侯鎛 齊	敬事天王鐘 楚	沇兒鎛 徐			

字例	西周金文	秦文字	區域文字						
受	頌鼎	秦景公石磬	洹子孟姜壺 齊	蔡侯盤 蔡	王孫誥鐘 楚				
月	頌鼎	 秦景公石磬	晉公盆 晉	與兵壺 鄭	哀成叔鼎 鄭	鼄大宰簠 邾	曾子□簠 曾	蔡侯簠 蔡	王孫遺者鐘 楚
年	叔向父禹簋	秦景公石磬	晉公盆	匽公匜 10229 燕	宋君夫人鼎 宋	鼄公華鐘 邾	齊侯盤 齊	蔡侯紳盤 蔡	
寍	牆盘	石鼓·吾水	侯馬盟書 晉	蔡侯紐鐘 蔡					
安	戜方鼎	石鼓·田車	侯馬盟書 晉	哀成叔鼎 鄭	國差罎 齊				

從表中諸字可以明顯看出，與其他國別文字相比較，秦文字保持了一定的穩定性，布局規整，字形變化相對較少，形體基本與西周金文保持一致，體現了延續西周文字的特點。

通過對西周晚期不其簋、春秋早中期以及春秋晚期三個時期秦文字發展狀況的考察，我們大體上揭示出了秦系文字發展的軌跡。西周時期，秦先人對西周文字基本採取了全盤吸收的辦法。春秋早中時期，秦人仍以繼承西周文字爲主，但程度略有下降，在全盤吸收西周文字的基礎上，秦文字漸漸形成自己的風格。春秋晚期，西周文字對秦文字的影響力進一步降低，擁有秦人自身風格的文字已經占據主流，秦文字已經基本擺脱西周文字的束縛，逐步形成不同於其他區域文字的風格特徵；而且始見於春秋晚期的秦文字新增字已達到26.67%，具有秦文字風格的新字增加迅速，與秦文字自身風格形成的過程相一致。

陳昭容在《王國維〈戰國時秦用籀文六國用古文說〉平議》中[①]，系統比較了秦文字與籀文的關係，實際上也可以說是秦文字與西周文字的一種比較，她指出：

> 籀文對春秋時代秦文字的影響力大約有60%，對戰國時的影響力約爲40%，而從春秋早期（秦公鐘100%），到春秋晚期（秦公簋57%、景公磬64%、盄和鐘50%、石鼓文64%），到詛楚文時，僅有47%與籀文形體相同，籀文的影響力是逐漸滑落的。若把戰國時的隸體也計入，籀體的影響力則大幅滑落（32%）。這些資料可以說明《史籀篇》在成書之後，對春秋、戰國秦人的書寫是有影響力的，就戰國與春秋時期相較，其影響力是春秋時期甚於戰國時期。

上文分析顯示，春秋早中期以及春秋晚期秦文字與西周金文相同者的比例分別爲66%和39%，這與陳昭容的比較有一定出入，這主要是由於使用的材料和對材料處理的寬嚴不同所致，比如：陳昭容認爲春秋早期的秦公鐘100%受到籀文影響，我們比較西周金文的結果則爲66%，在處理材料時我們認同西周金文的標準比較嚴格。同樣的原因，陳昭容對春秋晚期秦文字與籀文認同比也高出我們對金文的認同。儘管如此，這些比較分析顯示出秦文字發展的基本趨勢是一致的，秦文字早期皆繼承西周文字，而後隨時代的發展，西周文字的影響力逐步下降，不過其實際下降的程度比參照籀文得到的數據要大許多。比較秦系文字和春秋其他區系文字，則可以明顯地看出，雖然秦文字不斷演變發展，但是其速度和程度遠遠低於其他地域的文字，充分顯示了秦系文字發展的穩定性和保守性。這種現象一直延續到戰

① 陳昭容：《秦系文字研究——從漢字史的角度考察》，第40頁。

國，上章戰國文字的區系比較表明，秦文字形體依然變化較少，其區域保守性特色依然十分明顯。

五　戰國秦系文字的發展

進入戰國中晚期，秦系文字產生了許多重要變化，而小篆的形成和秦隸的產生則是最重要的發展現象。

（一）秦篆源流考察

秦篆是在成熟秦文字基礎上繼承發展而來的，其形成是秦文字系統內部長期發展的結果，“書同文”政策正好給秦篆正體地位的確立提供了契機。

1. 秦篆的形成

源於秦文字的“秦篆”，秦代“書同文”後，一般稱之爲“小篆”。關於秦篆這種字體的起源時代問題學術界一直存在爭論，現在大家較爲一致的意見認爲秦篆產生於戰國中晚期，也有主春秋晚期之說，但都缺乏系統的比較論證。裘錫圭指出：“春秋戰國時代的秦國文字是逐漸演變爲小篆的，小篆跟統一前的秦國文字之間並不存在截然分明的界綫。我們可以把春秋戰國時代的秦國文字和小篆合稱爲篆文。”[①] 袁仲一也認爲：“秦統一六國後的文字，和戰國中晚期秦國的文字沒有明顯的區別。這證明秦統一文字，衹是把戰國中晚期秦國已經通行的小篆體加以整理，作爲全國通行的官方文書。”[②] 在系統整理秦文字資料的基礎上，我們分別比較秦篆與春秋（主要是春秋晚期）秦文字、戰國中期秦文字、戰國晚期秦文字，分析各時代篆書所呈現的特徵，進而討論秦篆的產生原因和大致時代。在秦文字中我們一共

① 裘錫圭：《文字學概要》，第 65 頁。
② 袁仲一：《秦代陶文》，第 86 頁。

選取166個具有與小篆風格接近的單字進行比較。

（1）春秋時期

春秋早期的有8個字，即：天、王、繼、用、有、外、克、宅。

春秋晚期的有87個字，其中見於秦公簋8個：帝、士、德、十、才、宗、武、禹；見於盄和鐘的4個：福、秉、朙、宜；見於秦景公石磬的15個：神、八、咸、吉、是、教、百、雝、平、喜、年、秦、寴、宮、甲；見於石鼓文的60個：祝、中、曾、餘、特、君、各、走、徒、嗣、古、章、臣、具、右、及、事、毆、導、則、角、簡、其、可、即、矢、來、楊、柳、樂、之、師、賢、時、安、代、方、碩、敬、勿、駕、猷、吳、水、汧、好、如、氐、蜀、田、金、車、陰、陽、除、四、六、丙、亞、止。

從上面的分布可以看出，春秋晚期與小篆相同的字占據明顯優勢，達87個，比例占春秋時期91.57%；而春秋晚期又以石鼓文最爲多，達60個，占春秋晚期的比例爲68.96%，其次爲秦景公石磬，15個，占比17.24%。秦篆無論是在構形還是在形體風格上都與春秋晚期的秦文字並無實質性差别，這説明，秦篆字體實際上是春秋秦文字發展的延續。從這個比較中我們還可以看出，時代越晚與小篆相近的比例越高，這一方面説明春秋晚期秦文字已經走向成熟，另一方面也説明，小篆主要産生於成熟的秦系文字，與石鼓文相比較這一點尤爲明顯，由此我們可以得出春秋晚期秦文字是小篆字體的來源。詹鄞鑫指出："小篆文字不僅大多數直接來源於秦篆，即使其中經過省改的那部分文字，也同樣來源於業已存在的秦國文字。"①

（2）战國中期

商鞅方升作於秦孝公八年，正處於戰國中期，是商鞅變法時下發的標準量器，而其書寫的字體無疑代表了當時的官方標準字體。方升銘文可比較的字有11個，即：分、眾、鞅、泉、月、乙、造、卿、

① 詹鄞鑫：《談談小篆》，語文出版社2007年版，第9頁。

爲、二、齊，加上繼承春秋晚期秦系文字的“八、十、來”，共14個。方升文字刻寫綫條細瘦，與秦景公石磬接近，有些綫條又略顯方折，與後期小篆的風格十分接近，但是在規整、圓轉方面又存在一定的差别，説明這個時期秦系文字發展正處於一個上下過渡的階段，商鞅方升銘文的寫法應當是春秋文字即篆文向小篆演變的一個中間過程。同時銘文刻寫稍有草率，也説明此時篆書系統受到了不穩定因素影響，而這種影響到戰國晚期表現的更加明顯。

（3）戰國晚期

戰國晚期可選取的材料極爲廣泛，我們主要選取了虎符文字、詛楚文、秦駰玉牘、宗邑瓦書等資料，共統計60個單字，此階段是秦文字發展繁榮時期，可資比較的材料也快速增加。

【上】（詛楚文·湫淵）（秦泥考299）

【酆】（封宗邑瓦書）（酆丞）

【皇】（詛楚文·湫淵）（始皇詔權）

【遊】（封宗邑瓦書）（秦泥考1372）

【禮】（詛楚文·巫咸）（李禮）

【明】（秦駰玉牘乙正）（美陽權）

【祠】（詛楚文·巫咸）（秦泥考43）

【秦】（秦駰玉牘乙正）（秦欣）

【玉】（詛楚文）（田玉）

【兼】（詛楚文·亞駝）（李兼）

【牛】（秦駰玉牘乙背）（牛籩）

【瘳】（秦駰玉牘甲正）（焦瘳）

【此】（秦駰玉牘乙背）（平陽銅權）

【同】（詛楚文·湫淵）（楊同）

【正】（秦駰玉牘乙正）（正行）

【佐】（宗邑瓦書）（秦泥考490）

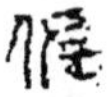

【造】（封宗邑瓦書）（孟造）

【精】（秦駰玉牘甲正）（中精誠外）
【道】（詛楚文·亞駝）（秦道）
【臨】（詛楚文·巫咸）（秦泥考 1276）
【禦】（封宗邑瓦書）（秦泥考 841）
【顯】（詛楚文·湫淵）（張顯）
【廿】（宗邑瓦書）（始皇詔橢量 6）
【司】（封宗邑瓦書）（秦泥考 147）
【競】（七年相邦呂不韋戟 1）（張競）
【石】（高奴禾石權）（安石里典）
【童】（封宗邑瓦書）（秦泥考 1466）
【大】（詛楚文·亞駝）（始皇詔版 1）
【兵】（杜虎符）（秦泥考 403）
【不】（詛楚文·巫咸）（女不害）
【反】（秦駰玉牘乙正）（秦泥考 1339）
【孫】（詛楚文·湫淵）（公孫市）
【史】（封宗邑瓦書）（史市）
【圭】（詛楚文·湫淵）（圭訏）
【書】（封宗邑瓦書）（秦陶新編 2119）
【戚】（詛楚文·湫淵）（兒戚）
【寺】（二年寺工讋戈）（寺從市府）
【略】（詛楚文·湫淵）（略畔之丞）
【故】（秦駰玉牘乙背）（兩詔橢量 2）
【新】（詛楚文·巫咸）（秦泥考 1385）
【改】（詛楚文·湫淵）（於改）
【輿】（詛楚文·湫淵）（秦泥考 1441）
【救】（詛楚文·湫淵）（救邑）
【成】（詛楚文·湫淵）（二世詔版 3）
【美】（美陽權）（秦泥考 1315）

【官】（太官盉）（秦泥考 476）
【敢】（詛楚文）（新郪虎符）
【辛】（宗邑瓦書）（辛欸）
【乃】（封宗邑瓦書）（始皇詔版）
【盉】（秦駰玉牘甲正）（王盉）
【高】（高奴禾石權）（高陵右尉）
【父】（詛楚文・湫淵）（秦泥考 1385）
【杜】（封宗邑瓦書）（秦泥考 1262）
【子】（封宗邑瓦書）（孝子）
【東】（秦駰玉牘甲正）（秦泥考 873）
【人】（秦駰玉牘甲正）（秦泥考 1110）
【桑】（秦封宗邑瓦書）（秦泥考 1046）
【邑】（宗邑瓦書）（□邑尉印）
【賜】（詛楚文・湫淵）（閵賜）

這個階段的秦文字寫法呈現多樣化的形態。虎符文字包括杜虎符、新郪虎符，文字錯金，銘文綫條較多方折；詛楚文字體規整、圓筆匀美，其寫法多與後期小篆一致；宗邑瓦書作於秦惠文王前元四年，銘文字體以篆書爲主，多方折，間雜有古隸的痕跡，與後期秦刻石風格多有接近；秦駰玉牘時代爲秦惠文王時期，一式兩份，分爲甲、乙版，兩版正反兩面均記有文字，甲版正面多爲方折之筆，綫條細勁，結體端莊規整，屬於篆書系統，乙版有很濃重的隸書意味，與古隸形體尤近。比較上面幾種戰國晚期的文字資料，從總體方面來看，秦文字風格篆書特點明顯，可以説明秦篆已經形成。不過，這些材料在文字書寫形態上也存在一定程度的差異，這也促使秦文字自身不斷地修正和規範，正如叢文俊所論述："秦始皇之所以要調整規範並頒布小篆，首先是爲秦文字之發展演變的情勢所迫使，其後才是統一六國異文，此二者之間還有一段距離。”① 這與我們經過比較所得出的看法是一致的。

2.“書同文”與小篆地位的確立

公元前221年，秦統一天下，建立第一個中央集權制的專制王朝，這是歷史性的重大轉折。爲鞏固其統治，秦王朝進行一系列的改革，其中也包括統一文字政策。《史記·秦始皇本紀》載始皇二十六年詔令天下，“一法度衡石丈尺，車同軌，書同文字”，並頒布嚴苛刑法以保證政策的實施。關於“書同文字”，《説文解字·叙》云：“秦始皇帝初兼天下，丞相李斯乃奏同之，罷其不與秦文合者。斯作《倉頡篇》，中車府令趙高作《爰曆篇》，太史令胡毋敬作《博學篇》，皆取史籀大篆，或頗省改，所謂小篆者也。”李斯等人在籀文、秦篆的基礎上删繁就簡，廢除異體，規整字形，確立了秦“書同文”的標準，這就是小篆。可見，小篆衹是對已經成熟的秦篆進行適當整理和規範。詹鄞鑫認爲：“李斯等在整理文字時，不僅要將六國文字中與秦國文字不同的寫法加以剔除，還要對秦國文字中固有的異體字和俗體字加以規範。所謂‘省改’，其實就是選取那些與傳統的正體字相比有所簡省或改變的文字而已。”②

小篆是在春秋晚期秦文字走向成熟以後，在經過戰國時期的穩定發展而形成的秦篆基礎上，進一步規範後形成的一種布局規整、筆勢圓轉的字體。小篆字體是春秋秦文字發展的延續，與春秋秦文字在本質上並沒有多大區别，衹是順應時代發展要求，在筆勢上進行必要的調整改變，進一步規整了秦篆形體結構，確定了小篆的書寫風格。

3.小篆的基本特徵

小篆與春秋秦系文字在構形上區别不大，主要是在文字形體的布局和綫條形態上呈現出新的特徵。小篆形體的基本特徵，表現在以

① 叢文俊：《中國書法史·先秦·秦代卷》，第338頁。

② 詹鄞鑫：《談談小篆》，語文出版社2007年版，第8頁。

下幾個方面：

（1）結構規整。規整化是漢字形體發展的總趨勢，而這一點在小篆中表現得特別明顯，其最典型的特徵就是布局規整、端莊美觀。

（2）形體均衡。小篆形體的均衡是由偏旁與綫條的精心布局而奠定的。

上述兩個特點，從下表各字可以看得很清楚：

秦篆	小篆	秦篆	小篆	秦篆	小篆
詛楚文·亞駝	陶錄6.355.4	詛楚文·湫淵	樂平君印	盄和鐘	繎璽
秦公簋	秦泥考1280	石鼓文·而師	秦泥考1017	秦景公石磬20	相教
石鼓文·汧沔	陶錄6.6.1	石鼓文·鑾車	冷賢	石鼓文·鑾車	臣碩

（3）綫條圓轉。秦文字從春秋早期始綫條已經有了趨於圓轉的態勢，如秦子鐘、秦子鎛，春秋晚期秦景公石磬文字綫條更加秀麗圓轉，石鼓文中也有鮮明體現，至戰國中期商鞅方升、晚期的詛楚文，綫條宛曲圓轉程度不斷提高，至小篆這種宛曲圓轉的綫條被繼承下來，並成爲形體的基本特徵。如表中諸字：

秦篆	小篆	秦篆	小篆
秦景公石磬1	秦泥考1617	詛楚文·湫淵	兩詔橢量2
宗邑瓦書	□邑尉印	秦景公石磬7	始皇詔銅權1
詛楚文·巫咸	張女先	石鼓文·霝雨	秦泥考1436
秦景公石磬14	南宮尚浴	石鼓文·吳人	秦泥考27

上述三個基本特徵的形成經歷了一個長期的過程，從春秋早、晚期到戰國，秦文字規整化都是其顯著的特徵，而小篆把這種規整形體標準化，用統一模式來規範文字寫法，伴隨著規整化而出現的結構平穩和布局對稱也就成爲小篆形體的顯著特徵之一；第二個特徵是秦文字形體經過長期勻稱化發展，形體勻稱的要求不僅左右了每個字結體布局的不斷調整，力求做到對稱均衡，而且書寫的綫條也逐步趨向粗細一致；第三個特徵是綫條圓轉化也是逐步實現的，小篆宛曲柔和的綫條，體現了秦人的審美情趣，這種綫條書寫樣式是在經歷了長期的傳承發展之後才爲小篆所繼承下來的。

儘管小篆是在秦文字系統內部逐漸孕育發展而來的，但是秦王朝語文政策的作用也不可低估，正是由於實行“書同文字”、罷除六國文字“不與秦文合者”的統一要求，才確立了小篆形體的正體地位，小篆也因此進一步實現規範化，其主要特徵也同時得以不斷強化。

小篆形體對書寫者有較高的要求，由於其形體高度規整、書寫綫條圓轉均勻的要求，使書寫難度加大，書寫速度緩慢，而且其使用場合也受到一定限制，僅僅被用在較爲莊重和正式的場合。這樣，小篆的實用性功能就逐步減弱，並導致其最終走向沒落。從這個意義上來說，小篆既是篆文系統長期發展的結果，同時也是古文字形體的終結形態。

（二）秦隸的形成與特點

小篆和古隸都起源於成熟的秦文字，由於不同的演變方向而發展成爲兩種字體，一般將源於秦文字的早期隸書稱爲“秦隸”。秦隸的產生是春秋戰國秦文字沿著簡率方向發展的必然結果，因此小篆和古隸來源相同而走向不同，二者有著千絲萬縷的聯繫。

1. 隸變與秦隸的形成

秦系文字在繼承西周文字的基礎上逐步形成自身的特色。王國維分析籀文的特點時說：“其作法大抵左右均一，稍涉繁複，象形象事之意少，而規旋矩折之意多。”[①] 秦文字形體結構較爲複雜，結構布局追求規整，綫條書寫宛曲圓轉，這些特點也給書寫帶來很大的不便，嚴重限制了書寫的速度，因而影響了文字使用的效率。實用性、簡明性是文字發展的本質要求，正是這種本質的內在的要求促使秦文字簡率書風的產生。

戰國初期秦厲共公到出子時期，秦國內憂外患，綱紀鬆弛，這在客觀上給文字的發展提供了一個自由寬鬆的社會環境。正如《漢書·藝文志》所云:“至於衰世，是非無正，人用其私。”顏師古注云:“各任意而爲字。”戰國中期，秦國經過商鞅變法，國力迅速增強，爲了拓展疆土，與東方韓、趙、魏等進行了持續的戰爭。由於戰爭的頻仍和緊迫，而篆文系統內部越來越趨於規整圓轉的風格，也越來越不能滿足快捷實用的需要，文字書寫的草率急就開始成爲一種趨勢，如戰國時期出土的兵器銘文幾乎都是簡率急就的風格。這種簡率急就的寫法，也適應了秦擴張掠地的需要，爲秦統治者在被占領區大量推行其法律文書提供了條件。秦文字使用的社會背景與範圍的變化，進一步促使秦文字在草率急就的過程中由規整的秦篆向隸書轉變，這即是“隸變”的發生。

（1）秦文字的簡率寫法

春秋早期的秦子戈、秦子矛、秦子元用戈、秦政伯喪戈等兵器銘文上，就出現了簡省現象。春秋晚期的懷後石磬文字，綫條多有拉直方折，寫法趨向率簡，已呈現解散篆法的趨勢。如以下各字:

【元】（秦子戈一）　　【秦】（秦子戈二）　　【族】（秦子矛）

【高】（卜淦戈）　　【東】（秦政伯喪戈）　　【天】（懷後石磬）

【公】（懷後石磬）　　【聞】（懷後石磬）　　【君】（懷後石磬）

【鄴】（懷後石磬）　　【賜】（懷後石磬）　　【盡】（懷後石磬）

從以上各例來看，如果春秋早期的簡率寫法我們可以看作是無

① 王國維:《史籀篇疏證序》,《觀堂集林》卷五。

意爲之，那么春秋晚期懷後石磬的寫法則明顯帶有改造後的痕跡。儘管懷後石磬文字仍以篆文風格爲主，但其字形趨扁，綫條多平直方折，向外展開，簡率風格十分明顯。因此，我們認爲秦系文字内部所孕育的這種簡率寫法，是後來隸變發生的源頭，秦隸也就是在這種簡率寫法中逐步孕育出來的。

（2）戰國中期隸變的發生

進入戰國時期，鑄款在秦文字已經十分少見，主要爲刻款，如戰國代表性的兵器銘文十三年大良造鞅戟、十六年大良造庶長鞅戈鐓、商鞅鈹（十六年大良造庶長鞅鈹）、庶長鞅殳鐓、十九年大良造鞅殳鐓、四年相邦樛斿戈、王四年相邦張儀戈、王五年上郡疾戈、王六年上郡守疾戈、王七年上郡守疾戈、王八年内史操戈、十三年相邦義戈、吾宜戈，等等。戰國中期的秦宗邑瓦書，作於秦惠文王前元四年，代表著秦文字隸變過程中的一個重要環節。將這個時期文字形體與秦代隸書作一個比較，就能清晰地顯示二者的聯繫和區別，如以下各字：

【上】（王五年上郡疾戈）—（周 47）
【命】（封宗邑瓦書）—（秦律 183）
【吾】（吾宜戈）—（日甲 33 背）
【廿】（宗邑瓦書）—（里 [9]3 正）
【造】（十三年相邦義戈）—（周 253）
【書】（封宗邑瓦書）—（里 [9]3 正）
【鞅】（十三年大良造鞅戟）—（法問 179）
【爲】（封宗邑瓦書）—（龍・牘正）
【殳】（庶長鞅殳鐓）—（效律 45）
【初】（封宗邑瓦書）—（日乙 30）
【卜】（封宗邑瓦書）—（日乙 126）
【乃】（封宗邑瓦書）—（秦律 177）
【相】（十三年相邦義戈）—（秦律 159）

【到】（封宗邑瓦書）—（效律 3）
【手】（宗邑瓦書）—（封診 78）
【大】（封宗邑瓦書）—（周 89）
【奴】（王五年上郡疾戈）—（法問 20）
【操】（王四年相邦張義戈）—（秦律 62）
【庶】（庶長鞅殳鐓）—（龍・牘正）
【月】（封宗邑瓦書）—（周 134）
【良】（封宗邑瓦書）—（日乙 68）
【咸】（十三年相邦義戈）—（周 337）
【年】（十九年大良造鞅殳鐓）—（嶽・占 5 正）
【賤】（王四年相邦張義戈）—（日乙 237）
【鄭】（十九年大良造鞅殳鐓）—（封診 34）
【郡】（王六年上郡守疾戈）—（里 [9]3 正）

各字對比可以看出，兵器銘文大都篆隸間雜，綫條平直簡省，寫法草率，多有隸變的痕跡，如“上、殳、鞅、相、奴、庶、年、邑（偏旁）”等，與後世秦隸寫法十分接近，顯示出這階段隸變發生的情形。宗邑瓦書文字草率不及兵器銘文，其綫條多方直，筆勢已呈明顯的隸書特徵，如“命、廿、初、卜、乃、到”等字的結體和筆法與秦隸十分接近。比較分析表明，戰國中期的刻款文字一方面仍然繼承篆書系統書寫風格，書寫中依然保持篆意，另一方面由於書寫方法的改變，導致銘文綫條趨向方直省簡，風格草率，許多形體上已顯現出隸變的痕跡，後期的隸書風格正是沿著這條道路自然發展的結果。

唐蘭對古文字形體的發展演變和隸變的發生曾有如下重要論述①，他說：

> 近古期的文字，從商以後，構造的方法，大致一定，但形

① 唐蘭：《古文字學導論》，第 124—126 頁。

> 式上還不斷的在演化，有的由簡單而繁複，有的由繁複而簡單。到周以後，形式漸趨整齊，盂鼎、曶鼎等器，都是極好的代表。春秋以後，像徐器的王孫鐘、齊器的命（從糸）鎛、秦器的秦公簋和汧陽刻石等，這種現象尤其明顯，最後就形成了小篆。不過這衹是表面上的演化，在當時的民眾所用的通俗文字，卻並不是整齊的、合法的、典型的，他們不需要這些，而衹要率易簡便。這種風氣一盛，貴族也沾上了，例如春秋末年的陳向陶釜上的刻銘，已頗草率，戰國時的六國系文字是不用說了，秦系文字雖整齊，但到戈戟上，也一樣地苟簡，…這種通俗的、簡易的寫法，最後就形成了近代文字裏的分隸。

趙平安認爲："在惠文王時期，秦國文字中已經出現了比較明顯的隸變傾向，這種趨向到了戰國晚期的昭襄王、秦王政時期愈演愈烈，成爲一種普遍現象。"按照他的觀點，"一是把戰國時期秦國文字的某些簡率寫法直接看做古隸，二是把隸書的產生時代明確卡在戰國中期"①。通過上面與秦代文字的比較可以看出，這個結論基本上是正確的。不過我們認爲，雖然隸變發生的年代可以定在戰國中期，但是這一時期尚處於隸變發生的早期階段，離真正隸書形體的形成尚需要有一個過程。

（3）戰國晚期隸變的發展

戰國晚期，隸變的進程明顯加快，秦隸作爲通行體式已基本形成。像秦惠文王時期的秦駰玉牘、秦武公時期的青川木牘以及兵器刻銘和雜器等，與秦代文字比較可以看出其形體大體上已發展成爲隸書。

秦駰玉牘與後期秦隸相同和接近者有30個，其中相同者17個，即：天、智、神、祀、美、鮮、名、及、此、正、友、故、曹、氣、

---

① 趙平安：《隸變研究》，第9頁。

於、病、既；相近者13個，即：下、羊、芥、敢、余、刑、亓、吉、得、自、家、憂、吏。

青川木牘與後期秦隸相同和接近者有30個，其中相同者19個，即：百、八、修、利、命、丞、及、道、史、可、高、頃、尺、曰、月、鮮、秋、陷、既；相近者11個，即：雖、草、則、步、行、十、橋、有、畔、畝、戊。

兵器刻銘和雜器與後期秦隸相同和接近者有18個，其中相同者14個，即：相、受、公、君、卅、卌、兼、左、嘉、但、韋、鬼、庫、遊；相近者4個，即：臣、啟、室、平。

秦駰玉牘爲秦惠文王（前337—前311年）晚期器物，雖然仍以篆文爲主，但隸書意味已經很濃，易圓爲方，變曲爲直，綫條方折外拓，許多寫法與秦代時期的隸書寫法幾乎一致，具備了早期隸書的基本特徵。青川木牘書於秦武王二年至四年（前309—前307年），其文字許多寫法與秦駰玉牘一致。這兩種紀年明確的材料大體上反映了秦隸的早期形態，是判斷秦隸形成時代的重要依據。

戰國晚期材料還顯示，隸變明顯的文字出現的場合不斷擴大，文字使用的範圍也十分廣泛，既有兵器刻款也有法律條文，既有上層也有基層使用者，可見經過隸變改造的文字形體的使用具有堅實的社會基礎，這正是隸書後來能成爲主流形體的原因所在。在秦駰玉牘和青川木牘中許多文字的寫法和秦代隸書幾乎是一致的，呈現出一定的定型化趨勢，這說明這個時期隸變已經不是偶然、個別的現象，秦隸已發展到初步成熟階段。而睡虎地秦簡，使我們看到了秦統一前後相關聯的材料，更加全面地展現了秦隸的面貌。

2. 隸變方式

將隸變的萌生與早期秦隸形體聯繫起來觀察，大體上可以看出隸變發生的過程和一些細節的變化，正是經歷形體微觀發展演變的逐步積累，才醞釀出漢字形體古今的重大轉變。秦文字的隸變方式主要發生在兩個方面，即形體方面的變化和綫條筆勢方面的變化[①]。

其一，形體方面的變化，包括“省寫、連寫、離析、增飾、移位”等幾種現象。

（1）省寫

【則】秦石鼓文作（吾水），從“刀”從“鼎”，詛楚文作（湫淵），秦詔版文字作（始皇詔版1），青川木牘作，“鼎”旁隸變省爲“貝”，秦簡文字作（天・日乙（2））、（語書6），與青川木牘寫法一致，但是更加成熟，行筆更加流暢。

【音】春秋早期秦公簋作，從“言”，“言”字“口”中加一筆分化而出，秦簡文字作（天・日乙321），上下割裂，中間連接綫條省簡，弧綫變直。

【水】秦石鼓文作（霝雨），秦宗邑瓦書作，秦陶文作（陶録6.212.6），秦璽印文字作（秦泥考1028）、（浙江都水），秦簡文字作（日乙80）、（周302），既有小篆寫法，又有草率隨意、綫條簡短拉直的隸書寫法。在隸書中“水”作爲偏旁時省寫成三點，如。

（2）連寫

【介】春秋晚期石鼓文作（田車），戰國中晚期作（詛楚文・湫淵）、（詛楚文・亞駝），秦簡文字作（法問206）、（法問206）、（法問206）、（法問207），“人”字頭部和身體寫成一筆作，其演變痕跡明顯。

【句】秦駰玉牘作（乙背），從“口”從“丩”，秦簡文字作（爲51）、（日甲129正），“丩”從演變爲，兩筆相交，糾繚之形無存，筆形黏合。

【枼】戰國詛楚文作（亞駝），秦駰玉牘作（甲背），“世”字上部的分寫三筆開始連爲一筆，秦簡文字作（日乙176）、（里[16]9正），

① 趙平安將隸變的基本方式概括爲直、減、連、添、移、曲、延、縮等九種，我們認爲其基本概括了隸變的要義，參看《隸變研究》，第42—48頁。

其寫法皆繼承秦駰玉牘。

【邑】秦宗邑瓦書作、，上部“囗”仍保留，下部跪坐的人依然很清楚，秦旬邑權作，上部“囗”訛寫爲“口”，下部跪著的人站立起來，“人”字的左半部和腿部結合爲一筆作，陶文作（陶錄6.52.1）、（陶錄6.109.4），秦簡文字作（秦律21）、（龍250），皆是隸變的結果。

【立】春秋早期秦公鎛作，春秋晚期盄和鐘作。秦詔版文字作（始皇詔版1），“大”字形體離析。秦簡文字作（天・日乙350）、（日乙237），“大”形上部割裂，下部連筆，有草化現象。

【唐】秦璽印文字作（王唐）、（牛唐），從“口”從“庚”，秦簡文字作（嶽・叁［3］210），上部綫條和一致，而中間左邊下垂綫條與左邊豎筆融合，右邊下垂綫條則向上移動拉直，從而使“庚”字呈現出、的寫法，而“唐”也就作形，而這種變化是在秦文字隸變階段完成的。

【善】秦璽印文字作（善身），從“羊”頭從“言”，仍保留部分古形，秦陶文作（陶錄6.8.3），從“羊”，“言”字綫條訛變並與上部“羊”字共用筆畫，進而與“舌”字相混，秦簡文字作（日乙58）、（龍91）、（周199）。秦文字“舌”字作、，與秦竹簡“善”下部所從一致。

【皮】石鼓文作（汧沔）、（馬薦），從“又”從，秦簡文字作（秦律7）、（龍86），上部綫條下移，與下面部件組合到一起，又拉直綫條作。其演變過程爲：→→。

（3）離析

【而】秦篆書文字作（石鼓文・而師）、（秦駰玉牘甲・正）、（詛楚文・湫淵）、（兩詔橢量2），與西周晚期寫法接近。戰國秦駰玉牘作（乙正），下部綫條離析爲兩豎筆，筆勢短促。秦簡牘文字作（青川木櫝）、（效律35），與秦駰玉牘寫法一致。

【豕】春秋晚期秦文字進一步綫條化作（石鼓文・田車），秦簡文字作（日乙 158）、（天·日乙 166），與石鼓文形體一致，寫法上更加隨意，右邊離析爲兩筆。

【言】秦璽印文字作（思言）、（悊言），寫法比較多樣。秦簡文字作（周 248）、（秦律 2）、（龍 21）、（里 [9]3 正），爲了書寫的便利，綫條之間逐漸分離，其過程是：→→，進而把中間綫條拉直作：→→。

（4）增飾

【荊】璽印文字作（徐荊），秦簡文字作（里 [8]135 正）。“刀”作“刃”，在“刃”上又加一飾筆以適應筆勢的需要。

【食】秦簡文字作（周 245）、（天·日乙 182）、（嶽·爲 39 正），“皀”爲平衡對稱而增添一飾筆，作之形。如“餘”字從“食”，亦或作（里 [9]1 正）。

【免】西周晚期作（史免簠），戰國楚文字作（包山 53），與金文一致。秦簡文字作（效律 19）、（龍·牘正）、（周 341），上部綴加飾筆，以求形體平衡和美觀。

（5）移位

【必】戰國晚期作（杜虎符），點演變爲綫，秦簡文字作（里 [16]5 正）、（秦律 102）、（周 219）、（龍 8），右邊一筆下移，綫條解散。

【歲】秦璽印文字作（晉歲）、（萬歲），從“步”從“戉”，與周代金文構形一致。秦簡文字作（秦律 171）、（周 299）、秦律，“戉”字左邊綫條變短，上部一“止”字提到整字的上部並草寫爲，下面的“止”則與稍有訛變，與“少”字相混。

【夙】春秋早期作（秦公鎛丙），從“丮”從“夕”，春秋晚期作（盄和鐘）。秦簡文字作（秦律 184）、（日甲 78 背）、（天甲 16），“丮”移到“月”上，爲隸書定型體所本。

【身】秦駰玉牘作（甲正），與金文一致，“人”上部一小撇仍然獨立存在。秦璽印文字作（悊身），上部一小撇上移，位於整個字體的最上部；秦簡文字作（爲吏 41）、（龍 43），上部一小撇與“人”字合爲一筆。

【西】春秋早期作（秦公簋），石鼓文作（吳人），戰國秦駰玉牘作（甲正），與秦公簋構形接近。戰國兵器銘文作（十五年上郡守壽戈），字體旋轉，兩斜筆與上一横筆相連，左右綫條離析，其後形皆仿此；秦簡文字作（日乙197）、（周363），與兵器銘文寫法一致。

【女】西周晚期不其簋作，下部拉直，跪坐之形不存；秦璽印文字作（秦泥考1356），與甲骨文形體一致。秦簡文字作（日乙62）、（周331），形體發生旋轉，綫條簡潔，身腿形綫條訛變爲一斜筆，交叉的兩手之形延長。

其二，構成形體的綫條，因筆勢調整、連接方式改變而發生相應的變化，綫條的變化主要包括"收縮、拉直、草寫、延伸"等幾種現象，以上字例已皆有所涉及。

（1）收縮

【壯】秦陶文作（陶録6.24.2）、（陶録6.93.1），從"士"，"爿"聲，秦璽印文字作（趙壯），與秦陶文一致，秦簡文字作（爲吏33）、（秦律190），隸變中將直綫變曲並縮短作。

【蔥】秦簡文字作（秦律179）、（周316），從"艸"從"心"從•。西周金文"悤"作（毛公鼎）、（番生簋蓋），春秋晚期的蔡侯申盤"悤"作。秦簡文字帶飾點的短豎收縮成一圓點，作（日甲158背），"蔥"作、，漢代仍沿之作（馬·問020），《説文》小篆作，從"囪"聲。

（2）拉直

【苑】秦璽印文字作（秦泥考872）、（秦泥考873），秦簡文字作（秦律5）、（龍27），二者在構形上無别，主要是筆勢上差别明顯，除"艸"頭變化外，"卩"曲綫拉直爲斜弧綫。

【葆】秦陶文作（陶録6.288.5），"保"字篆書風格很濃，而"艸"頭則拉直；秦簡文字作（秦律89）、（秦律118,）"保"字解散篆法，變曲筆爲直筆。

【公】戰國中晚期的詛楚文作、（巫咸），繼承春秋晚期盄和鐘的寫法，戰國晚期作（六年漢中守運戈）、（陶録 6.36.1）、（陶録 6.295.1），上部由細腰形“八”演變爲撇捺兩筆，秦簡文字作（秦律 10）。

【刀】西周晚期不其簋“初”字作，“刀”柄部較長且爲直筆；景公石磬作，上部彎曲，秦簡文字作（日甲 26 背），綫條拉直且短促，其演變過程爲：→→→→→。

【平】春秋晚期作（秦景公石磬 1），從“于”左右加兩筆，秦文字皆仿此。石鼓文作（吾水），秦兵器銘文作（卌年上郡守起戈 3），寫法草率簡易，化曲筆爲直筆。

【降】秦陶文作（陶録 6.402.2），重“止”方向一致向下，秦簡文字作（秦抄 38），兩“止”爲左右方向並拉直。

（3）草寫

【禁】秦璽印作（秦泥考 1042）、（秦泥考 903），秦簡文字作（秦律 5）、（龍 17），寫法草率急就，上部“林”筆畫變直，綫條解散。

【走】春秋晚期石鼓文作（馬薦），秦璽印文字作（秦泥考 1543）、（秦泥考 1544），與石鼓文形體一致，這也是小篆的典型寫法。秦簡作（日甲 13 背）、（里 [9]984 背），“大”綫條解散，左臂上移並與雙腿交叉作形，左腿拉長，“止”字也草簡爲，與秦篆字形已有很大差别。

【内】秦兵器銘文作（王八年内史操戈），詛楚文作（湫淵），秦璽印文字作（茝陽少内）、（秦泥考 622），青川木牘作，綫條内收，秦簡文字作（秦律 80）、（嶽·爲 75 正），裏面綫條離析，上部遂與“宀”相混，寫法草率急就。

【良】春秋秦仲滋鼎作，上部拉直，下部彎曲訛從“亡”聲。戰國秦文字作（十三年大良造鞅戟）、（封宗邑瓦書），與春秋時期構形接近，寫法草率簡易。秦簡文字作（日乙 68）、（周 363），上部進而離析出“口”形。

（4）延伸

【茝】秦陶文作（陶録 6.396.2）、（陶録 6.397.6）、（陶録 6.102.3），秦簡文字作（爲吏 11）、（日甲 74 背），其演變過程爲：→→→，由曲綫、點向直綫延伸發展。

【少】秦兵器銘文作（二年少府戈）、（十三年少府矛），秦璽印文字作（秦泥考 429）、（茝陽少内），其小篆風格明顯。秦簡文字作（秦律 60）、（周 369）、（龍 142），綫演變爲點，下面一筆延伸，明顯長於上部的綫條。

【步】甲骨文作、，秦璽印文字作（秦泥考 1471），與甲骨文構形一致。青川木牘作、，與秦篆相比變化較大，寫法草率急就，上“止”字簡寫爲，下“止”最後一筆向左下延長。

3. 秦隸的特徵

作爲隸書的早期形態，秦隸一方面由秦篆發展而來，還多少保存著篆書的某些要素，從而讓人感到篆意猶存，甚至在同一文本中還會篆隸並用；另一方面早期隸書形體還沒有最後定型，無論是形體結構還是筆畫形態都還處在發展變化過程之中。因此，秦隸與漢隸相比較，呈現出以下明顯的特點。

（1）結體不方整

結體不方整的秦隸主要出現在秦代早期，如睡虎地秦簡和龍崗秦簡，尤以龍崗秦簡最爲明顯，睡虎地秦簡文字結體緊湊，方整與傾斜的風格並存，而龍崗秦簡傾斜的風格則是十分突出。如下列各字：

【一】（龍 133）【帝】（龍 16）【必】（龍 3）【元】（編年 1.1）

【告】（法問 134）【審】（法問 96）【上】（龍 235）【皇】（龍 16）

結體的不方整，雖然可能有書手個人的因素，但更主要還是此時秦隸尚處於不穩定狀態，因此在書寫時較易受個人風格因素的影響。進入秦代後期，周家臺秦簡、里耶秦簡、嶽麓秦簡等幾批簡中，我們可以看到，這種不方整的結體方式已經有了很大的改進，文字更加穩重大方，結體更加趨向方整，這也説明秦隸自身的不斷成熟。

（2）篆意猶存

秦隸書中存在許多篆書的寫法，無論是早期的睡虎地秦簡還是晚期的里耶秦簡，這種現象都同樣存在。秦隸整體風格裏面蘊涵著篆書的意味，這主要是由於秦隸源自篆書，而發展時間相對短暫，社會環境又以動蕩爲主，因此還不能進行比較徹底的規範，這些因素的綜合使得秦隸出現篆隸筆法交雜的現象就不足爲怪了。如以下各字：

【上】（日乙 248）　【行】（周 363）　【折】（秦律 148）

【吏】（龍・牘正）　【八】（里 [9]2 正）　【苑】（秦律 190）

（3）草寫急就

秦隸中出現了一些草寫急就的形體，這在龍崗秦簡中尤爲明顯。草寫急就是書寫熟練到一定程度後進一步追求速度的結果。這種現象更多體現的是書手個性特征，秦隸中尚未形成規模。如以下各字：

【上】（龍 235）【盈】（龍 193）【此】（龍 183）【從】（龍 264）

【芻】（龍 153）【之】（龍 163）【歫】（封診 80）【步】（周・343）

（4）形體不一

秦隸中同一字尚存在不同的寫法，這些寫法的差異較多地體現在筆畫形態、連接組合方式等方面。這種現象的存在是因爲秦隸尚處於發展演進過程之中，形體尚待穩定和定型的緣故。如下列各字：

【天】（天・日乙 283）—（嶽・爲 33 正）

【爲】（嶽・爲 74 正）—（嶽・占 28 正）

【上】（里 [9]981 正）—（里 [9]4 正）

【牽】（日甲 55 正）—（周・340）

【父】（嶽・占 46 正）—（嶽・爲 85 正）

【遣】（秦律 159）—（里 [9]981 正）

【足】（封診 46）—（秦律 2）

【齒】（周 326）—（周 332）

（5）綫條誇張

秦隸中出現一些明顯帶有誇張意味的超長或加粗的綫條，這類綫條與文字結體構造本身無關，體現了書手的書寫個性和審美情趣。在秦代早期竹簡文字中很少見到這類拖長的綫條，晚期里耶秦簡、嶽麓秦簡、周家臺秦簡等則明顯增多。拖長綫條的出現，一方面體現了書寫者放縱率意的書寫風格，另一方面由於其普遍出現，對隸書代表性特徵筆畫——撇和捺的形成有相當的影響，這類長綫條最後發展“成爲著意刻劃和變化的隸書體主要筆劃”①。如以下各字：

【祝】（周 338）　【支】（嶽・占 6 正）　【遠】（里 [9]9 正）
【見】（嶽・占 23 正）【吏】（嶽・占 32 正）【謁】（嶽・質 0619 正）

六　秦代文字的規範和影響

（一）“書同文”對秦代文字的規範

秦王朝實行“書同文”政策，不僅是我國歷史上一個重要的政治事件，而且也是漢字發展史上重要的轉捩點。秦始皇三十三年，丞相李斯奏議焚燒《詩》、《書》、百家語；三十五年坑諸生犯禁者 460 多人於咸陽，這就是歷史上臭名昭著的“焚書坑儒”事件。“焚書坑儒”的嚴重後果之一，是使六國古文的傳承出現了人爲的斷裂，六國古文系統從此退出歷史舞臺。與此同時，秦王朝進一步確立了小篆和隸書正體文字的地位，促進了文字的統一規範。《說文解字・敘》云：“是時，秦燒滅經書，滌除舊典。大發吏卒，興戍役。官獄職務繁，初有隸書，以趣約易，而古文由此絕矣。”許慎把“秦燒滅經書”放在第一位，可見秦焚書對文字發展的影響。秦代主要使用書體爲篆書、隸書，加上各種應用性的書體，統稱爲“秦書八體”②。秦代的“書同文”當是

① 叢文俊：《中國書法史・先秦・秦代卷》，第 341 頁。
② “秦書八體”見《說文解字・敘》：“自爾秦書有八體：一曰大篆，二曰小篆，三曰刻符，四曰蟲書，五曰摹印，六曰署書，七曰殳書，八曰隸書。”陳昭容對此有深入研究，見陳昭容《秦系文字研究——從漢字史的角度考察》，第 117—145 頁。

以小篆和秦隸統一全國文字，這對後世漢字發展的影響意義深遠。

秦統一六國前，諸侯國各自爲政，文字的形體極其紊亂，這給政令的推行和文化交流造成了嚴重障礙。秦始皇下令統一文字，對當時文字的發展是一次重大改革，既爲推行法令、傳播文化起到了重要作用，也對文字的發展產生了重要影響。許慎《說文解字·敘》對此有明確的記述，他說：春秋之後，“諸侯力政，不統於王。惡禮樂之害己，而皆去其典籍。分爲七國，田疇異畝，車塗異軌，律令異法，衣冠異制，言語異聲，文字異形。秦始皇帝初兼天下，丞相李斯乃奏同之，罷其不與秦文合者。斯作《倉頡篇》，中車府令趙高作《爰曆篇》，大史令胡毋敬作《博學篇》，皆取《史籀》大篆，或頗省改，所謂小篆者也”。

關於秦“書同文”的具體内容和效果學術界有各種看法[①]。陳昭容認爲：

> 所謂“罷其不與秦文合者”，是廢除戰國東土文字中結構與秦式寫法相異的區域性異體字。至於在字形上是否以小篆和隸書爲統一的基準，我們認爲不是關鍵所在，因爲秦篆和秦隸之間差異較大的是勢態而非結構，即使到了漢初，文字結構基本上也是承襲秦式，不過是篆意漸去，隸勢增加。秦官方正式文書固以篆爲主，實際運用較廣的應爲隸書，統一文字，並不限於篆或隸，而是以廢棄結構上與秦相異的東土區域性異體字爲主，這才是“罷其不與秦文合者”的實質意義[②]。

我們認爲，秦代“書同文”的政策，是在内外因素共同作用下的必然結果。從秦代小篆和隸書的發展程度和特徵看，秦代統一文字是

① 陳昭容：《秦系文字研究——從漢字史的角度考察》，第74—76頁。
② 陳昭容：《秦系文字研究——從漢字史的角度考察》，第105頁。

以成熟穩定的小篆爲官方正體文字的規範，同時確定了漸趨成熟的秦隸爲日用文字的主體，重點是廢棄形體結構上明顯與秦文字不相合的六國異體。湖北、湖南等地近年來大量出土的秦代簡牘文獻資料，對這個看法可以提供有力的證據支持。

（二）秦代文字對漢代文字的影响

漢承秦制，漢初政治、經濟、文化的穩步恢復與發展，爲文字發展提供了一個穩定的社會環境。在文字使用方面漢代也平穩地繼承了秦代文字，並在繼承的基礎上有所發展，不斷推進漢字實現由古而今的根本變革。

1. 漢初文字對秦代文字的繼承

漢初文字無論是小篆還是隸書在構形和書寫風格上，都傳承秦代文字，是秦代文字發展的延續。漢初近 70 年文字發展之所以出現這種的狀況，我們認爲有三方面原因：

（1）秦代“書同文”和“焚書坑儒”的結果。“書同文”確立了秦文字的統治地位，“焚書坑儒”毁棄了六國古文體系，這一方面使得六國古文失去了先秦文獻的依託和社會運用的環境，另一方面隸書由於能較好地適應社會發展的需要，自身的優勢不斷得到顯現，因此能夠快速地確立起在實際使用中的主體地位。這樣一來，承襲秦文字無疑是漢代統治者的唯一選擇。當然我們也看到，六國文字的遺風依然殘存，如馬王堆漢墓簡帛中就有某些楚文字的風格，然而，大勢已去的六國古文的殘餘對廣泛流行的隸書已經難以產生實質影響了。

（2）漢初文字承襲秦文字，可能也受到當時思想文化的影響。漢初統治者爲了緩和社會矛盾、恢復社會生產力，施行了休養生息的政策，崇尚“無爲而治”的黄老思想。政治上的指導思想必然影響到文化，黄老思想的核心就是“無爲而治”，反應在文字上就是漢初文字在傳承秦代文字的基礎上平穩發展，很少出現大的變動，這就決定了漢初文字的發展，處於一種較爲保守的狀態。

（3）漢字體系自身發展的需要。秦小篆雖然成爲正體文字，但從實際使用看，隸書逐步占據主要地位。隸書從秦到漢尚處於發展演進過程中，正逐漸趨向定型，這個階段更多是緩慢的演進與規範，而不是劇烈的變動調整。漢代中期以後施行了“罷黜百家、獨尊儒術”國策，社會政治、經濟、文化等大環境發生了重大變化，對先秦儒家學說的推崇和儒家學說經典化，也有利於維護文字系統的穩定[①]。因此，經過漢初的發展與完善，漢字在漢代終於鞏固和發展了秦隸開闢的新的發展方向，隸書最終走向成熟，從而完成漢字形體的古今轉换。

下面我們分别列出秦漢篆書和隸書對照表，直觀展示秦漢文字的傳承關係。

（一）秦漢篆書對照表

漢篆	秦篆	漢篆	秦篆	漢篆	秦篆	漢篆	秦篆	漢篆	秦篆
吳郎中印	秦泥考132	丞相之印章	秦泥考217	齊樂府印	秦泥考108	中山內府鑊	秦泥考622	中山內府鑊	秦泥考1586
中山內府鑊	秦泥考169	齊太倉印	秦泥考419	群臣上醻刻石	始皇詔權9	內史之印	秦泥考51	文帝九年鐃	
海右鹽丞	秦泥考329	都船丞印	秦泥考180	齊太倉印	秦泥考1585	中山內府鋗	三年詔事鼎	公車司馬	秦泥考151
公車司馬	秦泥考148	公車司馬	秦泥考156	霍去病墓石題字	秦泥考1120	公車司馬	秦泥考553	丞相之印章	秦泥考47
群臣上醻刻石	始皇詔版7	中山內府鋗	卅六年私官鼎	群臣上醻刻石	秦泥考1064	齊祠祀印	秦泥考45	丞相之印章	秦泥考732

① 黃德寬：《儒家學說經典化與漢字系統的穩定性》，見《開啟中華文明的管鑰——漢字的釋讀與探索》，第287—292頁。

漢篆	秦篆	漢篆	秦篆	漢篆	秦篆	漢篆	秦篆	漢篆	秦篆
浙江都水	秦泥考 180	齊樂府印	秦泥考 164	吳郎中印	秦泥考 121	御史大夫章	秦泥考 49	群臣上醻刻石	秦泥考 877
榦官泉印	秦泥考 1238	浙江都水	秦泥考 411	宗正官當	陶錄 6.281.5	群臣上醻刻石	二世詔版	文帝九年鐃	秦泥考 1214
海右鹽丞	南海司空	榦官泉印	秦泥考 932	琅琊丞印	秦泥考 1578	吳郎中印	秦泥考 1549	群臣上醻刻石	商鞅方升
文帝九年鐃	始皇詔版 1								

（二）秦漢隸書對照表

秦簡	馬王堆簡帛	銀雀山漢簡	秦簡	馬王堆簡帛	銀雀山漢簡	秦簡	馬王堆簡帛	銀雀山漢簡
里[9]5 正	馬春 37	銀 39	秦律 89	馬談 54	銀 149	秦律 7	馬戰 319	銀 406
里[16]6 正	馬老乙 247	銀 256	里·[9]7 正	馬遣一 14	銀 238	周 143	馬陰甲 24	銀 107
日乙 146		銀 565	周·369	馬養 146	銀 236	效律 28	馬老甲 143	銀 347
日甲 138 背	馬合 133	銀 67	秦律 10	馬春 28	銀 159	周 223	馬陰甲 94	銀 433
嶽·爲 32 正	馬陰甲 259	銀 607	龍 8	馬禁 11	銀 135	龍 83	馬養 122	銀 946
周 133	馬二 035	銀 158	嶽·爲 30 正	馬談 50	銀 381	日甲 138 背	馬陰甲 1	銀 320

秦簡	馬王堆簡帛	銀雀山漢簡	秦簡	馬王堆簡帛	銀雀山漢簡	秦簡	馬王堆簡帛	銀雀山漢簡
秦律 140	馬春 90	銀 177	周 247	馬戰 12	銀 394	秦律 98	馬五 263	銀 634
秦律 125 秦律 148	馬陰乙 48 馬養目錄	銀 411	周 326 周 352	馬五 343 馬五 188	銀 574	秦律 62 周 263	馬刑乙 35 馬陰乙 5	銀 34
天・日乙 155	馬繫 31		周 326	馬陰甲 194	銀 221	秦律 159	馬春 41	銀 299
周 251	馬刑甲 13	銀 56	周 260	馬足 25	銀 358	周 210	馬春 74	銀 167
效律 30		銀 337	秦律 10	馬方 168	銀 463	語書 1	馬陰甲 202	銀 242
爲吏 4	馬五 189	銀 272	日甲 33 背	馬方 103	銀 125	周 297	馬戰 38	銀 345
日乙 191	馬戰 39		周 211	馬戰 11	銀 899	日乙 59	馬陰甲 24	銀 75
日乙 191	馬星 17	銀 643	秦抄 15	馬遣 3		周 187	馬陰甲 101	銀 479
嶽 0702 正 嶽 0659 正	馬養 192 馬陽乙 6	銀 364 銀 98	爲 6 爲 26	馬方 131 馬十 87	銀 154	周 350	馬老甲 126 馬陰甲 136	銀 157
周 326		銀 158	周 350	馬老甲 132	銀 371	秦律 86	馬養 20	銀 56

秦簡	馬王堆簡帛	銀雀山漢簡	秦簡	馬王堆簡帛	銀雀山漢簡	秦簡	馬王堆簡帛	銀雀山漢簡
周 244	馬合 108	銀 51	日乙 198	馬陰甲 8	銀 256	秦律 113	馬問 48	銀 352
效律 7	馬陰甲 138	銀 34	周 223	馬陰甲 21	銀 239	日乙 189	馬陰甲 205	銀 140

2. 漢初文字的新發展

文字的發展演變是一個持續的緩慢的過程，如果不是重大歷史變故，人爲導致其發展延續的中斷，任何文字體系總是會沿著自身的發展軌跡和規律而不斷地發展演進。儘管漢初文字繼承了秦代文字，但是在繼承的同時也緩慢地發展演進，並出現一些新特徵。將漢初篆文、隸書與秦文字進行比較，也可以看出漢初文字相對於秦文字所呈現的新特點。

（1）漢代篆書與秦代小篆的比較

首先，漢篆結體上與秦篆有一定差異。秦小篆字體端莊美觀，規整圓轉，綫條均勻一致，呈長方體樣式。漢初文字結體布局相對鬆散，横向取勢，趨於方折，結體扁平化，行筆由曲轉直，同時字的重心下移。如下表各字：

漢篆	秦篆	漢篆	秦篆	漢篆	秦篆
霍去病墓石題字	秦泥考 111	霍去病墓石題字	秦泥考 1585	都水丞印	秦泥考 1028
群臣上醻刻石	嶽·爲 84 正	漢王陵塞刻石	廣成之印	宗正丞印	秦泥考 392
南宫鐘	秦陶新編 505.2938	群臣上醻刻石	秦泥考 1469	都水丞印	秦泥考 1437
中山内府銷	秦泥考 164	中山内府鈁	秦泥考 164	少府丞印	秦泥考 433

漢篆	秦篆	漢篆	秦篆	漢篆	秦篆
南宫鐘	秦駰玉牘甲正	霍去病墓石題字	陶錄 6.44.4	海右鹽丞	秦泥考 409
漢王陵塞刻石	秦泥考 1027	齊樂府印	淳於齊		

其次，漢篆的綫條與秦篆也有一定差異。秦代小篆，綫條均勻一致，婉轉流暢。由於篆隸的相互融合，漢篆在綫條上要比秦小篆顯得厚重，受隸書的影響，漢篆綫條輕重粗細的變化節奏明顯，轉折處方圓皆有，有些綫條甚至帶有隸書的波挑風格。如下表各字：

漢篆	秦小篆	漢篆	秦小篆	漢篆	秦小篆
中山内府鈁	秦泥考 132	中山内府銷	秦泥考 51	群臣上醻刻石	始皇詔權 9
廄印	秦泥考 261	居室丞印	秦泥考 508	霍去病墓石題字	秦泥考 1603
中山内府銷	秦泥考 164	琅琊丞印	秦泥考 1578		

第三，與秦小篆莊穆規整的一體化寫法不同，漢篆結體呈現多樣化態勢。秦代篆書可以說是極富控制性的，形體均衡，這種均衡是由偏旁與綫條的精心布局而完成的。漢篆寫法多樣，追求自然舒放，靈活生動，限制相對較小。如表中各字：

漢篆	秦小篆	漢篆	秦小篆	漢篆	秦小篆
中山内府鑊	秦泥考 1586	馬府	秦泥考 164	中山内府鑊	秦泥考 622
文帝九年鐃		齊樂府印		内史之印	秦泥考 51
中山内府銷		文帝九年鐃		中山内府銷	

漢篆	秦小篆	漢篆	秦小篆	漢篆	秦小篆
		中山内府銷			
		中山内府鈁			

此外，從用字角度來看，漢代篆書與隸書有時交雜參用，隸書的“滲透”也成就了漢代篆書鮮明的時代特色。隸書在結體和綫條上都對漢篆影響很大，結體上的影響是趨於方折，由圓轉方，不追求規整，綫條上則是粗細不一。如下表諸例：

漢篆	秦文字	漢篆	秦文字	漢篆	秦文字
霍去病墓石題字	嶽·質0052正	霍去病墓石題字	秦泥考1585	中山内府銷	秦泥考1586
中山内府鈁	秦泥考164	漢王陵塞刻石	廣成之印	霍去病墓石題字	秦泥考111
南宫鐘	秦陶新編505.2938	南宫鐘	錢典·先秦608	霍去病墓石題字	秦泥考1617

（2）漢初隸書與秦代隸書的比較

首先，結體上漢初隸書比秦代隸書趨於鬆散，有向扁方轉變的趨勢。秦隸偏於上下的體勢，漢隸逐漸向左右擴張，形體漸趨於方形。如下表各例：

秦簡	馬王堆簡帛	銀雀山漢簡	秦簡	馬王堆簡帛	銀雀山漢簡
嶽·爲33正	馬陰甲13	銀39	嶽0080正	馬老甲112	銀629
日乙164		銀248	嶽·占6正	馬老甲4	銀542
龍17		銀257	秦律113	馬牌3	銀51

秦簡	馬王堆簡帛	銀雀山漢簡	秦簡	馬王堆簡帛	銀雀山漢簡
陶錄 6.414.3	馬繆 40	銀 234	嶽·爲 68 正	馬方 10	銀 479
效律 3	馬出 26	銀 155	封診 65	馬陰甲 129	銀 260
周 211	馬養 90	銀 244	龍 140	馬出 34	銀 179
秦律 89	馬談 54	銀 149	封診 76	馬春 80	銀 404
日甲 33 背	馬方 103	銀 125	法問 1	馬九 368	銀 582
周 368	馬明 425	銀 411	嶽·叁[3]210 正 1647	馬遣一 115	銀 240

其次，漢隸綫條粗細變化，隸書特徵的筆畫近於成熟。與秦隸相比，漢隸横筆更明顯地多帶波磔，綫條自由，這是一個比較重要的特點。如下表各字中的“横筆”：

秦簡	馬王堆簡帛	銀雀山漢簡	秦簡	馬王堆簡帛	銀雀山漢簡
編年 1·1	馬老甲 142	銀 160	效律 24	馬戰 285	銀 514
秦律 126	馬方 194		封診 76	馬春 80	銀 404
嶽·質 0659 正	馬陰甲 156	銀 159	日乙 46	馬陰甲 195	銀 256
里 [9]2	馬戰 24	銀 2	里[9]2 正	馬談 067	銀 272

第三，漢隸筆法日趨豐富，筆畫特徵更加鮮明。與秦隸相比，漢隸書寫時體現的側鋒露鋒等比較明顯，出現撇捺、縱筆、波挑等典型隸書筆畫特徵，進一步顯示出隸書的審美特點 。如下表各字：

秦簡	馬王堆簡帛	銀雀山漢簡	備注	秦簡	馬王堆簡帛	銀雀山漢簡
日甲 77 背	馬老甲 143	銀 243	彎鉤	法問 160	馬經 358	銀 269

秦簡	馬王堆簡帛	銀雀山漢簡	備注	秦簡	馬王堆簡帛	銀雀山漢簡
日甲63背		銀415		周310	馬戰12	銀39
龍36		銀408		周189	馬戰10	銀81
效律24	馬戰285	銀514		秦律155	馬陰甲136	
周337	馬陰乙64			秦律177	馬陰甲146	銀207
日乙19	馬療66	銀405		龍8	馬經14	銀3
日乙17	馬十88	銀374		周297	馬戰38	銀345

第四，與秦隸相比，漢隸依然處於發展變化之中，隸變中發生的諸如偏旁訛混、綫條離析、筆畫粘合、形體訛變、部件互移等現象繼續發生。正是因爲這些現象的持續發生，才促使漢隸在秦隸的基礎上日益走向成熟。如下表諸例：

秦簡	馬王堆簡帛	銀雀山漢簡	備注	秦簡	馬王堆簡帛	銀雀山漢簡	備注
周136	馬戰141	銀329	下部分裂	日乙17	馬十88	銀374	訛變
效律2	馬繆55 馬十112	銀17	廿、廾離析	法問75	馬足23	銀278	訛變
				秦律117	馬老甲149	銀549	部件移動
里[9]2	馬戰24	銀2	綫條離析	龍8	馬經14	銀3	部件移動
語書2	馬陰甲150	銀331	綫條離析	效律7	馬五298	銀372	訛省
周189	馬戰10	銀81	綫條離析	龍15 龍16	馬戰28	銀255	綫條黏合

秦簡	馬王堆簡帛	銀雀山漢簡	備注	秦簡	馬王堆簡帛	銀雀山漢簡	備注
周 321	馬遣一 261	銀 261	偏旁省簡	效律 7	馬五 298	銀 372	合筆省寫

最後，漢隸與秦隸相比，草寫方式更爲多樣，一些草化部件得以流行，如“皿、辶、止、攵”等。如下表各字：

秦簡	馬王堆簡帛	銀雀山漢簡	秦簡	馬王堆簡帛	銀雀山漢簡
周 328	馬老甲 25	銀 192	效律 28	馬戰 11	銀 414
周 326	馬方 106	銀 882	周 2608	馬合 106	銀 1
天・日乙 155 周 299	馬陰甲 200 馬陰乙 5	銀 468	日乙 31	馬氣 馬經 50	銀 923
嶽・占 20 正	馬陰甲 256	銀 165	周 332	馬陰甲 52	銀 349
編年 45・1	馬刑甲 112	銀 911			

通過以上兩個方面的比較觀察，我們可以更好地認識秦文字對漢初文字的影響以及漢初文字發展的總體狀況。漢初文字主體上是對秦代文字的傳承，無論在構形還是書寫風格上皆與秦代文字接近，而與後期成熟漢隸存在區别。漢初文字在繼承中又有發展，出現一些自己的特徵。就漢篆而言，寫法呈現多樣化，在結體、綫條形態方面與秦小篆的差異比較明顯，同時篆書與隸書的交雜參用，也體現了漢代篆書的特色。就漢初隸書而言，漢隸基本上傳承了秦代隸書，相同性占主流，但是也有新的發展，結體趨於鬆散，形體向扁方轉變，筆法相對豐富，綫條粗細變化，横筆多波磔走勢，典型隸書筆畫近於成熟，一部分文字依然處於變化之中，草寫方式也有明顯發展。從以上比較分析來看，古文字學界不少學者主張將古文字階段的下限劃到漢

代初期，這是比較符合古文字發展實際的①。

（三）秦文字與《說文》小篆

許慎《說文·叙》談到其書編纂取材時說道："今敘篆文，合以古籀；博采通人，至於小大；信而有證，稽譔其說。"關於《說文》小篆的具體來源，其說也很模糊，因此，關於《說文》小篆來源的爭論一直不斷，一般都認爲《說文》小篆直接來源於秦小篆文字。

通過學者的努力和近年來新出土資料的比較研究，我們知道，《說文》小篆來源和演變也比較複雜。裘錫圭指出："《說文》成書於東漢中期，當時人所寫的小篆的字形，有些已有訛誤。此外，包括許慎在內的文字學者，對小篆的字形結構免不了有些錯誤的理解，這種錯誤理解有時也導致對篆形的篡改。《說文》成書後，曾經傳抄刊刻，書手、刻工以及不高明的校勘者，又造成了一些錯誤，因此《說文》小篆的字形有一部分是靠不住的。"②

雖然關於《說文》小篆的爭議種種，但是有一點可以肯定的是，《說文》小篆與秦文字關係十分密切。近年來，學者利用新出土資料研究《說文》小篆和秦文字的關係取得了不少成果，主要有趙平安《說文小篆研究》、董蓮池《說文解字考正》③等。

在系統整理秦文字資料的基礎上，我們通過比較秦文字與《說文》小篆字量的異同、秦篆文字與《說文》小篆形體異同，可以更加清晰地揭示秦文字與《說文》小篆的關係。

1. 秦文字與《說文》字量異同比較

《說文》總字量爲9353，秦代文字根據現有資料統計單字數爲3092，經比較，秦文字在《說文》中出現的有2642字，占秦文字的

① 李學勤：《古文字學初階》，第2頁。黃德寬：《開啟中華文明的管鑰—漢字的釋讀與探索》，第352頁。

② 裘錫圭：《文字學概要》，第62頁。

③ 作家出版社2005年版。

87.42%，這說明秦文字基本上被《說文》沿用，反映了《說文》對秦文字的繼承關係。但是，秦文字衹占《說文》收字總數的 28.25%，這個比例顯然是不高的。考慮到出土文獻的局限性，我們還不能從這個比例中簡單地推測出《說文》與秦文字有很大的差異這樣的結論。

從秦文字與《說文》小篆不同結構類型字的分布比較中，我們可以得出這一個結論:《說文》收字體現的構形方式與秦文字沒有太大的區別。如下表：

分期	類型／分布	象形	指事	會意	形聲	合計
秦代文字	數量	183	34	322	2553	3092
	比例	5.91	1.09	10.41	82.56	100（%）
《說文》小篆	數量	347	117	819	8070	9353
	比例	3.71	1.25	8.76	86.28	100（%）

統計分析表明，象形、指事、會意三種表意類構形方式，《說文》小篆所占比例與秦文字相比增加並不明顯；而形聲字總體數量從 2553 增加到 8070，增加近三倍，這雖然表明《說文》收字與出土秦文字數量上的差異，但是就形聲構形方式發展而言，並沒有體現出實質性的差別。

2.《說文》小篆對秦篆形體的傳承

數量統計衹是從宏觀資料上對秦文字與《說文》小篆進行比較，秦文字與《說文》小篆形體的比較分析，則有助於揭示二者的關係。

（1）《說文》小篆與秦文字一致者，如表中各字：

秦篆	說文小篆	備注	秦篆	說文小篆	備注	秦篆	說文小篆	備注
詛楚文・亞駝			秦駰玉牘甲・正			商鞅方升		

秦篆	說文小篆	備注	秦篆	說文小篆	備注	秦篆	說文小篆	備注
詛楚文·亞駝			詛楚文·湫淵			詛楚文·亞駝		
秦駰玉牘甲·正			盄和鐘		籀文之寫法	杜虎符		
秦駰玉牘甲·正			六年漢中守運戈			詛楚文		
詛楚文·巫咸			石鼓文·避車			詛楚文·巫咸		
詛楚文·湫淵			石鼓文·吳人			不識		
詛楚文·亞駝			石鼓文·霝雨			中精外誠		
石鼓文·田車		小篆爲籀文	石鼓文·霝雨			詛楚文·亞駝		
秦景公石磬		與石磬文字“亙”比字少了一個回旋	石鼓文·作原			詛楚文·湫淵		
石鼓文·田車			新郪虎符			秦公簋		
石鼓文·而師			仲滋鼎			石鼓文·鑾車		
秦駰玉牘乙·背			秦公鐘一		《說文》籀文從二飾筆，與秦春秋早期文字一致	秦公鐘		
詛楚文·湫淵			石鼓文·吳人			詛楚文·湫淵		籀文作，當爲小篆寫法

秦篆	說文小篆	備注	秦篆	說文小篆	備注	秦篆	說文小篆	備注
石鼓文·霝雨			石鼓文·而師					

上表各例中，我們不但比較《說文》小篆，還包括《說文》中的籀文、篆文等形體，比較可知，《說文》小篆許多形體來源於秦代以前的秦文字，許多小篆寫法與春秋時期成熟的秦文字一致，有些字形可以上溯到春秋早期。我們注意到石鼓文和詛楚文與《說文》小篆相同和相近者較多，這是否是因爲石鼓文和詛楚文出土年代較早，其拓本流傳，對後代學者在抄寫《說文》過程中發生過某些影響，這尚待研究。

（2）《說文》小篆與秦代小篆相同者，如表中各字：

秦代小篆	說文小篆	備注	秦代小篆	說文小篆	備注	秦代小篆	說文小篆	備注
二世詔版3			禖脩			孟造		
秦泥考299			李茸			遷		
李禮			秦泥考1010			韓遂		
彭祖			工師初壺			陶錄6.314.1		
秦泥考43			秦泥考276			二世詔版4		
秦泥考1042			秦泥考429			秦泥考841		
秦始皇詔十六斤權			秦泥考645			史齒		

秦代小篆	說文小篆	備注	秦代小篆	說文小篆	備注	秦代小篆	說文小篆	備注
環兼			公主田印		秦陶文	王足		
琅左鹽丞			勿半非有			文路		
秦泥考165		說文籀文	秦泥考1095			秦泥考1330		
秦泥考1493			犢			始皇詔橢量6		
菅里			秦泥考1307			秦泥考1057		
陶錄6.445.4			潘吾			讎主		
秦泥考1613			樂平君印			始皇詔版1		
秦泥考1392			秦泥考1180			張講		
賫丞之印			周商			譊姉		
王芮			牛唐			緣璽		
李薄			秦泥考1544			陳詽		
秦泥考873			王趞			善守		
李萃			歸皐			秦泥考1466		
王若			姚疌			公僕		
芥歐			秦泥考1471			始皇詔版		

秦代小篆	說文小篆	備注	秦代小篆	說文小篆	備注	秦代小篆	說文小篆	備注
芑眯			兩詔橢量2			趙樊		
荼豖			宗正			姚攀		或體

上表各例中，包括《說文》小篆、或體等，比較可知，《說文》小篆除了構形與秦文字基本保持一致外，書寫風格上也是一致的，比較明顯地保留了秦代小篆綫條均衡細瘦、宛曲圓轉的書寫風格，而在秦代文字資料中又以秦代封泥和官印相同度最高，這也可以說明《說文》小篆主要是參考秦官方文字。

3.《說文》小篆與秦文字差異性分析

雖然上述比較分析顯示《說文》小篆與秦篆有著密切的繼承關係，尤其在文字書寫風格上，更是與秦代小篆保持一致，但是不可否認，《說文》小篆構形上與秦篆也出現了一定的差異。依據出土文字材料，我們認爲《說文》小篆與秦文字出現的差異，主要由以下幾個方面的原因造成：受隸變影響、受六國古文影響、受漢代文字影響、文字自身訛變以及其他變化因素①。

（1）受隸變影響

《說文》成書於東漢時期，當時隸書已經是主流字體，因此，秦漢時期的隸變必然對《說文》小篆產生影響。隸書對《說文》小篆的影響，主要體現在小篆構形的變化上。如：

【齲】秦簡文字作（周326）、（周326），從“齒”從“禹”，《說文》小篆正體從“牙”，或體從“齒”，與秦簡文字一致。

【奪】“奪”字本從“隹”從“衣”，西周金文作（十月敔簋）、加“又”作（寅簋），秦簡文字作（日乙17）、（封診32），從“寸”從“奞”，

① 需要說明的是，由於《說文》小篆流傳時間較長，中間又有抄手不停地轉抄和翻印，其間難免因各種因素導致小篆形體變化，而這些因素相對較複雜，暫時未列入我們考察的範圍之內。

“衣”發生訛變，上面加一筆與“大”字相混。《說文》小篆形體與此相同，當是來源於秦隸。

【異】秦石鼓文作（鑾車），基本保留著其原始形態；秦璽印文字作（公耳異），其基本形體仍未變化；秦簡文字作（爲吏46）、（周350），綫條離析。《說文》小篆既繼承秦篆形體，又受隸變後形體的影響，形體割裂作“異”，分析爲“從‘廾’從‘畀’”。

【圈】秦封泥文字作（秦泥考1021），從“囗”，“卷”聲，“卷”下從“土”；秦簡文字作（日甲21背）、（日甲22背），《說文》小篆構形與秦簡文字一致。

【辤】秦簡文字作（秦抄35），從“辛”從“受”，秦詔版文字作（兩詔橢量2），從“辛”從“𤔔”，篆文作“辭”，而秦簡文字隸變減省而作“辤”，“辤、辭”本同字異體，《說文》將其分列，謂：“辤，不受也。從‘辛’從‘受’。受辛宜辤之。”這是受隸變後形體的影響所致。

（2）受漢代文字影響

《說文》小篆字形許多取自漢代形體，如下舉各例：

【旁】秦文字最早出現的“旁’字作（秦政伯喪戈），秦陶文作（秦陶新編354.1851），爲典型秦小篆寫法。秦簡文字作（秦律196）、（秦律120）、（里[8]158背），已發生隸變，而這種寫法一直延續到漢代，如（馬·老乙231），西漢中期以後進一步演變爲（漢印）、（居延簡）。《說文》小篆與秦文字形體有別，與漢隸形體相近。

【福】春秋秦文字作（秦公鎛乙）、（盄和鐘），秦璽印文字作（呂福），秦簡文字作（日乙146），下部演變：→→→，中間的綫條亦獨立分離出來作“口”，其演變過程爲：→→→→。漢隸進而作、。《說文》小篆與漢隸一致。

【祭】秦文字“祭”字作（日乙20）、（日乙155）、（嶽·爲32正），從“示”從“肉”從“又”，漢印作（步昌祭酒），《說文》小篆與秦文字有別，與漢印寫法一致。

【毒】秦簡文字作（秦律 5）、（封診 94），上部訛爲“出”。漢代“毒”字作（銀雀漢簡）、（阜陽漢簡）。漢代璽印開始出現上部作三横的寫法，如（漢印征）。《説文》小篆與漢印文字一致。

【達】秦璽印文字作（秦泥考 1535）、（秦泥考 1536）、（陳達），竹簡文字作（日甲 6 正）、（日乙 7）、（日乙 19），構形與秦小篆一致。《説文》小篆與秦文字不同，秦文字上從，《説文》小篆上從“大”，當是受漢代文字影響，漢簡“達”正從“大”作，如（孫臏 48）、（西陲簡）。

【嗇】秦簡文字作（里 [16]6 正）、（效律 59），從“來”從倉廩之形，不從“回”。漢簡文字作，漢代熏爐作，下部訛變爲“回”形。《説文》小篆上部從“來”與秦文字一致，下部從“回”乃是漢代的寫法。

（3）受六國文字影響

《説文》所收古文形體，自王國維“戰國時秦用籀文六國用古文”之説出①，學者多有考證，皆認爲《説文》古文是戰國東方六國文字，從新出古文字資料的比較研究來看，這個看法基本上是準確的，因此，我們沒將《説文》古文列入考察範圍。這裏主要考察六國古文對《説文》小篆的影響。

【審】秦璽印文字作（審信）、（審訑），從“宀”從“釆”下從“日”或從“口”，秦簡文字作（效律 50）、（里 [9]981 正），與璽印文字構形相同。《説文》小篆從“宀”從“番”，下部作“田”，與秦文字構形有別。戰國文字“番”多從“田”，如（包山 41）、（璽匯 1658），或爲《説文》篆文所本。

【和】秦璽印文字作（和眾），秦簡文字作（法問 94）、（周 378），《説文》小篆與秦文字構形有別，“禾”與“口”左右移位。這種寫法多見於戰國古文，如（璽彙 4730）、（中山圓壺）、（包山 169）、

① 王國維：《史籀篇疏證序》，見《觀堂集林》卷五。

（郭·老甲27）等，可見《說文》"和"的小篆形體來自戰國古文。

【德】春秋早期作（秦公鐘一）、（秦公鎛乙）、（秦公簋），寫法近於西周文字，已有秦文字特點，戰國中晚期詛楚文作（湫淵）、（巫咸），其寫法與前期文字一致。秦璽印文字作（秦泥考1280），秦代詔版作（大騩權）、（美陽權）、（二世詔版10），變化主要在"心"旁上。《說文》小篆不同於秦文字，從"㥁"。這種寫法見於晉系文字，如侯馬盟書"德"作、，《說文》小篆與此一致。

【敢】秦詛楚文作，秦駰玉牘作（甲正），與西周金文相比，基本保留其構形；秦虎符作（杜虎符）、（新郪虎符），與詛楚文一致，秦陶文作（陶録6.316.2），秦簡文字作（秦律192）、（龍27）、（周326），與陶文大體一致。《說文》小篆與秦文字有别，下部從"古"。這種寫法見於楚文字，作，與小篆基本一致，當爲其所本。

【筮】秦簡文字作（日甲101正）、（日乙126），從"竹"從"巫"，《說文》小篆與秦文字有别，下從"廾"，與晉侯馬盟書一致，當爲其所源。

【昔】秦詛楚文作（亞駝），從"日"從，與甲骨文、金文構形一致，又作（湫淵），上部發生訛變；秦簡文字作（日甲29背）、（日乙120），上部進一步訛變爲兩"止"。《說文》小篆與秦文字寫法有别，與中山王鼎"昔"作一致。

【夢】秦封泥作（秦泥考1037），秦簡文字作（日乙191）、（嶽·占6正），從"夕"或"月"，上部從"艸"形，秦簡訛爲"止"。《說文》小篆與秦文字寫法有别，而與楚帛書作一致，楚文字當爲《說文》小篆所本。

（4）其他現象

《說文》有些小篆形體來源比較複雜，可能是經過形體訛變、部件互移、部件增減、綫條割裂等。

【喪】秦璽印文字作（南鄉喪吏）、（喪尉），秦簡文字作（日甲136背）、（日乙191），秦文字通過離析形體，訛出"亡"聲。漢初延續秦代的寫法作[inline glyph](老子甲157)，西漢晚期武威簡作[inline glyph]，“亡”字與“衣”的下部訛混。《説文》小篆與秦文字構形有别，“從‘哭、亾’，‘亾’亦聲”。《説文》小篆所從的“哭”當是受漢隸影響進一步訛變而來。

【牽】睡虎地秦簡作[inline glyph](日甲55正)，從“衣”從“矛”從“牛”，所從“矛”可以參考[inline glyph](周340)，整理者隸定作“袤”，讀爲“牽”，其實這就是省去“牛”的“牽”字。《説文》小篆與秦文字構形不同，所從“玄”和[inline glyph]，可能是由秦文字“牽”所從的“矛”和“衣”進一步訛變而成。

【臠】石鼓文作[inline glyph](汧沔)，從“肉”，“䜌”聲，《説文》小篆“肉”與“䜌”位置上下互移，構形基本一致。

【猶】石鼓文作[inline glyph](作原)，從“犬”，“酋”聲，秦璽印文字作[inline glyph](秦泥考1555)、[inline glyph](王猷私印)，秦簡文字作[inline glyph](語書12)。《説文》小篆“犬”與“酋”位置左右互换。

【牢】甲骨文“牢”有圈養之意，字從圍圈之形，從“牛”或“羊”。秦陶文作[inline glyph](陶録6.405.2)，圍圈已與“宀”相混；秦璽印文字作[inline glyph](牢贊)，“牛”下一横貫穿“宀”兩側向下延長的筆畫，實際體現了圈欄之意，但其形又與“冬”相混；秦簡文字作[inline glyph](封診51)、[inline glyph](日甲16正)，與秦陶文一致，寫法草率急就。《説文》小篆與秦文字有别，體現了“養牛馬圈”之形，中間多出一横，許慎解釋：“羊牛馬圈也。從牛冬省。取其四周帀也。”他分析字形爲從“冬”省，是因爲無法理解小篆所據訛變形體。

【冀】西周金文作[inline glyph]，又作[inline glyph](冀簋)，秦文字作[inline glyph](五十年詔吏戈)、[inline glyph](陶録6.318.2)。《説文》小篆與秦文字不類，全字形體離析，分割爲從“北”從“田”從“共”，由三個部件構成，許慎分析爲：“從‘北’，‘異’聲”，顯然與該字構形之意不符。

從不同角度的考察分析表明，《説文》小篆毫無疑問主要源自秦文字，即使那些與秦文字有明顯差異者也都是淵源有自的，這説明許慎編纂《説文解字》時，確實堅持了“今敘篆文，合以古籀；博采通人，至於小大；信而有證，稽譔其說”的原則。通過與地下出土的原始材料進行比較驗證，更加彰顯了《說文解字》的巨大學術價值。

七　本章小結

秦系文字傳承西周文字，經歷穩步發展後逐步形成自身的風格特徵。總體上看，秦系文字的形體較爲規整，構形方式系統基本實現形聲化。秦代不同結構類型文字的分布情況顯示，象形、指事、會意等表意類文字的數量在整個系統中繼續呈減少的趨勢，而形聲字的數量則大幅度增加；新增字主要是形聲字，這表明形聲構形方式成爲唯一能產的構形方式，漢字構形完全走上形聲化道路。秦文字形體總體比較規範穩定，具有保守色彩，但古文字形體發展的許多現象依然存在，簡省、增繁、訛變、類同等現象時有發生，與春秋戰國文字相比，秦文字系統基本保持穩定。秦文字字量在不斷增加，文字的使用功能也不斷增強，一字多用、一字多形時有發生，而重文、合文在秦代繼續較多使用，但是相比以前各個時期，秦文字用字現象相對也比較單一，字詞關係漸趨定型。

春秋時期是秦系文字對西周文字的繼承與發展時期。春秋早中期秦文字與西周金文相同者仍占主導，與西周金文不同者比例卻在上升，說明春秋早中期秦文字開始形成自己獨立的風格。春秋晚期至戰國早期開始出現一定數量反映自身風格的新字，這種情況在石鼓文中表現得尤其明顯。從文字書體特徵來看，春秋晚期秦文字書寫趨向嚴謹，字體趨於規整，綫條趨於圓轉，篆書意味濃厚，已經形成了自身明顯的風格，可見這個時期秦文字已趨於成熟。與春秋其他區系文字比較，可以明顯看出，雖然秦文字不斷演變發展，但是其發展速度和演進程度遠遠低於其他區系文字，而對西周金文進行了最大程度的保留，充分體現了秦系文字發展的穩定性和保守性，這種現象直到戰國秦篆乃至小篆還依然延續。

戰國中晚期秦文字進入自我修正與創新時期。秦篆字體是春秋秦文字發展的延續，與春秋秦文字在本質上並沒有多大區別，衹是順應時代發展要求在筆勢上進行必要的調整改變。小篆是對先秦文字進行的統一化整理，而非新創的字體，戰國晚期篆書系統內部的發展和統治者制定的政策，最終使小篆成爲古文字長期發展後的終結形態。與此同時，秦文字内部孕育著一種簡率快捷的書風，這種在篆書基礎上形成的簡單快捷寫法，促成了篆書的形體變革，逐漸形成新的文字風格，導致了古隸的應運而生。毛筆書寫靈活多變，筆力可輕可重，同時書寫材料簡牘簡單易得，這也客觀上加速了隸變的進程，並最終促進秦隸的產生，導致了漢字形體的古今變革。

秦代作爲秦系文字的傳承時期，秦王朝頒行的“書同文”政策，是漢字發展史上第一次全國性的規範行動，由此確立了小篆作爲正體文字的統治地位，基本結束了戰國“文字異形”現象，小篆形體同時也成爲古文字長期發展後的終極形態。“焚書坑儒”等事件導致六國古文傳承出現了人爲的斷裂，六國古文系統從此退出歷史舞臺，從而進一步鞏固了小篆和隸書在全國的地位，促進了文字的統一。秦代主要使用的書體爲篆書和隸書，“秦書八體”中有一些屬於應用性書體，總體上都可以在篆隸二體中找到歸屬。漢承秦制，漢初文字主體上是對秦代文字的傳承，無論在構形和書寫風格上皆與秦代文字接近，而與後期成熟漢隸存在區別。秦文字是《說文》小篆的主要來源，《說文》小篆許多形體寫法與春秋時期成熟的秦文字一致，有些字形甚至可以上溯到春秋早期。《說文》小篆書寫風格與秦篆也是一致的，比較明顯地保留了秦篆綫條均衡、細瘦、圓轉的書寫風格。《說文》小篆對秦文字的繼承不但體現在文字的構形上，更重要的是體現在小篆的書寫風格上。從秦代到漢初，隸書在漢字日常使用領域一直處於主導地位。秦隸和漢初隸書雖然都還保留了篆書的許多因素，但隸書形體特徵基本形成，漢字體系無論在形體發展還是在實際使用方面，都已實現了由古而今的歷史性轉變。

通過對秦文字發展狀況的總結，我們可以進一步認識到秦文字在漢字發展史上承上啟下的重要歷史地位。秦系文字上承西周晚期文字，至春秋時期形成自己的文字風格，進入戰國時期秦篆逐步形成，戰國晚期秦隸基本形成。到了秦代，秦文字獲得了空前的發展機遇，小篆成爲秦王朝頒行的正體文字，隸書成爲通用文字，全國文字得到規範和統一，從此確定了漢字長期以來的發展方向。

第八章

對古漢字發展的基本認識

通過對商代到秦代漢字發展的綜合考察和動態分析，我們對古漢字的發展獲得了一些基本的認識，本章我們將這些認識作一個簡短的總結。

一　古漢字階段漢字體系發展的基本情況

漢字可能在夏代已發展到成體系的階段，經商代前期的傳承和發展，到商代後期，漢字體系經歷了一個不斷豐富和發展完善的過程。殷商甲骨文單字已達到4000左右，各種結構類型皆已具備，形體符號已從較爲原始的圖形逐步趨向簡單化、綫條化和規範化，其記錄語言的功能已經發展到成熟的階段。殷商晚期甲骨文顯然是一種經歷了較長時間發展、功能完備、成熟發達的文字符號體系，是迄今爲止所能見到的漢字進入成熟階段的體系完整的唯一文字樣本。

簡牘制度在商代前期已經是一種成熟的制度，夏、商之際已有“典冊”是文獻有据並得到部分證明的事實，漢字的通常書寫應該是用軟筆書於簡牘之上。甲骨文已經定型的直行排列、自上而下縱向書寫的方式，就是長期在簡牘上書寫而形成的傳統。商代青銅器銘文形體風格較能體現當時軟筆書寫的特徵，在甲骨上表現出的嫻熟的刻寫技巧和美觀的綫條，表明漢字書寫已達到很高的水準。

西周與殷商漢字一脈相承，雖然周原甲骨文在字形風格和用字習慣上與殷墟甲骨文稍有差異，但是商周文字作爲一個書寫系統當是毫無疑義的，比較西周早期金文與殷商金文完全可以得出這樣的結論。西周金文數量巨大，大多鑄造在王室貴族的重器上，有些長篇巨製多達 500 餘字，許多用詞用語與傳世的《尚書》《詩經》可相印證，體現了西周禮樂文化背景下漢字發展和使用的實際狀況。西周金文既有大量殷商時代的傳承字，也有許多新增字；漢字構形方式已發展到以形聲爲主的階段，構形能力明顯提升。西周早期漢字形體形象性特徵較強，風格雍容華美，中晚期形體更加莊重規整，符號化和綫條化達到了較高水平。漢字體系到西周中晚期已經進入到平穩發展、形體規範的新階段。

春秋早期金文主要沿襲西周晚期的風格，隨著諸侯鑄器的增多和漢字使用範圍的擴大，漢字書寫由曲綫綫條逐漸向平直轉變，漢字形體逐漸脱離西周中晚期謹嚴規整的風格而趨向簡約草率，各種地域風格也慢慢形成。春秋時期還出現過一種美飾傾向，通過變化書寫綫條甚至綴加鳥蟲紋飾，以追求漢字的形式美，這種傾向無關於漢字的使用功能。春秋秦系文字則比較忠實地傳承了西周晚期的風格，形體規整，結構均衡。總體上看，春秋金文上承西周晚期金文，下啟六國文字之風，呈現出明顯的過渡性特點。

戰國時期漢字的發展變化與紛紜複雜的時代大背景密切相關，“諸侯力政，不統於王，言語異聲，文字異形”，是這個時期漢字使用總體狀態的寫照。漢字在日常生活領域的廣泛應用，促進了漢字形體進一步變得簡約草率，訛變省減普遍發生；地域書寫風格進一步發展，逐步形成了六國文字鮮明的區系風格特點。爲適應記錄語言和社會生活發展的需要出現了大量新字，漢字孳乳派生和形體變異十分活躍。據我們統計，戰國時期漢字字數已達到 6619 個。與此同時，秦國文字一方面依然在春秋秦系文字的基礎上堅守著西周以來的傳統書寫風格，另一方面則通過簡率書寫而日趨約易，逐步醞釀出一種便於應用的隸書新形體。

秦始皇統一六國，實行“書同文字”政策，罷除六國文字中不與秦文合者，對長期沿襲的正體篆書進行了進一步的整理和規範，形成了代表古文字終結形態的小篆。萌芽於戰國時期的隸書，在日常生活各個領域得到更加廣泛的應用，逐步成爲通行的主要字體，漢字體系加快了從古代漢字向近代漢字階段過渡的步伐。這一過渡到西漢早期基本完成，隸書成爲通行字體，代表古漢字最終形態的小篆退出了主要使用領域。

二　古漢字階段漢字形體發展的基本趨勢

（一）古漢字形體發展的總體方向是“綫條化、符號化”和“規整化”。古漢字形體符號的構成是以“畫成其物”爲基礎的，具體方式就是“隨體詰詘”，即根據客觀物象的形態來構成字形，因此，曲綫綫條就成爲古漢字形體符號構成的基礎，從“畫成其物”到純粹“綫條”書寫的發展過程，也就是一個“符號化、規整化”的過程，小篆以前一直沿著這個方向發展，並決定著古漢字形體的基本風格特徵。

（二）古漢字形體發展體現出時代性和階段性特點。從殷商、西周、春秋、戰國到秦代，漢字形體經歷了一個“綫條化—符號化—規整化”演進過程。殷商時期文字以甲骨文爲代表，但因爲甲骨文是用刀刻寫在甲骨上，形體有其特殊性，並不是殷商時期最典型的形態。殷商金文形象性更強，多填實和肥筆，“畫成其物”，形態生動，更能體現殷商時期漢字的實際書寫風格特徵。西周金文早期書寫風格承殷商金文，多用肥筆，以描摹方式體現客體的形象性。到西周中期金文風格趨向規整，字形輪廓多呈長方形（出現了畫“方格”的銘文），筆畫漸趨匀稱。西周晚期，綫條化更爲成熟，筆畫圓潤，字形美觀規整。春秋沿西周發展，進一步綫條化，草率之風漸起，曲綫綫條多因簡率書寫而變成平直符號，地方風格特徵逐漸出現。戰國文字載體多樣，少見有規整性、美飾性很強的形體，簡省草率之風盛行，地域風格日益明顯，圓潤宛轉的曲綫綫條向平直率意過渡成爲常見狀態。秦、楚、齊、晉、燕地區形體風格各呈其貌，各國文字異形分歧明顯，加之使用載體的差異，各具特色的文字區系風格特點形成。由西周晚期到戰國，秦文字自成一系，對西周春秋文字一脈相承，以宛曲規整的綫條爲基本樣式，經過緩慢的發展變更，戰國時期逐步演變成篆書。到秦代，規整化的篆書成爲規範六國文字的依據。

（三）“隸變”的發生是漢字實現古今轉變的關鍵環節。在戰國晚期秦系文字中，出現一種字形草率、筆畫平直的自由風格，由於筆畫增省、粘連和穿透等現象在這種書寫風格中普遍發生，漢字形體的綫條形式和整體特徵因此而發生“隸變”，即漢字形體由篆書向隸書的轉變。經秦代到漢初的逐步發展和定型，漢字形體最終實現了古今轉變。隸變對漢字形體的發展產生了重大而深遠的影響，這主要表現在:（1）改變筆畫形態，曲綫綫條轉變爲直綫，出現波挑等筆畫樣式，形成新的筆畫系統，漢字書寫方式發生變更;（2）解散篆法，改變古文字綫條特徵和篆書結體特點，出現大量的訛併、省減現象，字形變得平直方正，脱離古文字的原本形態;（3）古文字偏旁系統發生了歸併和調整，一些漢字結構的理據性隨之改變。

從殷商以來，漢字形體在漫長的演進歷程中體現出以下發展趨勢:

一是“簡化”。提高書寫效率必然要求漢字形體符號越來越簡單，因此“簡化”就成爲貫穿漢字形體發展始終的一種趨勢。值得注意的是，簡化不僅僅是構成漢字形體的基本偏旁或筆畫的省減，還應包括:（1）書寫方法的改進，如古漢字書寫從早期“畫成其物”的“描摹”客體到“綫條化”的“篆引”再到“筆畫組合”;（2）結構模式的單一化，如古漢字構形模式逐步發展成爲單一的形聲結構類型（即

“形聲化”)；(3) 形體樣式的“規整化”，如古漢字形體逐步變得方正嚴整、大小劃一、布排合理。這些都是促成形體簡化的重要手段。

二是“分化”。作爲一個龐大的符號系統，漢字形體發展既要解決提高書寫和記憶效率的問題，同時還要兼顧閱讀和辨認效率問題。一般説來，形體簡省程度越高、符號樣式越少，書寫和記憶的效率會越高，但是形體過於簡省、符號過少，對符號閱讀和辨識而言未必能提高效率，甚至會適得其反。因此，古漢字形體發展一方面因爲趨簡而不斷産生各種省簡形體，另一方面則爲了區别而不斷分化派生出增繁的新字形，“分化”遂成爲古漢字乃至整個漢字發展的一個重要趨勢。大量湧現的分化字，使漢字專字專用的傾向也越來越得到强化。

三是“類化”。漢字體系中各個形體符號密切關聯而又分類有序，保證了形體符號的系統性。東漢許慎撰寫《説文解字》採用“分别部居，不相雜廁”方式來編排，就體現了對漢字系統這一特點的揭示和利用。在古漢字發展歷程中，以類相屬的“類化”現象也是形體發展的趨勢之一。古漢字形體的“類化”較爲突出的表現是通過增加偏旁體現字形的類屬，這一點是與“分化”緊密結合的。同時，通過替换或調整改造，將符號系統中那些特異的形體進行淘汰歸併，使形體符號的系統性不斷得到維護和加强。

四是“優化”。古漢字形體的發展過程，總體上看就是一個符號系統不斷優化的過程。通過“簡化”以提高書寫效率，通過“分化”使符號變得明晰易識，通過“類化”使形體規整有序，這些發展趨勢的綜合最終推進符號系統實現整體的優化。從這個意義上説，符號系統的不斷“優化”是古漢字形體發展的總體趨勢和最終目標。漢字符號系統的“優化”，貫穿於形體發展的各個方面，對漢字符號功能的不斷完善至關重要。正是將符號系統的優化作爲總體目標，漢字形體發展才會出現許多看似矛盾的現象，如“省簡”和“增繁”、“分化”和“歸併”、“規範”和“訛變”等各種現象的背後，起支配作用的都是“優化”原則。

古漢字形體發展對漢字系統整體產生了明顯影響，其主要表現在兩個方面：（1）對結構產生較明顯的影響，如：訛變、省簡、增繁、替換等現象導致字形構造不斷被調整，一些字往往因此會突破構形的歷史層次，改變結構的理據性；（2）使一些字的字際關係發生調整，如古字與今字、正字與俗字、繁體字與簡體字，就是形體發展不同階段字際關係變化調整的客觀反映。

三　古漢字階段漢字構形方式系統的發展

漢字構形方式作爲一個深層的系統，其發展變化是以不同結構類型漢字的分布變化呈現的。對漢字構形方式系統發展演進的動態分析，首先應基於對不同結構類型漢字的分析，並在漢字體系歷史演進的不同層次揭示各類型漢字的消長變化及其分布情況，進而由不同的結構類型漢字分布的變化來探討構形方式系統的發展變化。據我們研究，"象形、指事、會意、形聲"四書，大體符合古漢字符號生成的實際，也比較適宜於古漢字結構的研究及構形方式系統的動態分析。

對目前已識字分期統計顯示，四種基本結構類型漢字分布情況在古漢字階段已發生了較大的變化，如下表：

分期	類型／分布	象形	指事	會意	形聲	合計
殷商文字	數量	339	65	356	550	1310
	比例	25.9	5.0	27.2	41.9	100（%）
西周金文	數量	275	68	321	859	1523
	比例	18.0	4.5	21.1	56.4	100（%）
春秋文字	數量	159	42	324	1176	1701
	比例	9.3	2.5	19.0	69.2	100（%）

分期	類型 分布	象形	指事	會意	形聲	合計
戰國文字	數量	298	48	402	3270	4018
	比例	7.4	1.2	10.0	81.4	100（%）
秦代文字	數量	183	34	322	2553	3092
	比例	5.9	1.1	10.4	82.6	100（%）

象形類，在殷商文字中比例爲 25.9%，西周文字僅占 18.0%，春秋文字占 9.3%，戰國文字占 7.4%，秦文字占 5.9%；指事類，在殷商文字中占 5.0%，西周文字占 4.5%，春秋文字占 2.5%，戰國文字和秦代文字分別占 1.2% 和 1.1%；會意類，在殷商文字中占 27.2%，西周文字占 21.1%，春秋文字占 19.0%，戰國文字占 10.0%，秦文字占 10.4%。以上統計顯示，在以形表意類構形方式所構成的漢字總量呈不斷下降趨勢的同時，形聲類漢字所占比例逐步上升，殷商文字形聲類漢字占 41.9%，西周文字占 56.4%，春秋文字占 69.2%，戰國文字和秦代文字分別占 81.4% 和 82.6%。可見，在不同歷史時期，古漢字構形方式經歷著一個內部功能調整變化的過程。殷商時期，指事、象形、會意等以形表意類的構形方式具有較強的構字能力，而形聲尚處於發展階段；西周時期，形聲構形方式一躍而成爲占主導地位的構形方式，而其他三種構形方式則逐漸喪失構形功能或功能變得極其微弱。這種發展態勢經春秋戰國之後，不斷地得到鞏固和強化，形聲構形方式逐步發展成爲唯一能產的構形方式。

上述統計分析數據包括了各個時期的全部已識漢字，既有傳承字，也有那個時期的新增字，實際上衹有新增字不同結構類型的分布才真正反映各種構形方式功能發展變化的真實情況。以西周與春秋時期所見新增字爲例，西周時期新增字中以形表意類漢字占 28.1%，形聲字已達 71.9%；春秋時期以形表意類漢字僅有 4.3%，而形聲字則高達 95.7%（詳見下表）。戰國和秦代新增字基本上都是用形聲構形方式構造的。

時代	類型／分布	象形	指事	會意	形聲	合計
西周	數量	38	21	90	379	528
	比例	7.2	3.9	17.0	71.9	100（%）
春秋	數量	3	4	20	599	626
	比例	0.5	0.6	3.2	95.7	100（%）

從構形方式自身來看，漢字以形表意類構形方式的式微，形聲構形方式的快速發展，有其內在的必然性。

象形構形方式是漢字構形系統的基礎，單個字符多是象形類結構。殷商時期，象形構形方式早已發展到極致，漢字系統中幾乎所有的象形字都以單字或字符方式出現於甲骨文中，而甲骨文形體的綫條化和符號化，使得通過對客觀物象的輪廓性摹寫來構成文字符號的象形構形方式不再具有發展空間，象形構形方式因此而喪失構成新字的能力。

指事構形方式主要是利用抽象符號的標指和組合來構成新的符號，隨著古漢字形體綫條化、符號化程度的日趨加強，使得符號標指所依託的漢字形體特徵逐步消失，符號本身的標誌特徵相應也日益衰弱，指事構形方式因此而走向衰落。

會意構形方式在殷商時期是利用不同字符的方向、位置與意義關係來構成新字的，字符的形體特徵和組合關係在構形中具有十分突出的作用，直到西周時期會意構形依然保持著這種原始性。由於過於依賴形體特徵和組合關係，早期會意字往往形體繁複，局限性明顯。雖然西周春秋時期會意構形方式自身有了一些調整，出現完全利用意義關係搭配而構成的會意字類別，但這種調整難以根本上增強會意構形方式的構字能力。

在上述三種構形方式衰落的同時，形聲構形方式則獲得了快速的發展。殷商時期，形聲結構已發展到類型齊備的階段。西周以後，形聲構形方式構字能力快速提高。通過調整優化，形聲結構形成形符和聲符兩個相對分工的字符系統，聲符的功能逐步轉向單純記錄字音，形符的功能逐步擴大到區分、標指爲主，這就爲構成新字形提供了多種可能。同時，形符與聲符的組合逐漸模式化，形式上更趨美觀並易於區別，因此，其勃興也就成爲必然趨勢。

從漢字體系的發展來看，外部因素也對古漢字構形方式的發展有著重要影響。這主要表現在：

（1）漢字形體符號化進程從根本上動搖了以形表意類構形方式的基礎。隨著綫條化、符號化進程的加快，古漢字的形象性特徵逐步消失並轉化成不同的符號樣式，使得以形表意類構形方式失去了依託和發展的基礎。正是古漢字形體的這種表層變化，改變並決定著漢字構形方式系統的調整方向。

（2）同音假借的普遍發生使記音成爲文字符號實現記錄語言功能的主要選擇。殷商甲骨文中，假借方式已普遍運用。假借作爲文字使用之法啟發人們走上依音構形的道路，從而促進了形聲構形方式的發展。大量的形聲字，實際上就是通過假借他字，再加注形符而形成的。同音假借加速了漢字構形由以形表意向記音表意轉變，使古人很自然地拋棄了已走向窮途末路的以形表意構形方式，而專注於形聲構形方式的運用，並最終促使形聲結構不斷發展完善成唯一的構形方式。

（3）適應漢語詞彙系統發展需要而大量構成新字，對漢字構形方式的選擇也起著決定性的作用。古漢字階段，是中國古代社會物質和精神生活發生巨大變化的時代，漢語辭彙系統也相應快速發展，漢字系統需要適應漢語的發展而不斷構成新字。這就使得具有構形優勢的形聲構形方式有了用武之地，大量的新字即由這種方式構成。相形之下，那些已經失去構形能力的以形表意類構形方式則更趨衰落。

漢字構形方式的發展顯示，指事、象形和會意等構形方式在殷商時期已經發展到比較完善並逐步喪失構成新字能力的階段，這表明漢字在殷商之前必然經歷了漫長的發展歷程。這個結論可以與考古發現的零星資料在一定程度上相互印證，爲漢字起源的探討提供了某些內在的證明。構形方式作爲一個動態系統，各構形方式在不同歷史時期，此消彼長的事實，對研究漢字體系的發展具有更加重大的意義。西周時期形聲構形方式已發展成爲漢字構形的主要方式，這啟示我們形聲結構的優越性在那時已爲人們所認識，漢字構形的形聲化隨著漢字體系的成熟即已確立。西周之後，漢字構形方式總體上看再也沒有發生根本性變化，形聲構形方式的勃興和表意構形方式的衰落，其時間之早是以往學者所未曾揭明的。

四　古漢字階段漢字的使用和規範

用字情況的變化是考察漢字體系發展的重要途徑。古漢字階段用字情況的變化主要表現在以下幾個方面：

一是古漢字階段漢字的傳承、新增、淘汰以及常用字使用的情況。殷商時期，甲骨文是考察古漢字使用情況的直接參照材料，甲骨文所使用的文字符號中，記錄人名、地名、動植物名等專名的漢字占較大比例，記錄基本詞彙的那些字大體上相當於常用字。目前還無法分析這些字與殷商之前漢字的傳承發展關係。殷商文字許多專名字在西周文字中未曾出現，未出現的這些字，有些可能已退出使用領域，有些可能是西周文字記載的內容與甲骨文的差異所致，西周傳承了殷商的常用字，也新增了部分字。春秋戰國時期，用字方面最突出的變化，就是大量新字的出現。這些新增字反映了社會經濟生活和生產的發展，如楚系文字中記錄祭祀活動、地名姓氏、絲質物品、金屬竹木器物等專用新字的大量出現。總體看來，專有名詞用字的淘汰和增加是古漢字階段一個比較明顯的事實，而派生繁衍的分化字和新造字在春秋戰國期間也出現較多。

二是漢字使用領域體現的字詞關係、字際關係的變化以及使用功能、用字習慣的調整情況。古漢字階段字詞關繫的變化顯得非常突出，無論殷商還是戰國秦文字，用同一字形記錄不同的詞和同一個詞使用多種書寫符號，都是司空見慣的現象。古漢字使用中體現的字詞關係的不確定性，與這個階段漢字體系內部尚處於不斷發展完善過程之中密切相關。詞彙系統中一些詞因詞義系統的不斷豐富發展而派生出新詞，原來記錄這個詞的字也相應地分化調整，文字的分化派生與詞義系統的派生繁衍二者相輔相成，使字詞關係和字際關係都呈現出紛紜複雜的發展狀態，這在春秋戰國時期表現得尤爲突出。字詞關係的確定是一個動態調整的過程，漢字構形和新字派生遵循形義統一性原則，體現了專字專用的理想追求，但是實際使用時字詞關係的不確定性，導致通假現象大量發生，這使得形義統一性構形原則與實際使用時“同音通假”的普遍存在相矛盾，如“同聲通假”現象就是形聲結構發展在漢字使用中的反映。

三是古漢字階段在書寫層面上體現的用字現象。用字現象與書寫習慣、書寫材料和用字環境有密切關係，在古漢字階段，書寫層面上有這樣一些現象：

（1）合文和重文。在甲骨文中，先公先王人名用字和數字多用合文。西周春秋金文中一些常用詞語也以合文方式書寫，還出現少數利用符號表示的重文。戰國秦漢之際重文的使用更是常見。

（2）變形和美飾。商代和西周早期金文中出現的肥筆、填實現象主要體現了漢字書寫的形象性特徵。春秋戰國期間出現的綫條變形、增加飾筆和綴加鳥蟲紋飾則是漢字書寫對形式美的追求。

（3）省寫和誤書。古漢字階段，由於書（刻）寫原條件制約而導致的省筆漏畫也會造成字形的“省減”，衹是這種“省減”與漢字形體的“簡化”趨勢還有所不同。與此相似，偶然性書寫“訛誤”在漢字使用中也時常發生，這與形體發展中因訛成是的“訛變”也有所不同。

此外，從漢字書寫的角度來看，書寫方式的變化，會導致字形構成和綫條樣式的差異，從而形成不同個體和時代書寫風格。

四是古漢字規範意識的形成和規範情況。漢字在運用過程中必然會出現各式各樣的個體和時代差異，這些差異一方面可能孕育出漢字體系新的發展要素，另一方面也有可能突破已經形成的公認的使用規則，導致漢字使用的混亂，這就自然形成漢字運用的約束機制，這種約束機制就是漢字的規範。漢字規範是漢字運用過程中對規則約定俗成的結果。在學習、使用漢字時群體的趨同心理，使某些用字習慣和規則得以形成和流傳，漢字使用者自覺或不自覺地要遵循漢字運用所形成的這些習慣和規則。

古漢字階段，漢字規範就已經存在於漢字體系内部。殷商不同時期的甲骨文字，運用規則就不完全相同，字形書寫和用字規則的細微差别，明顯反映出使用者對規則的共同遵守。西周中期金文顯示出漢字書寫向規整化、格式化發展，晚期金文的書寫更加規整，這表明西周中、晚期漢字運用已經形成了明顯的規範意識。《漢書·藝文志》記載周宣王太史籀著大篆十五篇，這是西周晚期漢字規範的重要史料。六國時期，漢字使用出現“文字異形”和區域分歧，秦統一後實行“書同文字”就是對這種用字現象的規範。《倉頡篇》等字書都是當時漢字的規範標準。

古漢字階段漢字規範已進入自覺的時代，西周中、晚期就可能已經形成漢字規範的意識。退一步説，至少在秦代就出現王朝頒行的規範。這表明不僅漢字規範觀念早已形成，至少二千多年前我國就創造了以權威字書爲載體的漢字規範模式。由古漢字階段到近代乃至現代漢字階段，字書的傳習和使用在漢字運用的規範方面一直發揮著關鍵性作用。

參考文獻

（按著者姓氏或单位音序分類編排）

段玉裁：《說文解字注》，上海古籍出版社，1981 年。

司馬遷：《史記》，中華書局，1959 年。

吳大澂：《說文古籀補》，中華書局，1988 年。

徐　鍇：《說文解字繫傳》，中華書局，1987 年。

許　慎：《說文解字》，中華書局，1963 年。

白於藍：《殷墟甲骨刻辭摹釋總集校訂》，福建人民出版社，2004 年。

蔡哲茂：《甲骨綴合集》，樂學書局，1999 年。

蔡哲茂：《甲骨綴合續集》，文津出版社，2004 年。

曹錦炎、沈建華：《甲骨文校釋總集》，上海辭書出版社，2006 年。

陳　劍：《甲骨金文考釋論集》，綫裝書局，2007 年。

陳夢家：《殷虛卜辭綜述》，中華書局，1988 年。

陳煒湛：《甲骨文簡論》，上海古籍出版社，1987 年。

丁　山：《甲骨文所見氏族及其制度》，中華書局，1988 年。

郭沫若主編、中國社會科學院歷史研究所編：《甲骨文合集》，中華書局，1978—1982 年。

胡厚宣主編:《甲骨文合集釋文》，中國社會科學出版社，1999 年。

許進雄:《卜骨上的鑿鑽形態》，藝文印書館，1973 年。

黄天樹:《殷墟王卜辭的分類與斷代》，文津出版社，1991 年。

李孝定:《甲骨文字集釋》，臺灣中研院史語所，1970 年。

李學勤、齊文心、艾蘭:《英國所藏甲骨集》，中華書局，1985 年。

李學勤、彭裕商:《殷墟甲骨分期研究》，上海古籍出版社，1996 年。

李宗焜:《甲骨文字編》，中華書局，2012 年。

劉釗、洪颺、張新俊:《新甲骨文編》，福建人民出版社，2009 年。

彭邦炯、謝濟、馬季凡:《甲骨文合集補編》，語文出版社，1999 年。

彭裕商:《殷墟甲骨斷代》，中國社會科學出版社，1994 年。

屈萬里:《殷虛文字甲編考釋》，臺灣中研院史語所，1961 年。

饒宗頤:《殷代貞卜人物通考》，香港大學出版社，1959 年。

沈建華、曹錦炎:《甲骨文字形表》，上海辭書出版社，2008 年。

沈　培:《殷墟甲骨卜辭語序研究》，文津出版社，1992 年。

宋鎮豪:《中國風俗通史・夏商卷》，上海文藝出版社，2001 年。

宋鎮豪主編:《商代史》（11 卷），中國社會科學出版社，2010—2011 年。

孫海波:《甲骨文編》，中華書局，1965 年。

臺灣師範大學國文系、中研院歷史語言研究所:《甲骨文發現一百周年學術研討會論文集》，文史哲出版社，1999 年。

唐　蘭:《殷虛文字記》，中華書局，1981 年。

王宇信:《西周甲骨探論》，中國社會科學出版社，1984 年。

王宇信、楊升南主編:《甲骨學一百年》，社會科學文獻出版社，1999 年。

徐中舒:《甲骨文字典》，四川辭書出版社，1989 年。

姚孝遂、肖丁:《小屯南地甲骨考釋》，中華書局，1985 年。

姚孝遂等:《殷墟甲骨刻辭類纂》，中華書局，1989 年。

姚　萱:《殷墟花園莊東地甲骨卜辭的初步研究》，綫裝書局，2006 年。

于省吾:《甲骨文字釋林》，中華書局，1979 年。

于省吾主編:《甲骨文字詁林》，中華書局，1996 年。

張秉權:《殷虚文字丙編》，臺灣中研院史語所，1957—1972 年。

張世超:《殷墟甲骨字跡研究》，東北師範大學出版社，2002 年。

張玉金:《甲骨文虛詞詞典》，中華書局，1994 年。

趙　誠:《甲骨文簡明詞典》，中華書局，1988 年。

趙　誠:《甲骨文字學綱要》，中華書局，1993 年。

中國社會科學院考古研究所:《小屯南地甲骨》，中華書局，1983 年。

中國社會科學院考古研究所:《殷墟花園莊東地甲骨》，雲南人民出版社，2003 年。

中國社會科學院考古研究所:《殷墟小屯村中村南甲骨》，雲南人民出版社，2012 年。

朱歧祥:《周原甲骨研究》，臺灣學生書局，1997 年。

陳初生:《金文常用字典》，陝西人民出版社，2004 年。

陳漢平:《金文編訂補》，中國社會科學出版社，1993 年。

陳夢家:《西周銅器斷代》，中華書局，2004 年。

董蓮池:《金文編校補》，東北師範大學出版社，1995 年。

董蓮池:《新金文編》，作家出版社，2011 年。

故宮博物院編:《唐蘭先生金文論集》，紫禁城出版社，1995 年。

郭沫若:《兩周金文辭大系圖錄考釋》，上海書店出版社，1999 年。

何景成:《商周青銅器族氏銘文研究》，齊魯書社，2009 年。

李學勤:《新出青銅器研究》，文物出版社，1990 年。

李學勤、艾蘭:《歐洲所藏中國青銅器遺珠》，文物出版社，1995 年。

劉雨、盧岩:《近出殷周金文集錄》，中華書局，2002 年。

劉雨、嚴志斌:《近出殷周金文集錄二編》，中華書局，2010 年。

馬承源主編:《商周青銅器銘文選》（1—4 册），文物出版社，1986—1990 年。

馬承源:《中國青銅器》，上海古籍出版社，2013 年。

容　庚:《金文編》，中華書局，1985 年。

唐　蘭:《西周青銅器銘文分代史徵》，中華書局，1986 年。

吳鎮烽:《商周青銅器銘文暨圖像集成》，上海古籍出版社，2012 年。

楊樹達:《積微居金文說》，中華書局，1997 年。

尹盛平主編:《西周微氏家族青銅器群研究》，文物出版社，1992 年。

于省吾:《雙劍誃吉金文選》，中華書局，1998 年。

張長壽、王世民、陳公柔:《西周青銅器分期斷代研究》，文物出版社，1999 年。

張光直:《中國青銅時代》，生活・讀書・新知三聯書店，1999 年。

張懋鎔:《古文字與青銅器論集》，科學出版社，2002 年。

張亞初、劉雨:《西周金文官制研究》，中華書局，1986 年。

張亞初:《殷周金文集成引得》，中華書局，2001 年。

鍾柏生、陳昭容、黃銘崇、袁國華:《新收殷周青銅器銘文暨器影彙編》，臺北藝文印書館，2005 年。

中國社會科學院考古研究所:《殷周金文集成》（1—18 册），中華書局，1984—1994 年。

周法高:《金文詁林》，香港中文大學，1975 年。

周法高:《金文詁林補》，臺灣中研院史語所，1982 年。

朱鳳瀚:《古代中國青銅器》，南開大學出版社，1995 年。

曹錦炎:《鳥蟲書通考》，上海書畫出版社，1999 年。

陳斯鵬:《楚系簡帛中字形與音義關係研究》，中國社會科學出版社，2011 年。

陳　偉:《包山楚簡初探》，武漢大學出版社，1996 年。

陳　偉:《郭店竹書别釋》，湖北教育出版社，2003 年。

陳　偉:《楚地出土戰國簡册（十四種）》，經濟科學出版社，2009 年。

董楚平:《吴越徐舒金文集釋》，浙江古籍出版社，1992 年。

馮勝君:《郭店簡與上博簡對比研究》，綫裝書局，2007 年。

高　明:《古陶文彙編》，中華書局，2004 年。

何琳儀:《古幣叢考》，安徽大學出版社，2002 年。

何琳儀:《戰國文字通論》，中華書局，1989 年；訂補本，江蘇教育出版社，

2003 年。

何琳儀:《戰國古文字典》，中華書局，1998 年。

河南省文物考古研究所:《信陽楚墓》，文物出版社，1986 年。

河南省文物考古研究所:《新蔡葛陵楚墓》，大象出版社，2003 年。

湖北省博物館:《曾侯乙墓》（上、下），文物出版社，1989 年。

湖北省荊沙鐵路考古隊:《包山楚墓》（上、下），文物出版社，1991 年。

湖北省荊沙鐵路考古隊:《包山楚簡》，文物出版社，1991 年。

湖北省荊州地區博物館:《江陵望山一號楚墓》，文物出版社，1985 年。

湖北省文物考古研究所:《江陵九店東周墓》，科學出版社，1995 年。

湖北省文物考古研究所:《江陵望山沙塚楚墓》，文物出版社，1996 年。

湖北省文物研究所、北京大學中文系:《望山楚簡》，中華書局，1995 年。

湖北省文物考古研究所、北京大學中文系:《九店楚簡》，中華書局，2000 年。

黃德寬、何琳儀、徐在國:《新出楚簡文字考》，安徽大學出版社，2007 年。

黃錫全:《先秦貨幣研究》，中華書局，2001 年。

黃錫全:《古文字與古貨幣文集》，文物出版社，2009 年。

荊州市博物館:《郭店楚墓竹簡》，文物出版社，1998 年。

李　零:《長沙子彈庫戰國楚帛書研究》，中華書局，1985 年。

李　零:《郭店楚簡校讀記》，北京大學出版社，2002 年。

李　零:《簡帛古書與學術源流》，生活・讀書・新知三聯書店，2004 年。

李　零:《上博楚簡三篇校讀記》，中國人民大學出版社，2007 年。

李守奎:《楚文字編》，華東師範大學出版社，2003 年。

李守奎:《上海博物館藏楚竹書 1-5 文字編》，作家出版社，2007 年。

李學勤:《簡帛佚籍與學術史》，江西教育出版社，2001 年。

李學勤:《東周與秦代文明》，上海人民出版社，2007 年。

李學勤主編:《清華大學藏戰國竹簡》（壹—叁），中西書局，2010—2013 年。

李運富:《楚國簡帛文構形系統研究》，岳麓書社，1997 年。

劉國忠:《走近清華簡》，高等教育出版社，2011 年。

羅福頤:《古璽彙編》，文物出版社，1981 年。

羅福頤:《古璽文編》，文物出版社，1981 年。

馬承源主編:《上海博物館藏戰國楚竹書》（一—九），上海古籍出版社，2001 年—2012 年。

駢宇騫、段書安:《二十世紀出土簡帛綜述》，文物出版社，2006 年。

濮茅左:《上博館藏戰國楚竹書研究》，上海書店出版社，2002 年。

饒宗頤、曾憲通:《楚帛書》，中華書局香港分局，1985 年。

饒宗頤、曾憲通:《楚地出土文獻三種研究》，中華書局，1993 年。

商承祚:《先秦貨幣文編》，書目文獻出版社，1983 年。

商承祚:《戰國楚竹簡彙編》，齊魯書社，1995 年 11 月。

施謝捷:《吳越文字彙編》，江蘇教育出版社，1998 年。

施謝捷:《古璽彙考》，安徽大學博士論文，2006 年。

湯餘惠:《戰國銘文選》，吉林大學出版社，1993 年。

湯餘惠主編:《戰國文字編》，福建人民出版社，2001 年。

滕壬生:《楚系簡帛文字編》，湖北教育出版社，1995 年。

汪慶正:《中國歷代貨幣大系・先秦卷》，上海人民出版社，1988 年。

王恩田:《陶文圖錄》，齊魯書社，2006 年。

王恩田:《陶文字典》，齊魯書社，2007 年。

吳良寶:《先秦貨幣文字編》，福建人民出版社，2006 年。

吳振武:《古璽文編校訂》，人民美術出版社，2011 年。

武漢大學簡帛研究中心:《簡帛》（1—7 輯），上海古籍出版社，2008—2012 年。

徐在國:《隸定古文疏證》，安徽大學出版社，2002 年。

徐在國:《傳抄古文字編》，綫裝書局，2006 年。

徐在國:《楚帛書詁林》，安徽大學出版社，2010 年。

曾憲通:《長沙楚帛書文字編》，中華書局，1993 年。

張光裕、曹錦炎:《東周鳥篆文字編》，香港翰墨軒出版有限公司，1994 年。

張光裕、滕壬生、黃錫全:《曾侯乙墓竹簡文字編》，藝文印書館，1997 年。

張守中:《郭店楚簡文字編》，文物出版社，2000 年。

莊新興:《戰國璽印分域編》，上海書店，2001 年。

陳松長:《香港中文大學文物館藏簡牘》，香港中文大學文物館，2001年。

陳松長:《馬王堆簡帛文字編》，文物出版社，2001年。

陳昭容:《秦系文字研究——從漢字史的角度考察》，臺灣中研院史語所，2003年。

陳振裕、劉信芳:《睡虎地秦簡文字編》，湖北人民出版社，1993年。

叢文俊:《中國書法史・先秦・秦代卷》，江蘇教育出版社，2002年。

傅舉有、陳松長編:《馬王堆漢墓文物》，湖南出版社，1992年。

甘肅省文物考古研究所:《天水放馬灘秦簡》，中華書局，2009年。

國家文物局古文獻研究室等:《馬王堆漢墓帛書》(壹、叁、肆)，文物出版社，1980—1985年。

韓天衡:《秦漢鳥蟲篆印選》，上海書店，1987年。

湖北省荊州市周梁玉橋遺址博物館:《關沮秦漢墓簡牘》，中華書局，2001年。

湖南省博物館、中國科學院考古研究所:《長沙馬王堆一號漢墓》，文物出版社，1973年。

湖南省文物考古研究所:《里耶發掘報告》，岳麓書社，2007年。

湖南省文物考古研究所:《里耶秦簡》(壹)，文物出版社，2012年。

劉信芳、梁柱:《雲夢龍崗秦簡》，科學出版社，1997年。

羅福頤:《漢印文字徵》，文物出版社，1978年。

駢宇騫:《銀雀山漢簡文字編》，文物出版社，2001年。

饒宗頤、曾憲通:《雲夢秦簡日書研究》，香港中文大學出版社，1982年。

容　庚:《秦漢金文錄》,《容庚學術著作全集》，中華書局，2011年。

上海書畫出版社:《秦銘刻文字選》，上海書畫出版社，1976年。

睡虎地秦墓竹簡整理小組:《睡虎地秦墓竹簡》，文物出版社，1990年。

孫慰祖、徐谷富:《秦漢金文彙編》，上海書店出版社，1997年。

王　輝:《秦銅器銘文編年集釋》，三秦出版社，1990年。

王輝、程學華:《秦文字集證》，藝文印書館，1999年。

吳幼潛:《封泥彙編》，上海古籍出版社，1984年。

徐寶貴:《石鼓文整理研究》，中華書局，2008年。

徐富昌:《睡虎地秦簡研究》，文史哲出版社，1993 年。

徐中舒:《秦漢魏晉篆隸字形表》，四川辭書出版社，1985 年。

許雄志:《秦代印風》，重慶出版社，1999 年。

許雄志:《秦印文字彙編》，河南美術出版社，2001 年。

銀雀山漢墓竹簡整理小組:《銀雀山漢墓竹簡》（壹），文物出版社，1985 年。

袁仲一:《秦代陶文》，三秦出版社，1987 年。

袁仲一、劉鈺:《秦文字類編》，陝西人民教育出版社，1993 年。

袁仲一、劉鈺:《秦文字通假集釋》，陝西人民教育出版社，1999 年。

袁仲一、劉鈺:《秦陶文新編》，文物出版社，2009 年。

張家山二四七號漢墓竹簡整理小組:《張家山漢墓竹簡（二四七號墓）》，北京:文物出版社，2001 年。

張顯成:《秦簡逐字索引》，四川大學出版社，2010 年。

張守中:《睡虎地秦簡文字編》，文物出版社，1994 年。

中國科學院考古研究所:《居延漢簡甲編》，科學出版社，1959 年。

中國社會科學院考古研究所:《居延漢簡甲乙編》，中華書局，1980 年。

中國文物研究所、湖北省文物考古研究所:《龍崗秦簡》，中華書局，2001 年。

周曉陸、路東之:《秦封泥集》，三秦出版社，2000 年。

朱漢民、陳松長:《嶽麓書院藏秦簡》（壹、貳），上海辭書出版社，2010、2011 年。

左德承:《雲夢睡虎地出土秦漢漆器圖錄》，湖北美術出版社，1986 年。

叢文俊:《揭示古典的真實——叢文俊書學、學術研究論集》，中州古籍出版社，2003 年。

董作賓:《董作賓先生全集》，藝文印書館，1977 年。

馮勝君:《二十世紀古文獻新證研究》，齊魯書社，2006 年。

國家計量總局:《中國古代度量衡圖集》，文物出版社，1981 年。

高　明:《中國古文字學通論》，北京大學出版社，1996 年。

高明、涂白奎:《古文字類編（增訂本）》，上海古籍出版社，2008 年。

廣東炎黄文化研究會編:《容庚先生百年誕辰紀念文集》，廣東人民出版社，1998年。

郭沫若:《郭沫若全集・考古編》（1—9卷），科學出版社，2002年。

黄德寬、陳秉新:《漢語文字學史（增訂本)》，安徽教育出版社，2006年。

黄德寬:《漢字理論叢稿》，商務印書館，2006年。

黄德寬主編:《古文字譜系疏證》，商務印書館，2007年。

黄德寬:《開啟中華文明的管鑰——漢字的釋讀與探索》，北京師範大學出版社，2011年。

黄錫全:《古文字論叢》，藝文印書館，1999年。

胡小石:《胡小石論文集》，上海古籍出版社，1982年。

《華學》（1—10輯），中山大學、上海古籍等出版社，1995—2008年。

吉林大學古文字研究室:《于省吾教授百年誕辰紀念文集》，吉林大學出版社，1996年。

吉林大學古籍研究所:《吉林大學古籍研究所建所二十周年紀念文集》，吉林文史出版社，2003年。

李家浩:《著名中年語言學家自選集·李家浩卷》，安徽教育出版社，2002年。

李　零:《李零自選集》，廣西師範大學出版社，1998年。

李孝定:《漢字的起源與演變論叢》，臺灣聯經出版事業公司，1986年。

李學勤:《古文字學初階》，中華書局，1985年。

李學勤:《李學勤集——追溯·考據·古文明》，黑龍江教育出版社，1989年。

李學勤:《四海尋珍——流散文物的鑒定和研究》，清華大學出版社，1998年。

李學勤:《當代學者自選文庫・李學勤卷》，安徽教育出版社，1999年。

林　澐:《林澐學術文集》，中國大百科全書出版社，1998年。

林　澐:《古文字學簡論》，中華書局，2012年。

劉又辛、方有國:《漢字發展史綱要》，中國大百科全書出版社，2000年。

劉　釗:《出土簡帛文字叢考》，臺灣古籍出版有限公司，2004年。

劉　釗:《古文字構形學》，福建人民出版社，2006年。

裘錫圭:《古文字論集》，中華書局，1992年。

裘錫圭:《古代文史研究新探》，江蘇古籍出版社，1992年。

裘錫圭:《中國出土古文獻十講》，復旦大學出版社，2004年。

裘錫圭:《裘錫圭學術文集》，復旦大學出版社，2012年。

裘錫圭:《文字學概要》，商務印書館，1988年；2013年修訂再版。

饒宗頤:《符號・初文與字母——漢字樹》，商務印書館（香港）有限公司，1998年。

四川聯合大學歷史系編:《徐中舒先生百年誕辰紀念文集》，巴蜀書社，1998年。

唐　蘭:《中國文字學》，上海古籍出版社，1979年。

唐　蘭:《古文字學導論》，齊魯書社，1981年。

王國維:《觀堂集林》，中華書局，1959年。

吴良寶:《中國東周時期金屬貨幣研究》，社會科學文獻出版社，2005年。

姚孝遂:《姚孝遂古文字論集》，中華書局，2010年。

于豪亮:《于豪亮學術文存》，中華書局，1985年。

于省吾:《于省吾著作集》，中華書局，2009年。

曾憲通:《曾憲通學術文集》，汕頭大學出版社，2002年。

張政烺:《張政烺文史論集》，中華書局，2004年。

張政烺:《張政烺文集》，中華書局，2012年。

趙　誠:《古代文字音韻論文集》，中華書局，1991年。

趙平安:《隸變研究》，河北大學出版社，2009年。

趙平安:《說文小篆研究》，廣西教育出版社，1999年。

中國古文字研究會編:《古文字研究》(1—29輯)，中華書局，1979—2012年。

朱德熙:《朱德熙古文字論集》，中華書局，1995年。

朱鳳瀚:《商周家族形態研究（增訂本)》，天津古籍出版社，2004年。

鄒　衡:《夏商周考古學論文集》，科學出版社，2001年。

引書簡稱表

說文:《說文解字》
段注: 段玉裁《說文解字注》
繫傳:《說文解字繫傳》
合:《甲骨文合集》
合補:《甲骨文合集補編》
屯:《小屯南地甲骨》
英:《英國所藏甲骨集》
花東:《殷墟花園莊東地甲骨》
村中南:《殷墟小屯村中村南甲骨》
類纂:《殷墟甲骨刻辭類纂》
集成:《殷周金文集成》
銘文選:《商周青銅器銘文選》
近出:《近出殷周金文集錄》
近二:《近出殷周金文集錄二編》
影彙:《新收殷周青銅器銘文暨器影彙編》
商圖:《商周青銅器銘文暨圖像集成》
中日:《中日歐美澳紐所見所拓所摹金文彙編》
吳越:《吳越徐舒文字匯編》

趙卿墓:《晉國趙卿墓》
石鼓:《石鼓文研究》
侯馬:《侯馬盟書》
陶彙:《古陶文彙編》
陶錄:《陶文圖録》
中山:《中山王器文字編》
貨系:《中國歷代貨幣大系·先秦貨幣》
三晉:《三晉貨幣》
齊幣:《齊幣圖釋》
幣文:《古幣文編》
先秦編:《先秦貨幣文編》
聚珍:《燕下都東周貨幣聚珍》
錢典:《古錢大辭典》
帛書:《楚帛書》
天星:《江陵天星觀1號楚墓》
望山:《望山楚簡》
信陽:《信陽楚墓》
包山:《包山楚簡》
曾乙:《曾侯乙墓》
郭店:《郭店楚墓竹簡》
九店:《九店楚簡》
新蔡:《新蔡葛陵楚墓》
上博一:《上海博物館藏戰國楚竹書》(一)
上博二:《上海博物館藏戰國楚竹書》(二)
上博三:《上海博物館藏戰國楚竹書》(三)
上博四:《上海博物館藏戰國楚竹書》(四)
上博五:《上海博物館藏戰國楚竹書》(五)
上博六:《上海博物館藏戰國楚竹書》(六)

上博七：《上海博物館藏戰國楚竹書》（七）
上博八：《上海博物館藏戰國楚竹書》（八）
上博九：《上海博物館藏戰國楚竹書》（九）
清華一：《清華大學藏戰國竹簡》（壹）
清華二：《清華大學藏戰國竹簡》（貳）
清華三：《清華大學藏戰國竹簡》（叁）
曹家崗：《湖北黄岡曹家崗楚簡》
港：《香港中文大學文物館藏簡牘》
山大：《新泰出土陶文及相关问题研究》
璽彙：《古璽彙編》
施：施謝捷《古璽彙考》
集粹：《中國璽印集粹》
山東：《山東新出土古璽印》
鴨雄：《鴨雄綠齋藏中國古璽印精選》
程訓義：《中國古印——程訓義古璽印集存》
珍戰：《珍秦齋藏印・戰國篇》
陝西新出：《陝西新出土古代璽印》
港印：《香港中文大學文物館藏印集》
香續：《香港中文大學文物館藏印續集》
睡：《睡虎地秦墓竹簡》（本書引用時，一般省略書名，直接出篇名簡稱）
龍：《龍崗秦簡》
天：《天水放馬灘秦簡》
嶽：《嶽麓書院藏秦簡》
里：《里耶秦簡》
周：《關沮秦漢墓簡牘》（周家臺秦簡）
任家嘴：《任家嘴秦墓》
集證：《秦文字集證》
秦陶新編：《秦陶文新编》

傅（或秦泥考）：傅嘉儀《秦封泥彙考》

秦泥集:《秦封泥集》

珍秦:《珍秦齋藏印・秦印篇》

秦風:《秦代印風》

珍秦展:《珍秦藏印展》

馬:《馬王堆漢墓帛書》

銀:《銀雀山漢墓竹簡》

官印:《秦漢魏晉南北朝官印徵存》

古研:《古文字研究》

雪齋二集:《雪齋學術論文二集》

復旦網: 復旦大學出土文獻與古文字研究中心網站

後　記

幾年來，課題組成員傾心盡力開展研究工作，終於完成了“漢字理論與漢字發展史研究”（05AYY002）課題，其主要成果《古漢字發展論》又榮幸地收入2013年度“國家哲學社會科學成果文庫”，這是對我們的莫大鼓勵。

本課題的研究工作，在作爲國家哲學社會科學研究項目立項之前實際上就早已開始了。結合博士研究生的培養工作，我曾先後指導郝士宏、江學旺、吴國升、張振謙、張通海、單曉偉等同學開展了古漢字的斷代研究和專題研究，也取得了不少前期成果，其中有些曾以單篇論文形式公開發表，這爲本課題的進一步開展打下了基礎。

本課題的完成有賴於課題組的團結合作，課題組的具體分工如下：殷商文字部分由郝士宏、江學旺承擔，西周文字部分由江學旺承擔，春秋文字部分由吴國升承擔，戰國文字部分由徐在國、程燕、張振謙、張通海等承擔，秦文字部分由單曉偉承擔，整體研究工作思路的確定、書稿其餘部分的撰寫和最後審定修改則由筆者負責。徐在國教授在課題組織協調方面做了大量工作，博士生夏大兆、孫合肥在後期定稿方面做了不少輔助性工作，牛清波博士和李鵬輝、張崇依、蔣偉男等博、碩士研究生參與了書稿的最後校核工作。正是我們師生的多年辛勞，共同努力，才得以順利完成本書的撰寫和系列字形表的編纂任務。

借此機會，感謝國家哲學社會科學基金規劃辦公室對本課題研究的支持；

感謝支持本課題立項的各位專家學者，尤其要感謝“國家哲學社會科學成果文庫”評審專家對本書的修改所提出的寶貴的意見和建議；最後要特別感謝中華書局秦淑華先生等爲本書的按時出版所付出的辛勤勞動，由於本書引用了大量古文字材料，這給編校工作帶來很大麻煩，秦淑華先生等對本書進行了嚴謹認真的校審，並且提出了不少好的修改建議。

黄德寬

2014 年 1 月 4 日

圖書在版編目(CIP)數據

古漢字發展論/黄德寬等著. —北京:中華書局,2014. 4
(2023. 11 重印)
(國家哲學社會科學成果文庫)
ISBN 978-7-101-09978-2

Ⅰ. 古…　Ⅱ. 黄…　Ⅲ. 漢字-古文字-研究　Ⅳ. H121

中國版本圖書館 CIP 數據核字(2014)第 023568 號

書　　名　古漢字發展論
著　　者　黄德寬 等
叢 書 名　國家哲學社會科學成果文庫
責任編輯　張　可　李廣燦
裝幀設計　肖　輝　周　玉
責任印製　管　斌
出版發行　中華書局
(北京市豐臺區太平橋西里 38 號　100073)
http://www.zhbc.com.cn
E-mail:zhbc@zhbc.com.cn
印　　刷　天津善印科技有限公司
版　　次　2014 年 4 月第 1 版
2023 年 11 月第 3 次印刷
規　　格　開本/710×1000 毫米　1/16
印張 34　插頁 3　字數 600 千字
印　　數　2901-3400 冊
國際書號　ISBN 978-7-101-09978-2
定　　價　136.00 元